# 原始・古代日本における勾玉の研究

瀧音 大 著

雄山閣

## 日本列島で見られるさまざまな勾玉①

1. 佐賀県唐津市／
菜畑遺跡／ヒスイ製／
縄文晩期※

2. 佐賀県唐津市／宇木汲田遺跡／ヒスイ製／弥生中期

3. 佐賀県唐津市／宇木汲田遺跡／ヒスイ製／弥生中期

4. 佐賀県唐津市／宇木汲田遺跡／ヒスイ製／弥生中期

5. 佐賀県唐津市／中原遺跡／ヒスイ製／弥生中期

1　唐津市教育委員会蔵／2-4　佐賀県立博物館蔵／5　佐賀県提供
※菜畑遺跡のヒスイ製勾玉の時期については、従来、縄文時代晩期と考えられてきたが、近年、弥生時代中期中葉に属する可能性も指摘されている。

## 日本列島で見られるさまざまな勾玉②

6. 奈良県磯城郡／唐古・鍵遺跡／ヒスイ製／弥生中期

7. 石川県小松市／八日市地方遺跡／凝灰質砂岩製／弥生中期

9. 島根県出雲市／西谷3号墓／ガラス製／弥生終末期

8. 石川県小松市／八日市地方遺跡／土製／弥生中期

10. 愛媛県今治市／今若遺跡／蛇紋岩製／弥生後期〜古墳前期

11. 島根県出雲市／出雲大社境内遺跡／瑪瑙製／古墳前期

12. 奈良県橿原市／新沢千塚500号墳／水晶製／古墳前期

13. 島根県松江市／奥才34号墳／コハク製／古墳前期

14. 大阪府和泉市／黄金塚古墳／碧玉製／古墳前期

6　田原本町教育委員会提供／7-8　小松市埋蔵文化財センター所蔵／9　島根大学法文学部考古学研究室蔵、写真提供：出雲市教育委員会／10　愛媛県埋蔵文化財センター蔵／11　出雲大社蔵、写真提供：島根県教育庁文化財課／12　奈良県立橿原考古学研究所附属博物館蔵／13　松江市提供／14　東京国立博物館蔵、Image: TNM Image Archives

## 日本列島で見られるさまざまな勾玉③

15. 徳島県阿南市／国高山古墳／滑石製／古墳中期

16. 山口県山陽小野田市／妙徳寺山古墳／瑪瑙製・緑色凝灰岩製勾玉と管玉／古墳中期

17. 山口県山陽小野田市／妙徳寺山古墳／滑石製／古墳中期

18. 山口県山陽小野田市／妙徳寺山古墳／ヒスイ製勾玉と管玉／古墳中期

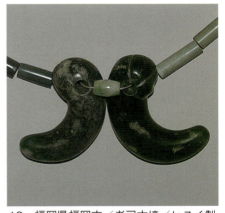

19. 福岡県福岡市／老司古墳／ヒスイ製勾玉と管玉など／古墳中期

20. 奈良県天理市／ホリノヲ２号墳／アマゾナイト（天河石）製／古墳後期／残長さ1.2cm

21. 和歌山県和歌山市／車駕之古址古墳／金製／古墳後期／長さ1.8cm

15　阿南市蔵／16-18　山陽小野田市立厚狭図書館蔵／19　福岡市埋蔵文化財センター所蔵／
20　奈良県立橿原考古学研究所附属博物館蔵／21　和歌山市提供

## 日本列島で見られる背合わせ勾玉とその関連遺物

22. 背合わせ勾玉／鳥取県米子市／
    博労町遺跡／滑石製／古墳前期後葉

23. 立花／千葉県市原市／姉崎二子塚古墳／滑石製／古墳前期後葉

24. 異形玉類／石川県七尾市／国分尼塚1号墳／ヒスイ製／古墳前期後葉

25. 子持勾玉／鳥取県東伯郡
    湯梨浜町高辻の畑中／
    滑石製／古墳

22 米子市提供／23 國學院大學博物館（考古）蔵／24 七尾市教育委員会蔵／25 鳥取県立博物館所蔵

**■目　次■**

序　…………………………………………………………………………………………　1


序　論　本書の視角………………………………………………………………………　3

　　第1節　勾玉研究の歴史と問題の所在…………………………………………………　3

　　　1. 勾玉をめぐる研究史　…………………………………………………………………　3

　　　　**第1期：研究の黎明期 ―1780年代から1867年まで―** ……………………………　3
　　　　**第2期：視点の多様化と考古学的アプローチへの芽生え**
　　　　　　　　　　　**―1868年から1915年まで―** ………………………………………　4
　　　　①定義設定に関する議論　　②工具と製作工程の解明
　　　　③形態・材質の多様性と時期差・地域差の把握
　　　　④起源・用途・性格・系譜の検討　　⑤北海道・沖縄県・海外資料への着目
　　　　⑥海外への周知

　　　　**第3期：考古学に基礎をおいた勾玉研究の始まり**
　　　　　　　　　　　**―1916年から1939年まで―** ………………………………………　7
　　　　①工具と製作工程の解明　　②形態・材質の多様性と時期差・地域差の把握
　　　　③起源・用途・性格・系譜の検討　　④北海道・沖縄県・海外資料への着目
　　　　⑤史料のなかの勾玉研究

　　　　**第4期：ヒスイ製勾玉への新視点と研究の進展**
　　　　　　　　　　　**―1940年代から1959年まで―** ……………………………………　11
　　　　①ヒスイ産出地の発見とヒスイ製玉類の再検討
　　　　②形態・材質の多様性と時期差・地域差の把握
　　　　③起源・用途・性格・系譜の検討　　④沖縄県・海外資料への着目
　　　　⑤史料のなかの勾玉研究

　　　　**第5期：勾玉研究の発展と玉類研究の増加**
　　　　　　　　　　　**―1960年代から2003年まで―** ……………………………………　14
　　　　①資料集成　　②玉作り研究　　③消費地・流通の研究
　　　　④ガラス製勾玉の研究　　⑤起源・用途・性格・系譜の検討
　　　　⑥沖縄県・海外資料への着目　　⑦科学分析の導入とその成果
　　　　⑧史料のなかの勾玉研究　　⑨「玉」を冠する研究会の発足

　　　　**第6期：資料集成と消費地・流通研究の活発化 ―2004年以降―** ………　27
　　　　①資料集成と概説的研究　　②玉作り研究　　③消費地・流通の研究
　　　　④起源・用途・性格・系譜の検討　　⑤沖縄県・海外資料への着目
　　　　⑥科学分析の導入とその成果　　⑦史料のなかの勾玉研究
　　　　⑧「玉」を冠する研究会の展開と学会の発足

i

目　次

　　　2.　課題の設定 ……………………………………………………………… 41

　　第2節　本書の前提 ……………………………………………………… 43

　　　1.　分析対象としての地域および時期 ………………………………… 43
　　　2.　方法論としての集成データの活用 ………………………………… 44
　　　3.　用いる集成データについて ………………………………………… 50
　　　4.　用語について ………………………………………………………… 53

# 第1章　出土勾玉からみた時代的・地域的変遷と社会動態 …… 59

　　第1節　問題の所在 ……………………………………………………… 59

　　第2節　出土遺跡数および分布からみた変遷 ………………………… 61

　　第3節　出土点数からみた変遷とその地域性 ………………………… 69

　　第4節　材質の割合からみた変遷とその地域性 ……………………… 71

　　第5節　出土遺構の変遷とその地域的特徴 …………………………… 76

　　第6節　小結 ……………………………………………………………… 82

# 第2章　刻み目を有する勾玉について ………………………… 87

　　第1節　研究史の整理と問題の所在 …………………………………… 87

　　第2節　「刻み目勾玉」の分類 ………………………………………… 90

　　第3節　各類型の材質および出土点数 ………………………………… 92

　　第4節　各類型における分布とその地域性 …………………………… 96

　　第5節　各類型の出土遺構とその時期的変遷 ………………………… 99

　　第6節　小結 ……………………………………………………………… 100

# 第3章　丁字頭勾玉の展開過程と地域性 ……………………… 107

　　第1節　問題の所在 ……………………………………………………… 107

　　第2節　分布・出土遺跡数にみる時期的変遷 ………………………… 109

第3節　材質からみた消長 ……………………………………………… 117

第4節　出土状況の特徴と地域性 ……………………………………… 125

第5節　丁字頭勾玉の展開過程 ………………………………………… 128

第6節　展開過程からみた地域性 ……………………………………… 130

第7節　小結 ……………………………………………………………… 130

## 第4章　使用形態からみた古墳時代の勾玉 …………………… 133

第1節　問題の所在 ……………………………………………………… 133

第2節　各出土遺構からみた材質の割合 ……………………………… 134

第3節　各遺構でみられる出土点数 …………………………………… 140

第4節　使用形態の規則性 ……………………………………………… 144

第5節　小結 ……………………………………………………………… 155

## 第5章　背合わせ勾玉についての一考察 ……………………… 169

第1節　名称設定 ………………………………………………………… 169

第2節　先行研究の整理 ………………………………………………… 170

第3節　分布状況 ………………………………………………………… 173

第4節　背合わせ勾玉の成立 …………………………………………… 177

第5節　子持勾玉との関係性について ………………………………… 182

第6節　背合わせ勾玉における歴史的意義 …………………………… 183

第7節　小結 ……………………………………………………………… 186

## 第6章　土製勾玉に関する基礎的研究 ………………………… 189

第1節　問題の所在 ……………………………………………………… 189

第2節　出土遺跡の分布とその変遷 …………………………………… 191

第3節　土製勾玉の特徴からみた時期差・地域差 …………………… 196

目 次

第4節　遺構の種類および出土状況の変遷 ……………………………… 198

第5節　土製勾玉の系譜の検討 ………………………………………… 203

第6節　「土」のもつ性格 ……………………………………………… 205

第7節　小結 …………………………………………………………… 206

# 結　論　日本列島における勾玉文化 …………………………… 213

第1節　各時期区分の整合性とその意義 ……………………………… 213

第2節　消費地からみた勾玉の文化的作用 …………………………… 217

第3節　日本列島における勾玉の実像 ………………………………… 222

第4節　今後の課題と展望 …………………………………………… 225

引用・参考文献 ………………………………………………………… 227
挿図出典 ………………………………………………………………… 260
表出典 …………………………………………………………………… 262
索　引 …………………………………………………………………… 263

あとがき ………………………………………………………………… 269

挿図目次

〔序　論〕

第1図　坪井氏が紹介した「メキシコの勾玉」………………………………………………………4
第2図　坪井氏が紹介した海外の勾玉関連資料①……………………………………………………7
第3図　坪井氏が紹介した海外の勾玉関連資料②……………………………………………………7
第4図　明治20年出版の『日本昔噺』第14號に収録された「玉の井」の表紙と裏表紙……………7
第5図　野津氏による勾玉の型式分類図………………………………………………………………8
第6図　小滝川ひすい峡………………………………………………………………………………11
第7図　極楽寺遺跡出土の玉類………………………………………………………………………20
第8図　研究史でとり上げられている中国の玉器たち………………………………………………24
第9図　『日本玉研究会会誌』4号の表紙……………………………………………………………26
第10図　『玉文化』創刊号と『玉文化研究』創刊号の表紙…………………………………………41
第11図　日本列島から出土する主な勾玉……………………………………………………………51
第12図　本書で用いる勾玉の部分名称………………………………………………………………55

〔第1章〕

第13図　出土遺跡の分布①……………………………………………………………………………62
第14図　出土遺跡の分布②……………………………………………………………………………63
第15図　出土遺跡の分布③……………………………………………………………………………64
第16図　出土遺跡数と出土点数の変遷………………………………………………………………70
第17図　出土勾玉における材質の変遷①……………………………………………………………72
第18図　出土勾玉における材質の変遷②……………………………………………………………73
第19図　出土勾玉における材質の変遷③……………………………………………………………74
第20図　出土遺構の変遷①……………………………………………………………………………77
第21図　出土遺構の変遷②……………………………………………………………………………78
第22図　出土遺構の変遷③……………………………………………………………………………79
第23図　出土遺構の変遷④……………………………………………………………………………81
第24図　出土遺構の変遷⑤……………………………………………………………………………82

〔第2章〕

第25図　樋口清之氏の分類における「頭部刻み目勾玉」……………………………………………88
第26図　梅原末治氏の禽獣首形勾玉…………………………………………………………………89
第27図　河村好光氏の分類における「頭部刻み目勾玉」……………………………………………89
第28図　「刻み目勾玉」の種類…………………………………………………………………………91
第29図　各類型における材質の割合…………………………………………………………………96
第30図　各類型の分布状況①…………………………………………………………………………98
第31図　各類型の分布状況②…………………………………………………………………………99
第32図　各類型における分布の時期的変遷…………………………………………………………102
第33図　熊本県ワクド遺跡出土の「頭部刻み目勾玉」………………………………………………103

目　次

〔第3章〕

第34図　出土遺跡の分布とその変遷 ……………………………………………………… 119

第35図　Ⅰ類・Ⅱa類・Ⅱb類・Ⅲ類における形態差 ………………………………… 120

第36図　各材質における丁字頭勾玉の種類 …………………………………………… 121

第37図　頭部および体部に文様や刻み目が施されている丁字頭勾玉 ………………… 122

第38図　材質ごとの消長 ……………………………………………………………… 124

第39図　丁字頭勾玉が出土する古墳の墳形 …………………………………………… 127

〔第4章〕

第40図　埋葬施設における材質の変遷 ………………………………………………… 135

第41図　建物跡における材質の変遷 …………………………………………………… 136

第42図　水に関わる祭祀遺構における材質の変遷 …………………………………… 138

第43図　祭祀遺構における材質の変遷 ………………………………………………… 139

第44図　材質と点数との組み合わせ方からみた使用形態のモデル図 ………………… 145

〔第5章〕

第45図　鳥取県博労町遺跡出土の背合わせ勾玉 ……………………………………… 169

第46図　先行研究における背合わせ勾玉と立花 ……………………………………… 171

第47図　梅原末治氏のいう「背合せ双形玻璃勾玉」 ………………………………… 173

第48図　千葉県高部古墳群出土の背合わせ勾玉 ……………………………………… 174

第49図　奈良県澤ノ坊2号墳出土の玉類 ……………………………………………… 176

第50図　成立過程の参考資料 …………………………………………………………… 178

第51図　石川県国分尼塚1号墳出土の玉類 …………………………………………… 178

第52図　古墳時代以前の参考類例 ……………………………………………………… 181

第53図　連接された子持勾玉 …………………………………………………………… 183

第54図　刻み目が施されている立花 …………………………………………………… 185

〔第6章〕

第55図　出土遺跡の分布① ……………………………………………………………… 193

第56図　出土遺跡の分布② ……………………………………………………………… 194

第57図　土製勾玉の種類 ………………………………………………………………… 197

第58図　出土遺構の変遷① ……………………………………………………………… 199

第59図　出土遺構の変遷② ……………………………………………………………… 200

〔結　論〕

第60図　石製を中心とした勾玉と土製勾玉との時期区分の差 ………………………… 213

第61図　石製を中心とした勾玉と土製勾玉の出土遺跡数の変遷 ……………………… 214

第62図　各地域における石製を中心とした勾玉と土製勾玉の出土の割合 …………… 216

第63図　消費地からみた石製を中心とした勾玉の大まかな流れ ……………………… 218

第64図　消費地からみた土製勾玉の大まかな流れ …………………………………… 221

## 表目次

### 〔序　論〕

| | | |
|---|---|---|
| 第 1 表 | 坪井氏が作成した勾玉の定義に関する対応表 | 5 |
| 第 2 表 | 第 5 期にみられる玉類の集成に関する主要文献 | 15 |
| 第 3 表 | 第 6 期にみられる玉類の集成に関する主要文献 | 28 |
| 第 4 表 | 第 6 期における玉類の主要なシンポジウム資料と特集企画 | 30 |
| 第 5 表 | 玉類に関連した主な常設展・企画展 | 46 |
| 第 6 表 | 集成によって得られた出土遺跡と出土点数 | 52 |

### 〔第 1 章〕

| | | |
|---|---|---|
| 第 7 表 | 消費地における集成データの蓄積状況 | 59 |
| 第 8 表 | 各県における出土遺跡数および出土点数の変遷 | 66 |

### 〔第 2 章〕

| | | |
|---|---|---|
| 第 9 表 | 「刻み目勾玉」出土一覧 | 93 |
| 第 10 表 | 類型ごとの出土遺構 | 100 |

### 〔第 3 章〕

| | | |
|---|---|---|
| 第 11 表 | 出土遺跡一覧 | 110 |
| 第 12 表 | 県別にみた出土遺跡数の変遷 | 118 |
| 第 13 表 | 各地域における類型ごとの変遷 | 120 |
| 第 14 表 | 近畿地域・九州地域における古墳時代以降の出土遺構 | 127 |
| 第 15 表 | 出土が確認される近畿地域・北部九州地域の後期古墳 | 130 |

### 〔第 4 章〕

| | | |
|---|---|---|
| 第 16 表 | 出土点数からみた埋葬施設の件数 | 141 |
| 第 17 表 | 出土点数からみた建物跡の件数 | 142 |
| 第 18 表 | パターン 4-a の主な事例一覧 | 147 |
| 第 19 表 | パターン 5 の主な事例一覧 | 151 |
| 第 20 表 | パターン 6 の主な事例一覧 | 154 |

### 〔第 6 章〕

| | | |
|---|---|---|
| 第 21 表 | 各県における出土遺跡数の変遷 | 195 |
| 第 22 表 | 土製丁字頭勾玉の出土遺跡一覧 | 197 |
| 第 23 表 | 竪穴建物における土製勾玉の出土場所の変遷 | 202 |
| 第 24 表 | 九州地域の縄文時代における石製勾玉の消長 | 204 |

# 序

　日本考古学において、勾玉を含めた「玉」の研究は、他の遺物研究、とくに土器や石器、青銅器の研究とは異なり、中心的な役割を担ってきたわけではない。

　その大きな要因を2つ述べるならば、1つ目として、勾玉などの玉類では他の遺物と比べて、時期差による形態の変化をそれほど大きく見出せるものではない。加えて、伝世しやすいという特徴から編年が細かく設定できない、換言するならば「年代のものさし」の設定要素として期待されてこなかったことがあげられる。

　2つ目として、「玉」の研究の最終目的は、その実像の明確化や性格、意味の解明にある。また、「玉」が人びとの精神的社会や文化と密接に繋がっていることが容易に想定できるため、その性格や意味への解釈には文献史学や民俗学、文化人類学などの研究成果を総合した視野が求められてきた。そのような要求を受けた考古学に身をおく研究者たちは、「玉」を解釈する段階において、考古資料からの分析だけでは不十分であること、そして隣接学問の有用性とその成果にウェイトを置かざるを得ないという状況について痛感することになる。こういった背景が、「玉」をテーマに据えた考古学的研究の消極性を招いたのではなかろうか。

　そのようななか、土地開発などをきっかけに発掘調査が実施されていき、それによって膨大な考古資料が漸次的に蓄積されていくことになる。現在では、この資料などを参考にして、勾玉の大まかな概要が語られている。実際、一般的に用いられる辞典や事典に収録されている勾玉の項目をみてみると、大きく分けて11の説明がなされている[1]。具体的にあげるならば、①装身具・祭祀具の1つであること、②湾曲して孔があるといった形態的特徴をもつこと、③曲玉と表すこともあること、④動物の歯牙に孔を穿ったものから発生したとする説が有力なこと、⑤ヒスイや碧玉、瑪瑙のほかにもコハクやガラス、金、土など材質に多様性をみせること、⑥孔が穿たれた部分に線を刻んだ勾玉を丁字頭勾玉と呼んでいること、⑦縄文時代と弥生時代以降とで、出土する勾玉が区別できる可能性があること、⑧奈良時代になると仏像の装飾の1つとして用いられるなど、寺院跡で確認され始めること、⑨中世・近世には琉球王国の巫女であるノロの首飾りに使用されていること、⑩三国時代の新羅の墳墓から出土する勾玉と日本の勾玉との間に関係性がみられること、⑪勾玉が日本独自で発達したこと、といった内容が勾玉の説明としてあげられている。

　さらに、考古学に関連した辞典・事典では、各時代における勾玉の様相について、詳しく記されてはいるものの、大方、勾玉の説明としては上記にあげた内容が述べられている[2]。

　この概要の大枠からは、勾玉が長期的且つ継続的に人びとの生活の中に溶け込んでいたこと、加えて、性格や意味には多面性を帯びていたことを読みとることができる。その事実をもって、勾玉は考古資料のなかで稀有な存在であるといえるであろう。

　また、これらをみていくと、一見して勾玉自体あるいはそれに関連した事がらについては、議論され、語られ尽くされているかのように思われるかもしれない。しかしながら、いまだに勾玉の研究は、驚くべき持続力をもって行われ続けている。その背景には、とにもかくにも、勾玉につい

て、いまだ不明な点が多いということがいえるであろう。1つ例をあげるならば、各時代について
はある程度、説明されてきてはいるものの、時代時代の繋がりの部分はどうなっているのか、連続
しているのか、はたまた断絶しているのかがよくわかっていない。さらに、時代ごとに勾玉の様相
が把握されていない地域も多い。つまりは、時代や地域を俯瞰する視点をもって、勾玉の発生から
終焉にいたるまでといった変遷を辿っていく考古学的研究は、積極的に行われてはこなかったとい
えるであろう。

　本書は、勾玉に焦点を当てながら、日本列島から出土したものを集成して、それを分析対象とし、
列島における勾玉全体の変遷と地域性を把握するとともに、各時代に特徴的にみられる勾玉の変遷
や地域性に関する分析を重ね合わせることで、日本の原始・古代における勾玉の様相を明らかにす
ることを試みるものである。出土が確認できる全時代を視野に入れた考古学的研究は、勾玉研究の
基礎的かつ重要なものとなる。

　そして、原始・古代に生きていた人びとの精神的社会や文化が形成されていく過程やその背景に
ついて考えるうえで大きな手掛かりになると考えている。


　　註
(1)　取り扱った辞典・事典および項目は、『国史大辞典』の「まがたま　勾玉」〔吉川 1992〕、『日本史大
　　事典』の「勾玉　まがたま」〔小林・坪井 1994〕、『日本国語大辞典』の「まが―たま【曲玉・勾玉】」
　　〔北原・久保田・谷脇・徳川・林・前田・松井・渡辺 編 2001〕、『広辞苑』の「まが―たま　曲玉・勾
　　玉」〔新村 編 2011〕である。
(2)　取り扱った考古学の辞典・事典は、『考古學辞典』の「まがたま」〔酒詰・篠遠・平井 編 1951〕、『図
　　解　考古学辞典』の「勾玉 , 曲玉」〔小林 1959〕、『日本考古学辞典』の「勾玉」〔樋口 1962〕、『世界考
　　古学事典　上』の「曲玉 , 勾玉」〔渡辺 1979〕、『日本考古学用語辞典』の「勾玉」〔斎藤 1992〕、『日
　　本考古学事典』の「勾玉〈曲玉〉」〔車崎 2002〕、『歴史考古学大辞典』の「まがたま　勾玉」〔古谷
　　2007〕である。

# 序　論　本書の視角

## 第1節　勾玉研究の歴史と問題の所在

### 1. 勾玉をめぐる研究史

#### 第1期：研究の黎明期 ―1780年代から1867年まで―

　第1期は、性格について言及した研究もみられるものの、いずれも実証的に行われたとはいい難く、それよりも実際に目にすることができた勾玉とその周辺の事がらに関して記録・記述することが中心に行われた時期である。また、時期差・地域差といった観点からの考察はそれほどみられず、勾玉の製作工程や習俗の解明といった視点での研究も積極的に行われてはいない。時代は、勾玉研究が行われ始める1780年代から1867年までとする。

　勾玉の研究は、玉類の魅力に引き込まれた人、換言するならば石愛好家らなどによって始められ、それに伴い勾玉について記述された書籍が刊行されていく。具体的には、藤貞幹の『集古圖』[1] (1780) や青柳種重の『三器略説』(1816) に加えて、国学者の立場から勾玉をみた谷川士清の『勾玉考』〔谷川±1774〕や考古学的な観点から勾玉をみた木内石亭の『曲玉問答』〔木内1936〕などはよく知られているものである[2]。木内の『曲玉問答』については、奈良時代の仏具に勾玉が取り付けられていることを指摘している点が高く評価されており、さらに、蝦夷地域の人びとが使用した首飾り（シトキ）や琉球地域の巫女が使用する首飾り（ノロクメ）の図があげられていることから、考古学に土俗学を応用した研究であった、と位置付ける研究者もいる〔清野1944〕。

　その他に、江戸時代における玉の研究をあげるならば、木原楯臣の『雑玉考』[3] と蜷川式胤の『日本國上古所用玉考控』がある〔清野1944〕。『雑玉考』の内容をみていくと、各地に点在している神社や寺に納められている、あるいは個人が所有している数多くの玉類が図示されるとともに、玉の装身具がみられる埴輪の図や勾玉を身につけた日本武尊の図などが載せられている。また、蜷川家に伝わる『日本國上古所用玉考控』の中にも首や手首に玉類が確認できる埴輪の図が掲載されている。これらの点から、木原や蜷川が古代の人びとによる玉の着装方法について考えを巡らせていたことは容易に推測できる。そして、このことから、江戸時代にはすでに勾玉が研究対象としてとり扱われていたことがわかる。

　また、ドイツの博物学者であるシーボルトは、自身が著した『日本』のなかで勾玉に関して述べている〔シーボルト1978〕[4]。シーボルトの勾玉研究については、斎藤忠氏が詳しくまとめているので〔斎藤忠1977・1990b〕、その成果と合わせながら述べていくことにする。シーボルトは、勾玉について3種類に区分できるとしているが、管玉や臼玉もそれぞれ1つの種類としている。このことから、彼のなかで勾玉という用語の示す範囲が不明瞭であったことが分かる。さらに、勾玉が貨幣としての交換物であったという現在では否定されている考えもいくつかみられるが、所有者や用いられる場面などにも着目し、性格づけを積極的に行っていることは評価できる。また、シーボル

トの勾玉研究の根底には、伊藤圭介氏の「勾玉考」があったことはよく知られている。この「勾玉考」はオランダ語で書かれたものであり、そのタイトルを日本語で直訳すると「日本の勾玉即ち曲った宝玉の記述」となる〔伊藤1830〕。内容は木内の『曲玉問答』を整理し、考証したものであった[5]。これらのことから、日本列島に「まがたま」と呼ばれる特異な形態の玉類があるという事実が、どの程度知られていたのかはおいておくとして、19世紀前半にはすでに海外の人びとによって認知されていたということになる。

### 第2期：視点の多様化と考古学的アプローチへの芽生え―1868年から1915年まで―

　第2期に入り、近代日本の人類学および考古学を支えた鳥居龍蔵氏は、勾玉を研究することが「日本人種を取調べんと欲する者には最も注意すべきことなりとす」〔鳥居1895：209頁〕と述べている。また、高橋健自氏〔高橋健1911〕をはじめとした近代日本の考古学者らは、勾玉を使用する習俗が日本人の国民性、あるいは民族性を表徴しているという認識のもと、研究に取り組んでいく〔河村2014〕。この傾向は、認識の強弱はおいておくとして、現在、勾玉を含む玉類の研究者のなかにもみられることである。このような姿勢をもつことで、必然的に様々な視点から勾玉を捉えようといった動きが生まれていく。

　具体的には①定義設定に関する議論、②工具と製作工程の解明、③形態・材質の多様性と時期差・地域差の把握、④起源・用途・性格・系譜の検討、⑤北海道・沖縄県・海外資料への着目、⑥海外への周知がある。また、勾玉自体を詳細に観察することで製作技術の復元や、形態の変遷・地域性の把握を試みるといった考古学的研究が徐々に行われ始めるのもこの頃からである。時代は、1868年から1915年までとする。

#### ① 定義設定に関する議論

　定義に関する議論は、『東京人類學會雜誌』のなかで激しく行われていく。まず、坪井正五郎氏がメキシコに勾玉があると報告したことに対して〔坪井1889〕、三宅米吉氏が日本の勾玉と同じものとしてよいのか、と疑問をなげかけたことから始まる〔三宅1889〕。坪井氏が参考資料としてあげた「メキシコの勾玉」は、計7点あり（第1図）、いずれも石を素材としている。そのなかで「ほ」と示したものについては、「日本の曲玉の如し」と強調して報告されている。この坪井氏の報告に対しては、羽柴雄輔氏も否定的な意見を述べている〔羽柴1890a〕。

　このような意見の食い違いは、勾玉の定義がそれぞれ異なることが原因であった。そこで、坪井氏はそれぞれの定義を対応表にまとめ（第1表）、議論を深めることで定義づけをより厳密に行おうとした〔坪井1890〕。しかし、それぞれの考えを統一することは、困難を極めた。3氏は、物質・大きさ・形状・体・装飾・孔・用途の計7項目によって定義を行っている。そのうち問題となったのが、用途についてであった。三宅氏・羽柴氏は装飾としての用途を定義に組み込もうとする一方で、坪井氏は用いる場面に多様性がみられることから、定義として積極的に組み込まずに装飾は主たる用途とするべ

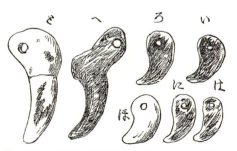

第1図　坪井氏が紹介した「メキシコの勾玉」

きと考えていた〔坪井 1890・1891b〕。この坪井氏の意に対して、三宅氏・羽柴氏らはたとえ神に奉げたり、あるいは死者に副葬する場合であっても、最終的にはその使用する対象を装飾するという意味が想定できるとし〔羽柴 1890b〕、意見は平行線をたどっていく。また、大野延太郎氏は3氏を含めたさまざまな議論を整理したうえで、時代を縄文時代と古墳時代に分けて、それぞれ形態・材質・製作・用法から定義づけを行っている〔大野延 1896〕。

### ② 工具と製作工程の解明

まず、工具について述べるならば、坪井氏が出雲地域の玉作関係遺物をみていきながら、勾玉の抉り部の製作には、それと同時期にみられる中細の一字形品（板形の砥石）を用いていたことを想定している〔坪井 1904〕。さらに、坪井氏は勾玉の砥石には2種類あると述べ〔坪井 1910〕、1つ目は先ほどあ

**第1表 坪井氏が作成した勾玉の定義に関する対応表**

| 用 | 孔 | 装飾 | 躰 | 形状 | 大さ | 物質 | | |
|---|---|---|---|---|---|---|---|---|
| 装飾 | 有り | 不關 | 圓 | 多少勾形をなす | 不定 | 石 | 三宅氏に従へば | 曲玉とは左の如き物なり |
| 装飾 | 有り | 不關 | 圓或は平 | 多少勾形をなす | 不定 | 不定 | 羽柴氏に従へば | |
| 不定 | 有り | 不關 | 圓或は平 | 多少勾形をなす | 不定 | 不定 | 坪井氏に従へば | |

げた抉り部を形成する板形砥石であり、2つ目は背部を研磨するときに使う筋の入った据え置きの砥石としている。また、大道弘雄氏も出雲地域でみられる筋砥石を紹介するとともに、武蔵国玉造出土の破片や大阪市天満天神境内白米稲荷社内の「狐の爪磨石」が砥石であった可能性を推測している〔大道 1909〕。

製作工程については、柴田常恵氏の研究がある。柴田氏は、古代の勾玉作りには2つの方法があったことを想定している。1つ目は、「予め其形状に石を打欠き、先づ内曲面より磨きを加えて両側面に及ぼし、後ち孔を穿ちて琢磨を施するに至りしもの」で、2つ目は「先づ両面を磨きたる扁石に孔を穿ち、而して磨を加へて内曲部をも造るもの」としている〔柴田 1910a・1910b〕。また、穿孔に関しては「孔を穿つことが、すべての加工を終へし後ちなされしと見ゆるものあり」とも述べている。

### ③ 形態・材質の多様性と時期差・地域差の把握

形態の多様性については、すでに第1期（1780年代から1867年まで）から把握されていたことではあるが、第2期においても、各地で確認されている異形勾玉の紹介を研究者らが行っており、参考資料の蓄積がなされている[6]。

時期差・地域差について、まずは時期差についてみていきたい。第2期になると縄文時代における勾玉の存在が、研究者の間に広く認知されていく〔羽柴 1886、鳥居 1894a など〕[7]。研究者によって呼称は異なるが、「石器時代曲玉」〔林 1896、両角 1931a〕や、次の第3期（1916年から1939年）にみられる「貝塚曲玉」〔高橋健 1916〕と呼ばれたものである。

次いで、地域差について述べるならば、鳥居氏が関東地域と九州地域との間には、形態に差異がみられることを明らかにし、さらに、日本列島を通じて形態が一様ではないことを指摘している〔鳥居 1895〕。また、鳥居氏は八重山諸島から出土する勾玉の形態分類を行ったうえで、本土の勾玉との比較が今後必要になると説いている〔鳥居 1894b〕。この鳥居氏の考えに呼応するかたちで、各地域の勾玉の情報が研究者らによって提示されていく。事例をいくつかあげるならば、中井伊與

序　論　本書の視角

太氏は徳島県でみられる勾玉の石材比較を行っている〔中井 1895〕。その他にも、大野氏は秋田県南部地域〔大野延 1898〕・関東地域〔大野延 1904〕、小川敬養氏は北部九州地域〔小川敬養 1895〕における勾玉の状況を報告している。

④ 起源・用途・性格・系譜の検討

起源・用途・性格は、それぞれが密接に関連していることを念頭にいれながら、さまざまな学問によって議論が進められている場合が多い。そのため、これらを１つのカテゴリーとしてまとめていきながら、議論がなされてきた民俗学・人類学と考古学とに区切って整理を行っていく。

まず、民俗学や人類学からのアプローチをみるならば、坪井正五郎氏は勾玉を身につけることに対して、獣類の歯牙の威力を恐怖し、それを自身に身につけることで、それのもつ呪力を自らも得られるという呪的信仰が基礎にあることを述べたうえで、勾玉の獣牙起源説を唱えている〔坪井 1886〕。この着想は坪井氏が大英博物館に行ったさい、目にした獣牙穿孔の飾玉を参考にしていることはよく知られる。

考古学の立場からみるならば、谷千生氏は勾玉が足玉・手玉、そして首玉として用いられる際に生じる玉と玉とが触れ合い鳴ることに意味があるとしている〔谷 1888〕。また、八木奘三郎氏は、玉の用途について①祭祀の際、②神霊として、③祝賀の際、④身体の装飾、⑤貿易の媒介として、という計５つをあげており、そのうち②は三種の神器を想定している〔八木 1898〕。

系譜について述べるならば、縄文時代の勾玉と古墳時代の勾玉との間に連続性がみられるか否かについて、議論がなされている。大野氏は、縄文時代の勾玉は未開人が石器を使って作ったものであり、古墳時代の勾玉は専業集団によって生産されたものとし、両者を区別できるとしている〔大野延 1896〕。高橋氏は、勾玉の製作技の系譜について述べている。具体的には、硬玉という玉材は中国から入ってきたものとしたうえで、勾玉は日本で製作されたものとしている〔高橋健 1911〕。この考えには、高橋自身が中国における勾玉の出土事例を聞いたことが無い、ということが根底にあった。

⑤ 北海道・沖縄県・海外資料への着目

北海道の勾玉をみていくと、青森県の商人が北海道から勾玉が出たという話をしていたことが報告されている〔淡 1888〕。

沖縄県の勾玉については、すでに述べた八重山諸島の勾玉を分類した鳥居氏の研究がある。そのなかには当時、沖縄本島の勾玉がどのような経緯で存在するのかについても検討がなされている〔鳥居 1894b〕。また、八木氏は玉類の分布を把握していくなかで、出土が確認できる終焉の時期になると、沖縄県の島々に古式の勾玉が多くみられるようになることを明らかにしたうえで、沖縄県の勾玉が本土で廃れたのち流入してきたものである可能性を推測している〔八木 1898〕。

次に、海外の勾玉について述べるならば、朝鮮半島南部で出土事例が多く確認できることが分かってくる。その事実を受けて、今西龍氏は日本府が金海付近にあった可能性を述べ、そこに住んでいた日本人が勾玉を使用していたことを想定している〔今西 1908〕。

その他の国については、坪井氏がノルウェー・エジプト・メキシコ・フランスでみられる勾玉状の製品の紹介を行っている〔坪井 1891a・1891c〕（第２・３図）。

第1節　勾玉研究の歴史と問題の所在

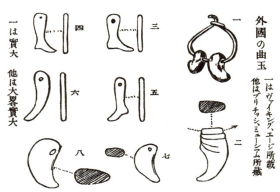

第2図　坪井氏が紹介した海外の勾玉関連資料①
一は、ノルウェーの丸塚出土のガラス製品、二〜六は、エジプトのメノウ製品、七・八は、メキシコの石製品

第3図　坪井氏が紹介した
海外の勾玉関連資料②
フランスアヴェーロンの墳墓出土品（縮尺不同）
ろ；獣牙、い・に；貝殻？石灰質石？、は；青銅

⑥ 海外への周知

　第1期のところで、19世紀前半には勾玉がすでに海外の人びとに知られていたことは述べたが、そこからさらに日本の「玉」の存在を海外へ発信するのに一役かった書籍が、当該期に刊行されている。それは、長谷川武次郎氏の考えによって生み出され、日本の昔話をテーマにシリーズものとした縮緬本（ちりめん本）であり、1885年から1892年（明治18年から明治25年）にかけて、弘文社から20巻21冊が出されている。

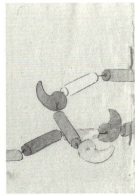

第4図　明治20年出版の『日本昔噺』第14号に
収録された「玉の井」の表紙と裏表紙

　この縮緬本は、来日した外国人が帰国する際のお土産の1つとして作られた主に輸出用のものであり、その性格から日本の文化を海外へ広める役割を大いに担った。日本の昔話が英語・ドイツ語・フランス語・スペイン語・ポルトガル語・オランダ語に翻訳された文章とともに、多色木版刷りの挿絵もいくつか組み込まれており、その中には日本の「玉」もみることができる。たとえば、「八頭の大蛇」の話では、勾玉などの玉類を綴ったものを首にかけたスサノオ神や、「玉の井」の話では御統玉が描かれている（第4図）。

### 第3期：考古学に基礎をおいた勾玉研究の始まり　—1916年から1939年まで—

　第3期は、京都帝国大学に日本で最初の考古学講座が新設され、その教師にイギリス留学からもどった濱田耕作氏が着任した時を始まりとする。濱田氏はロンドン大学のペトリー教授から学んだ、当時の最先端の考古学を紹介していきながら、『京都帝國大學文學學考古學研究報告』の刊行も行っていく。これらの成果によって、日本の考古学における調査・研究の基盤というものが出来あがっていく時期である。

　勾玉研究をみてみると、第2期（1868年から1915年まで）から継続してさまざまな視点での研究

が行われていくなかで、濱田氏からもたらされた考古学的なものの見方や分析の方法によって、新しい成果が出されていく。たとえば、玉作りの技術および工具の解明や形態・材質からみた時期差・地域差を把握した研究は、現在の玉類研究の基礎となっているものが多い。そこで当該期においては、①工具と製作工程の解明、②形態・材質の多様性と時期差・地域差の把握、③起源・用途・性格・系譜の検討、④北海道・沖縄県・海外資料への着目、⑤史料のなかの勾玉研究の5つに分けて、研究史を整理していきたい。時代は、1916年から1939年までとする。

① 工具と製作工程の解明

京都帝国大学が中心となって発掘調査が各地で行われ、その成果は『京都帝國大學文學學考古學研究報告』として刊行されていることはすでに述べた。そのうちの第10冊として出されたのが『出雲上代玉作遺物の研究』であり、刊行されたのは1927年のことである。この報告書のなかで濱田氏は、出雲地域における膨大な玉作り資料をもとにして、古代における玉類の製作工程を復元している〔濱田1927〕。穿孔に関して述べるならば、出雲玉作跡遺跡から出土した碧玉・瑪瑙・水晶製の未成品には、片面から穿孔されたものが多くみられることが明らかにされている。

他には、中山平次郎氏が、弥生時代の遺跡で出土するガラス製品を全て中国からの輸入品とするのは困難であるとして、日本製品の1つにガラス製勾玉をあげている〔中山平1928a・1928b〕。しかし、原料であるガラスに関しては、日本製と中国製の2つがあり、後者の場合は①加工していない原料を手に入れて勾玉を製作した、②厚みのあるガラス製品を手に入れて勾玉に再加工した、③加工されたもの或は破片を利用して改鋳したという3パターンを想定しているが、そのうちの①を強く主張している。すなわち、中山氏は中国から入ってきたガラスの原料を弥生時代の人びとが研磨してガラス製勾玉を作っていたと推測している。しかし、ここで注目すべきことは、③でみられた、弥生時代におけるガラス製勾玉の製作過程を復元するにあたって、中山氏が鋳型の存在を視野に入れていたことであり、そこには同時代の遺跡で確認されている青銅器の鋳型の技術が応用されていた、という考えが根底にあった。

② 形態・材質の多様性と時期差・地域差の把握

まず、形態・材質の多様性については、柴田氏が出土事例10点を用いながら形態分類や使用材質に関する研究を進めていくことで〔柴田1916〕、研究者のなかでその多様性がより明確なものとなっていく。また、和田千吉氏は古墳から出土する石製勾玉に着目し、平面形態がE字形のものや、表面に刻み目が施されているもの、孔が様々な方向から穿たれているものなどといった、いわゆる異形勾玉を数多く紹介している〔和田1916〕。石以外の材質については、岸川清信氏がガラス製勾玉の事例報告を行っている〔岸川1930〕。

次に時期差についてみていくと、野津左馬之助氏は1つの時代のなかであっても、時間の経過と共に形態が変化すると述べている。野津氏は、古墳時代の出雲地域では国庁跡周辺で確認される勾玉である「國廳

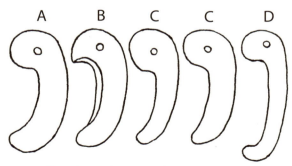

第5図　野津氏による勾玉の型式分類図

式勾玉」と、その前の段階の勾玉である「国造式勾玉」の2つの様式の勾玉が確認できるとしている〔野津 1925〕。そして、「国造式勾玉」から「國廳式勾玉」への移り変わりについては、「国造式勾玉」ではC字を呈していたが、「國廳式勾玉」の終わりの頃になると胴部が間延びし、尾部がやや上向きになる。加えて、抉り部が縦に伸びることにより、平面形がコの字を呈するものへと変化していくといった一連の流れが提示された（第5図）。この野津氏の指摘が出されて以降、勾玉の形態の大まかな変遷を述べるときには、C字形が古く、コの字形が新しいといったことがいわれるようになる〔濱田 1927〕。

また、地域差について述べるならば、後藤守一氏は東日本と西日本とでは時期差が大きくみられることを考慮した上で、主に古墳時代における西日本の勾玉が東北地域の勾玉から影響を受けている可能性を推測している〔後藤 1930〕。

③ 起源・用途・性格・系譜の検討

また、起源・用途・性格については、考古学をはじめとして文献史学・民俗学・人類学といったさまざまな学問領域からアプローチがなされている。

まず、文献史学からのアプローチとしては、喜田貞吉氏の研究があげられる。喜田氏は、「たま」の名称について、孔を穿ち緒を通す個々の物体というのは、第2次的転用の名称であり、「当初は是等の個々の物体を，所謂「タマの緒」を以て連絡したもの」のことを指すと述べている。〔喜田 1933〕。そして、「マガタマなる古語が緒を以て綴った連珠の稱」であり、勾玉がただちに「マガタマ」と呼ばれていたとは考え難いと述べている[8]。その一方で、人の死と玉の緒が絶えることを対応させて考えていることから、古代の人びとがもっていたであろう玉の思想のなかには、霊魂との関係性も含まれていたことも想定できるとしている。

民俗学・人類学からのアプローチとして述べるならば、第2期（1868年から1915年まで）に提示された坪井氏の獣牙起源説に対して、中山太郎氏が干し固めた肝臓を胸に懸けたのが勾玉の古いかたちであるとし、勾玉の肝臓模倣説を唱えている〔中山 1930〕。その性格については、①山の神に捧げた心臓に対して自分らがこれを所持することは神の加護をうけるもの、②性器崇拝の結果はこれに呪力の存するもの、③原始時代の勇者の徽章の3つが考えられるとしている。

一方、折口信夫氏は、「人間の身体に出たり這入ったりするところの抽象的なたま（霊魂）を具体的にしむぼらいずせる玉をばたまと称して、礦石や動物の骨などを此語で呼」ぶと述べ、「霊魂のたまも、まじっくに使用せられるゝ珠玉も、所詮同じものであつて、一つの物体の両面の様なものである」としている〔折口 1996〕[9]。また、折口氏は、霊魂が中宿として色々な物質に入りこむものとしたうえで、霊魂の貯蔵所の1つとして玉を想定している。さらには、玉と玉とを触れ合わせ音を鳴らすことにより霊魂が出てくるとも述べている。

考古学の立場からみるならば、獣牙起源説をふまえて考察を行う研究者が多くみられる〔両角 1931a、柴田 1924a など〕。後藤守一氏もその一人であり、彼は当初、イルカの牙など曲がっていない牙があることを根拠として、祖形の特定には慎重な姿勢を示していたが〔後藤 1927a〕、後に動物の牙からの起源を肯定的にとらえるようになる〔後藤 1930〕。その一方で、大野氏や両角守一氏は、獣牙起源説をふまえてはいるものの、勾玉のなかには玦状耳飾りの欠損品を再加工したものもあった可能性を指摘している〔大野延1930 、両角 1931a〕。この両氏の考え方は、なるべくそれ以前

序　論　本書の視角

の近い時代の遺物から祖形を見出そうとしているという点で高く評価できよう。用途や性格に関しては、高橋健自氏が勾玉の輪部に護身の力があるとし〔高橋健1928〕、また後藤氏も勾玉が単なる装身具ではなく、一種の護符として用いられていたことを推測している〔後藤1930〕。

　系譜については、まず、第2期（1868年から1915年まで）に大野延太郎氏が、縄文時代の勾玉と古墳時代の勾玉は、生産者や製作技術の違いで明確に区別することができる、としたことに対して、大野雲外氏は先住民が使用したものと日本民族が使用したものといったように区別はしているものの、両者とも自然のものに孔を穿ち、連ねて用いることを根拠として、系統は同質のものであったとしている〔大野雲1916・1924〕。これと同様な考えを示したのが後藤氏であり、彼は両者の間に有機的関係性がみられるとしている〔後藤1930〕。

④ 北海道・沖縄県・海外資料への着目

　まず、高橋勇氏は、北海道にあるアイヌ墓から出土した4点の勾玉についての報告を行っている〔高橋勇1933〕。

　そして、沖縄県の勾玉について述べるならば、沖縄本島のノロたちが所有していた勾玉について、濱田氏の下で助手・講師を勤めたことのある島田貞彦氏が報告を行っている〔島田1933〕。そのなかで、大きさによる分類・材質の産出地・製作地・流入時期などについて言及しており、大きさの差については、所有者の階層と関係していることを推測している。この島田氏の報告・研究について、谷川章雄氏は考古学に基礎をおいた沖縄県の勾玉研究の出発点と評価している〔谷川章2008〕。

　海外の勾玉について述べるならば、朝鮮半島での用いられ方が日本とは異なることや〔濱田1927〕、生産自体も朝鮮半島で行われた可能性があることなどが指摘されている〔小川敬吉1927〕。後藤氏は、朝鮮半島南部で発見されるものは内地のものと系統を等しくするものとしており、起源の地については言及するにはいまだ不十分としている〔後藤1927b〕。

　また、朝鮮半島でヒスイ製勾玉が大量に確認されていくにしたがい、中国の玉器に多くみられる軟玉との比較検討も重要な研究テーマの1つとなっていく。その背景には、日本列島で確認されるヒスイは硬玉であり、それと軟玉との区別は肉眼観察では容易に行うことができないとされていたことが考えられる。この問題に対して、島田氏・小泉顯夫氏は日本列島の勾玉271点と朝鮮半島の勾玉162点を用いて分析を行い、その結果、比重の差によって硬玉と軟玉とを区別できることを明らかにしている〔島田・小泉1927〕。また、ヒスイの流通ルートからみた日本列島と中国との関わりについても議論がなされていくが、これは当時、日本列島でヒスイ産出地が確認されていなかったことが大きな要因であり、日本列島のヒスイは中国から入ってきたとする考えが大勢を占めていたためである〔高橋健1916、濱田1928〕。そのようななか、後藤氏は中国で確認された硬玉製品が多くないことや、日本列島で軟玉製品が少ないことを述べたうえで、中国からの流入といった考えに対して疑問を呈している〔後藤1930〕。

⑤ 史料のなかの勾玉研究

　柴田氏は、歴史書のなかに記載されている八坂瓊勾玉を大いなる赤い勾玉であったと述べている〔柴田1924b〕。このことから、彼が瑪瑙を素材として考えていたことが推測できる。また、東洋史学者である橋本増吉氏が、「魏志倭人伝」のなかに記されている「青大句珠」の実態について言及しており、それは碧玉製勾玉であると述べている〔橋本1932〕。

## 第4期：ヒスイ製勾玉への新視点と研究の進展 ―1940年代から1959年まで―

　第4期は、国内でヒスイ産出地が発見・発表されたことによって、日本列島から出土するヒスイ製品について再検討を余儀なくされていく。また、盧溝橋事件をきっかけに起こった日中戦争や、第2次世界大戦といった世界的規模の戦争により国内は混乱していき、その影響は日本歴史学界・考古学界にも及んでいく。勾玉研究をみても、日本列島でのヒスイ産出地の発見を受けて、従来のヒスイ製勾玉に対する考えをもう一度、検討し直す必要が出てきた時期である。また、奈良時代へと研究の視野を広げるなど、新しい展開はみられるものの、全体的に第2期（1868年から1915年まで）や第3期（1916年から1939年まで）でみられた研究への積極性は弱まる時期でもある。当該期においては、①ヒスイ産出地の発見とヒスイ製玉類の再検討、②形態・材質の多様性と時期差・地域差の把握、③起源・用途・性格・系譜の検討、④沖縄県・海外資料への着目、⑤史料のなかの勾玉研究の5つに分けて記述していく。時代は1940年代から1959年までとする。

### ① ヒスイ産出地の発見とヒスイ製玉類の再検討

　日本列島内でのヒスイの発見史については、複雑で未だ不明な点が多いが、その解明を精力的に試みているのが宮島宏氏である〔宮島2016・2018〕。宮島氏の研究の内容をふまえてみていくと、日本におけるヒスイの発見史は、1917年と1923年の発見事例から始まる。そのうち1917年の発見について述べるならば、新潟県立糸魚川中学校2年生であった青木さんが、糸魚川の根知付近の道路の轍で2つに割れた緑色の石をみつけたことがそれにあたる。

　そこから少し時を経て、ヒスイの存在が再び発見されることになるが、それが1935年8月、伊藤栄蔵氏によってなされる。そして、伊藤氏が採集したヒスイは、のちにあげる河野義禮氏に渡っていく〔宮島2018〕。

　また、早稲田大学の校歌などを作詞した相馬御風氏が、糸魚川周辺地域を治めた奴奈川姫がヒスイの首飾りをしていたという伝説をふまえて、地元産のヒスイの使用を推測していたことはよく知られている。相馬氏と伊藤氏との間で、ヒスイについてのやりとりが行われたことは想定されてはいるものの、両者のつながりを示す直接的な資料は確認することができない〔宮島2016〕。また、ヒスイが再発見されたことに対して、相馬氏は無言を貫いていく。これについては、戦前には「翡翠を戦争の推進に利用させまいとして」、そして、戦後には「翡翠が進駐軍によって奪われ、価値が滅失すること」が頭にあった可能性が指摘されている〔宮島2018：165頁〕。

　また、学術的研究から述べるならば、旅順博物館館長であった島田貞彦氏は、旅順工科大学地質学教室にいた小倉勉教授から、日本列島でヒスイ産出地が発見され、そのことが学術雑誌に発表されていることを教えられた〔島田1941〕。それは、東北大学地質鉱物学研究室にいた河野義禮氏の「本邦に於ける翡翠の新産出及びその科

第6図　小滝川ひすい峡

学性質」という研究であり、『岩石鑛物鑛床學』の第22巻第5号に収録されたものであった〔河野1939〕[10]。具体的な内容は、新潟県姫川の支流である小滝川においてヒスイ産出地を発見した、というものである（第6図）。しかしながら、この画期的な発見は、当時、国の情勢が非常に不安定であり、加えて、歴史の浅い学会の学術誌に掲載されたため、国内はもとより地元の人びとですらとりたてて騒ぎたてられることはなく、ましてや他の学問領域の人たちの目にふれるには時間を要する状況であった〔宮島2004・2018〕。

　そのようななか、1941年に島田氏が「日本發見の硬玉に就いて」を発表し、そこで小倉教授から教えられた河野氏の研究を紹介したことによって〔島田1941〕、考古学界は日本列島でヒスイ産出地が発見されたという事実を初めて知ることとなる〔樋口1948〕。この島田氏の研究が発表される前から、数は少ないが日本列島でのヒスイ産出地の発見を予察していた研究者がいる。第2期でとり上げた後藤氏に加えて、原田淑人氏や八幡一郎氏がそうである。原田氏は、「我國上古に當つてあれまで多量の硬玉が西南亜細亜から遙々我國に輸送されたか頗る疑はしくなる。又その間に江南の支那人が仲介者となつたとすれば、原石の外に何等か支那臭く加工した遺物が出てもよいように思はれるのである。私は勾玉などに使用された硬玉質の原石が、その當時我國又はその附近に産出したものと想像する方が寧ろ妥當であるやうに感ぜられてならない」〔原田1940：426-427頁〕と述べ、日本列島内でのヒスイ産出の可能性を推測している。また、八幡氏は『ひだびと』で発表した「硬玉の礦脈」のなかで、飛騨の渓川をヒスイ産出地の候補地としている〔八幡1941〕。八幡氏の推定地の是非はおいておくとして、島田氏の紹介により、後藤氏・原田氏・八幡氏が主張した国産ヒスイの存在が明確なものとなったのである。

　新潟県で産出地が発見されて以降、樋口清之氏や藤田亮策氏はヒスイ製玉類が全国的にみられることなどを根拠として、未だ発見されていないヒスイ産出地が他にあるのではないか、といったヒスイ産出地の多所説を展開させていく〔樋口1948、藤田亮1957〕。また、樋口氏は出土するヒスイ製玉類について、すぐに全てを国産品と捉えるのではなく、なかには大陸産の素材を使ったものもあるのではないかと述べ、発見された産出地をすぐさま流通の出発点とする安易な考えに対して注意を促している〔樋口1948〕。

### ② 形態・材質の多様性と時期差・地域差の把握

　まず、島田氏の「勾玉雑考」〔島田1940〕と樋口氏の「垂玉考」〔樋口1940〕のなかでは、主として勾玉の平面形態から分類が行われている。さらに、原田氏は縄文時代中期から後期に移り変わるにつれ、ヒスイ製大珠が確認できなくなり、代わって小形のヒスイ製玉類が出現することをふまえて、大珠が分割され、再利用されていた可能性を推測している〔原田1940〕。

　また、江戸時代に木内石亭によって奈良時代の仏具に勾玉が付随するといった指摘がなされて以降、研究対象の外に置かれていた奈良時代の勾玉が、石田茂作氏によって研究されていく〔石田1940〕。石田氏は、奈良県にある元興寺の塔跡から出土した勾玉や正倉院蔵にある勾玉の観察を行い、いずれも古墳時代のものであることを指摘している。奈良時代の事例でいうと、他にも梅原末治氏が奈良県東大寺三月堂の本尊である不空羂索観音像の宝冠にみられる勾玉を紹介している〔梅原1950〕。

第1節　勾玉研究の歴史と問題の所在

### ③ 起源・用途・性格・系譜の検討

　この時期においても坪井氏の獣牙起源の立場をとる研究者は多くみられる一方で、考古学的アプローチからその考えを疑問視する研究者もいた。大場磐雄氏は管玉や丸玉などの玉類の多くが、本来的には自然にある草木果実を素材としたものであり、それを身体装飾品として用いることから始まったと述べたうえで、勾玉の起源を獣牙に求めることについて、未だ考慮の余地があるとしている〔大場 1943a〕。また、麻生優氏は牙製垂飾具が成立する場所では、石製勾玉が出現してもよいのに、その現象が多くの地域でみられないことや、石製勾玉の起源を石製品に求めていくことは十分に可能であることを述べている〔麻生 1953〕。さらに、麻生氏は弥生時代の勾玉について、牙製垂飾品・縄文時代における「く」の字形の勾玉に酷似したもの・玦状耳飾りの再加工品の3つの展開があり、それぞれ関係し合いながら成立したものと推測している。

　また、用途から性格について言及した研究者もいる。後藤氏は、京都府にある久津川車塚古墳（5世紀前半）〔梅原 1920〕から出土した5000点を越える勾玉が、あたかも石棺内に散布されたかのような状況で確認されたことに注目して、古墳出土の玉類には被葬者に対する服飾品とする以外の用途を想定している〔後藤 1940〕。

　具体的には、勾玉に一種の霊威があると推測している。この後藤氏の指摘がなされて以降、各時代における玉類の出土状況が厳密に検討されるようになり、その用途・性格を推測するさいには、装飾性以外の側面にも研究者の目が向けられていくようになる。また、島田氏は頸飾りを表現した埴輪を観察し、勾玉の着装時における正面観に着目しながら宗教的性格について言及している〔島田 1940〕。島田氏は「従来勾玉の形態観は常に曲れる鉤状の側面を以って正容とする意識にとらはれ、側面観よりする彎曲の點に主観をおいてゐるが、これは少なくとも正面観よりする直線的の正容を本體としてみるべきもの」とし、「勾玉の本質は横に曲れるものではなく、云はゞ前につき進む無限の形を上曲終止したもの」であるとした。そして、勾玉を直玉として捉え、神社建築における「千木の高く天空を摩する」といった精神と同じくすることを推測している。大場氏は鏡・剣・玉の三器が副葬される事例から、死霊から被葬者を防御するといった宗教的性格を玉類にみている〔大場 1943b〕。

　また、石田氏は、奈良時代の玉類について、1. 装身具として、2. 器具として、3. 器物の装飾として、4. 鎮壇具として、5. 観賞用としてといった5つの用途を提示している〔石田 1940〕。

　系譜については、八幡氏が古墳時代にみられる丁字頭勾玉の祖形は、それ以前の弥生時代あるいは縄文時代までさかのぼって考えられる可能性を述べている〔八幡 1940〕。

### ④ 沖縄県・海外資料への着目

　まず下地馨氏が、宮古島の勾玉を名称・形態・材質・用途に加えて、関連した歌謡・伝説・古記録などから検討している〔下地 1944〕。その結果、「曲玉買入禁止の古文書」などの古記録をふまえてみてみると、宮古島では17世紀後半まで本土から勾玉の流入が確認できることが明らかとなった。これは、琉球の勾玉が奈良・平安時代から入ってきたとする従来の考えに対して、再検討をうながす契機となった。

　海外資料については、朝鮮半島の勾玉を対象にした研究が目立つ〔梅原 1947など〕。斎藤忠氏は、慶州金鈴塚・慶州飾履塚・慶州瑞鳳塚・慶州普門里夫婦塚の勾玉を整理しており〔斎藤忠 1940〕、加えて、任那日本府という視点のもと、勾玉の影響が日本列島から朝鮮半島へと広がっていったこと

13

序　論　本書の視角

を推測している〔斎藤忠1943〕。

　⑤ 史料のなかの勾玉研究

　まず、八坂瓊勾玉を含む三種の神器に関する研究が行われており、とくに戦後に入ると、専門的立場からその問題を解決しようとする動きがみてとれる。入田整三氏は、『日本書紀』・『古事記』・『正倉院文書』にみられる勾玉を整理していきながら、八坂瓊勾玉について言及している〔入田1940〕。

　また、後藤氏と小林行雄氏は、『古事記』・『日本書紀』・『古語拾遺』などに記載されている神器をめぐる問題、すなわち三種の神器の実態について、考古学の立場から検討を試みている。後藤氏は、実際の出土状況などをふまえたうえで、奈良時代の段階では三種の神器と皇位継承のしるしとしての神器は別物であった可能性を述べている〔後藤1946・1947〕。そして、天皇になった際に奏上するのは鏡と剣の2種であって、玉を加えて三種になったのは後のことと推測している。また、小林氏は鏡・剣がセットで出土するのは弥生文化にみられるが、弥生文化の神器として最も適当な銅鐸が神話の世界に描かれていないことなどを根拠として、三種の神器という思想が成立したのがその次の時代である古墳時代前期頃であったと主張している〔小林行1947〕。

　その他には、第3期（1916年から1939年まで）で、橋本氏が「魏志倭人伝」の「青大句珠」を碧玉製勾玉としたことに対して、原田氏は魏の天子に贈ったものとしては、むしろヒスイ製勾玉であったとする方がよいのではないかと述べている〔原田1940〕。

## 第5期：勾玉研究の発展と玉類研究の増加 ―1960年代から2003年まで―

　第5期は、都市開発による事前発掘調査の増加に伴い、玉作関係遺跡・遺物も急激に蓄積されていくなか、それらの集成が実施されていく。そして、その成果をもとに玉作り研究が発展・成熟していき、消費地あるいは生産地を含めた流通に目をむけた研究も徐々に行われていく時期である〔石川県埋蔵文化財センター2003など〕。研究の対象となる時期・地域は細分化されていき、時代ごとに管玉や丸玉なども含めた玉類全体を俯瞰するような研究や出土玉類の組成から時期差・地域差を把握する研究が多く行われていく。

　その結果、勾玉研究は継続してみられるものの、玉類全体の様相を明らかにするために勾玉の研究が行われていく傾向が強くなる。他には、性格についての予察やガラス製勾玉の研究が活発になされていくとともに、玉類の研究を専門とする研究会が発足する。そして、この時期から科学分析が1つの研究方法として採り入れられていき、加えて、新潟県産のヒスイの発見を受けた朝鮮半島の勾玉の研究も進んでいく。この時期については、①資料集成、②玉作り研究、③消費地・流通の研究、④ガラス製勾玉の研究、⑤起源・用途・性格・系譜の検討、⑥沖縄県・海外資料への着目、⑦科学分析の導入とその成果、⑧史料のなかの勾玉研究、⑨「玉」を冠する研究会の発足の9つに分けて研究史を記述していきたい。時代は、1960年代から2003年までとする。

　① 資料集成

　第2表は、第5期にみられる主な資料集成の成果をまとめたものである。この表をみると、縄文時代のヒスイ製玉類は全国的に集成が行われている一方で、他の石材については千葉県・石川県の資料が集められているのみである。弥生時代ではヒスイ製が全国的、ガラス製は西日本を中心に集

第1節　勾玉研究の歴史と問題の所在

第2表　第5期にみられる玉類の集成に関する主要文献

| 文献 | 時代 | 材質 | 地域 | |
|---|---|---|---|---|
| 竹内理三・井上辰雄・江坂輝彌・加藤晋平・小林達雄・坂詰秀一・佐々木銀彌・佐原眞・平川紀一　編 1983『考古遺跡・遺物地名表』日本歴史地図＜原始・古代編＞別巻　柏書房。 | 縄文～続縄文 | ヒスイ | 北海道 | 消費地 |
| | 縄文 | ヒスイ | 東北～九州 | 消費地 |
| | 弥生 | ガラス | 北陸・近畿・中国・九州 | 消費地 |
| 島根県教育委員会 1987『島根県生産遺跡分布調査報告書IV　玉作関係遺跡』。 | 弥生～奈良 | 石 | 島根県 | 生産地 |
| 金子裕之 1988『律令期祭祀遺物集成』昭和61年～63年度文部省科学研究補助金総合研究A研究成果報告書II。 | 奈良・平安 | 土 | 東北～近畿 | 消費地 |
| 森浩一　編 1988「付録・縄文時代の硬玉製玉類出土遺跡一覧」『古代翡翠文化の謎』新人物往来社　205-256頁。 | 縄文 | ヒスイ | 全国的 | 消費地 |
| 玉城一枝 1990「付録　弥生・古墳時代の硬玉出土地一覧」森浩一　編『古代翡翠道の謎』新人物往来社　263-324頁。 | 弥生～古墳 | ヒスイ | 全国的 | 消費地 |
| 千葉県文化財センター 1992『研究紀要』13　生産遺跡の研究2-玉-。 | 縄文～古墳 | 石・コハク | 千葉県 | 生産地・消費地 |
| 小山雅人 1992「弥生勾玉の分布とその変遷」『究班』埋蔵文化財研究会15周年記念論文集　埋蔵文化財研究会　25-32頁。 | 弥生 | 石・ガラス | 東北～北部九州 | 消費地 |
| 東日本埋蔵文化財研究会 1993『古墳時代の祭祀-祭祀関係の遺跡と遺物-』第1分冊～第3分冊　第2回東日本埋蔵文化財研究会。 | 古墳 | 滑石・土中心 | 全国的 | 祭祀遺跡 |
| 池上悟 1993「古墳出土の琥珀玉」『立正大学文学部論叢』97　1-26頁。 | 古墳 | コハク | 全国的 | 古墳 |
| 藤田等 1994『弥生時代ガラスの研究-考古学的方法-』名著出版。 | 弥生 | ガラス | 近畿・九州中心 | 墓中心 |
| 石川県考古学研究会 1995『装身具I』石川県考古資料調査・集成事業報告書。 | 縄文 | 石 | 石川県 | 消費地 |
| 石川県考古学研究会 2000『装身具II（玉つくり）』石川県考古資料調査・集成事業報告書。 | 弥生～古墳 | 石 | 石川県 | 生産地 |
| 中山浩彦 2000「埼玉県内古墳出土の勾玉（I）」『調査研究報告』第13号　埼玉県立さきたま資料館　15-20頁。 | 古墳 | 石 | 埼玉県 | 古墳 |
| 中山浩彦 2001「埼玉県内古墳出土の勾玉（II）」『調査研究報告』第14号　埼玉県立さきたま資料館　15-24頁。 | 古墳 | 石 | 埼玉県 | 古墳 |
| 会下和宏 2001「弥生時代の玉類副葬―西日本～関東地域を中心にして―」『日本考古学の基礎研究―茨城大学人文学部考古学研究報告第4冊―』145-167頁。 | 弥生 | ヒスイ・ガラス | 関東～九州 | 墓 |
| 岸本竹美 2003「グスク時代及び近世出土の玉製品に関する考察」『紀要　沖縄埋文研究1』55-72頁。 | グスク～近世 | 石 | 沖縄県 | 消費地 |

められている。その他には、墓から出土したものを対象とした集成もなされている。

　古墳時代では、ヒスイ製が全国的に集成されている。また、祭祀遺構から出土した滑石製・土製のものや埼玉県内の古墳から出土したもの、加えて、千葉県内あるいは古墳から出土したコハク製のものといったように、いずれも視野が限定された集成がほとんどである。奈良・平安時代については、土製玉類が集められてはいるものの、報告された点数が少なく、さらには岩手県の事例が多くあげられていることから集成内容に偏りがあったことが考えられる。

　② 玉作り研究

　まず、縄文時代中期から晩期の新潟県寺地遺跡〔青海町役場1970〕や晩期の同県細池遺跡〔糸魚川市教育委員会1974〕など、ヒスイ製玉類の生産遺跡が調査されていく。寺地遺跡では勾玉の未成品が確認されており、その資料を基にして当該期における製作技術の解明が進められていく。奴奈川郷土文化研究会の土田孝雄氏は、玉作関係遺跡・遺物の検討や実験考古学からのアプローチを駆使して、糸魚川周辺に展開するヒスイ製玉類の製作技術・工程の復元やヒスイ原石と工具との有効性について、考察を加えている〔土田1982〕。特に、竹管によってヒスイ製玉類に孔をあけることが可能であると、最初に指摘したことは注目できる。

　弥生時代においても、勾玉を生産していた遺跡が調査され〔斎藤義1998など〕、製作工程の復元

15

序　論　本書の視角

などが試みられている。事例をあげるならば、新潟県諏訪田遺跡では中期のヒスイ製勾玉が作られており、そこでは原石—荒割—形割—打撃整形—研磨—整形研磨—穿孔—仕上げの順で勾玉作りが行われていたことが、寺村光晴氏によって指摘されている〔寺泊町 1991〕。その他の中期の玉作りについては、石川県にある八日市地方遺跡でヒスイ製の半玦形勾玉が生産されていたことが明らかにされている〔石川県小松市教育委員会 2003〕。

　また、徳島県稲持遺跡では後期の蛇紋岩製勾玉が作られており、その製作工程の復元が行われている〔菅原 1988〕。さらには、吉野川流域でみられる勾玉の原石の色や含有物などから6つのタイプに分けたうえで、それぞれの分布の把握も試みられている。

　古墳時代についても同様で、茨城県烏山遺跡〔国士舘大学文学部考古学研究室 1988〕や新潟県大角地遺跡〔青海町教育委員会 1979〕、島根県出雲玉作跡遺跡〔玉湯町教育委員会 1972〕など、勾玉を作っていた工房跡が数多く確認されている。そして、それぞれの発掘調査報告書のなかで工具の把握や製作工程の復元が行われている。出雲地域を例にあげて述べるならば、まず、角田徳幸氏・米田克彦氏が碧玉製・瑪瑙製勾玉の製作工程について言及している〔角田・米田 1999〕。また、米田氏は出土した膨大な玉作関係資料を遺跡ごとにほぼすべて実見・観察したうえで、分類や生産における器種・組成の把握を行い、それらを遺跡ごとに比較することで、出雲地域における玉類生産の実態の解明を目指した〔米田 1998〕。加えて、近畿地域・北陸地域・東国地域といった他の地域における玉作り遺跡の様相と比較することによって、玉類生産からみた出雲地域の独自性を見出そうとしている。

　寺村氏は、工房跡・製作技術・工具・玉作部・玉作名郷・社の成立といった生産側からみた複合的な研究を進めていくなかで、島根県忌部玉作遺跡における勾玉未成品の観察をもとに、荒割—形割—側面打裂—研磨—穿孔—仕上げ工程—完成の順で勾玉が作られていたことを明らかにしている〔寺村 1964・1966〕。さらには、北陸地域・東国地域・出雲地域の玉作りの様相を比較したうえで、地域によって製作工程に地域性がみられることを指摘した〔寺村 1974・1980a〕。

　また、今まであまり研究されてこなかった地域間における製作技術の伝播についても議論されていく。事例をあげるならば、奈良県曽我遺跡では、北陸地域で多く確認できる施溝分割の技術を用いてヒスイ製玉類を作っていたことが明らかにされていることから、北陸地域からの製作技術の伝播が推測されている〔河村 1992a・1992b〕。さらに、河村氏は出雲地域における玉作りの特徴の1つに片面穿孔をあげており、同様な技術が曽我遺跡でも確認できることから、両地域間の交流を想定することができるとしている。他にも、前期の茨城県にある霞ケ浦周辺の地域では、山陰系の技術を用いて瑪瑙製勾玉が生産されていたことが指摘されている〔大賀 2002〕。

　その他には金製勾玉の製作工程の復元〔村上隆 1995〕や、法量の比率から工人集団の違いや時期差をみたり〔堅田 1995〕、砥石をとり扱った実験考古学〔成澤・土肥 2000〕も行われている。さらには、列島規模からみた縄文・弥生・古墳時代のヒスイ生産の概要がまとめられていたり〔寺村 1998〕、千葉県〔千葉県文化財センター 1992〕・石川県〔石川考古学研究会 2000〕、島根県〔島根県教育委員会 1987〕における玉作遺跡・出土玉類の集成成果をもとにして、県ごとに玉作りの様相の把握が試みられていく。

### ③ 消費地・流通の研究

　まず、縄文時代では頭部に刻み目が施された勾玉の紹介〔梅原1969・1971〕やヒスイ製勾玉の概要を整理した研究に加えて〔瓦吹1998〕、県単位での集成なども確認できる〔石川考古学研究会1995〕。

　弥生時代について述べるならば、森貞次郎氏・木下尚子氏が西日本における膨大な数の勾玉を集成し、形態分類やそれらの出現時期および分布の把握、縄文時代からの連続性などについて言及を行っている〔森貞次1980、木下1987〕。木下氏は森氏の分類をふまえて、弥生時代の勾玉が縄文系勾玉と弥生系勾玉に分けられ、前者には獣形・緒締形・不定形、後者には定形・亜定形・板付型・半玦型があるとしている。そのうち、定形勾玉が前期末葉に出現し、中期前半に形成され、中期中頃から後半に完成することを述べ、勾玉の定形化が弥生時代にみられることを明らかにした。これら森氏・木下氏の研究が、現在の弥生時代における勾玉研究の基礎となっている。小山雅人氏は、東北地域から北部九州地域における勾玉の形態・材質・法量・分布に着目しながら、時期的変遷や地域性の把握を試みている〔小山1992a・1992b・1996〕。具体的には、ヒスイ製勾玉がみられない地域にガラス製勾玉の分布がみられることを根拠として、地域によってはヒスイの代わりにガラスを用いていた可能性を推測したり、ヒスイ製定形勾玉が北部九州地域を中心に段階的に西日本各地へと広がっていったことを明らかにしている。

　一方、東日本に目を向けるならば、廣瀬時習氏は福島県勝口前畑遺跡で作られた半玦形勾玉をとり扱いながら、それに関係したものが東北地域から関東地域にかけてみられることや、使用形態が中部高地地域から影響を受けていることを指摘している〔廣瀬2003〕。さらに、半玦形勾玉の生産地の1つである北陸地域とは、使用形態が異なることもふまえて、技術的側面では北陸地域、使用形態では中部高地地域との関係を想定している。この研究によって、東日本の各地では多岐にわたる文化的要素が複雑に結びついていたことが浮き彫りになってきた。浅野良治氏は、北陸地域でヒスイ製勾玉の生産が開始される以前から、北部九州地域にヒスイ製勾玉が存在していることや、その形態が北陸地域で生産されるものとは異なることを明らかにしたうえで、北部九州地域の人びとが北陸地域からヒスイ原石を入手し、加工を行っていた可能性を指摘している〔浅野2003〕。地域間における人の移動についてさらに述べるならば、水野裕之氏は愛知県の勾玉を集成したうえで、中期の愛知県朝日遺跡では北陸地域からの技術者の移動が想定できるとしている〔水野裕1999〕。

　その他には、墓から出土した玉類の形態・材質・組成・出土状況・用途を整理し、地域ごとの副葬形態の変遷を明らかにした研究も多く行われている〔石川考古学研究会2001、会下2001など〕。

　古墳時代については、副葬事例からの研究が多くみられる。石神孝子氏は、甲府盆地の古墳31基の事例をもとに、甲府盆地内では瑪瑙製勾玉の分布に偏りがあることや水晶の産出地が身近にあるにもかかわらず水晶製勾玉の出土が極端に少ないこと、加えて、前期にヒスイ、後期に瑪瑙・蛇紋岩・滑石といったように時間の経過によって主体となる材質に変化がみられることを明らかにしている〔石神1994〕。中山浩彦氏も埼玉県内にある古墳出土の勾玉128点の整理を行ったうえで、後期後半になると瑪瑙製の割合が高くなると共に、性格も変化していった可能性を推測している〔中山浩2000・2001〕。

　また、コハク製玉類についての研究もみられる。寺村氏は、コハク製玉類が石製品の分布や保有

序　論　本書の視角

に対して密接に関係するものであり、引いては初期ヤマト政権のあり方とも無関係ではないことを指摘している〔寺村 1985〕。また、池上悟氏は古墳から出土するコハク製玉類の集成を行い、種類ごとに変遷や分布を明らかにしている〔池上 1993〕。その結果、コハク製勾玉が千葉県の後期古墳から集中してみられることや、形態は「く」の字形のものが多いことなどがわかってきた。

　このように、各地域における勾玉の様相が少しずつではあるが明らかにされていくなかで、大賀克彦氏は地域ごとに特徴的な玉類を系統別に示したのち、それらが古墳時代のなかでどのような変遷をみせるのかについて、主に流通・普及の視点で網羅的に示そうと試みている〔大賀 2002〕。研究・分析を行う際に、大賀氏は暫定的な概念であることを前置きしたうえで、「分類されたそれぞれの集合は、一般的には特定の地域と結び付いた生産集団の共通性を意味しており、「系」という概念で表現できる。ある生産集団が複数の種類の玉を生産している場合にも、同一の「系」にまとめられる」〔大賀 2002：313 頁〕とし、地域名の後に「系」を付けて流通を把握する独自の理論を展開している。

　また、1 つの時代にテーマを絞った研究が多く行われるなか、時代を跨いで、勾玉の様相を整理する研究も少数ながらみられる。具体的に述べるならば、寺村氏による縄文時代から古墳時代におけるヒスイ製勾玉の研究〔寺村 1995〕、そして、玉城一枝氏は弥生・古墳時代におけるヒスイ製玉類の集成を行い、その様相を列島規模で概観している〔玉城 1990〕。玉城氏は墓に副葬されたヒスイ製勾玉の数に着目し、弥生時代後期から古墳時代へ移り変わるなかで、相対的に 1 つの遺構に対してヒスイ製勾玉を多用するようになることを明らかにしている。その他にも高橋進一氏は、弥生時代から平安時代における勾玉の形態・材質・玉類の組成の変遷について言及している〔高橋進 1992〕。また、湯尾和弘氏は、縄文時代から古墳時代における出土勾玉の流通形態を把握したうえで、分布・材質の変遷からみた場合、古墳時代後期前半を境として、流通形態が異なることを指摘している〔湯尾 2003〕。

### ④ ガラス製勾玉の研究

　ガラス製勾玉の研究は、第 3 期（1916 年から 1939 年まで）の①工具と製作工程の解明でとり上げた中山平次郎氏の研究をうけて、この第 5 期で大きく進展していく。議論の中心は鋳型・製作技術・工程についてであり、その解明には多くの研究者が推測を試みている〔小林行 1964、藤田等 1977・1994 など〕。まず、梅原氏は福岡県から出土した土製鋳型をみて、2 つの鋳型を合わせて用いて勾玉を作っていた可能性を指摘した〔梅原 1960〕。この指摘は、先にあげた中山氏のいう「改鋳」という語句の意味するところを明確にしたということで評価されている〔小林行 1964〕。そして、ガラス製勾玉の鋳型の破片から湯口の存在が想定されていることから、中山氏と同様にガラス製品の鋳型も同地域で確認できる青銅器の鋳型と類似するという考えが根底にあったと思われる。

　また、小林氏は使用する鋳型の数はおいておくとして、生産する際には鋳型の使用が有効であることを述べ〔小林行 1978〕、その鋳型に関しては、青銅器の鋳型に近いものを想定する中山氏や梅原氏と異なる考えを示している〔小林行 1964〕。詳しく述べるならば、銅よりもはるかに融点が高温というガラスの特性を考慮したうえで、ガラスを製品として形づくるときには、融点よりも低い軟化温度に熱した粘性の強い状態のガラスを型押しによって整形することができる。そのため、ガラス製品の鋳型が湯口をもつ青銅器の鋳型と類似するものとは考えなくてもよいのではないか、そ

して、それは北部九州地域において青銅器用の鋳型は石型で、勾玉の鋳型は土を固めた砂型といった材質の違いがみられることと無関係ではない、と小林氏は推測している。

由水常雄氏は、鋳型を用いた3つの製作技術を提示している〔由水1978〕。1つ目は1枚の雌型に溶融したガラスを流し込み、ガラスの表面張力を利用するもの、2つ目は型押し法と呼ばれるもので、まず1枚の雌型に溶融したガラスを流し込み、その後にもう1枚雌型をその上に乗せて型を整えるもの、3つ目は鋳造法と呼ばれるもので、2枚の鋳型を合せて鋳口から溶融したガラスを流し込むものである。そのうち、鋳造法に関してはガラスの粘性の問題から難しいのではという意見〔潮見1988〕や仮に青銅器鋳造技術に依拠していたとして〔河村1986〕、型合せ印に加えて、鋳口周辺にできるであろう熱による鋳型の変色がみられないことから疑問視する研究者もいた〔藤田等1994〕。

この議論について、2001年に大田区立郷土博物館から刊行された『ものづくりの考古学』のなかには、2枚の鋳型を組み合わせて、湯口から溶かしたガラスを流し込む方法での鋳造実験の様子が写真と共に紹介されており、生産自体は可能であることが明らかとなった〔大田区立郷土博物館編2001〕。同書の中でまとめられている勾玉の製作工程をみてみると、1枚の鋳型を用いた鋳造法と巻付け引伸し技法の2種類があげられている。前者における孔の製作には、粘土を薄く張った針金を鋳型に指していた可能性が考えられている〔潮見1988、大田区立郷土博物館 編2001〕。後者は、粘土を薄く塗った針金に溶かしたガラスを巻き付けた後、一方を引き伸ばすことで勾玉形を作り出すというものである。

また、小瀬康行氏は鋳型の構造からみた場合、大きく1枚型と円筒型の2つに分類できることを指摘している〔小瀬1994〕。さらに、小瀬氏は実験考古学の立場から出土するガラス製勾玉と鋳型とを同定する際には、それぞれの計測値の一致だけを以って行うことは危険であるとも主張している〔小瀬1997〕。

他に議論された点をみていくと、弥生時代の鋳型を集成したうえで、形態分類・分布・変遷・地域性を把握する研究が行われている〔藤田等1994〕。また、ガラス製勾玉の集成も実施されており、弥生時代には北部九州地域・近畿地域に分布が集中することが明らかにされている〔藤田等1977、河村1986〕。加えて、寺村氏は弥生時代の北部九州地域にガラス製勾玉が多く出土することや、その鋳型が福岡県や大阪府で確認されていることを述べ〔寺村1981〕、小瀬氏は関東地域における古墳・横穴墓から出土したガラス製勾玉61点をとり扱いながら、それらのガラス内部に確認できる気泡と形態・色調・材質との関係性について言及している〔小瀬1989〕。

⑤ 起源・用途・性格・系譜の検討

まず、起源・用途・性格については、さまざまな学問領域のなかで議論が行われている。文献史学では、水野祐氏が勾玉の原義を究明するにあたり、①発生の時期、②最古のオリジナルな形態、③原石の種類の三点を重視して検討を試みている〔水野祐1983〕。水野氏は「勾玉の起源は、石器時代中期というきわめて古い時期にさかのぼり、それはたんなる装身具として発生したものではなく、呪的護符的意義をもって身につけられていたものだとおもわれる。やがてその信仰や習俗は広く一般的にひろまり、弥生時代を通じて古墳時代にいたるまで、とくに一部の海の生活に関聯する人びとの間で継承されていた。航海の神を信仰し、漁業の営み、航海通商にたずさわっていた、い

序論　本書の視角

わゆる広義での古代航海者・海人部族の間には、勾玉信仰が存在した。そしてそれは航海や潮の干満に関係の深い月神の象徴として、月の像をかたどった呪的護符として貴ばれたものであり、ここに勾玉の原義があると私は考える」〔水野祐1969a：218頁〕と述べ、当時、定説化されつつあった獣牙起源説を否定し[11]、勾玉を月神の象徴であるとしている。また、勾玉の原義には、色彩も考慮する必要があるともしており、勾玉の本来的色彩は青色を尊重していたことも推測している。

民俗学・人類学からのアプローチをみてみると、金関丈夫氏は勾玉が鉤状をしていることに注目し、「もとは獣の牙から起ったとしても、動物の牙そのものが、餌を口から離さないための装置である。牙も勾玉も、その他の鉤状の飾りも、みなこの、魂拘禁具とみるべきであろう」〔金関1975：38頁〕とし、さらに外部から侵入する邪霊を引きとめる役割も備わっていることを推測している。また、金関氏は魂の色と勾玉の色を青白色[12]に揃えることによって、その同色性から魂を引き寄せ、その鉤でつなぎとめると考えている。そして、魂の形が球状の頭と細長い尻尾の形をしていると推測したうえで、勾玉の形が単なる鉤ではなく魂の形でもあるとする。

その他に、玉に霊魂を鎮める役割を想定している研究者も多くみられる。たとえば、野本寛一氏は静岡県にある焼津神社の御神体（玉）が、水霊を鎮める役割を担っていると考えている〔野本1975〕。

望月信成氏は、天照大神を太陽、月夜見尊が月、そして素戔嗚尊は嵐・颱風の神格化であり、いずれも天体との関係が深いことを述べたうえで、勾玉の起源を動物の牙とすることを肯定的にとらえながらも「たまたま"きば"の形が天体の一つの星座の形と共通していて、やがて"きば"を首にさげて勢力や権勢を表象する意味よりも、一歩進んで、天体信仰にまで発展した」と述べ、「曲玉の"おたま杓子"のような形は北斗七星の形」であるとする興味深い説を唱えている〔望月1961〕。

考古学からのアプローチをみてみると、原田淑人氏のように勾玉の起源が猪の牙やサメの歯にあることを主張する研究者がいる一方で〔原田1986〕、縄文・弥生時代における玉類の資料が蓄積され、また、海外における玉類の状況も把握されていくに従い、多くの研究者が獣牙起源について再検討するべきと主張するようになる〔藤田亮1960、寺村1968a、江坂1989など〕。

1つ事例をあげるならば、土田氏はそれまで提示されてきた起源について整理を行ったうえで、勾玉の祖形・モチーフは玦状耳飾りに求めようとした〔土田1982〕。この考えには、玦状耳飾りが半分ないし3分の1ほど割れたものに孔をあけ、意図的に修復しようとしたものが縄文時代前期の遺跡から出土しており、それが勾玉状になっているということが根底にある。しかしながら、藤田富士夫氏は生産遺跡では勾玉は当初から勾玉として製作されていることを述べ、玦状耳飾りの再利用が勾玉の起源であるといった土田氏の考えを否定的にとらえている〔藤田富1989〕。また、藤田氏は勾玉の初現を縄文時代早期末葉から前期初頭に求めており、事例としては富山県極楽寺遺跡〔富山県教育委員会1965〕から出土した滑石製品をあげている（第7図）。

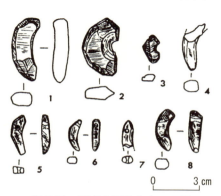

第7図　極楽寺遺跡出土の玉類

第1節　勾玉研究の歴史と問題の所在

　そのような状況のなか、木下尚子氏は出土状況などの分析を通して、縄文時代から古墳時代にかけての性格を網羅的に述べている〔木下 2000・2003〕。

　まず、縄文時代の勾玉には、「鉤」[13] と「結縛」[14] の意味があるとして、個人個人の魂を体に結び留め、さらに、肉体から魂が出ていこうとする際には、魂を引っかけて体内から出ていくのを阻止する機能を想定している。

　次に、弥生時代の勾玉については「権力者の生命を守り、かつ権力の序列に対応した体系を備える装身具」へと変化していくとしたが、一方では頭部に放射状の刻み目を有する、いわゆる丁字頭勾玉の存在から縄文時代の勾玉にみられた「結び」の性格も継続的にもち続けていたとも述べている。また、縄文時代とは異なり、弥生時代の墓に勾玉が用いられるようになることについては、「魂の再生を信じた農耕社会ならではの考え方が、弥生人に死んでなお勾玉を着装させたのだろう」と解釈している。

　古墳時代の勾玉は、弥生時代の勾玉と同様に、霊的なものを肉体に留める役割を想定しつつも、①他の玉類と綴って用いられること、②勾玉の材質に多様性がみられること、③祭祀に用いられるとされる石製模造品の登場の3点を根拠として、弥生時代から古墳時代に移り変わっていくなかで勾玉の意味が変化していることを指摘している。また、「身分表示の中心的役割を担うが、祭祀具セットの影響により、古墳時代後半ついに伝統的な呪力を失う」としており、古墳時代のなかにおいても勾玉の意味が変化することも述べている。

　寺村氏は、民俗学者である谷川健一氏と対談するなかで、第2期でとりあげた折口氏の考えに対する自身の考えを述べている〔寺村・谷川 1984〕。その対談のなかで寺村氏は、古代の玉に込められていたであろう意味をすべて包括して一言でいうのは困難であるとしている。すなわち、同じ古代の玉類でも意味という観点からみた場合、そこには時期差がみられるということである。そして、玉類と魂に関した折口氏の考えは、古墳時代中期（5世紀中葉）から古墳時代後期（6世紀）までの玉類に対応し、これは古墳時代終末期（7世紀）までは下らないとしている。

　さらに、寺村氏は古墳時代の玉類の様相には、前・中・後の3つの画期があることを述べ〔寺村 1980b〕、第1期における玉類の性格には、呪的・宝的性格がみられるとしている。第2期では、滑石製模造品の種類が古墳と祭祀遺跡とでは異なっていることなどを根拠に、祭祀司掌者による神祭りの玉と首長が直接司る玉類の2つに性格が分離していくとしている。また、この時期に関しては、①1期でみられたヒスイ製勾玉と碧玉製管玉といった、いわば統一された材質・色彩・形態観が多様化していくのが古墳の副葬形態にみられ、②形式化、粗造化された滑石製模造品の盛行は祭祀遺跡で確認でき、③子持勾玉が出現し、それが単独出土するといった3つの特徴があげられている。そのうえで、呪的・宝的性格を保有していた第1期の玉の宝的性格は①に、呪的性格から祭性への変化は②に、呪性の伝統的残存は③にそれぞれみられるとした。第3期には、祭祀遺跡や子持勾玉が減少することに加え、古墳への副葬品において多彩化が弱まる一方で、仏教と玉との関係性が色濃くみられるようになることを指摘している。その他に寺村氏は、墓で確認される玉に「タマシヅメ」・「タマフリ」といった鎮魂の呪具としての性格が想定できることも述べている〔寺村 1981〕。

　乙益重隆氏は、勾玉を含む玉類を壺や甕などの容器に納め、土の中へ埋める行為について述べており、その性格には地鎮信仰、すなわち「土地の神に対する信仰」との関係性を指摘している

序　論　本書の視角

〔乙益 1987〕。そして、これが古代中国でみられる癒玉信仰に基づくものと推測している。

　大場磐雄氏は勾玉に呪力・霊力が内在していること、さらに連接することでその呪力・霊力を強化できることを当時の人びとが考えていた可能性を述べている〔大場 1962〕。この考え自体が子持勾玉の性格についての解釈に端を発するものであるにせよ、勾玉の宗教的性格を考えるうえで大変興味深いものといえる。

　藤田氏は大阪府の和泉黄金塚古墳に副葬されたヒスイ製勾玉が〔末永・嶋田・森 1954〕、「神仙」の働きをもつ玉であったことを推測している〔藤田富 1988〕。その根拠としては、鏡・剣・玉がセットで副葬されていることに加えて、『万葉集』〔高木・五味・大野 校注 1960〕に収められている歌の内容を重要視している。具体的に歌をあげるならば、「天橋も　長くもがも　高山も　高くもがも　月讀の　持てる變若水　い取り來て　君に奉りて　變若得しむもの」（巻第 13-3245）と「淳名川の底なる玉　求めて　得し玉かも　拾ひて　得し玉かも　惜しき　君が　老ゆらく惜しも」（巻第 13-3247）とが一連の歌として詠まれたものであり、變若水が不老不死の水、淳名川の底なる玉が糸魚川産ヒスイを示していると藤田氏は述べている。さらには、古墳時代から奈良時代に移り変わるさい、勾玉の宗教的性格が急激に変化したことも指摘している。古墳時代にはみられなかった用途として、奈良県飛鳥寺の塔心礎から金銅製舎利容器とともに、ヒスイ製勾玉 2 点とその他多くの玉類が舎利荘厳具として用いられている事例や、奈良県の東大寺法華堂にある不空羂索観音像（740年頃）が被っている宝冠に垂れ下がっているヒスイ・水晶・ガラス・コハクといった様々な材質の勾玉の事例をあげている〔藤田富 1992〕。

　この奈良時代の勾玉については、森浩一氏も述べている。森氏は、奈良時代において寺院などでみられる大半の勾玉が、平城京や寺院を造るさいに壊した多くの古墳からでてきたものであるとし、寺院における勾玉の利用には、ただ単に再利用といった意味というよりも「被葬者を鎮める」意味が多分に含まれていたことを推測している〔森浩 1992〕。

　次に、系譜の検討について述べるならば、第 5 期になると、ある時代の勾玉とそれより前の時代の勾玉との間に系譜的つながりがあるか否かについて議論するさいには、形態や材質の比較から検討を行うといった、より実証的な方法をとるようになる。藤田亮策氏は「縄文文化期の硬玉と古墳内のそれとは、質と色とに類似のものが多いが、後者のものの分布が全国的であることと、良質半透光の玉材の少なくないことをはっきり区別すべきである」〔藤田亮 1960：617 頁〕と述べている。

　また、水野氏は弥生時代中期から出現する丁字頭勾玉が、「頭部に隆節をつけて、瘤節状を呈する」縄文時代の勾玉から影響を受けていることを推測している〔水野祐 1969b〕。弥生時代の勾玉の発生については、他にも多くの研究者が言及している。森氏は、弥生時代の勾玉の基本には獣形や緒締形といった縄文系勾玉があるとしたものの、定形化の要因には当該期に流入してきた楽浪系文物の影響を推測している〔森貞次 1980〕。木下氏は、定形勾玉の原型としてプロト定形勾玉を設定している〔木下 1987〕。このタイプは、菜畑型勾玉ともよばれ、縄文文化的要素と渡来的要素の双方を兼ね備えたものとされる。さらに、木下氏は弥生時代の勾玉が縄文時代の勾玉に起源し、これが弥生時代前期に入ると形態と質の両面において自立的に変化していくとも述べている〔木下 2003〕。

　次に、地域から地域への伝播という観点でみてみると、河村氏は弥生時代の勾玉について、北部九州地域の周辺で確認できた縄文時代の勾玉が祖形となり誕生したものであり、ヒスイを用いると

22

いう考えは北陸地域との関係性を推測している〔河村2000〕。また、東海地域の影響が西に及ぶことによって、九州地域に緒締形勾玉が出現することや〔木下2001〕、北陸地域で作られた縄文時代の勾玉が時間を経て、弥生時代前期には大阪府、弥生時代前期末から中期前半には山口県へと伝播した可能性も指摘されている〔藤田富2001〕。

その他については、奈良県飛鳥寺で確認されたヒスイ製丁字頭勾玉の孔に紐づれの痕が確認できることから、それが長期間使用された伝世品であることが明らかにされている〔藤田富1992〕。

#### ⑥ 沖縄県・海外資料への着目

沖縄県の勾玉については、横山学氏が沖縄県八重山郡波照間島の家で代々伝えられている勾玉と、同地域の畑から出土した勾玉の計2点の報告を行っている〔横山1971〕。横山氏は穿孔の仕方から前者をA型、後者をB型に分け、A型をより古いものと考えた。また、第4期（1940年代から1959年まで）でとり上げた、宮古島の勾玉が17世紀後半まで流入していたという下地氏の研究をふまえながら、これら2種類の勾玉の歴史的背景について考察を加えている。そのうち、A型の勾玉は当該地域ですでに存在していたものであり、琉球王朝が中央集権を確立するために他地域の有力者へ配ったものであったと推測している。

岸本竹美氏は、沖縄本島および宮古・八重山諸島におけるグスク時代（12世紀から16世紀）と近世の玉類を集成し（第2表）、形態別・材質別の出土傾向や遺跡の性格および年代別にみた出土状況など、さまざまな視点でもって当該地域における玉類の様相を明らかにしようと試みている〔岸本2003〕。

海外の勾玉については、まず、斎藤氏によって「装身具出土朝鮮三国時代主要古墳一覧表」が発表される〔斎藤忠1963〕。その後、朝鮮半島における先史時代の勾玉の様相が明らかにされていくに従い、三国時代の勾玉がどのような過程を経て出現・展開していくのか、について集中的に議論されていく。西谷正氏は無文土器時代から原三国時代における勾玉の形態分類をしたのち、種類・分布などから変遷の把握を行っている〔西谷1982〕。そのなかで、西谷氏は三国時代の勾玉について、先史時代以来の伝統のうえに成り立つものと捉えており、朝鮮半島での独自の成立・発展を考えている。

この三国時代の勾玉に対する考えは、朝鮮半島の研究者に多く支持されていくが〔崔1986など〕、それぞれ考え方に若干の差というものがみられる。たとえば、金元龍氏は日本列島・朝鮮半島のそれぞれの地域で勾玉が自生的に成立したものの、ヒスイ使用の風習は5世紀頃に日本列島から朝鮮半島へ渡ってきたものと推測している〔金1986〕。また、李殷昌氏は、三国時代（3世紀以後）の玉類の文化について言及していくなかで、勾玉の変遷については原始的曲玉（新石器時代）―始源型的曲玉（祖型的曲玉・青銅器時代―初期鉄器時代）―典型的曲玉（古式曲玉・原三国時代）―全盛型的曲玉（新型曲玉・三国時代）といった系譜的発展を想定している〔李殷1991〕。さらには、朝鮮半島での出土量が膨大であり、日本列島からの流入だけでは説明がつかないとした一方で、両国間における玉類の文化の交流はあったとしている。すなわち、先史時代から三国時代へと勾玉が系譜的に発展してはいるものの、両国にみられる勾玉、特にヒスイ製のものを用いる文化は同系統のものであったことが指摘されている。大坪志子氏は、朝鮮半島における勾玉の形式設定を行い、形態ごとの変遷について考察を加えている〔大坪2001・2003〕。その結果、先史時代にみられる半玦形より

23

序　論　本書の視角

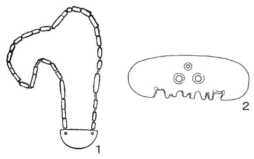

第8図　研究史でとり上げられている
中国の玉器たち（縮尺不同）
1：遼寧省鄭家窪子遺跡の半月形玉類
2：遼寧省牛河梁遺跡の勾雲形玉器

も前に確認できる原始形と、三国時代にみられるC字形との間に連続性がみられることを明らかにしている。これらをふまえて、大坪氏は朝鮮半島では定形とヒスイとの組み合わせが日本列島から入ってきてはいるが、C字形の起源は朝鮮半島にあることを想定している。

その一方で、朝鮮半島内での独自の成立・発展を疑問視する研究者もいた。李仁淑氏は、三国時代の勾玉の系譜に関して、先史時代にみられる天河石製勾玉と、三国時代のヒスイ製勾玉との間に直接的な祖形となる資料が不足していることを根拠として、両者間に系譜的繋がりを見出し難いとしている〔李仁1987〕。田村晃一氏もヒスイ産出地問題に加えて、丁字頭勾玉の出現期が日本よりも遅れることなどをあげ、朝鮮半島内での自立的発展に疑問をもっている〔田村1986〕。

門田誠一氏は、各国の研究者が提示した起源説を整理したうえで、①朝鮮半島でヒスイの産出地がみつかっていないこと、②三国時代の古墳におけるヒスイ製勾玉の出土状況、③新羅の冠にさまざまな種類の勾玉がみられ、そのなかには獣形勾玉も含まれていることの3点に注目している〔門田1990〕。特に③であげた獣形勾玉は、日本の弥生時代に確認でき、古墳時代ではほとんどみることができない。そして、朝鮮半島の新石器時代でもそれは知られていない。そういったものが三国時代の冠の飾りに混ざって確認できることをふまえて、門田氏は朝鮮半島で古い形態の勾玉が三国時代まで系譜的繋がりをもって伝わっていた可能性は低いとし、新羅の有力者が外の国から一括して手に入れていた状況を想定している。

また、日本列島との比較という観点でさらにみてみると、寺村氏は古墳時代中期になると、日本列島でヒスイ製勾玉の出土が減少する一方で、朝鮮半島では増加していることや、日本列島の古墳から金製品や鉄器などが大量に副葬され始めることをふまえて、朝鮮半島からは金と鉄がもたらされ、日本列島からはヒスイ製勾玉が交易品として流出していた可能性を示唆している〔寺村1984〕。また、李殷昌氏や門田氏によって、朝鮮半島のヒスイ製勾玉は、6世紀後半に入ると副葬事例が少なくなり、7・8世紀になる頃には寺院の塔心礎などの仏教信仰に関わる遺構から出土することがわかってきた〔李殷1991、門田1988・1989〕。これは日本列島でもみられる現象であり、この共通性をもって、朝鮮半島のヒスイ製勾玉が日本列島から移入されたものと考えられている。

他には、先史時代の勾玉の成立についての研究も行われている。西谷氏は先史時代の勾玉には歯牙製品が玉石化したものと、中国東北部の遼寧式文化の影響がみられる天河石製半玦形勾玉の2つの系統が想定できるとしている〔西谷1982〕。それ以降、先史時代の勾玉については、朝鮮半島北部に集中して分布することが明らかにされたり〔李殷1991〕、半玦形勾玉と中国遼寧省鄭家窪子遺跡の半月形玉類（第8図の1）との関係性も指摘されている〔韓1976、李健1991〕。

また、大坪志子氏は不定形・半環形・原始形・半月形に中国東北地域からの影響をみており、加えて、獣形と遼寧地域にみられる勾雲形玉器（第8図の2）との間に関係性があるとしている

〔大坪 2001・2003〕。

### ⑦ 科学分析の導入とその成果

まず、出土する玉類自体が科学分析の対象となっていく。その背景には、蛍光X線による産地分析の技術が飛躍的に発達したことがあげられ、その結果、考古学的研究にもよくとり入れられるようになる。茅原一也氏は、新潟県南西部の青海地域における玉類の科学分析を行い、当該地域の近くで産出するヒスイと蛇紋岩とを比較している〔茅原 1964 など〕。さらに、茅原氏は新潟県糸魚川産ヒスイの分析を窓口として、日本列島内外を問わずヒスイ輝石岩の事例を紹介していくことにより、ヒスイの文化圏を世界規模で把握しようと試みている〔茅原 1987〕。

その他にも当時、京都大学原子炉実験所にいた藁科哲男氏が精力的に出土玉類の科学分析を進めている。藁科氏は各地から出土したヒスイ・碧玉製玉類に対して、蛍光X線分析法などを用いて産地同定を行っており、その分析の結果は各報告書などで発表されている〔藁科 1990・1994・1998a〕。具体的な成果をみてみると、佐賀県宇木汲田遺跡出土のヒスイ製勾玉が糸魚川産であることや〔藁科 1997〕、糸魚川産のヒスイや島根県花仙山産の碧玉を使った玉類が全国的に分布していることなどが明らかにされている〔藁科 1988・1998b など〕。さらに、藁科氏は縄文時代の勾玉の材質のなかに、ヒスイではない緑色の濃い石材があることを指摘し、その産出地に南九州地域を推測している〔藁科 1999〕。この藁科氏の研究は、南九州地域からはじまる勾玉の生産や流通を考える契機となったことからも重要な成果といえる。

また、崔恩珠氏が朝鮮半島の勾玉において、初めて蛍光X線分析を導入し、科学的なアプローチから産地の特定を試みている〔崔 1986〕。その結果、朝鮮半島のヒスイ勾玉と日本列島の勾玉とでは異なる分析結果がでたことが報告されている。この報告については、コレクションを分析資料としていたり、分析条件が資料によって異なるため、そのまま分析結果を併用することはできないという批判がみられた。そこで、早乙女雅博氏と早川泰弘氏は、出土地が明らかな慶尚南道にある梁山夫婦塚古墳出土勾玉2点と、奈良県にある古市方形墳出土勾玉2点の計4点のヒスイ製勾玉に対して、同じ蛍光X線装置を使い分析を行った〔早乙女・早川 1997〕。その結果、朝鮮半島と日本列島の両方のサンプルから同じ分析結果が出てきた。このことをふまえて、梁山夫婦塚古墳出土のヒスイ製勾玉が日本のヒスイを用いて作られていたことが考えられている。ただし、今後、朝鮮半島においても同様な分析結果が出るヒスイの産出地が確認される可能性もあり、その時には再検討が必要であることも述べられている。

また、玉作関係遺跡から出土する内磨砥石も分析の対象となっている。出雲地域から出土する内磨砥石には紅簾片岩製のものが多くみられる一方で、出雲地域ではその産出地は知られていない。とすると当然のことながら、どこから持ってきたのかが問題になっていく。この点については、渡辺暉夫氏と勝部衛氏らが積極的に研究を行っており〔渡辺・勝部 1983a・1983b〕、内磨砥石に使われる紅簾片岩が徳島県産とするよりは、紀伊半島産とした方が妥当であることが指摘されている。また、島根県出雲玉作跡遺跡から出土した紅簾片岩製内磨砥石の成分も提示されており〔渡辺 1984〕、他の玉作り遺跡から同様な砥石が確認されたときの比較資料として重要なものとなっている。

その他の科学分析としては、ガラス製勾玉の成分分析も実施されている。事例を1つあげるならば、三浦清氏・渡辺貞幸氏が島根県西谷3号墓から出土したガラス製環状勾玉の成分分析を行って

いる〔三浦・渡辺 1988〕。

**⑧ 史料のなかの勾玉研究**

まず、「魏志倭人伝」のなかに記されている「青大句珠」の材質が議論の対象となっている。これについては、第3期（1916年から1939年まで）に橋本氏が碧玉製、第4期（1940年から1959年まで）に原田氏がヒスイ製という説を提示している。

そのようななか、斎藤忠氏は弥生時代中期にみられるガラス生産技術の発達を根拠として、「青大句珠」がガラス製であった可能性を推測している〔斎藤忠 1966〕。一方、水野氏や寺村氏、原田氏はヒスイ製を主張しており〔水野祐 1969b、寺村 1981、原田 1986〕、そのうち寺村氏は当該期における出土玉類の様相や、本来的には大陸の技術で作られたガラス製勾玉を魏への貢上品とはしないのではないか、という観点から論を展開している〔寺村 1968b〕。この寺村氏の考えに対して、藤田氏は弥生時代中期の北部九州地域では良質なヒスイ製勾玉がみられるが、邪馬台国の時代である弥生時代終末期・古墳時代初頭の北部九州地域でも同じような状況であったのかは疑問としたうえで、「青大句珠」が北陸地域の「琅玕質翡翠大勾玉」のことを指していると推測している〔藤田富 2000〕。

また、水野氏は、歴史書のなかに記されている王権のシンボルとしての三種の神器と勾玉との関係性について考察を行っている〔水野祐 1969c〕。この三種の神器については、1990年に刊行された『歴史読本』でも特集されており、歴史学・考古学・国文学・比較神話学・宗教学といったそれぞれの学問領域において、神器の意味や発生時期は現段階でどこまでいえるのかを、一般の読者が読んでも理解しやすいようにまとめている〔新人物往来社 1990〕。さらには、森浩一氏も同様に三種の神器の1つである八坂瓊勾玉に着目しており、記・紀が編纂される少し前の時期にあたる6世紀の勾玉の様相や現在の新潟県、古代でいうところの越の国で産出されるヒスイの拡がりをみていくことで、その実像を明らかにしようと試みている〔森浩 1993〕。

その他の議論として、寺村氏が当時の人びとが有していたであろう「たま」の概念規定や、時間の経過による認識の変化を文献史料からひも解いていこうとしている〔寺村 1972・1980b〕。具体的には、『日本書紀』の中にみられる「たま」の記載を集め、神代から持統にかけて「たま」を記す際に用いる漢字がどのように変化しているのかを追求している。その結果、人名に関しては4世紀に「瓊」、5世紀中葉以降は「玉」、6世紀中葉以降では「珠」と変遷していることから、崇神・仁徳・継体のいわゆる三王朝交代〔水野祐 1952〕を期に「たま」に関する観念が変化していることが指摘されている。

**⑨「玉」を冠する研究会の発足**

1960年代頃から玉類に興味をもった研究者のなかに、互いに集まり、深く検討し合いたいという気運が高まっていく。そして、1970年に「玉をめぐる種々のことがらについて、これを総合的に研究して行こうとする」（寺村 1970：11頁）研究者らが、主要なメンバーとなり、日本玉研究会が発足される。それとともに、機関誌『日本玉研究会会誌』が1970年に創刊

第9図 『日本玉研究会会誌』4号の表紙

されるが、その後、4号を発刊して止むことになる（第9図）。最終巻である4号が発刊されたのは、1975年のことであった。この研究会では、メンバーが月に一度集まり、玉類に関する研究史の整理や、玉作り遺跡の報告・研究、玉類を含めた社会や文化に対する意見の交換といった玉類をめぐるすべての事がらについて検討が行われた。注目すべき点をあげるならば、この研究会では、考古学だけではなく地名学からのアプローチも試みていることであり、これは玉類の文化を複合的な視点で捉えようとしているあらわれと思われる。事例をあげるならば、各地にみられる「タマツクリ」名の収集が行われている（日本玉研究会1975）。

　また、機関誌に投稿されたもののなかで、勾玉に関連させて述べるならば、内藤武義氏による勾玉の製作工程の復元的研究（内藤1970）や、藤田氏による富山県極楽寺遺跡の資料を基にした勾玉の発生に関する考察（藤田富1972）、加えて、藤下昌信氏（藤下1975）や戸根与八郎氏（戸根与1975）は各地で出土した勾玉の報告を行っている。この日本玉研究会の発足やそれに伴う機関誌の発刊によって、徐々にではあるが、出土勾玉を含んだ玉類の情報が広く研究者らに共有されるようになる。この一連の動きは、玉類が考古学的研究の対象になりえるといった認識を研究者のなかに想起させるよい契機になったと思われる。

　2003年5月には、上述した日本玉研究会の会長であった寺村氏を先頭にして、その研究会を支えたメンバーの多くがもう一度集まり、日本玉文化研究会を発足させる。この研究会の成果が玉類の研究動向へ影響を与えていくのは、機関誌が創刊される2004年以降である。そのため、日本玉文化研究会ついては第6期にまとめて記述していきたい。

### 第6期：資料集成と消費地・流通研究の活発化 ―2004年以降―

　第6期は引き続き、玉作関係遺跡・出土玉類が年々増加していく。その結果、第5期（1960年代から2003年まで）よりもさらに、研究者個人でそれらを網羅することが困難になっていく時期である。この問題に対応するべく、さまざまなレベルで集成が行われ、その成果報告がより重要視されていく。とくに第6期になると、地域を横断した集成が数多くなされていくことで、日本列島を俯瞰する研究が活発になる。それと並行して、重要な資料はある程度、蓄積されたという観点から、各時代における玉類の様相を大まかに把握する、いわば概説的な研究も多く行われ、その成果はシンポジウム資料や機関誌の特集号などに収められていく。この時期については、①資料集成と概説的研究、②玉作り研究、③消費地・流通の研究、④起源・用途・性格・系譜の検討、⑤沖縄県・海外資料への着目、⑥科学分析の導入とその成果、⑦史料のなかの勾玉研究、⑧「玉」を冠する研究会の展開と学会の発足の8つに分けて述べていきたい。時代は、2004年以降とする。

#### ① 資料集成と概説的研究

　まず、2004年に寺村氏らによって、ほぼ全ての県を網羅するかたちで玉作遺跡が集成され、それらの様相は『日本玉作大観』に詳しく記述されていく〔寺村 編2004〕。同年、島根県古代文化センターの松本岩雄氏らが中心となり、中国地域の玉作関係遺跡（生産遺跡）の集成がなされ、その成果が『古代出雲における玉作の研究Ⅰ』にまとめられている〔島根県古代文化センター2004〕。翌年には、同じく島根県古代文化センターから、中国地域の玉類の出土遺跡（消費地）を集成・分析した『古代出雲における玉作の研究Ⅱ』が刊行された〔島根県古代文化センター2005〕。この3冊

序　論　本書の視角

## 第3表　第6期にみられる玉類の集成に関する主要文献

| 文献 | 時代 | 材質 | 地域 | |
|---|---|---|---|---|
| 島根県古代文化センター　2004『古代出雲における玉作の研究Ⅰ－中国地方の玉作関連遺跡集成－』。 | 縄文～平安 | 石 | 中国 | 生産地 |
| 寺村光晴　編　2004『日本玉作大観』吉川弘文館。 | 縄文～中世以降 | 全般 | 全国的 | 生産地 |
| 島根県古代文化センター　2005『古代出雲における玉作の研究Ⅱ－中国地方の玉製品出土遺跡集成－』。 | 縄文～平安 | 石 | 中国 | 消費地 |
| 野村　崇　2005「北海道出土のヒスイ製装飾品」『地域と文化の考古学Ⅰ』六一書房　531-546頁。 | 縄文 | ヒスイ | 北海道 | 消費地 |
| 高橋浩二　編　2005『ヒスイ製品の流通と交易形態に関する経済考古学的研究』平成15～16年度科学研究費補助金　若手研究（B）研究成果報告書。 | 縄文～中世以降 | ヒスイ | 全国的 | 生産地・消費地 |
| 埋蔵文化財研究会　大阪市文化財協会　2005『古墳時代の滑石製品－その生産と消費－』発表要旨・資料集。 | 古墳 | 滑石 | 全国的 | 消費地 |
| 九州縄文研究会　沖縄大会実行委員会　2005『九州の縄文時代装身具』第15回　九州縄文研究会沖縄大会資料集。 | 縄文 | 石 | 九州 | 消費地 |
| 日本玉文化研究会　2004～2006「縄文時代ヒスイ玉集成」『玉文化』創刊号～第3号。 | 縄文 | ヒスイ | 全国的 | 生産地・消費地 |
| 青森県埋蔵文化財調査センター　2006『研究紀要』青森県における装身具の集成　縄文時代編　第11号。 | 縄文 | 全般 | 青森県 | 消費地 |
| 藤原秀樹　2006「北海道における縄文時代後期・晩期の墓制とヒスイ玉」『玉文化』第3号　玉文化研究会23-90頁。 | 縄文後期～晩期 | ヒスイ | 北海道 | 消費地 |
| 日本玉文化研究会　2006『北近畿における弥生～古墳時代の玉』北近畿の主要な玉作関係遺跡・玉類出土遺跡資料集。 | 弥生～古墳 | 全般 | 北近畿 | 生産地・消費地 |
| 北山峰生　2007「北近畿における墳墓出土玉類の検討」『玉文化』第4号　日本玉文化研究会　1-39頁。 | 弥生～古墳 | 石・コハク | 北近畿 | 墓 |
| 青森県埋蔵文化財調査センター　2007『研究紀要』青森県における装身具の集成　弥生時代～平安時代編（付・縄文時代追加編）第12号。 | 縄文～平安 | 全般 | 青森県 | 消費地 |
| 松本一男　2008「静岡県内出土の縄文時代玉集成－玉から観た縄文時代－」『静岡県考古学研究』40　25-38頁。 | 縄文 | 石 | 静岡県 | 消費地 |
| 黒坂秀樹　2008「考察編　高月における玉作の理解に向けた基礎的覚書（弥生編）－近江玉作研究ノート3－」『横山遺跡Ⅰ（七郷遺跡群Ⅰ）』高月町教育委員会　186-357頁。 | 弥生 | 石 | 全国的 | 生産地 |
| 日本玉文化研究会　2008『北陸における弥生・古墳時代玉作の変革　玉作遺跡関係資料集』。 | 弥生～古墳 | 石 | 北陸 | 生産地 |
| 山陰考古学研究集会事務局2008『山陰における弥生時代の鉄器と玉』第36回山陰考古学研究集会資料集。 | 弥生 | 石 | 山陰 | 消費地 |
| 日本玉文化研究会　2008～2010「縄文時代翡翠玉集成」『玉文化』第5号～第7号。 | 縄文 | ヒスイ | 全国的 | 生産地・消費地 |
| 沖縄県教育庁文化課　編　2011『沖縄のガラス・玉等製品関係資料調査報告書』沖縄県文化財調査報告書　第149集・沖縄県史料調査シリーズ　第4集。 | 縄文～近世 | 石・ガラス | 沖縄 | 消費地 |
| 九州縄文研究会　南九州縄文研究会　2012『縄文時代における九州の精神文化』第22回九州縄文研究会　鹿児島大会資料集。 | 縄文 | 石 | 九州 | 消費地 |
| 日本玉文化研究会　2012「翡翠玉集成」『玉文化』第9号。 | 縄文 | ヒスイ | 全国的 | 生産地・消費地 |
| 高橋浩二　編　2012『韓半島出土翡翠勾玉集成－釜山・金海編－』平成21年～23年度科学研究費補助金　若手研究（B）研究成果報告書。 | 三国 | 全般 | 釜山・金海 | 消費地 |
| 関　雅之　2013「新潟県における縄文・弥生時代ヒスイ勾玉の一考察－縄文勾玉の形態と弥生勾玉の生産及びヒスイ産地の玉問題－」『新潟考古』第24号　新潟考古学会　61-80頁。 | 縄文～弥生 | ヒスイ | 新潟県 | 生産地・消費地 |

| 宇野愼敏　2013「北九州市内出土の勾玉集成」『研究紀要』第27号　北九州市芸術文化振興財団　埋蔵文化財調査室　11-19頁。 | 縄文〜古墳 | 全般 | 北九州市 | 消費地 |
|---|---|---|---|---|
| 大坪志子　2015「付篇　九州出土縄文時代後晩期玉集成」『縄文玉文化の研究－九州ブランドから縄文文化の多様性を探る－』　雄山閣。 | 縄文後晩 | 石 | 九州 | 生産地・消費地 |
| 宇野愼敏　2015「宗像および周辺地域出土勾玉の地域性とその歴史的意義－宗像市・福津市・古賀市・新宮町を中心として－」『法政考古学』第41集　1-15頁。 | 弥生〜古墳 | 全般 | 北部九州 | 消費地 |
| 高橋浩二　編　2016『韓半島出土翡翠勾玉集成　忠清道・全羅道編』平成24年〜27年度科学研究費補助金（基盤研究Ｃ）研究成果報告書。 | 三国 | 石 | 忠清道・全羅道 | 消費地 |
| 遺跡発行会　2016「愛媛県古代装身具出土遺跡一覧」『遺跡』第50号　埋蔵文化財の保護と考古学研究の発展のために』　83-118頁。 | 縄文〜古墳 | 全般 | 愛媛県 | 消費地 |

※古代歴史文化協議会では、14県が共同して、古墳時代における玉類の研究を行なっている（山陰中央新報の2014年7月25日金曜日）。また、2015年〜2018年の3年間をかけて蓄積した成果は、2018年、古代歴史文化協議会が編者となり刊行された『玉　－古代を彩る至宝－』にまとめられている〔古代歴史文化協議会 編 2018〕。さらに、共同した14県における玉類の集成データは、同協議会のホームページ上で公開されている。

の書籍・報告書の刊行は、玉類研究のある種1つの到達点であるが、それと同時に、列島規模で出土玉類を把握する研究が活発となるきっかけを与えるものであったと評価することができよう。

それ以降の集成をみてみると（第3表）、縄文時代のヒスイ製玉類〔日本玉文化研究会 2004〜2006 など〕や古墳時代の滑石製玉類〔埋蔵文化財研究会・大阪市文化財協会 2005〕などを対象とした全国的集成が行われている。2014年には、関東地域・近畿地域・中国地域・九州地域の計14県が、それぞれの地域および隣接地域における古墳時代の玉類を共同で研究していくことが発表された。そして、2015年から2018年までの3年間をかけて、その成果を報告するとした[15]。また、山陰地域における弥生時代の玉類〔山陰考古学研究集会事務局 2008〕や九州地域の縄文時代装身具〔九州縄文研究会・沖縄大会実行委員会 2005 など〕、北海道における縄文時代の玉類〔野村 2005〕、愛媛県の古代装身具〔遺跡発行会 2016〕、朝鮮半島のヒスイ製勾玉〔高橋浩 編 2016 など〕なども集成・報告されている。

さらに、北海道における縄文時代後・晩期の墓から出土したヒスイ製玉類〔藤原 2006〕や、北近畿地域における弥生時代から奈良時代の墳墓出土の玉類〔北山 2007〕なども集められている。

次に、概説的研究について述べるならば、第6期に入り、勾玉を含む玉類に関連したシンポジウムが多く行われていく（第4表）。それらをみてみると、ヒスイの産出地がある北陸地域や多数の玉作り遺跡が集中してみられる関東地域・山陰地域・四国地域、そして定形勾玉が成立する九州地域での開催が目立つ。また、開催地域で玉類の出土が顕著にみられる時代にテーマを絞ってシンポジウムが催されている。シンポジウムの内容は、いずれも出土玉類の種類や材質・製作技術・変遷・分布・地域性・出土遺構・流通ルート・地域間交流・材質の産出地の問題などを整理し、開催地域における玉類の文化について、大まかな全体像を浮き彫りにすることが目的となっている。

それと並行して、各時代における玉類の研究成果が整理されていく（第4表）。具体的に述べるならば『季刊考古学』では「縄文時代の玉文化」や「弥生・古墳時代の玉文化」〔雄山閣 2004・2006〕、『考古学ジャーナル』では「玉生産研究の現状」〔ニューサイエンス社 2008〕といったような特集が組まれている。これらを読むことで、各時代の玉類の様相がある程度、把握することができるようになっている。

序　論　本書の視角

第4表　第6期における玉類の主要なシンポジウム資料と特集企画

**シンポジウム資料**

| |
|---|
| ヒスイ文化フォーラム委員会　2005『ヒスイ文化フォーラム2005　神秘の勾玉－弥生・古墳時代の翡翠文化』資料集。 |
| 日本玉文化研究会　2005『日本玉文化研究会第3回北海道大会研究発表会要旨・資料集』。 |
| 九州縄文研究会　沖縄大会実行委員会　2005『九州の縄文時代装身具』第15回　九州縄文研究会沖縄大会資料集。 |
| 日本玉文化研究会　2006『北近畿における弥生～古墳時代の玉』北近畿大会　発表要旨集。 |
| 日本玉文化研究会　2007『縄文時代の社会と玉』日本玉文化研究会第5回シンポジウム栃木大会資料集。 |
| 糸魚川市　2008『ヒスイ文化フォーラム2007　ヌナカワとヒスイ－講演記録－』。 |
| 日本玉文化研究会　2008『北陸における弥生・古墳時代の玉作の変革』発表要旨集。 |
| 日本玉文化研究会　2011『魏志倭人伝の末盧国・伊都国－玉（墓）と翡翠玉－』資料集。 |
| 九州縄文研究会　南九州縄文研究会　2012『縄文時代における九州の精神文化』第22回九州縄文研究会　鹿児島大会資料集。 |
| 徳島県教育委員会・徳島市立考古資料館・日本玉文化学会　2013『玉の魅力に迫る－四国と周辺の玉生産と玉文化－』開館15周年記念特別企画展記念シンポジウム　資料集。 |
| 鳥取県埋蔵文化財センター　2013『日本海を行き交う弥生の宝石～青谷上寺池遺跡の交流をさぐる～』青谷上寺地遺跡フォーラム2013。 |
| 藤田富士夫　2013「シンポジウム予稿　勾玉とは何か－その起源と形の変化－」『形の科学会誌』第28巻第1号　76-77頁。 |
| 日本玉文化学会　2014『関東地方の玉文化研究の歩み』平成26年度　日本玉文化学会研究会　関東大会　資料集。 |
| 小松市埋蔵文化財センター　2014『日本海を行き交う弥生の宝石in小松』フォーラム資料。 |
| 日本玉文化学会　2015『古墳時代社会と出雲の玉』平成27年度　日本玉文化学会　島根大会　発表要旨集。 |
| 朝日町教育委員会　朝日町中央公民館　NPO法人野外調査研究所　2015『ヒスイと縄文人』第1回翡翠フォーラムin朝日町　北陸新幹線開業・浜山玉つくり遺跡発掘50周年　記念企画　資料集。 |
| 古代歴史文化協議会　2015『古墳時代の玉作りと神まつり』第1回古代歴史文化協議会講演会資料集。 |
| 朝日町教育委員会　朝日町中央公民館　NPO法人野外調査研究所　2016『古墳時代の玉の謎』第2回翡翠フォーラムin朝日町　北陸新幹線開業・浜山玉つくり遺跡発掘50周年　記念企画　資料集。 |
| 古代歴史文化協議会　2016『玉から古代日韓交流を探る』第2回古代歴史文化協議会講演会資料集。 |
| 九州考古学会・嶺南考古学会　2016『日・韓の装身具』九州考古学会・嶺南考古学会第12回合同考古學大會　資料集。 |
| 朝日町教育委員会　朝日町中央公民館　NPO法人野外調査研究所　2017『古代人の心性と玉文化』第3回翡翠フォーラムin朝日町　北陸新幹線開業・浜山玉つくり遺跡発掘50周年　記念企画　資料集。 |
| 日本玉文化学会　糸魚川市教育委員会　2017『日本玉文化学会　平成29年度研究会 in糸魚川　ぬなかわの玉と石材』。 |
| 古代歴史文化協議会　2017『古墳時代の玉飾りの世界』第3回古代歴史文化協議会講演会資料集。 |
| 島根県・島根県教育委員会　2018『玉が語る古代出雲の輝き』古代出雲文化シンポジウム。 |

**特集企画**

| |
|---|
| 雄山閣　2004『季刊考古学　縄文時代の玉文化』第89号。 |
| 雄山閣　2006『季刊考古学　弥生・古墳時代の玉文化』第94号。 |
| ニューサイエンス社　2008『考古学ジャーナル　特集　玉生産研究の現状』No.567　1月号。 |

② 玉作り研究

縄文時代よりも弥生時代以降の時代を対象としたものが多くみられ、弥生時代の玉作り遺跡に関する発掘調査報告書がいくつか刊行されている。事例をあげるならば、新潟県吹上遺跡〔新潟県上越地域振興局・上越市教育委員会　2006〕や石川県八日市地方遺跡〔石川県小松市教育委員会　2003・2014〕では、中期のヒスイ製半玦形勾玉が生産されており、福岡県潤地頭給遺跡〔前原市教育委員会2005〕では、終末期から古墳時代初頭にかけて、蛇紋岩製勾玉が作られていたことが明らかとなった。さらに、鳥取県青谷上寺遺跡では、すでに調査された玉作関係遺物についての整理報告書も出されており〔鳥取県埋蔵文化財センター2013〕、そのなかで製作工程の復元が行われている。

それぞれの研究をみていくと、まず、河村氏は製作技術から縄文時代と弥生時代とを明確に区別できるとしている〔河村2008〕。具体的には、弥生時代になると石鋸のようなもので石材に溝をつけて、そこに少しの衝撃を与えて割っていくといった擦切技法が採用されることを指摘している。また、高橋浩二氏は北陸地域でのヒスイ製半玦形勾玉の製作工程や地域性について考察を行うだけではなく、河村氏が指摘した擦切技法とヒスイの質との関係性に着目して、時期差というものを想定している〔高橋浩2008・2010・2012a〕。擦切技法は、緑色で透明な勾玉を効率的に生産することができ、その技法の最盛・衰退と出土玉類の質が密接に関係していく。そして、縄文時代では白色不透明なものが目立ち、弥生時代前期・中期になると緑色透明への意識が高まり、後期に入るとその傾向は弱まることが指摘されている。

他にも、高橋氏はヒスイ製定形勾玉の製作技術やその工程、流通過程をみていくと共に、北陸地域における生産の開始が弥生時代後期後半から終末期前半まで遡ることも述べている〔高橋浩2012b〕。また、廣瀬氏は北陸地域で作られる半玦形の勾玉が、北東部と南西部とでは形態差がみられるとし、1つの地域であっても地域差というものが確認できることを指摘している〔廣瀬2006〕。この半玦形の勾玉については、中期から後期になるにつれて、厚さが薄くなる傾向が明らかにされており、法量から時期差の把握ができるとする研究もある〔斎藤ぁ2011〕。

その他の地域をみてみると、田平徳栄氏は製作過程で生じる2次・3次製品の出土量をもとに、唐津地域でヒスイ製勾玉が作られていた可能性を推測している〔田平2008〕。

古墳時代について述べるならば、埼玉県にある反町遺跡・前原遺跡では、前期の水晶製・瑪瑙製勾玉が生産されていたことが明らかにされている〔ユニー株式会社・埼玉県埋蔵文化財調査事業団2011、都市再生機構・埼玉県埋蔵文化財調査事業団2012〕。この反町遺跡と前原遺跡については、山梨県竹森産の水晶が運び込まれていたことや、六角柱の結晶体をD字形に剥離していくといった水晶製勾玉の製作工程の復元、そして「ヤマト政権によって制御されている玉類の製作者が短期的に派遣されて製作にあたった」というような遺跡が営まれた背景についても考察が加えられている〔上野・大屋2014：94頁〕。

また、前期の関東地域で水晶製勾玉が作られていたという事実は、他の地域との交流を考えていくうえで重要な要素となることから、玉類の研究者が注目している。たとえば、宮城県入の沢遺跡から出土した前期の水晶製勾玉が、形態や穿孔技術の特徴から関東地域との関わりが推測されている〔大賀2017〕。反町遺跡における玉作りについては、山陰地域の工人との関係性が考えられているが〔山田2015など〕、大賀氏は両地域の空間的距離の問題から疑問視している〔大賀2008a〕。同

序　論　本書の視角

時期の勾玉生産については、栃木県市ノ塚遺跡における瑪瑙製勾玉の製作工程も明らかにされている〔川又2014、上野・川又2015〕。

　赤熊浩一氏は、反町遺跡を始めとした前期の玉作り遺跡の調査成果と、関東地域を中心とした水晶製勾玉が出土する遺跡の様相を照らし合わせていくことで、埼玉県における古墳時代前期の玉作りの実態やその背景について述べている〔赤熊2018〕。具体的に述べるならば、4世紀後半の関東地域では、ヤマト政権によって工人が派遣され、地域の有力者のもとで玉類の生産が行われていたことや、その現象が当該地域における玉作り遺跡の拡散を引き起こしたことなどが推測されている。そして、これらを成り立たせていた大きな要因として、南関東地域・東海地域・畿内地域とを繋ぐ河川交通網が、前期の段階に形成されていたことが考えられている。

　また、塩谷修氏は、栃木県古霞ヶ浦西岸奥の土浦入にある八幡脇遺跡（前期中葉）を取り扱いながら、前期における瑪瑙製勾玉の生産について分析を加えている〔塩谷2018〕。その結果、関東地域の玉作りが北陸地域の玉作り技術を背景に成り立っているとしたうえで、土浦入における瑪瑙製勾玉の製作技術については、出雲地域の技術の導入が関係しているものではなくて、それに先行するか遅くとも同時期に始まった独自のものであったことを指摘している。さらに、中期以降に活発となる出雲地域での瑪瑙製勾玉の生産には、土浦入から展開する前期の玉作りの技術的影響が及んでいた可能性も推測している。

　このような関東地域における勾玉生産が出雲地域と関係しているのか否かについては、継続的に議論されていることである。そこでは、両地域における前期後半の製作技術の違いや関東地域における山陰系勾玉の出現時期および両地域間で共通してみられる水晶製・瑪瑙製勾玉の形態の比較が重要視されている。たとえば、関東地域周辺で製作された勾玉のなかには、典型的な山陰系勾玉の特徴が正確に再現されていないことや、同地域における水晶製・瑪瑙製勾玉の生産や消費が山陰地域よりも先行する可能性が指摘されている。それらをふまえて、関東地域における勾玉の生産は在地的な事情によって発生した、つまりは在地の人びとが独自に勾玉を作り始めたという考えが出されている〔石橋・大賀・西川2016〕。これには、さきほどあげた塩谷氏の研究も含まれる。それに対して、穿孔の際に用いる鉄針利用の状況から、関東地域と出雲地域とのつながりを一切なかったものとするのには躊躇をおぼえる研究者もいる〔米田2009a・2019〕。

　他の地域について述べるならば、大賀氏が奈良県曽我遺跡における玉生産の様相をふまえて、生産される玉類の種類やその規模には時期的変化がみられることを明らかにしている〔大賀2008b〕。また、清水邦彦氏はガラス製勾玉の鋳型の分析から、近畿地域と東海地域との交流を指摘し、その背景には東海地域の銅鐸工人集団との繋がりを想定している〔清水2015〕。

　山陰地域の玉作りをみてみると、前期後葉から勾玉を作るにあたって片面穿孔が採用されること〔島根県古代文化センター2004〕や、前期から生産が開始する瑪瑙製玉類の器種がほぼ勾玉に限定されること〔深田2006〕などが分かってきた。片面穿孔は、他地域の玉作り遺跡でも確認されることから、その存在をもって山陰地域から始まる地域間交流が推測される場合があることはすでに述べた。この考えに関連して述べるならば、米田氏は出雲地域と近畿地域では共通して片面穿孔を採用してはいるものの、使用石材の選択などが異なる事例をあげたうえで、一概に片面穿孔といった共通性だけをもって両地域を結びつけることはできないとしている〔米田2008〕。

また、出雲地域の玉作りで特徴的にみられる紅簾石片岩製内磨砥石の産出地の問題についても議論がなされており、徳島県・和歌山県の岩盤からそれぞれサンプリングを実施して、肉眼観察での検討会も行われている〔菊池照・山岡 2007〕。

このように各地域で展開される玉類の生産の様相には、それぞれに特徴を見出すことができるが、それら変遷のなかにも共通性を見出せること、加えて、玉生産の変遷と各地域における「古墳築造のリズム」とが同調していることを大賀氏が指摘している〔大賀 2019a：10頁〕。そして、玉生産の変遷が墳墓の築造を促進させる1つの要素となりえることが想定されている。

その他にもさまざまな視点から玉作り研究が行われている。たとえば、ヒスイ製勾玉の石質や穿孔技術が前期末葉・中期初頭を境にして大きく変化することを指摘したのが大賀氏である〔大賀 2005〕。具体的に述べるならば、石質は透明感があり鮮やかな緑を含む良質なものから透明感がなく緑色部分もほとんどみられないものになり、穿孔技術は片面・両面の併存からほぼ片面へと統一されていくことが指摘されている。

また、篠原祐一氏は、勾玉の規格性をみていくことで玉作り集団の出自をある程度、把握することができるとしている〔篠原 2009〕。さらには、実験考古学からのアプローチによって、古代における勾玉製作技術の復元も行われており、加熱によってヒスイの加工が容易になることや、用いられる研磨剤が土や川砂でも十分機能することが分かってきた〔大西・土肥・黒河 2010〕。

### ③ 消費地・流通の研究

縄文時代については、北日本を中心とした研究が多くみられる。たとえば、乾芳宏氏は北海道大川遺跡から出土した晩期のヒスイ製勾玉について、北陸地域とのヒスイ交易のなかで意味づけを行っている〔乾 2007〕。また、鈴木克彦氏や鈴木真美子氏は、主に北海道・東北地域の勾玉に焦点をあて、形態の変遷や地域性・玉類の組成などを把握したうえで、九州地域との地域差について言及している〔鈴木克 2004・2013、鈴木真 2012〕。

さらに、森山高氏は北海道・青森県・岩手県・秋田県の勾玉を形態から分類し、各類型の分布・材質の変遷について考察を加えている〔森山 2012・2015〕。その結果、形態と材質との間に関係性が見出せないことや、後・晩期の勾玉には形態的系統性があり、時期によって系統間に共通性がみられることが指摘されている。そして、小林清隆氏は房総地域における後・晩期の玉類の様相について、材質や出土状況などに着目していきながら、その全体像の把握を試みている〔小林清 2017〕。

弥生時代について、まずは発掘調査事例からみてみると、佐賀県中原遺跡では、弥生時代終末期から古墳時代初頭の甕棺墓の中から透明感のある緑色のヒスイ製勾玉が計10点確認されている〔国土交通省九州地方整備局佐賀国道事務所・佐賀県教育委員会 2005、佐賀県教育委員会 2010〕。玉類の研究者たちはこの成果に注目していくことになるが、その理由は出土した勾玉の形態が獣形・不定形・定形・緒締形とバラエティーに富んでおり、それらが同時期に形成された墓域で確認されたからである。

次に、研究成果についてみていきたい。大賀氏や廣瀬氏は、形態・材質からみた地域性や流通の様相について、俯瞰的な視点から全国的な傾向をみていこうとしている〔大賀 2009a・2011、廣瀬 2006・2009〕。そのうち、廣瀬氏は列島規模で地域性をみた場合、関東地域が流紋岩製勾玉文化圏、青森県から九州地域にかけては半玦形勾玉文化圏、北陸北東部型の半玦形勾玉文化圏、北陸南西部

序　論　本書の視角

型の半玦形勾玉文化圏、北部九州系の影響がみられる文化圏、北部九州地域に多くみられる定形勾玉文化圏の６つに分けて把握することができるとしている〔廣瀬2009〕。この研究によって、勾玉の文化圏が複数あり、それらが重なる地域もあるということが分かってきた。

　　また、西日本を対象にした研究もいくつかみられる。谷澤亜里氏は弥生時代後期・終末期の墓から出土した勾玉をとり扱いながら、形態・材質・分布の変遷や流通について考察を行っている〔谷澤2014a〕。地域間の流通について、谷澤氏は各地域における墳墓の展開と関係していると述べたうえで、その背後に有力者層間における相互参照を考えている。また、小寺智津子氏はガラス製勾玉の形態・成分・色調・分布の変遷に加えて、生産地と墳墓からの資料を比較することで、中・後期における地域性の抽出を試みている〔小寺2006・2010・2016〕。

　　他には、米田氏が中国地域・四国地域における勾玉の様相について整理を行い、それぞれの地域的特徴を述べている〔米田2009b・2011・2013a・2013b〕。また、消費形態から勾玉祭祀の存在を推測しており、その需要には地域性がみられるとしている。具体的に述べるならば、後期の吉備地域で急速に勾玉祭祀が普及していき、それが近隣地域に徐々に広がっていく。後期後葉から末葉の吉備地域では、首長霊葬送儀礼の場でヒスイ製勾玉を用いた祭祀が行われはじめる。米田氏はこの状況が前期古墳でも共通してみられることを根拠として、吉備地域の勾玉祭祀が初期ヤマト政権の祭祀にも継承された可能性を推測している。一方、四国地域では中期中葉の愛媛県でいち早く勾玉祭祀が定着し、隣接地域へと波及していき、祭祀が行われる場所は墳墓が多い吉備地域とは異なり、集落内が中心であったとしている〔米田2011〕。

　　また、１つの地域に焦点を当て、そこから他の地域へと目を向ける研究も行われている。たとえば、斎藤あや氏は、神奈川県大原遺跡の方形周溝墓から出土したヒスイ製半玦形勾玉の流入経路を明らかにしようと試みている〔斎藤ぁ2011〕。具体的には、生産地の資料を法量・穿孔技術の観点から比較した結果、中期の北陸地域で作られ、後期になり神奈川県の墓の副葬品として流入したものも存在することを明らかにしている。菅原康夫氏は、阿波地域で作られる小形の蛇紋岩性勾玉を稲持型・矢野型の２つの形式に分け、形態・石質から分布の把握を行っている〔菅原2013〕。このうち矢野型は、後期を中心として讃岐地域・吉備地域・伊予地域などに拡散したことが分かってきた。また、流通形態には広域分布・特定遺跡集中分布・特定区域分布・散在分布があり、地域ごとで様相が異なっていたことも推測されている〔菅原2015〕。また、大賀氏は中期の北部九州地域で製作されたヒスイ製勾玉・丁字頭勾玉が、時間の経過と共に東方へ分布圏を拡大していく過程について考察を加えている。具体的に述べるならば、北部九州地域から備讃地域を経由して近畿地域へといった一連の流通ルートを想定している〔大賀2012〕。河村氏も同様な流通ルートの存在を考えており、ヒスイ製丁字頭勾玉の他に環状勾玉の分布からも傍証が可能としている〔河村2010〕。そして、北部九州地域のヒスイ製勾玉の多くが、弥生時代後期後半以降、瀬戸内海を経由して大阪湾沿岸地域に持ち込まれ、その後さらに東へと流通域が展開していったことが推測されている。

　　また、九州地域で作られた勾玉がどのように拡散していったのか、についても議論がなされている。小松譲氏は定形勾玉が唐津地域で発生するとしたうえで、中期中頃に北部九州の各地域へ、後期に入ると九州地域を越え全国的に拡散するとしている〔小松2011〕。木下氏は唐津地域と早良地域との地域間交流を明らかにし、加えて北部九州地域・山陰地域・北陸地域を含めた日本海沿岸

地域における流通ルートを想定している〔木下 2013〕。さらに、同氏は岡山県岡山市にある津寺遺跡から出土したヒスイ製の異形勾玉をとりあげ、その抉りの加工技術や類似する事例の分布状況を分析することで、弥生時代中期あるいはそれ以前の時期に北陸地域から運ばれたヒスイが北部九州地域で加工された後、瀬戸内海を東進して足守河流域の集落に持ち込まれていた可能性を推測している〔木下 2018〕。

また、大坪志子氏は勾玉の抉りの入り方から分類を行い、抉りが明確にコの字になっているものを九州型とし、さらに抉りの開き加減によって中九州タイプと南九州タイプに細分化している〔大坪 2013〕。そして、後者の 2 つのタイプが四国地域で確認できることから、中九州地域・南九州地域と四国地域との地域間交流が想定されている。

古墳時代について述べるならば、戸根比呂子氏は断面形・削り痕の有無・法量から滑石製勾玉を分類したうえで、それぞれの変遷を明らかにするとともに、その変遷が墳墓・集落ともに同様な傾向を示すことを述べている〔戸根比 2014〕。また、同じ滑石を用いて作られた丁字頭勾玉については、前期末葉から中期中葉にかけて確認することができ、近畿地域を中心とした西日本に偏って分布すること、さらには同じ時期の関東地域では滑石製玉類が盛行するなかで、丁字頭勾玉はみられないことが明らかにされている〔大賀 2008c〕。

また、大賀氏が第 5 期（1960 年代から 2003 年まで）の時期に提示した「系」の概念を使い、各地域で特徴的にみられる玉類を系統別に分けたのち、それらがどのような変遷・地域性をみせるのかについて、全国的に示そうといった試みがなされていく〔大賀 2013 など〕。勾玉の系統をみてみると、碧玉製・瑪瑙製・水晶製勾玉のものが多く、比較的大きくてやや角ばった「コ」の字形の抉りを有するものは山陰系勾玉〔大賀 2009b〕、蛇紋岩製で両面穿孔が施され、孔周辺が陥没しているものが東海系勾玉といった設定がなされており〔戸根比 2008〕、それぞれの変遷・分布について議論されている。

また、谷澤氏は九州地域におけるヒスイ製・滑石製・山陰系（碧玉製・瑪瑙製・水晶製）・ガラス製勾玉の変遷や分布の把握を試みている〔谷澤 2014b〕。その結果、古墳時代前期に出土数が減少し、流通する種類の多様性も弱まることを根拠として、勾玉が弥生時代後期・終末期から古墳時代へと連続的に展開していないことを指摘している。

そして、特定の遺跡・出土状況に焦点をあて、そこから変遷や流通について考察を行ったのが、中村大介氏を含む研究チームや米田氏、谷澤氏、大賀氏である。中村氏らは、京都府芝ヶ原古墳の事例から古墳時代前期初頭[16]における玉類の流通について言及している〔中村・藁科・田村・小泉 2014〕。この古墳からは、糸魚川産ヒスイを用いた勾玉や近江系土器が確認されている。加えて、中村氏らは福井県林・藤島遺跡でみられる穿孔技術との共通点を指摘したうえで、芝ヶ原古墳のヒスイ製勾玉が北陸地域から近江地域を経由して持ち込まれたものと推測している。また、米田氏は中国地域・四国地域における前期古墳の玉類副葬事例から玉類の流通をみており〔米田 2014・2018〕、谷澤氏も出雲地域と北部九州地域における玉類副葬の様相から山陰系勾玉の流通について考察を加えている〔谷澤 2019〕。大賀氏は、ウィリアム・ゴーランドが発掘調査した大阪府芝山古墳の玉類について再検討を行っている〔大賀 2019b〕。勾玉について述べるならば、島根県花仙山産と推測される碧玉製の勾玉やヒスイ製・瑪瑙製・滑石製勾玉が確認できること、加えて、そのなか

序　論　本書の視角

には前期末葉から中期頃にかけて製作されたものもあることが明らかとなった。このことから、後期に築造された芝山古墳に伝世された勾玉が副葬されていた可能性が指摘されている。

　奈良・平安時代における玉類の全国的な出土傾向や性格・流通については、秋山浩三氏によって大まかな把握がなされている〔秋山2007〕。

　その他の論点をあげるならば、篠原祐一氏は勾玉の抉り部を長径・短径の数値と楕円扁平率から数値化して比較することが、時期的変遷を把握するうえで有効であることを明らかにしている〔篠原2010〕。また、資料提示に留まってはいるが、鈴木氏や同氏を中心とした研究チームが日本列島でみられるコハク製玉類を集めて報告を行っており、その中にはコハク製勾玉も多数確認することができる〔鈴木克2015・2016a・2017、鈴木克・高橋浩・斎藤瑞・熊木・植田・赤沼2018〕。

④ 起源・用途・性格・系譜の検討

　まず、起源・用途・性格について述べるならば、鈴木克彦氏が定義や形態からみた変遷・分布の把握に重点を置きながら起源について言及している〔鈴木克2005・2006〕。その中では、獣牙起源説が旧説としてとり扱われている。この鈴木氏の考えに対して、藤田富士夫氏は小林達夫氏によって示された、遺物の材質の違いが「〈型式〉の展開によって生じたバラエティーなのであって、各々の差異にすぎず、あくまで同一形式として把握されねばならない」〔小林達1967：2頁〕という考えを例にあげて、獣牙起源説を肯定的に再評価するべきと主張している〔藤田富2013〕。

　また、大坪氏は、縄文時代の九州地域における玉類の変遷や地域性と農耕の拡散との間に関係性を見出している〔大坪2004〕。さらに、大坪氏は副葬事例を概観したうえで、玉類が晩期末葉を境として、生者に向けられたものから死者に対するものへと変化していったことを述べ、その要因には朝鮮半島から葬送形態とその観念が入ってきたことを推測している。

　弥生時代の勾玉について述べるならば、辰巳和弘氏が唐古・鍵遺跡〔田原本町教育委員会2008〕から出土したヒスイ製勾玉の事例をもとにして、その用途と古代中国の思想との関係性について言及している〔辰巳2004〕。具体的には、本来的に褐鉄鉱の殻状容器の中には、中国で仙薬としてとり扱われている粘土が入っていることを述べて、なぜこの殻状容器の中にヒスイ製勾玉2点[17]が入れられていたのか、について考察を加えている。その結果、すでにこの容器は仙薬をいれるものといった認識があり、仙薬とヒスイ製勾玉を類似した性格として人びとがみていた可能性を示唆した。

　また、木下氏は第4期（1940年代から1959年まで）から継続して、縄文時代から弥生時代になると護身用の呪具から身分を表象する装身具になったことを推測している〔木下2011〕。さらに、木下氏は弥生時代中期後半から勾玉の序列化が行われてくることを指摘し、地域によって序列が異なるものの、勾玉の質・形・大きさの組み合わせと着装者の権力の序列とが対応したものになっていると述べている。具体的な序列については、ガラス＞ヒスイ＞緑色石材、丁字頭定形勾玉＞定形勾玉＞その他の形、大＞中＞小という順序を提示している。

　他には、小寺智津子氏が従来漠然といわれてきたガラス製勾玉の政治性について、具体的な根拠を示しながら言及しており、その政治性は中期後葉では須玖岡本・糸島を中心とした北部九州地域、後期後葉から終末期では丹後を中心とした北部近畿地域でみられることを指摘している〔小寺2006・2016〕。

　鈴木氏は、九州地域にみられる独自の玉類を「九州玉」と定義し、その特徴や分布・系譜などを

述べていくとともに、弥生時代早期の菜畑遺跡の事例を取り上げながら定形勾玉が発生する要因について再検討を行っている〔鈴木克2016b〕。そのうち、定形勾玉に関してみてみると、原形自体は縄文時代に求めることはできるとしたものの、縄文時代後・晩期に何らかのかたちで入ってきた朝鮮半島の影響によって、まず九州玉が成立し、その後、改良が加えられることによって定形勾玉が成立したことを推測している。

　古墳時代の勾玉については、辰巳氏・木下氏・大賀氏が言及している。まず、辰巳氏は大阪府にある紫金山古墳〔京都大学大学院文学研究科2005〕から出土した勾玉文帯神獣鏡から性格を推測している〔辰巳2011a・2011b〕。この前期古墳から出土した銅鏡は、内区に神仙界、外区に35個の勾玉形の文様を帯状にめぐらせている。このことをふまえて、辰巳氏は勾玉形の文様を勾玉として仮定するのであれば、内区と外区の関係性、つまりは神仙世界と勾玉との間に密接不離な関係性がみてとれると述べている。

　木下氏は、弥生時代に徐々に浸透していった身分表示の体系が、古墳時代になるとヤマト政権を中心とした階層秩序に対応していき、その一方で呪具としての本来の役割も併存していたと推測している〔木下2005〕。また、中期に入ると材質に瑪瑙・水晶が用いられるようになり、緑色に限るといった色の規制が無くなると同時に、勾玉にみられた身分表示の機能や呪力も弱まり、副葬品として用いられなくなる。そして、6世紀末葉から8世紀には、仏教文化のなかで勾玉が徐々に終焉を迎えるといった一連の変遷を木下氏は想定している。木下氏と同様に、ヤマト政権との関わりから性格を推測しているのが大賀氏である。大賀氏は三角縁神獣鏡の分布との類似性をふまえて、古墳時代前期に作られたヒスイ製丁字頭勾玉が、近畿地域から各地域へ配布されたものと考えている〔大賀2012〕。

　その他の視点としては、長野県にある玉依比売命神社で行われている児玉石神事が、古代における玉の信仰を考えるうえで重要視されている〔玉元2011、椙山2015〕。この神事で児玉というのが勾玉のことを指し、奉納された勾玉を数えることでその年の吉凶を占うというものである。この神事では勝手に増えた勾玉を「生れ石」と呼び、そこには玉が増殖するという信仰が内包されていると考えられている。

　系譜については、縄文時代から弥生時代へと移り変わるなかで、系譜的繋がりがみられるか否かについての議論が目立つ。まず、河村氏は縄文時代における北陸地域の勾玉が北部九州地域でもみられ、それを基に弥生時代の勾玉が形成されると推測した〔河村2000〕。この考えに対して、大坪氏は縄文時代晩期中葉から弥生時代早期かけて、九州地域では石製装身具が確認できないことを明らかにしたうえで、弥生勾玉と縄文勾玉は系譜上で繋がらないことを述べている〔大坪2016〕。さらには、縄文時代後・晩期にみられるヒスイ製装身具の量的な状況や、北陸地域でも九州ブランドであるクロム白雲母製玉類が流通していたことを根拠として、弥生勾玉の成立に北陸地域の玉作りが関わっていたとする考えを疑問視している〔大坪2019〕。そして、弥生時代の勾玉の成立には、朝鮮半島の石製装身具の影響を推測している。

　さらに、大坪氏は熊本県ワクド石遺跡から出土した縄文時代晩期のヒスイ製勾玉と共に、定形勾玉とほぼ同形態の勾玉が採集されていることを報告している〔大坪2004〕。このワクド遺跡の勾玉は、第5期（1960年代から2003年まで）で木下氏が設定したプロト定形勾玉の前身にあたるものである

〔木下 2011〕。加えて、従来、縄文勾玉と弥生勾玉とをつなぐ資料とされてきた佐賀県菜畑遺跡の勾玉について、弥生時代中期中葉に属する可能性を指摘している〔大坪 2019〕。これらの大坪氏による報告・研究は、日本列島における定形勾玉の成立過程を考えていくうえで重要なものである。

　また、北海道の勾玉についても議論がなされている。それは、ヒスイ製玉類が確認できなくなるといった観点から、縄文時代と続縄文時代との間に連続性がみられないとする研究である〔鈴木克 2012〕。

### ⑤ 沖縄県・海外資料への着目

　宮城弘樹氏は、沖縄県の勾玉について、グスク時代にあたる 14 世紀前後になると、装身具としての性格が定着することを推測し、加えて、本土で確認できる弥生・古墳時代の勾玉との関係性は見出すことが難しいと述べている〔宮城 2005〕。また、谷川章雄氏は沖縄県における玉類の研究史を整理し、沖縄諸島・先島諸島出土における勾玉の様相を明らかにしていきながら〔谷川 2008〕、文献史上からも考察を加えていくことで、本土との交易からみた沖縄県における玉類の意味づけを行っている。岸本竹美氏は 5 期（1960 年代から 2003 年まで）から継続して、石製・ガラス製玉類の出土傾向を把握していきながら、縄文時代から琉球処分が行われた 19 世紀にわたって、玉類がどのような変遷をみせるのかを明らかにしている〔岸本 2011〕。

　また、仲原弘哲氏は伝世品であるノロの勾玉の様相を整理していくと共に、その意味やノロの制度との関わりといった観点で論を展開している〔仲原 2011〕。徳田誠志氏は「琉球勾玉」の全体像を浮き彫りにするために、関西大学博物館など複数の施設で収蔵されているものをとり扱いながら、本土における弥生・古墳時代の勾玉との繋がりといった視点をもちながら考察を行っている〔徳田 2015〕。その際には、「琉球勾玉」を全長が約 7cm 以上から 10cm を超えない程度で、頭部には 2 条の溝が施されている、いわゆる丁子頭を呈するものと定義づけている。これは、古墳時代の勾玉と比べてかなり大形といえる。そして、徳田氏は「琉球勾玉」の出現について、18 世紀後半頃の「江戸上り」のため琉球王国から本土へ派遣された使節団が木内の『曲玉問答』をはじめとした、いくつかの研究で提示されていた勾玉の図をみたことが大きな要因であるとし、それ以降、王国が主導となって生産していたことを想定している。この考えは、実際、グスク時代の遺跡から出土する勾玉が、「琉球勾玉」のような定型化されたものではないということを根拠としている。すなわち、定型化している「琉球勾玉」は、古墳時代の勾玉を参考にして作られていたとして、その契機に「江戸上り」が密接に関わっていることを推測しているのである。

　次に、海外資料については、朝鮮半島の勾玉についての研究が多くみられ、さらに新しく中国で確認された勾玉形垂玉の紹介も行われていく。まず、門田氏は朝鮮半島における勾玉の変遷について、第 5 期（1960 年代から 2003 年まで）から継続して述べており〔門田 2005〕、三国時代の勾玉の発生については、日本列島からヒスイ製勾玉自体が朝鮮半島へともたらされたことが要因と考えている。李相吉氏や盧希淑氏は、新石器時代から三国時代までを視野に入れて形態分類を行い、その変遷や系譜的繋がりなどを整理していくことで、朝鮮半島における玉類の文化の一端を明らかにしようとしている〔李相 2007、盧 2009〕。また、高橋浩二氏は朝鮮半島出土のヒスイ製勾玉について、日本列島における時期が異なるヒスイ製勾玉が、一括して 5・6 世紀に朝鮮半島にもたらされ、その後、副葬品となったことを推測している〔高橋浩 2012c〕。この高橋氏の指摘は、第 5 期（1960

年代から 2003 年まで）に提示された門田氏の考えと共通点は多い。

　そして、朴天秀氏は 2016 年段階で 780 点を超えるヒスイ製勾玉が朝鮮半島で確認されていることを述べ、それらをもとに変遷や日本列島との関係性について考察を行っている〔朴天2016〕。少し詳しく述べるならば、朴氏は朝鮮半島におけるヒスイ製勾玉が、3・4 世紀には日本列島に近い金海・釜山といった金官伽耶地域で出現し、5 世紀になると新羅地域へと分布が拡大し、6 世紀頃には本格的に百済地域で確認されていくことを明らかにした。さらに、日本列島との関係性については、ヒスイ製勾玉をとり扱いながら議論を展開している。まず、朝鮮半島ではヒスイ製勾玉の生産遺跡が確認されてはおらず、4 世紀初頭にヒスイ製勾玉が登場するが、それは西日本で出土が確認される時期よりも後にあたること、加えて、科学分析によって、慶州市・梁山市・完州郡にある古墳から出土した勾玉の材質と糸魚川産のものとが合致していることをふまえて、三国時代の勾玉が日本列島から移入されたものと朴氏は考えている。

　中国の遺跡から出土した勾玉形垂玉については、松浦宥一郎氏によって紹介されている。松浦氏は、遼寧省で 2 点・吉林省で 1 点・黒竜江省で 1 点の事例を紹介し、これらが中国東北地域に集中して分布することを指摘している〔松浦2009〕。さらに、中国内蒙古自治区碾房渠窖蔵遺跡の竪穴では、瑪瑙製勾玉形垂玉が金製品やトルコ石玉類などと共に出土していることも報告されている〔松浦2015〕。この事例について、松浦氏は日本列島の定形勾玉より早い時期に出現しており、両者に直接的な関連はないとしている。これら松浦氏の研究が発表されたことによって、勾玉をめぐる文化を考えていくには、朝鮮半島だけではなく、他の東アジア圏の国々へと視野を広げて議論を行っていく必要性が提示されたことになる。

　また、ロシア沿海地域における玉類の調査を実施した河村氏らが、ロシア科学アカデミー極東支部歴史学考古学民族学研究博物館で展示されている天河石製勾玉を紹介している〔河村・クリューエフ・ニキーチン2016〕。この勾玉については、日本の勾玉と型式が異なることや、朝鮮半島から出土する天河石製玉類と同じく施溝分割技法の痕跡がみられないことが指摘されている。このことから、朝鮮半島で展開した天河石製勾玉がロシア沿海地域に及んでいたことが考えられており、この事例は分布圏の北東限に位置づけられている。

　この視野を広げて勾玉をみていくという姿勢は、第 2 期（1868 年から 1915 年まで）にはすでにみられてはいた。しかし、視野の広げかたという観点でみた場合、第 2 期と第 6 期との間には決定的な差というものを指摘できる。それは、第 2 期が点的・飛び石的であるのに対して、第 6 期は面的であり、後者のような徐々に地域的視野を広げていくほうが、より分析方法としては適当といえる。

#### ⑥ 科学分析の導入とその成果

　第 5 期（1960 年代から 2003 年まで）から継続して、玉類の産地同定が行われており、その対象となったのはヒスイ・碧玉・滑石・ガラス・コハク・そしてクロム白雲母などである。ヒスイ・碧玉は藁科氏ら〔藁科2009・2014、中村・藁科・福辻2016 など〕、滑石は井上氏〔井上2005・2012 など〕、ガラス・コハクは国立文化財機構・奈良文化財研究所〔国立文化財機構・奈良文化財研究所2011 など〕が積極的に分析を行っている。

　また、2018 年に藁科氏や朴洪國氏らが発表した碧玉の産出地に関する研究は、第 4 期（1940 年代から 1959 年まで）にみられた国内でのヒスイ産出地が発見されたときと同様なインパクトを研究

者に与えた〔藁科・朴洪・田村・中村・金2018、朴洪2018〕。それは、朝鮮半島の浦項地域で良質の碧玉や緑色凝灰岩が産出すること、加えて、その玉材を産地同定したところ、島根県花仙山産のものと弁別できるものもあれば、できないものもあるということが明らかとなった。その結果、朝鮮半島で出土する緑色系碧玉の玉類をただちに日本産としていた、従来の玉類の研究に対して再検討する必要性がでてきた。

そして、クロム白雲母について述べるならば、2007年に大坪氏が九州地域出土の玉類（165遺跡・889点）を分析対象として、蛍光X線分析を行っている〔大坪2007〕。その結果、従来、縄文時代後・晩期における使用石材には統一性がみられないといわれていたが、実際にはクロム白雲母岩と滑石でほぼ統一されていたことが明らかにされた。これは、すでに刊行されている報告書の石材記載と分析によって得られた石材名との矛盾を視覚的にとらえる結果となった。さらに、大坪氏はクロム白雲母製玉類を九州ブランドと位置づけたうえで、クロム白雲母製勾玉が島根県・岡山県・山口県といった中国地域、愛媛県・高知県といった四国地域でも多く確認でき、加えて、石川県・愛知県でも少量確認することができることも指摘している（大坪2015）。

その他には、比佐陽一郎氏は、福岡市内出土の玉類を分析するなかで、従来、報告書で碧玉と記載されているもののなかに、クロム白雲母製やアマゾナイト（天河石）製の玉類がいくつかみられることを明らかにしている〔比佐2018〕。

また、穿孔の際に用いる石針や表面を磨く砥石といった玉作りの工具も分析対象となっており、蛍光X線分析を行うとともに、産出地について議論されている〔藁科2014など〕。

### ⑦ 史料のなかの勾玉研究

酒井英一氏は、江戸時代後期の庄内藩士である安部親任が著した『筆濃餘理』〔鶴岡市史編纂会編1977・1978〕をもとに[18]、当時の人びとが勾玉をどのように認識していたのかについて言及している〔酒井2007〕。酒井氏は、風雨の激しい天候のときに時々石鏃が降ると考えていた平安時代の人びとと同様に、江戸時代の人びとも勾玉が荒天のときに天から降ってくるものと考えていたことを指摘している。さらに、その勾玉で数珠を作った話があることを根拠として、当時は装身具としての用途ではなく、霊地と関連させて用いていた可能性を推測している。

また、『歴史読本』では、三種の神器が特集されており、数多くの研究者が考古学や文献史学の視点からさまざまな議論を行っている〔新人物往来社2008〕。

### ⑧「玉」を冠する研究会の展開と学会の発足

日本玉文化研究会の会長である寺村氏は、機関誌『玉文化』の創刊号のなかで発足の背景および目的を明確に記している〔寺村2004〕（第10図）。要約すると、現状では、玉類に関する研究に加えて、発掘件数の増加によって関係資料が膨大な量をもって蓄積され、いまをもってなお継続的に増加している。その結果、それらを研究者個人で把握することは困難なことになっている。そのようななか、「研究者間の情報交換や研究活動の交流などを、円滑に進めるためには、広く門戸を開放し、成果を共有」し、「正確な記録と成果は、広く公開し、協力体制をとることが、貴重な資料の亡失を防ぐ第一歩であり、かつ必死の課題」である。そのために「研究会などの開催は勿論ですが、ここに広く発表の場を提供するとともに、研究・情報センターとしての役割を果たすような、機関誌の発刊が多くの方々から熱望されてきた」と寺村氏は述べている。

この研究会の発足によって、玉類の研究者らが1つの場に集まり、議論を重ねた成果を継続的に機関誌で発表していくことができるようになり、その結果、玉類を考古学的に研究できるということをもう一度、日本考古学界に印象づけた。また、研究会は長年、玉類の研究を続けてきた研究者と、玉を研究しようと思っていた若手研究者とを繋ぐパイプのような役割も担っており、会の認知度が高まっていくにしたがい、玉類の研究全体もより活発になっていった。

第10図　『玉文化』創刊号と『玉文化研究』創刊号の表紙

　研究会での具体的な活動をみてみると、研究史上の核となる玉作遺跡に赴き、そこの資料を実見・再検討したり、新しく発見され、これから重要視されると思われる玉類をみに行き、研究者間で議論を行ったりしている。さらに、その見学会に伴うかたちで、各地域の玉類の文化をテーマに据えたシンポジウムを開催していった。

　また、機関誌『玉文化』では、縄文時代におけるヒスイ製玉類の集成を列島規模で行い、その成果を継続的に発表していく〔日本玉文化研究会2004～2006・2008～2010・2012〕。この集成については、集めることができたのが31県であり[19]、県ごとの項目設定に統一がなされていないなどの問題点はあるものの、ヒスイ製玉類を研究するうえでは欠かせない基礎資料となっている。その他にも、時代や材質を問わず、北海道から沖縄県、さらには中国や朝鮮半島の玉類に関する研究が発表され、さらに、各地域における新資料の紹介も収録されていく。これにより、研究者個人が時代・地域においてある程度、俯瞰するかたちで研究を行えるようになった。また、機関誌には勾玉に関する研究も多く寄せられ、さまざまな切り口からの検討がなされている。しかしながら、この研究会は第10号に「日本玉文化研究の21世紀展望」と題して、各時代の玉類研究の現状と今後の展望について整理することを1つの区切りとして、新しい局面を迎える。

　組織内の諸事情により、会長である寺村氏および多くの研究者らは研究会を離れ、その後、新しく日本玉文化学会を発足させる[20]。この学会の目的や活動内容は、研究会の時と同様に、日本列島のみならず海外の玉類へも目を向け、学術上の情報交換を積極的に行える場を提供することを心掛けている〔寺村2015〕。機関誌『玉文化研究』でもそういった傾向が色濃くみられ、さまざまな時代・地域を対象とした研究が寄せられている（第10図）。そのなかには、すでにあげた中国の勾玉形垂玉についての報告もみられ、勾玉研究においても重要な情報の提供源となっている。さらには、玉類の変遷を列島規模で把握しようとする研究も数多く収録されていることをふまえて述べるならば、より全体的な視野をもって玉類研究を行うことができる環境が整いつつあるといえる。

## 2. 課題の設定

　これまでみてきたように、勾玉の研究は江戸時代から連綿と継続的に行われてきたが、その視点や分析方法は、当時の時代背景と強く結びついていた。たとえば、イギリス流の考古学を日本にも

序　論　本書の視角

ちこんだ濱田氏の影響を受けたり、戦後になると皇位のしるしである三種の神器が、積極的に専門的な立場から言及されていく。加えて、科学技術の進歩に伴って勾玉や砥石の産地同定が実施されてきた。

　また、勾玉研究は、単なるものについての研究に留まらず、現在、私たちが日々行っている習俗の歴史、大きな枠組みとしていい換えるならば、国民性が形成されるプロセスの一端を明らかにするうえで重要な鍵になるといえる。さらには、日本だけではなく、アジア圏に広がる文化の一端をみていくことができると思われる。

　この国民性の究明あるいは、アジア圏という視野をもつといった場合、いずれにしても、日本列島全体の様相を把握しておくことは必要なことである。これらをふまえて、研究史をもう一度みてみると、勾玉研究の中心的テーマは生産地・生産側を意識した研究が多く、すでに全国的な大まかな傾向が示されつつある。それに対して、消費地・消費側について述べるならば、生産遺跡や副葬品という観点から出土点数が多い地域、あるいは古墳群が顕著にみられる地域とその周辺に関しては、ある程度、把握されてはいるものの、それらをもって日本列島の全体の傾向とすることは到底できないと考える。

　また、勾玉の出現から終焉といった移り変わりについて、具体的な数値を提示しながら把握した研究もみられない。

　さらには、勾玉の性格・意味についての議論も数多くなされてきたことからもわかるように、勾玉の全体像といった場合、多様な側面が予期される。しかし、従来、行われてきた議論のなかに、具体的な事例をある程度の量をもって比較・検討したものはそれほど多くはなく、いまだ検討の余地があると思われる。これらの問題点を解決するために集成事業や列島規模での視点をもった研究が行われてはいるが、その多くは時代・地域・材質・出土遺構のいずれかが限定的なものといえる。

　本書では、現在、2万点をゆうに超えている出土勾玉について、列島規模での集成を行ったうえで、長期的な視野のもと分布や形態・材質・使用方法・意味などが時間の経過によってどのように変化していくのか、その背景は何なのかを統一的、かつ、横断的な資料に即して考える。そして、勾玉を構成する各要素について、時間や地域を横断したマスデータの構築を通じてその普遍性・独自性を検討することで、日本列島における勾玉の全体像とそれをめぐる文化の一端について考察する。

　本書の構成は、以下の通りである。

　第1章は、土製以外の出土勾玉の消費地における基礎的データの構築を列島規模で行い、それを俯瞰することで日本列島における勾玉の出現から発展、そして消滅といった一連の流れを明らかにする。また、巨視的な視野のもと、時代・地域ごとにみられる勾玉の普遍性や独自性について論じる。

　第2章は、縄文時代から弥生時代にかけてみられる表面に刻み目が施された勾玉を分析対象とし、その変遷や地域性について指摘する。また、東日本で作られた縄文時代の勾玉が、弥生時代の九州地域へ流入する様相を明らかにすることで、弥生時代中期の九州地域で成立するいわゆる丁字頭勾玉への連続性の有無を考える上での手がかりを提供する。

　第3章は、権力や政治性との関係性がよく指摘される丁字頭勾玉を分析対象とし、出土が確認できる弥生時代中期から奈良時代までの地域的展開を把握する。また、丁字頭勾玉の変遷過程を通し

て、ヤマト政権との関わりや地域性の一端を指摘する。

第4章は、古墳時代を通して、出土遺構の性格ごとに勾玉の様相をまとめ、それらを比較することで用いられる場所の違いによって、勾玉の様相も変化するのか否かについて論じる。また、材質と個数に注目しながら、古墳時代の人びとが勾玉を用いる際の規則性を明確化する。

第5章は、勾玉を2個組み合わせたものを分析対象とし、その成立過程を明らかにする。また、関連する考古資料として立花や子持勾玉などをあげ、それらとの比較を通して、性格や意味について言及する。これらの検討を通して、古代における勾玉の性格の一側面が明らかとなる。

第6章は、出土が確認できる縄文時代から中世までを対象にし、土製勾玉の消費地における変遷過程や地域的展開を明らかにした上で、その系譜的つながりについて論じる。

最後に結論として、本書の検討内容をまとめて、原始・古代における勾玉の実態およびそれに関わる文化の一端について考察を加えていく。また、今回はとり扱うことができなかったあるいは本書の検討によって新しく生じたいくつかの諸問題に関して問題定義を試みたい。

# 第2節　本書の前提

そこで、まずは具体的な考察に入る前に、本書で用いるいくつかのことを定義しておきたい。

## 1. 分析対象としての地域および時期

本書では、日本列島全域を対象地域にすえて考察を行っていくため、まず、地域設定の概要を述べておく必要がある。最も小さな地域の単位は都道府県とし、それらをある程度、まとまりのある地域としてみていく場合には、大きく9地域を設定した。

具体的には、北海道・東北地域・関東地域・中部地域・近畿地域・中国地域・四国地域・九州地域・沖縄県の9地域に日本列島を大きく区分する。そして、そのなかの中部地域は、北陸地域・東山地域・東海地域の3つの地域に細分する。また、地理的な条件を考慮して、岐阜県は東山地域、三重県は東海地域に含めることとし、両県を中部地域にいれておくことにする。

次に、対象とする時期については、勾玉の出土が確認できる縄文時代から近世以降というように、時期幅を大きく設定している。勾玉が出土した遺構の年代については、本来ならば統一かつ共通した年代観のもと、時期区分を行うべきである。

しかしながら、本書では、取りあつかう地域が日本列島全域と広域にわたるため、各地域間の並行関係を把握することは困難である。そのため、遺構の年代については、各報告書や研究論文などで報告者や研究者がそれぞれ想定した編年や年代観を基本的にはそのまま採用することとした。

ただし、戦前に刊行されたものに多くみられることではあるが、発掘調査報告書や研究論文のなかで結論付けられている遺跡の年代が、現在の年代観からずれて合わない場合には、その都度、修正を行っている[21]。

また、各都道府県、市町村から刊行されている発掘調査報告書・県史・市史・村史のなかには、百年紀によって遺跡や遺構の年代を表しているものもある。本書における古墳時代から平安時代について述べるならば、3世紀中葉から4世紀後半を古墳時代前期、4世紀末葉から5世紀中葉を古

墳時代中期、5世紀後葉から6世紀後葉を古墳時代後期、7世紀を古墳時代終末期、8世紀初頭から後葉を奈良時代、8世紀末葉から12世紀を平安時代としている。

## 2. 方法論としての集成データの活用

　日本考古学における「集成」は、濱田耕作氏から始まり、それ以降、森本六爾氏や小林行雄氏など、多くの研究者によって継続的にその活用性および問題点について言及されていく。その結果、「集成」は研究者の間で徐々に浸透していくことになる。そこで、まずは本書における集成データの活用方法について考えていくために、日本考古学における「集成」の歴史について整理を行いたい。

　まず、濱田氏は、交流のあったロンドン大学教授のフリンダース・ペトリー氏が、古代エジプトにおける土器の研究で採用した集成という研究方法を知り、日本でも考古資料の整理・研究を行うにあたり、同様な研究方法が有効であることを述べた〔濱田1922〕。この濱田氏の考えについては、自信が著した『通論考古学』のなかにある「「集成」の必要」という項目をみてみるとよくわかる。

　その「「集成」の必要」には、「考古學的資料の根本的整理は、遺物の集成（corpus）を作成するに在り。然るに従来の學者意を此處に用ゐるもの少く、吾人は新に發見せる遺物を従来發見の同種のものと比較するに際して常に無益なる検索と照合とを餘儀なくせらるゝこと、恰も完全なる目録を有せざる大圖書館に在るの思を禁ぜざらしむ。而かも年々歳々増加し行く遺物は其數莫大にして、此の「集成」を作り完全なる分類目録（inventry）を編するに非ずんば、將來學者の研究は徒に無用なる勞力を照合比較す可き既發見の遺物の検索に空費せらるゝに至る可し」〔濱田1922；140-141頁〕と記されており、濱田氏が日本考古学における集成の活用性を強く主張していることが読みとれる。

　このような考えをもとに作られたのが、濱田氏の「彌生土器型式分類聚成圖録」である〔濱田1919〕。この集成図録では、皿・鉢・壺といった大きな枠組みでの分類を行った後、蓋が付いているものなど、それぞれ抽出できる特徴によって、さらに細かく分類がなされている。そして、濱田氏は類型ごとに実測図を並べるとともに、遺跡名や所在地・所蔵先・図版の出典などの情報が明記されている表も作成し、載せている。この表と実測図とが対応しているため、他の研究者は容易に遺物の照合が可能となっているのである。

　次いで、濱田氏の集成に対する考えを継いだのが、梅原末治氏である。梅原氏は、濱田氏が「彌生土器型式分類聚成圖録」を作るにあたって、収録する土器の製図を中心となって行い、その後、鳥取県の遺跡・遺物を整理しながら、各地で確認されている石斧・石剣・石包丁・子持勾玉の実測図や出土地点などの情報を集成している。その成果は、大正11年に発刊された『鳥取縣史蹟勝地調査報告』の第1冊のなかに収録されている〔梅原1922〕。

　そして、森本氏は「時評　日本考古學に於ける聚成圖の問題」のなかで、濱田氏が事あるごとに「「聚成」を有せざる考古學は、「目録」を有せざる大圖書館に比すべきものだ」〔森本1933；53頁〕と発言していたことや、集成図の1つの成功例として梅原氏の『鳥取縣史蹟勝地調査報告』があることを述べたうえで、集成の活用性と問題点、さらには今後の展開についても指摘を行っている〔森本1933〕[22]。

　まず、活用性については、集成図が分類の問題、地名表が分布の問題に多大な成果をもたらすも

のとしている。問題点については、資料を集成するにあたり、全日本的に均一な水準のもと行わなければならないと述べている。そして、今後の展開については濱田氏の集成図からもう一段階発展させた集成図の必要性を主張している〔森本 1932〕。具体的には、濱田氏の集成図は器種による集成図であり、次の段階の集成図には「地域別による試み」によって、「地域的様式の存在を確認」〔森本 1932：109 頁〕することが求められるというのである。この森本氏の構想には、小林行雄氏が 1932 年から 1933 年にかけて、数回にわたり発表した「彌生式土器聚成圖」が強く影響している〔小林行 1932a・1932c・1933a・1933b〕。

　小林氏は地域ごとに作成した集成図をもとにして[23]、器種構成としてあらわれる様式概念の構築を行い〔小林行 1933c〕、それが各地域の文化の把握や他地域の文化との比較をしていくための重要な要素となることを述べている〔小林行 1932b〕。その際に行われた集成や集成図に対する小林氏の考えは、『図解　考古学辞典』のなかの「集成　corpus」という項目から読みとることができる〔小林行 1959〕。そこには、集成が「同種の遺物の図または写真を多数にあつめて，一定の方式によって配列し，相互の関係を一目瞭然たらしめる」〔小林行 1959：436-437 頁〕ものであり、配列には一貫した方針というものが必要とされることが述べられている。さらに、集成図は収録する個々の遺物が、様式を構成する代表例あるいは特殊事例であるかを吟味する、すなわち型式学的評価の問題を孕むものであり、加えて、研究の進行と共に配列の訂正や遺物の追加・削除といった変化が生じるものとしている。ここで特筆すべきことは、一貫した方針のもと集成されたものから地域における文化の一端を明らかにできること、そして、各地域間で文化の比較検討が可能となるということである。これは、いい換えるならば、歴史と土地・地理との関係性を視覚的に捉えようとした試みということができると思われる。

　研究史で触れたことではあるが、戦後になると土地区画整備など大規模な開発事業が絶え間なく行われるようになり、記録保存のための発掘調査も増加する。そして、膨大な数の報告書が刊行されていくのに伴い、遺跡や遺物の情報が急速に蓄積されていく。その結果、研究者が各地域からどのようなものが検出・出土しているのかを容易に検索できなくなる。この解決策として、遺跡・遺物の集成・整理が都道府県・研究会・個人といった様々なレベルで実施され、その成果が報告書として刊行されていくことになる〔千葉県文化財センター 1979・1992 など〕。

　その一方で、遺跡・遺物の全国集成が歴史地図を編むことと連動したかたちで行われていく。事例をあげるならば、西岡虎之助氏・服部之総氏らが監修した『日本歴史地図』の「主要遺跡・遺物地名表」〔西岡・服部 監修 1956〕や竹内氏らが編集した『日本歴史地図（原始・古代編）』の上下巻に対応して作成された『考古遺跡・遺物地名表』などがある〔竹内・井上・江坂・加藤・小林・坂詰・佐々木・佐原・平川 編 1983〕。これらは、遺跡・遺物の特徴ごとに項目が分けられており、それぞれの要素からみた分布が列島規模で把握できるようになっている。

　近年では、下垣仁志氏が日本列島から出土する鏡の集成を行っており、その成果のなかで集成データの活用法を説いている〔下垣 2016〕。下垣氏は、集成データに鏡式名・出土地・銘文・法量・共伴遺物などの項目を設定しながら、それぞれについて詳細に記述することによって、その成果がさまざまな分析に対応する基礎データとして活用できるとしている。具体的には、従来の分布分析だけではなく、ＧＩＳ分析にも役立つ可能性を想定している。また、統一した視点で記述すること

序　論　本書の視角

第5表　玉類に関連した主な常設展・企画展

| 常設展・企画展名 | 期間 | | 開催地 | | 関連資料（図録・冊子など） | 備考 |
|---|---|---|---|---|---|---|
| 古代の装身具 －中国・朝鮮・日本－ | 1964 ～1965 | 11月16日 ～2月28日 | 東京 | 東京天理教館 | 東京天理教館 1964『古代の装身具－中国・朝鮮・日本－』 | 天理ギャラリー 第10回展 |
| 装身具展－むかしのアクセサリー－ | 1973 | 9月15日 ～11月11日 | 和歌山 | 県立紀伊風土記の丘資料館 | 和歌山県立紀伊風土記の丘資料館 1973『装身具展－むかしのアクセサリー－』特別展目録 第3号 | 開館3周年記念 特別展 |
| 原始古代装身具展 | 1973 | 11月17日 ～12月9日 | 長崎 | 県立美術博物館 | 長崎県立美術博物館 1973『原始古代装身具展』 | |
| 玉と布志名のやきもの | 1977 | 常設 | 島根 | 出雲玉作資料館 | 出雲玉作資料館 編 1977『展示図録－玉と布志名のやきもの－』 | |
| 装身具 | 1979 | 11月20日 ～不明 | 東京 | 宮内庁書陵部 | 宮内庁書陵部 1979『出土品展示図録 装身具』学生社 | |
| 房総出土の古代の玉 | 1981 | 10月6日 ～11月23日 | 千葉 | 県立房総 風土記の丘 | 千葉県立房総風土記の丘 1981『房総出土の古代の玉』展示図録No.9 | |
| ひすい－地中からのメッセージ－ | 1987 | 10月23日 ～11月23日 | 富山 | 富山県 埋蔵文化財センター | 富山県埋蔵文化財センター 1987『ひすい－地中からのメッセージ－』 | 特別企画展 |
| 古代の装身具－美と祈りと技術－ | 1988 | 10月25日 ～11月27日 | 山梨 | 県立考古博物館 | 山梨県立考古博物館 1988『古代の装身具－美と祈りと技術－』 | 第6回企画展 |
| 古代の装身具・玉－烏山玉作り遺跡とその周辺－ | 1991 | 1月27日 ～3月10日 | 茨城 | 土浦市立博物館 | 土浦市立博物館 1991『古代の装身具・玉－烏山玉作り遺跡とその周辺－』 | 市制施行50周年記念・土浦市立博物館第6回特別展 |
| 古代の玉と玉作り －市三宅東遺跡と近江の玉作り－ | 1991 | 7月27日 ～9月1日 | 滋賀 | 野洲町立 歴史民俗資料館 | 野洲町立歴史民俗資料館 1991『古代の玉と玉作り －市三宅東遺跡と近江の玉作り－』 | 平成3年度 夏季企画展 |
| 北陸の玉－古代のアクセサリー－ | 1994 | 4月27日 ～6月5日 | 福井 | 県立歴史博物館 | 福井県立歴史博物館 1994『北陸の玉－古代のアクセサリー－』 | 開館10周年 記念特別展 |
| 古墳時代の石製品 | 1994 | 4月17日 ～6月5日 | 奈良 | 天理大学附属 天理参考館 | 天理大学附属天理参考館 編 1994『古墳時代の石製品』 | 第25回企画展 |
| アクセサリーの考古学 －石器時代のピアス・ネックレス・ブレスレット－ | 1998 | 7月18日 ～9月20日 | 宮城 | 地底の森 ミュージアム | 地底の森ミュージアム 1998『アクセサリーの考古学 －石器時代のピアス・ネックレス・ブレスレット－』 | 地底の森ミュージアム 平成10年度 特別企画展 |
| 卑弥呼の宝石箱－ちょっとオシャレな弥生人 | 1998 | 10月3日 ～11月29日 | 大阪 | 府立 弥生文化博物館 | 大阪府立弥生文化博物館 1998『卑弥呼の宝石箱－ちょっとオシャレな弥生人－』 | 平成10年 秋季特別展 |
| 石のアクセサリー | 1998 | 10月15日 ～11月12日 | 富山 | 富山県 埋蔵文化財センター | 富山県埋蔵文化財センター 1998『石のアクセサリー』 | 平成10年度 特別企画展 |
| 装身具展 古代人のアクセサリー | 1999 | 10月9日 ～11月28日 | 群馬 | 高崎市観音塚 考古資料館 | 高崎市観音塚考古資料館 1999『装身具展 古代人のアクセサリー』 | 第12回高崎市観音塚考古資料館企画展 高崎のあけぼの11 |
| 弥生の装い－アクセサリーとその呪術性 | 1999 | 10月2日 ～11月28日 | 山口 | 下関市立 考古博物館 | 下関市立考古博物館 1999『弥生の装い－アクセサリーとその呪術性－』 | 平成11年度 企画展 |
| 古代の装い－古代人とアクセサリー－ | 2000 | 9月20日 ～10月29日 | 静岡 | 浜松市博物館 | 浜松市博物館 2000『古代の装い－古代人とアクセサリー－』 | 第19回 特別展 |
| 石と人のくらし～美しさと機能をもとめて～ | 2000 | 9月23日 ～11月26日 | 三重 | 鈴鹿市 考古博物館 | 鈴鹿市考古博物館 2000『石と人のくらし～美しさと機能をもとめて～』 | 平成12年度 特別展 |
| 首長の装身具 | 2000 | 11月3日 ～12月10日 | 京都 | 城陽市 歴史民俗資料館 | 城陽市歴史民俗資料館 編 2000『首長の装身具』 | 平成12年度 特別展 |
| 王のアクセサリー | 2000 | 10月20日 ～12月3日 | 福岡 | 伊都歴史資料館 | 伊都歴史資料館 2000『王のアクセサリー』 | 秋季特別展 |
| 古代人の装い | 2000 | 2月28日 ～3月26日 | 熊本 | 城南町 歴史民俗資料館 | 城南町歴史民俗資料館 2000『古代人の装い』 | 第15回特別展 |
| 縄文の装飾品展 | 2001 | 10月13日 ～12月9日 | 岩手 | 東和町ふるさと 歴史資料館 | 縄文の装飾品実行委員会 2001『縄文の装飾品展』 | 第5回 特別企画展 |
| ラッコとガラス玉－北太平洋の先住民交易－ | 2001 ～2002 | 9月20日 ～1月15日 | 大阪 | 国立民族学博物館 | 国立民族学博物館 2001『ラッコとガラス玉－北太平洋の先住民交易－』 | 特別展 |
| 縄文アクセサリー | 2001 | 8月28日 ～10月7日 | 北海道 | 浦幌町立博物館 | 浦幌町立博物館 2001『縄文アクセサリー』 | 第2回特別展 |

46

| | | | | | | |
|---|---|---|---|---|---|---|
| ガラスのささやき 古代出雲のガラスを中心に | 2001 | 9月21日～11月11日 | 島根 | 県立八雲立つ風土記の丘 | 島根県立八雲立つ風土記の丘 2001『ガラスのささやき 古代出雲のガラスを中心に』 | 平成13年度 企画展「古代の技術を考えるⅡ」 |
| 青いガラスの燦き－丹後王国が見えてきた－ | 2002 | 4月13日～6月16日 | 大阪 | 府立弥生文化博物館 | 大阪府立弥生文化博物館 2002『青いガラスの燦き－丹後王国が見えてきた－』 | 平成14年度 春季特別展 |
| 縄文人の美－装身具の世界－ | 2003 | 11月1日～12月14日 | 千葉 | 船橋市飛ノ台史跡公園博物館 | 船橋市飛ノ台史跡公園博物館 編 2003『縄文人の美－装身具の世界－』 | 平成15年飛ノ台史跡公園博物館企画展 |
| 花開く翡翠文化－玉・斧の生産と交易－ | 2003 | 9月27日～10月26日 | 新潟 | 長者ケ原考古館 | ヒスイ文化フォーラム委員会 2003『ヒスイ文化フォーラム''2003'' 花開くヒスイ文化－縄文時代におけるヒスイとその広がり』 | 特別展 |
| 古墳人のアクセサリー－長野県における古墳時代の装身具 | 2003 | 9月27日～11月16日 | 長野 | 飯田市上郷考古博物館 | 飯田市上郷考古博物館 2003『古墳人のアクセサリー－長野県における古墳時代の装身具－』 | 平成15年度 秋季展示 |
| おしゃれな原始・古代人－東駿河～北伊豆を中心とした原始・古代の装身具 | 2003 | 3月11日～5月5日 | 静岡 | 富士市立博物館 | 富士市立博物館 2003『おしゃれな原始・古代人 －東駿河～北伊豆を中心とした原始・古代の装身具－』 | 第41回企画展 |
| 古墳時代の装飾品－玉の美－ | 2003 | 3月8日～5月11日 | 滋賀 | 栗東歴史民俗博物館 | 栗東歴史民俗博物館 （財）栗東市文化体育振興事業団 2003『古墳時代の装飾品－玉の美－』 | 平成15年度 企画展 |
| 黄泉のアクセサリー－古墳時代の装身具 | 2003 | 4月15日～6月15日 | 大阪 | 府立近つ飛鳥博物館 | 大阪府立近つ飛鳥博物館 2003『黄泉のアクセサリー－古墳時代の装身具』 | 平成15年度 春季特別展 |
| 玉つくり－原石に輝きを求めて－ | 2003 | 10月7日～11月30日 | 山口 | 下関市立考古博物館 | 下関市立考古博物館 2003『玉つくり－原石に輝きを求めて－』 | 平成15年度 企画展 |
| 翡翠展 東洋の至宝 | 2004～2005 | 11月13日～2月13日 | 東京 | 国立科学博物館 | 毎日新聞社 2004『翡翠展 東洋の至宝』 | 特別展 |
| 玉つくりの里 | 2005年 | 9月24日～10月23日 | 新潟 | 青海総合文化会館 | ヒスイ文化フォーラム委員会 2005『ヒスイ文化フォーラム2005 神秘の勾玉－弥生・古墳時代の翡翠文化－』 | 企画展 |
| 北陸の玉と鉄 弥生王権の光と影 | 2005年 | 10月4日～12月4日 | 大阪 | 府立弥生文化博物館 | 大阪府立弥生文化博物館 2005『北陸の玉と鉄 弥生王権の光と影』 | 平成17年 秋季特別展 |
| 玉作と玉文化～弥生から古代へ～ | 2005年 | 10月12日～12月4日 | 徳島 | 県立資料館 | 徳島市立考古資料館 2005『玉作と玉文化～弥生～古代へ～』 | 特別企画展 |
| とちぎの石ものがたり-人と石の文化史- | 2007年 | 10月13日～11月25日 | 栃木 | 県立博物館 | 栃木県立博物館 2007『とちぎの石ものがたり—人と石の文化史—』 | |
| アクセサリーと人の物語－むかしの宝石ってどんなもの？－ | 2007年 | 10月30日～12月22日 | 千葉 | 八街市郷土資料館 | 無し | 平成19年度 企画展 |
| 新潟県遺跡発掘調査出土品展 | 2007年 | 8月26日～9月17日 | 新潟 | 青海総合文化会館 | 糸魚川市 2007『ヒスイ文化フォーラム2007ヌナカワとヒスイ－講演記録－』 | 企画展 |
| 埋もれる大集落 長者ケ原～ヒスイのふるさと～ | 2007 | 常設 | 新潟 | 糸魚川市長者ケ原考古館 | 糸魚川市長者ケ原考古館 2007『埋もれる大集落 長者ケ原～ヒスイのふるさと～』冊子 | |
| おしゃれの達人、縄文人 | 2008 | 7月15日～10月19日 | 富山 | 富山市北代縄文館 | 富山市北代縄文館 2008『おしゃれの達人、縄文人』 | ミニ企画展 |
| 輝く出雲ブランド 古代出雲の玉作り | 2009 | 3月7日～5月17日 | 島根 | 県立古代出雲歴史博物館 | 島根県立古代出雲歴史博物館 編 2009『輝く出雲ブランド 古代出雲の玉作り』 | 島根県立古代出雲歴史博物館企画展 |
| 玉と王権 | 2009 | 10月9日～12月13日 | 宮崎 | 西都原考古博物館 | 西都原考古博物館 2009『玉と王権』 | 国際交流展 |
| 古代のアクセサリー～古代人の宝石箱をあけてみよう～ | 2010 | 4月24日～6月27日 | 山梨 | 県立考古博物館 | 無し | 平成22年度 春季企画展 |
| 玉と石製品 | 2010 | 8月24日～10月31日 | 福岡 | 福岡市博物館 | 無し | 部門別展示 |

| 縄文人の装身具 | 2011 | 1月9日〜2月27日 | 埼玉 | 富士見市立水子貝塚資料館 | 富士見市立水子貝塚資料館 2011『縄文人の装身具』 | 平成22年度企画展 |
|---|---|---|---|---|---|---|
| 装身具－日本・中国・朝鮮 よそおいの美－ | 2011 | 10月8日〜11月27日 | 大阪 | 和泉市久保惣記念美術館 | 和泉市久保惣記念美術館 2011『装身具－日本・中国・朝鮮 よそおいの美－』 | 特別展 |
| おしゃれの考古学〜出土したアクセサリー展 | 2011 | 年内 | 広島 | ひろしまWEB博物館 | 無し | 平成23年度 WEB博物館企画展第弾 http://www.mogurin.or.jp/museum/hwm/ |
| まつやまの勾玉 | 2011 | 2月13日〜3月13日 | 愛媛 | 松山市考古館 | 松山市考古館 2011『平成22年 まつやまの勾玉』企画展開催要項 | 平成22年度企画展 |
| 玉に魅せられた国〜まつろの国のアクセサリー〜 | 2011 | 10月4日〜12月4日 | 佐賀 | 末盧館 | 無し | 平成23年度唐津の歴史文化企画展 |
| 発掘されたアクセサリー | 2011〜2012 | 10月3日〜3月16日 | 岡山 | 岡山市埋蔵文化財センター | 岡山市埋蔵文化財センター 2011『発掘されたアクセサリー』冊子 | 平成23年度企画展 |
| 玉・古墳時代の装飾品 | 2012 | 11月3日〜11月30日 | 京都 | 長岡京市埋蔵文化財センター | 公益財団法人長岡京市埋蔵文化財センター2012『玉・古墳時代の装飾品』冊子 | 平成24年度特別企画展 |
| 古代の装身具（アクセサリー）－出土品からみる男性と女性－ | 2012 | 7月21日〜9月2日 | 大阪 | 府立近つ飛鳥博物館 | 無し | 平成24年度夏季企画展 |
| 飾るからだ 古代装身具の力 | 2013 | 10月12日〜12月8日 | 群馬 | 高崎市観音塚考古資料館 | 高崎市観音塚考古資料館 2013『飾るからだ 古代装身具の力』 | 高崎市観音塚考古資料館 第25回企画展 |
| 縄文時代のアクセサリー | 2013 | 10月12日〜11月24日 | 埼玉 | 朝霞市博物館 | 朝霞市博物館 2013『縄文時代のアクセサリー』 | 第28回企画展 |
| 日本海を行き交う弥生の宝石〜青谷上寺地遺跡の交流をさぐる〜 | 2013 | 9月28日 | 鳥取 | とりぎん文化会館 | 鳥取県埋蔵文化財センター 2013『青谷上寺地遺跡フォーラム2013 日本海を行き交う弥生の宝石〜青谷上寺地遺跡の交流をさぐる〜』 | フォーラムに関連したミニ展示 |
| 勾玉の魅力 | 2014 | 1月17日〜3月23日 | 宮崎 | 県立西都原考古博物館 | 無し | 企画展Ⅱ |
| 弥生時代のとやま 下老子笹川遺跡の発掘成果を中心として | 2014〜2015 | 11月21日〜3月26日 | 富山 | 富山県埋蔵文化財センター | 富山県埋蔵文化財センター 2014『埋文とやま』VOL129（企画展情報） | 企画展 |
| 魅惑の玉 | 2014〜2015 | 12月3日〜4月19日 | 奈良 | 桜井市立埋蔵文化財センター | 桜井市立埋蔵文化財センター 2014『魅惑の玉』冊子 | 平成26年度企画展 |
| 装身具の世界－玉文化に魅せられて－ | 2015 | 10月18日〜12月1日 | 徳島 | 徳島市立考古資料館 | 徳島市立考古資料館 2015『装身具の世界－玉文化に魅せられて－』 | 開館15周年記念特別企画展 |
| 装身具の魅力 華麗な出土装身具 | 2016 | 2月16日〜4月22日 | 茨城 | 取手市埋蔵文化財センター | 取手市埋蔵文化財センター 2016『装身具の魅力 華麗な出土装身具』冊子 | 第39回企画展 |
| 発掘50周年記念 浜山玉つくり遺跡展 | 2016 | 9月16日〜9月30日 | 富山 | かるちゃーセンターみやざき | 無し | |
| 飛騨美濃の縄文時代装身具 | 2016 | 4月23日〜5月15日 | 岐阜 | 岐阜県図書館1階企画展示室 | 岐阜県文化財保護センター 2016『岐阜県文化財保護センター所蔵展「飛騨美濃の縄文時代装身具」』報道発表資料 | |
| 弥生のガラス－二千年前の青い装飾品－ | 2016 | 11月1日〜12月18日 | 兵庫 | 尼崎市立田能資料館 | 尼崎市立田能資料館 2016『弥生のガラス－二千年前の青い装飾品－』冊子 | 第46回特別展 |
| 古代出雲のアクセサリー | 2016 | 7月16日〜8月28日 | 島根 | 県立八雲立つ風土記の丘 | 県立八雲立つ風土記の丘 2016『ミニ企画展「古代出雲のアクセサリー」の開催について』報道発表資料 | ミニ企画展 |
| 弥生の装い－アクセサリーの考古学－ | 2016 | 8月2日〜8月31日 | 佐賀 | 県立博物館 | 無し | テーマ展 |

| | | | | | | |
|---|---|---|---|---|---|---|
| 玉―古代を彩る至宝― | 2018 | 10月23日～12月9日 | 東京 | 東京都江戸東京博物館 | 古代歴史文化協議会 編 2018『玉―古代を彩る至宝―』ハーベスト出版 | 14県共同で行なった古墳時代における玉類の研究成果の報告書を兼ねる |
| 翡翠展 東洋の至宝 | 2018～2019 | 11月17日～2月3日 | 新潟 | フォッサマグナミュージアム | 宮島宏 2018『国石 翡翠』フォッサマグナミュージアム | 2004年～2005年の「翡翠 東洋の至宝」に関連した企画展 |
| 特集展示 玉 TAMA 古代を彩る至宝 | 2019 | 1月1日～2月24日 | 福岡 | 九州国立博物館 | 九州国立博物館 2018『玉のすすめ』特集展示「玉―古代を彩る至宝―」リーフレット | 古代歴史文化協議会 編『玉―古代を彩る至宝―』に関連した文化交流展 |
| 古墳文化の珠玉 玉は語る出雲の煌めき | 2019 | 4月26日～6月17日 | 島根 | 島根県立古代出雲歴史博物館 | 島根県立古代出雲歴史博物館 2019『古墳文化の珠玉―玉は語る出雲の煌めき―』 | |

※東京国立博物館の平成館では、テーマ展示（日本の考古学）として、玉類に関わる展示が隔年ごとに行なわれている。
・宝器と玉生産の展開；2004（6月8日～12月19日）、2005（1月2日～6月5日）、2006年（6月20日～12月10日）、2006年～2007年（12月12日～6月10日）、2008（6月10日～11月16日）、2009年（6月9日～12月13日）、2009年～2010年（12月15日～6月6日）、2010年（6月8日～12月19日）、2013年～2014年（7月9日～6月8日）、2014年（6月10日～12月7日）。
・玉生産の展開；2015年～2016年（10月14日～7月10日）、2016年（7月12日～12月23日）、2017年（1月2日～6月25日）。
・装身具・まつりの道具；2004（6月8日～12月19日）、2005（1月2日～6月5日）、2005年（6月7日～12月18日）、2005年～2006年（12月20日～6月18日）、2006年～2007年（12月12日～6月10日）、2008（6月10日～11月16日）、2009年（6月2日～12月6日）、2009年～2010年（12月8日～5月30日）、2010年（6月1日～12月12日）。
・縄文時代の装身具とまつりの道具；2011年（6月7日～11月27日）、2012年～2013年（5月29日～6月2日）、2013年～2014年（7月9日～6月15日）、2014年（6月17日～12月7日）。
・縄文時代の装身具と祈りの道具；2015年～2016年（10月14日～6月5日）、2016年（6月7日～12月4日）、2016年～2017年（12月6日～6月4日）。
・弥生時代の装身具；2004（6月8日～12月19日）、2005（1月2日～6月5日）、2006年～2007年（12月12日～6月10日）、2008（6月10日～11月16日）、2013年～2014年（7月9日～6月15日）。
・弥生時代の装身具とまつり；2016年（6月7日～12月4日）、2016年～2017年（12月6日～6月4日）。

によって、研究者間の誤認を最小限に留めることができることも指摘している。さらに、出土鏡に関して、図録や書籍による基礎データの提示が充実している地域とそうではない地域とがあるため、分布などを比較検討していくにあたって支障が生じやすいことも述べている。その解決策として、下垣氏は列島規模で網羅的に行った集成データの構築の必要性を説いている。

　以上、考古学における「集成」についての大まかな歴史を概観した。集成データの活用性は段階的にかつ、重層的に発展していったことがいえるであろう。それは目録的なものから始まり〔斎藤忠 1992〕、地域ごとの文化の把握といったように活用の幅が広がっていく。そして、1つの対象を構成するさまざまな要素に焦点をあて、それぞれ適当な分析方法のもと考察を行うことのできる基礎データとしての一面が形成されていく。この展開は、集成データの活用性からみた場合、小林氏などの集成からもう一段階発展させたものとして捉えることができるのではなかろうか。

　これらをふまえて、本書における集成データの活用性について考えていきたい。資料集成の成果や（第2・3表）シンポジウム資料（第4表）に時代・地域・材質・出土遺構の限定性がみられることは、先述した通りである。さらに、玉類に関した常設展・企画展が催されており（第5表）、その図録や冊子は出土勾玉の集成データとして、十分に役立つものである。しかしながら、これら展示に関連した刊行物もまた対象が限定的である。つまり、従来の集成データにはデータの空白地帯というものが大きく生じていることが指摘できる。そこで、本書のために作成した集成データとそれらデータの空白地帯との関係をみていくことにする。

　時代の空白地帯について述べるならば、本集成では時代を制限していない。そのため、日本列島における勾玉については、出現期の様相、各時代の様相、時代から時代へと移り変わる際の様相の

序　論　本書の視角

変化、そして、終焉期の様相を通史的な観点でみていくことができる。一方、地域における空白地帯については、47都道府県を対象に集成を行うことで、下垣氏のいう他地域との比較分析の際の支障というものを最小限に留めることができる。そして、材質・出土遺構を制限せずに集成していくことで、変遷や地域性を把握する際には、それぞれにおいてデータの空白地帯というものが生じることはなくなると思われる。

　次に、集成データを実際にどのように用いていくのか、について考えていきたい。まず、細かく項目の設定を行うことで1つの対象を一度さまざまな要素に分けたのち、それぞれの変遷や地域性を明らかしていく。そして、それらをもう一度、1つの対象へと束ねて考察を加えていくことで、より立体的にその対象を捉えることができるようになると考える。その一方で、集成した勾玉のうち特徴的な形態・材質や特異な事例に焦点をあて、それらの歴史的変遷についても詳しく述べていくことで、出土勾玉を時には巨視的に、時には微視的にみていきたい。

## 3. 用いる集成データについて

　本書では、日本列島における勾玉の変遷を明らかにするため、時期による制限は設けずに出土勾玉の全国集成を実施した。

　まず、本集成を行うにあたり、取り扱った資料については、各都道府県、市町村に所属する機関から刊行されている県史・市史・村史や発掘調査報告書、集成事業の報告書に加えて、各研究会・学会によってなされた集成成果がまとめられたシンポジウム資料集、そして、各研究者が集成・分析を行った研究論文があげられる。それらの成果からそれぞれ遺跡名・所在地・時代・材質・出土遺構・長さ・重さ・共伴遺物などの情報および、実測図を抽出した。

　次に、対象となる勾玉について述べていきたい。先述したが、日本列島から出土する勾玉には多様性がみられる。そのため、研究者の間ではある一定の共通認識のもと、それぞれに名称がつけられ議論がなされてきた。事例をあげるならば、平面形態がE字を呈する、いわゆる獣形勾玉とよばれるもの（第11図の1・2）や、表面全体に抉りや刻み目が施され、縦方向にも穿孔がみられるいわゆる緒締形勾玉（第11図の3・4）、形態が動物の牙に似ている牙形勾玉（第11図の5）、半円形の直線部分に抉りをもつ半玦形勾玉（第11図の6）、孔がある方とない方とが連接している環状勾玉（第11図の7～9）がある。

　その他には、孔が穿たれた部分とそれに続く部分との間に括れをつけることで両者を区別する、いわゆる定形勾玉（第11図の10）や、両者を区別してはいない不定形勾玉（第11図の11・13～18）、穿たれた孔を起点として放射状の刻み目が施されている丁字頭勾玉（第11図の12）がある。

　それらのなかの不定形勾玉について、もう少し細かくみてみると、孔が穿たれた方が立体的に膨れているもの（第11図の13）や、抉りが極端に浅いもの（第11図の14）、抉りがコの字に深く施されたもの（第11図の15）、加えて抉りの方向や強弱の違いによって、平面形態が「く」の字を呈するもの（第11図の16）や「L」字を呈するもの（第11図の17）、「J」字を呈するもの（第11図の18）が確認できる。

　そこで、本集成ではこれら上述したすべてのものを対象としている。

　また、動物の牙・歯・骨を素材としたものは、集成の対象から除外している。その理由を述べる

第 2 節　本書の前提

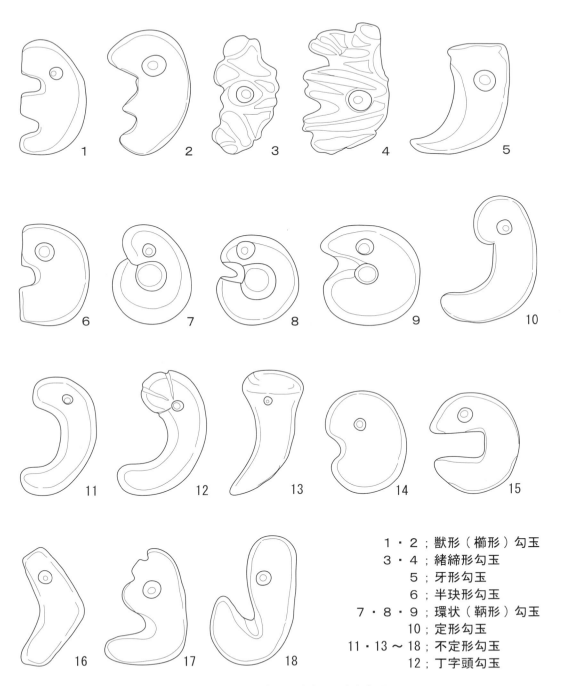

1・2；獣形（櫛形）勾玉
3・4；緒締形勾玉
5；牙形勾玉
6；半玦形勾玉
7・8・9；環状（鞘形）勾玉
10；定形勾玉
11・13～18；不定形勾玉
12；丁字頭勾玉

第11図　日本列島から出土する主な勾玉

51

序　論　本書の視角

**第6表　集成によって得られた出土遺跡と出土点数**　※遺跡数（出土点数）

| 北海道地域 | | 北海道 70遺跡(206) | | | | | |
|---|---|---|---|---|---|---|---|
| 東北地域 | | 青森県 58遺跡(350) | 岩手県 45遺跡(205) | 宮城県 17遺跡(74) | 秋田県 28遺跡(136) | 山形県 22遺跡(49) | 福島県 47遺跡(427) |
| 関東地域 | | 茨城県 102遺跡(312) | 栃木県 47遺跡(182) | 群馬県 156遺跡(575) | 埼玉県 127遺跡(360) | 千葉県 337遺跡(1,093) | 東京都 50遺跡(127) | 神奈川県 131遺跡(553) |
| 中部地域 | 北陸 | 新潟県 51遺跡(118) | 富山県 21遺跡(349) | 石川県 56遺跡(140) | 福井県 51遺跡(167) | | |
| | 東山 | 山梨県 20遺跡(80) | 長野県 134遺跡(492) | 岐阜県 49遺跡(427) | | | |
| | 東海 | 静岡県 179遺跡(932) | 愛知県 76遺跡(199) | 三重県 39遺跡(115) | | | |
| 近畿地域 | | 滋賀県 39遺跡(93) | 京都府 126遺跡(4,682) | 大阪府 87遺跡(1,062) | 兵庫県 103遺跡(387) | 奈良県 88遺跡(1,517) | 和歌山県 27遺跡(122) |
| 中国地域 | | 鳥取県 114遺跡(667) | 島根県 153遺跡(460) | 岡山県 136遺跡(506) | 広島県 157遺跡(425) | 山口県 63遺跡(351) | |
| 四国地域 | | 徳島県 32遺跡(71) | 香川県 37遺跡(99) | 愛媛県 81遺跡(1191) | 高知県 14遺跡(30) | | |
| 九州地域 | | 福岡県 360遺跡(1,155) | 佐賀県 104遺跡(279) | 長崎県 44遺跡(90) | 熊本県 87遺跡(236) | 大分県 71遺跡(604) | 宮崎県 44遺跡(147) | 鹿児島県 19遺跡(51) |
| 沖縄地域 | | 沖縄県 35遺跡(106) | | | | | |

※岐阜県は東山地域、三重県は東海地域に含めているため、両県を中部地域に入れている。

　ならば、動物の牙・歯・骨で作られた勾玉状の装身具は、石製勾玉よりも早い段階からみられることは周知の事実である。しかしながら、全ての時代を通してみても、勾玉の主体となる材質はやはり石であり、その出現についても同様な材質を中心に考えるべきである[24]。すなわち、勾玉の変遷における出発点については、石製勾玉の出現と捉えることが妥当と思われるからである。他には、たとえ破片であっても、それ自体で勾玉と判断がつくものは集成対象に加えている。

　そして、古墳時代中期を主として発達し、滑石を板状にしたものを素材としている、いわゆる石製模造品としての勾玉は集成対象から除外している。その理由としては、石製模造品は実物を模造したものである。そのため、分布や性格などを把握するにあたり、実物であるところの勾玉とは、区別しておく必要があると考えられるからである。

　さらに、本書では勾玉の消費地に焦点をあて論じていくため、工房跡から出土したものや、明確な遺構に伴わない場合であっても玉作りの道具と共に出土した勾玉は玉作関係遺物とし、対象から除いている。

　集成表のなかに設けた項目の記載については、留意しておくことが2点ある。1つ目として、遺跡の所在地は平成大合併により市町村の名称に大きな変化がみられるため、その都度、新しい名称へ訂正を行っている。

　2つ目として、勾玉の材質は原則として用いた資料の記載に従っている。ただし、近年の石材同定に関する研究の発展によって、すでに報告されている材質において、誤って認定・報告されていたものがあることがわかってきた。その研究成果を1つあげるとするならば、大坪志子氏によるクロム白雲母を素材とした玉類の研究があげられる〔大坪2011・2015〕。これは、従来、縄文時代の九州地域を中心に確認できる緑色の玉類については、ヒスイ製として報告されていたが、実はそのなかに異なる石材であるクロム白雲母製のものも多分に含まれていたことを明らかにしたもの

52

である。そこで、このような材質に関する研究によって、報告されている材質に変更が生じている事例については、その都度、できうる限り訂正を行っている。

こうして、本集成によって得られた出土遺跡は3,865遺跡、出土点数は20,795点である。また、第6表は出土遺跡数および出土点数を県ごとに示したものである。

本集成については、可能な限り行ったといいつつも漏れは否めないし、なによりも新しい事例は時間の経過とともに増加していく。しかし、本集成によって得られた遺跡数および出土点数を基にして変遷過程を明らかにしていくことについては、それほどの修正を当分は必要としないと思われる。

## 4. 用語について

本書（第1章以降）の分析に入るまえに、使用する用語について説明をしておきたい。理由としては、用語を設定あるいは使用する際には、それなりに緊張感をもつ必要があり、そうすることによって研究者間の誤認を最小限にとどめることができると考えているからである。そのため、本書で使用する用語については、一定の定義づけを行ったうえで用いていきたい。

1つ目は研究対象であり、すでに幾度も用いている「勾玉」についてである。最近では、「まがたま」というと「勾玉」の漢字を充てて理解することが、私たちのなかで一般的なことになっている。しかしながら、辞典や事典をみていくと「まがたま」は「曲玉」とも表記されている。すなわち、「まがたま」を表すときには、2つの漢字が併用できるということであり、このことは歴史研究者のなかでは周知の事実として認識されている。一見すると、「まがたま」の表記にあたって、「勾玉」と「曲玉」のどちらでも使ってよいのならば、それほど重要視する問題ではないと思われるかもしれない。しかしながら、安易に勾玉という語句を使い、もしその語句が「記・紀」などの歴史書からの援用であったならば、そこには歴史的背景をふまえた研究者ごとのニュアンスの差というものが生じてしまうことが考えられる。

このことをふまえて、まずは研究者が「勾玉」・「曲玉」をどのような認識のもとで用いていたのかについて、歴史的な流れを大まかに整理した後、本研究における「まがたま」の表記および定義について考えていくことにする。勾玉は『日本書紀』（720）、曲玉は『古事記』（712）のなかで多く用いられていることから[25]、8世紀前半の段階にはすでに勾玉・曲玉といった用語が使用されていたことは、容易に想像がつくことである。そして、勾玉・曲玉というような表記のされ方が、それら歴史書に記載された「まがたま」の実態を解明するうえで注目されていくこととなる。研究史のほうで勾玉研究の嚆矢としてあげた谷川士清の『勾玉考』〔谷川1774〕や木内石亭の『曲玉問答』〔木内1936〕をみてみると、江戸時代における「まがたま」の表記の仕方には、それほど強い一貫性がみられない〔斎藤忠1990a〕。

また、本居宣長は『古事記伝』のなかで、尾張の国学者である横井千秋の「勾玉考」[26]をふまえながら、勾玉の「勾」は借字であって、本来はまばゆいという意味の目炎耀（マカガヤク）から目赫（マカガ）へ、それを縮めて麻賀（マガ）というところからきているとしている〔本居1764-1798〕。さらに、曲玉の「曲」は、漢文を作るさいにみられる字面の潤色であることを推測し、単に形の曲ることをもって曲玉と称することは誤りとしている。さらに、八尺瓊勾玉については「世に希にして、すぐれて麗き玉」であり、土中から多く出土するものとは異なる可能性が指摘されている。

序　論　本書の視角

　19世紀の終わりごろには、多くの「まがたま」に関する研究が『東京人類學會報告』で発表されており〔羽柴1886、鳥居1894a・1895、林1896など〕、これらの論題には「曲玉」が使用されている。このことから、当時は比較的「曲玉」の表記が一般的であったことが考えられ〔斎藤忠1990a〕、そこには本居の指摘が根底にあったのではなかろうか。すなわち、歴史書にある「八尺瓊勾玉」と実際に出土する「まがたま」とは異なるものと考えていたため、「曲玉」を用いた可能性が指摘できる。

　20世紀に入ると、先ほどあげた本居の指摘に対して、高橋健自氏が「上古日本民族が如何に多くの勾玉における曲線美を称揚せしか」〔高橋健1911：193頁〕と反論をしており、この指摘がなされて以降、多くの研究者は「勾玉」を使いはじめる。

　このように、「まがたま」の意味と形態的特徴との整合性や考古遺物との関係性を柱にして、あてられている漢字についての検討が試みられてはいるものの、いまだにこれらに対しての明確な答えは出されていない。

　一方、森貞成氏は歴史書にみられる「まがたま」が勾玉・曲玉のどちらであったのか判断できないとし、異なる切り口から「まがたま」の表記について言及している。それは、『尋常小学校読本』に曲玉と記されていることをあげ、知識の普及を助長するために多くを語らないで今後は曲玉を採用し、これを徹底したほうが無難であるということを主張している〔森貞成1940〕。この森氏の指摘は、学校教育の面をふまえたものである。

　同様な観点でみていくと、時代はやや遡るが、1927年に「小學生全集」の第6巻として『日本建國童話集（初級用）』が刊行されている[27]。この書籍の著者である菊池寛氏は、「神々の功業は、將來の日本を背負って立つところの、我小學生諸君の脳裡に、深く印象されて、いゝ話である」〔菊池寛1927：255頁〕ということを強く思いながら、この書籍を刊行したようである。この小学生に広く読んでもらいたいという思いは、菊版で250頁前後ある「小學生全集」の1冊の値段が当時の他の書籍と比べてかなり安い35銭に設定されていることからも強く読みとれるであろう[28]。そのような書籍である『日本建國童話集（初級用）』のなかでは、参考にした歴史書に記載されている用語をそのまま使用している。つまり、小学生には用語の使用を含めて、なるべく歴史書の内容を変更しないで伝えるように心掛けていたことが推測できる。

　以上のように、「まがたま」を表記するにあたっては、歴史書に由来する用語であり、また歴史教育の普及に根差した用語であるという2つの側面を考慮しながら、表記を行う必要があると思われる。しかしながら、前者について述べるならば、土の中から出てくるものと歴史書に記載のあるものとのすり合わせは、歴史学における大きな課題である。そして、今もってなお、研究者はその解明に四苦八苦しているというのが現状である。後者については、学校教育で用いられる歴史の教科書のなかには、「まがたま」を「勾玉」と表記しているものが多いと思われる。

　次に、定義に関しては羽柴氏・三宅氏・坪井氏らによる議論があることは、すでに述べている。ここでもう一度、要点をまとめてみると、議論の核となったのは用途・性格を定義の1つとして組み込むか否かについてであった。定義に組み込むべきではないとする研究者の根底には、出土状況が多様であることから定義のなかで明確に線引きすることができないという考えがあった〔坪井1891a・1891cなど〕。しかしながら、定義付けの本筋からはやや外れてしまうが、用途や性格につ

いてもある程度は定義しておく必要はあると考えている。

これらをふまえて、本書では歴史書にみられる「まがたま」と考古遺物としての「まがたま」を「勾玉」と暫定的に統一して表記することにする。そして、「勾玉」は平面形態が「く」・「C」・「L」・「J」の字を呈するものが多く[29]、一端には紐を通すための孔があけられているものとする。さらには、装身具・副葬品としてだけではなく、宗教的性格を帯びたものであるというように、形態的特徴と大まかな用途・性格から定義するに留めておきながら、考察を進めていきたい。

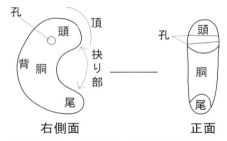

第12図　本書で用いる勾玉の部分名称

2つ目は、材質としての「ひすい」についてである。刊行されている発掘調査報告書をみてみると、「ひすい」は「翡翠」・「ヒスイ」・「ひすい」というように表記の仕方にバリエーションがみられる。また、「翡翠」は、硬いものであるということから「硬玉」ともいわれている〔松原2004〕。そこで本書では、「翡翠」・「ヒスイ」・「ひすい」・「硬玉」をすべて「ヒスイ」に統一して使用していきたい。

3つ目は、勾玉の部分名称についてである。勾玉の各部位については、研究者によって使用する名称に若干の差がみられるものの、大方は坪井正五郎氏が設定したものを基礎としている。坪井氏は、孔が穿たれている方を「頭」として、穿たれていない方を「尾」、抉りが施されていない方を「背」というように、勾玉の各部位の名称と人体の部分名称とを対応させてよんでいる〔坪井1908〕。本書においても、この坪井氏の名称設定に従っていくが、抉りが施されている部分については「抉り部」とよぶことにしたい。

また、勾玉の正面観について述べるならば、孔に紐を通して実際に身につけている状態を基準として設定することにしたい〔高橋浩2012b〕。すなわち、孔があけられている面を「側面」とよび、抉りが施されている面、つまりは身につけたときに前にいる相手にみえる面を「正面」とする。これら勾玉の部分名称および正面観について、図化したものが第12図である。

4つ目は、地域に対する名称についてである。とくに九州地域について記述する際に、北部九州地域・南部九州地域という用語を使用することがある。そこで、北部九州地域は福岡県・佐賀県・長崎県・大分県、南部九州地域は熊本県・宮崎県・鹿児島県を含めた地域として扱うことにする。

本書ではこのような定義のもと、用語を使用していきたい。ただし、研究史として用いる場合には、その限りではなく、そのままの用語を使うことにする。

註
(1)　『集古圖』（玉器　巻之十一）のなかには、丁字頭勾玉3点を含む多数の勾玉が図写されており、出土地点の情報も記載されている。
(2)　『木内石亭全集』巻1のなかに収録されている「曲玉問答」の書き始めに、「曲玉問答は天明三年六月の奥書により其著作年代を明にす」とある。
(3)　『雑玉考』の全文は、『天皇陵絵図史料集』のなかで採録されている〔高野1999〕。1985年頃に青潮社の高野和人氏が、西南戦争110周年を記念して『西南戦争史料集』を刊行するにあたって、研究者の河野弘善氏を訪問した際、偶然出会い、譲り受けた原本を影印して復刻印刷したものである。

序　論　本書の視角

(4)　原著は、P.F.von シーボルトが 1832 年から 1854 年まで記述を行い、それを 20 分冊にしてライデンから刊行された『Nippon』である。

(5)　伊藤圭介氏（1803-1901）は、幕末・明治前期の本草学者・植物学者として有名ではあるが博物学者でもあった。そして、伊藤氏はシーボルトが 1826 年の江戸参府に乗じて、熱田で知識の交換を行い、翌年にはシーボルトに師事している。伊藤氏の「勾玉考」は、シーボルト文献研究室から刊行された『施福多先生文献聚影』の第 6 冊に再録されている〔伊藤 1936〕。

(6)　たとえば、松山義通氏は奈良県で表採された環状勾玉の紹介を行っている〔松山 1905〕。

(7)　第 2 期以降、縄文時代の勾玉の存在を認識したうえで、議論を進めていく研究者が多いなか、大野雲外氏は、古墳時代からの視点のみで勾玉の研究を行っている〔大野雲 1916〕。

(8)　時代は新しくなるが、鹿持雅澄氏も「たま」の義は、「美麗く清明なるを賛いふ称」であったとし、古代の人びとが「タマ」のことを物質的な玉と直接的に結びつけて考えていたとはいえないとしている〔鹿持 1946〕。

(9)　初出は、1931 年の上代文化研究会講演会筆記である。

(10)　他にも、同雑誌には大森啓一氏の「本邦産翡翠の光學性質」が収録されている〔大森 1939〕。河野氏の研究と合わせてこれら 2 編の研究は、日本列島内におけるヒスイ産出地の発見についての画期的なものとして評価されている〔宮島 2004・2018〕。

(11)　水野氏は、「獣牙から勾玉に進化したのならば、獣牙を護符とすることが、ほとんどどの民族にも認められる共通の呪術である以上、勾玉と同一の玉が各地に存在してよいはず」〔水野祐 1969b；171頁〕として、勾玉の獣牙起源説を否定している。

(12)　「人魂のさ青なる君がただ濁り逢へりし雨夜の葬りをそ思ふ」（万葉集巻第十六　三八八九）〔高木・五味・大野 校注 1962〕から、人の魂の色彩が青色をしていると考えられていたことが読み取れる。また、上野誠氏は『古事記』に記載されている「倭は　國のまほろば　たたなづく　青垣　山隠れる　倭しうるわし」をとりあげ、そのうちの「青垣」に注目し、古代人は青色のなかに緑色の意味も含めていた可能性を指摘している〔上野 2008〕。

(13)　松岡静雄氏は、神の名称など神聖視されているものに「チ」が含まれること、そして鈎をチと読むのは「上古生活の必需品を漁労する此の器具を貴重視した」ためとした上で、鈎状の形態には、神秘力・超自然観念・宗教的観念が深く関係していることを指摘している〔松岡 1916〕。

(14)　結縛崇拝について、長谷部言人は「結縛が物件の保持、封蔵、占有、保全、補強、契合、連結、総約、侵害防止等に有効なるを認識して、これをあらゆる物件に施し、福利の増進を祈念するを云う」とし、さらに、結縛は権利の表示でもあると述べている〔長谷部 1930〕。

(15)　この共同研究は 2014 年 7 月 25 日の『山陰中央新報』などで発表され、表題には「「勾玉」の謎　共同研究へ」として大々的に記事にされている。

(16)　中村氏らの研究では、芝ヶ原古墳を弥生時代終末期に造られた墳丘墓としている。しかしながら、本研究では、この古墳の築造時期を 3 世紀後半から 4 世紀前半としているため、古墳時代前期初頭の古墳としてとり扱っている。

(17)　出土した勾玉のうち 1 点は長さ 4.6cm、重さ 48.2g を測り、全国的にみても大形の勾玉である。時期は、弥生時代中期後葉のものとされる。

(18)　『筆濃餘理』は、山形県の歴史書である。

(19)　集成された地域は、北海道・山形県・福島県・群馬県・埼玉県・東京都・神奈川県・新潟県・石川県・長野県・岐阜県・静岡県・愛知県・三重県・大阪府・奈良県・鳥取県・島根県・岡山県・広島県・山口県・徳島県・高知県・福岡県・佐賀県・長崎県・大分県・熊本県・宮崎県・鹿児島県・沖縄県である。

(20)　日本玉文化研究会は、日本玉文化学会が発足した後も、2014 年に第 11 号、2015 年に第 12 号、2016 年に第 13 号、2017 年に第 14 号、2018 年に第 15 号といったように、継続的に機関誌の刊行を

行っている。また、内容については、コハク製玉類に関する論考が多くみられる。

(21)　1つの事例として、京都府城陽市にある久津川車塚古墳の年代について述べるならば、まず大正9年に刊行された『久津川古墳研究』が参考資料としてあげられるであろう〔梅原1920〕。この報告書のなかで、梅原末治氏は古墳の築造時期を5世紀後半頃と推測している。その後の度重なる発掘調査に加えて、日本考古学における古墳の年代観の研究が進展していったことにより、この古墳の築造時期が5世紀前半頃と修正されている〔城陽市教育委員会2015〕。

(22)　森本氏は、他に後藤守一氏が『日本考古學』のなかで作りあげた集成図を肯定的に評価している〔後藤1927〕。後藤氏の集成図は土器や石器に加え、身につけるものでは帯・履物・耳飾り・釧、武器では弓矢・槍・刀剣、その他には鏡、農工具、機織具など細かく項目が設けられており、それぞれの項目に対して各地から出土した遺物の写真や実測図を多数載せている。具体的には、石剣については計21例集められており、そのなかには肥後国や大和国・対馬国といった国内のものだけではなく、朝鮮半島から出土したものも確認できる。

(23)　集成の成果は、武蔵相模之部・畿内之部・遠賀川系土器之部に分けられるかたちで機関誌『考古學』に発表されている。

(24)　このことについて述べるならば、動物の牙・歯・骨製の装身具と石製勾玉との間に関係性がまったく無いという意味で集成の対象から除外したわけではない。

(25)　厳密に述べるならば、「記・紀」において「勾玉」・「曲玉」の明確な使い分けは行われてはいない。事例をあげるならば、『日本書紀』（巻第六）垂仁天皇八七年二月の条に「八尺瓊勾玉」という記載がある一方で、同史料の中には「曲玉」という用語もみられる。また、その他には3世紀後半頃に成立した「魏志倭人伝」のなかに記載されている「青大句珠」と、考古遺物の「まがたま」との関係性も議論されている〔原田1940、中川1957など〕。

(26)　横井千秋の「勾玉考」に関する出典の記載は、本居宣長の『古事記伝』にはみられない。そのため、直接的に何を参考にしたのかは不明である。しかしながら、この点ついては横井千秋と本居宣長との間でやりとりされた書簡の中からその一端が読みとれる。本居宣長記念館が、2007年夏の企画展として催した「『古事記伝』の世界」で展示したもののなかに「横井千秋　勾玉追考」があり、それに関連させて、寛政6（1794）年12月11日付けの千秋へ宛てた書簡に「曲玉御考儀」とある。このことから、横井氏の勾玉への考え方が本居に影響していたと考えてもよいであろう。

(27)　「小學生全集」は、初級用（全33冊）と上級用（全55冊）の2種類から構成されており、文藝春秋社によって、昭和2年から4年にかけて刊行された小学生向けの全集である。

(28)　昭和時代に入ると、改造社の「現代日本文学全集」や新潮社の「世界文学全集」のように書籍を比較的安い値段で人びとに提供していこうという気運が高まっていく〔大門1967〕。そのなかには「岩波文庫」も含まれており、そこでは100頁を星1つとして表し、1つ星で20銭、2つ星で40銭といった値段設定がなされていた。つまり、版組の大きさはおいておくとして、「岩波文庫」の値段設定で『日本建國童話集（初級用）』の値段をみた場合、それは50銭となる。実際には『日本建國童話集（初級用）』は35銭で売られていたことをふまえて述べるならば、当時、廉価なものとして販売された書籍と比べてみても、より安い値段で提供されたものといえるであろう。

(29)　その他にも、平面の形態がE字形を呈する、いわゆる獣形勾玉や孔が施されている方とそうではない方が繋がっている環状勾玉も含める。

# 第1章　出土勾玉からみた時代的・地域的変遷と社会動態

## 第1節　問題の所在

　日本列島から出土する勾玉は、縄文時代早・前期といった早い段階からすでに確認できる。また、形態および材質には多様性がみられ、分布範囲は日本列島全域にわたることは、よく知られることである。そして、勾玉は縄文時代から奈良・平安時代、それ以降の時代というように、長期的かつ継続的に人びとが用いたものであり、その特徴から考えてみると、他の考古遺物のなかを見渡しても稀有な存在といえる。

　とするならば、勾玉を通して原始から古代、さらには中世、近世といった長い時間的変遷のなかで、人びとの勾玉に対する認識がどのように変化したのかを究明していくことが可能であるとともに、このことは興味深いテーマと思われる。そこで、本章では、土製を除いたすべての材質を対象にして、出土勾玉の時代的・地域的変遷を明らかにしたうえで、勾玉からみた社会の変容について考察を試みることにしたい。

**第7表　消費地における集成データの蓄積状況**

※　□ 1件　　□ 2件　　■ 3件　　■ 4件　　■ 5件以上

| | 縄 | 続縄 | 擦 | 近 | | 縄 | 弥 | 古 | 奈 | 平 | 中 | 近 |
|---|---|---|---|---|---|---|---|---|---|---|---|---|
| 北 | | | | | 滋 | | | | | | | |
| | 縄 | 弥 | 古 | 奈 | 平 | 中 | 近 | 京 | | | | | | |
| 青 | | | | | | | | 大 | | | | | | |
| 岩 | | | | | | | | 兵 | | | | | | |
| 宮 | | | | | | | | 奈 | | | | | | |
| 秋 | | | | | | | | 和 | | | | | | |
| 山 | | | | | | | | 鳥 | | | | | | |
| 福 | | | | | | | | 島 | | | | | | |
| 茨 | | | | | | | | 岡 | | | | | | |
| 栃 | | | | | | | | 広 | | | | | | |
| 群 | | | | | | | | 山 | | | | | | |
| 埼 | | | | | | | | 徳 | | | | | | |
| 千 | | | | | | | | 香 | | | | | | |
| 東 | | | | | | | | 愛 | | | | | | |
| 神 | | | | | | | | 高 | | | | | | |
| 新 | | | | | | | | 福 | | | | | | |
| 富 | | | | | | | | 佐 | | | | | | |
| 石 | | | | | | | | 長 | | | | | | |
| 福 | | | | | | | | 熊 | | | | | | |
| 山 | | | | | | | | 大 | | | | | | |
| 長 | | | | | | | | 宮 | | | | | | |
| 岐 | | | | | | | | 鹿 | | | | | | |
| 静 | | | | | | | | 沖 | | | | | | |
| 愛 | | | | | | | | | | | | | | |
| 三 | | | | | | | | | | | | | | |

　考察にあたって、まずは、出土勾玉の集成データの蓄積状況について整理を行い、問題点を把握することにする。第7表は、序論でとり扱った第2表から第4表をもとにして、消費地における集成が時代・地域ごとに、どの程度行われてきたのかを示したものである。この表をみてみると、これまで、実施されてきた集成には、対象となった時代や地域に偏りがみられる。そこで、地域ごとにどのような基準のもと集成がなされてきたのかを、縄文時代、弥生時代、古墳時代、奈良・平安時代、中世以降といった5つの時期に分けて記述を行っていく。

　縄文時代をみてみると、福井県では集成がそれほど積極的になされてはいないものの、東日本を全

第1章　出土勾玉からみた時代的・地域的変遷と社会動態

体的にみれば、出土勾玉の情報がある程度、提示されている。しかしながら、提示された情報の多くは、ヒスイ製勾玉についてのものである。一方、西日本をみてみると、近畿地域・中国地域・四国地域では、東日本の各地域と比べて集成の実施件数は少ない傾向を示しており、主に対象となっているのはヒスイである。他の材質に関しては、中国地域や愛媛県といった四国地域の一部において、石製勾玉の集成データが蓄積されている。さらに、九州地域と沖縄県ではヒスイだけではなく、石以外の材質にも目を向けた集成が行われている。

　次に、弥生時代について述べるならば、東日本では縄文時代と比べて集成の件数は少ない。そのようななか、北海道・青森県・群馬県・千葉県・新潟県・福井県・長野県では、ある程度、まとまった集成データの提示がなされている。そのなかには、「石製」や「墓から出土する」といった基準を設けて集められたものもみられる。また、他の県で行われているのは、やはりヒスイに注目した集成がほとんどである。

　西日本についてみてみると、まず、近畿地域では「石製」・「ガラス製」・「墓から出土する」勾玉についての情報が、ある程度まとまって提示されている。また、中国地域では石製玉類の集成や、その成果を基にした研究が数多く行われている。そのため、中国地域では他の西日本の地域よりも石製勾玉の様相が把握されている。また、四国地域では、「ガラス」・「墓から出土する」勾玉が集成されてはいるものの、その多くはヒスイを対象としたものである。九州地域をみてみると、縄文時代と比べて集成件数が減少しており、特に南九州地域ではその傾向が顕著にみられる。対象となっている材質は、ヒスイやガラスが中心であり、宮崎県・鹿児島県においてはヒスイ製勾玉の情報のみ集成されている。沖縄県は、出土事例がみられないため、集成データの提示はなされていない。

　古墳時代における集成をみてみると、東日本では弥生時代と比べて、集成件数が増加する傾向を示す。また、「ヒスイ」・「滑石」・「古墳出土のコハク」・「古墳から出土する」・「祭祀遺物としての」勾玉といった基準を設けた集成が、東日本ほぼ全域で実施されている。一方、西日本でも東日本と同様な基準のもとで集成が行われてはいるが、九州地域は他の西日本の地域と比べて、集成件数が少ない。沖縄県については、弥生時代と同様に出土事例が確認できないため、集成データの提示はなされていない。

　奈良・平安時代については、青森県や中国地域の石製玉類に加えて、東北地域や千葉県・三重県・京都府・奈良県では祭祀遺物を対象とした集成が行われており、その成果のなかに出土勾玉の情報を確認することができる。沖縄県では、当該期における代表的な勾玉の紹介がなされている。その他の地域については、集成データの提示というものが確認できない。

　中世以降について述べるならば、沖縄県でグスク時代から近世にかけての玉類が集成されており、石製・ガラス製勾玉の出土状況について、ある程度、把握することができる。しかしながら、その他の地域に関しては集成がなされていない。

　以上、従来行われてきた集成が、どのような方向性のもと実施されてきたのかについて整理しながら、集成データの蓄積状況を概観してきた。縄文時代では「ヒスイ」、弥生時代では「ヒスイ」・「墓から出土する」、古墳時代では「ヒスイ」・「滑石」・「墓から出土する」・「祭祀遺構から出土する」勾玉を中心に、集成は行われてきたようである。しかしながら、各時代を通してみても、対象

60

とはされていない材質や墓以外の遺構から出土する勾玉については、集成データの蓄積が多いとはいえない。また、蓄積された集成データを重ね合わせてみれば、比較的広い範囲で勾玉が集成されてきたといえるが、そこには集成データを提示するにあたって、地域間における視点の統一がなされていないことや、そもそも集成データの提示自体がなされていない地域が存在することを指摘することができる。加えて、奈良・平安時代以降を対象とした集成が、ほとんど行われていないことも問題点の1つといえる。

　これらのことをふまえて、本章では、勾玉からみた当時の社会構造や人びとの精神文化の一端を理解するために、日本列島から出土する勾玉を統一した視点をもってできうる限り集成し、従来の勾玉研究がそれほど積極的に行ってこなかった、消費地における勾玉の基礎的データの構築を列島規模で試みたいと考えている。具体的には、日本列島における勾玉の出現・発展・消滅を俯瞰するといった長期的な視野のもと[1]、出土遺跡の数およびその分布、出土点数、材質、出土遺構に注目して、その変遷を明らかにしたい。この基礎的データを分析することにより、従来あまり注目されてこなかった巨視的な視野で、時代あるいは地域ごとにみられる勾玉の普遍性や独自性の抽出を試みてみたい。とり扱った遺跡数や点数などの詳細については、序論第2節の3にある「用いる集成データについて」に詳しく記述してあるので、ここでは割愛させていただきたい。

# 第2節　出土遺跡数および分布からみた変遷

　第13図から第15図は出土遺跡の分布を面的に示したもので、第8表は各地域の出土遺跡数などを時期ごとに整理したものであり、これらを基にして分析を加えることにする[2]。

　**第1期（縄文時代早期から中期）**について述べるならば、日本列島において勾玉が確認されはじめるのは、縄文時代前期からであり、その遺跡数は早期に1遺跡、前期に22遺跡を数える。

　早期は富山県でのみ確認されており、前期の分布については群馬県・埼玉県・千葉県・東京都・神奈川県といった関東地域に分布の中心がみられ、それを囲うように北海道・青森県・岩手県、そして富山県・石川県・長野県・岐阜県で勾玉が出土している。また、佐賀県・熊本県では出土が確認されるものの、遺跡数は少なく、次の時期への継続性はみられない。東海地域・近畿地域・中国地域で勾玉の出土が確認できないことを考え合わせると、勾玉の出現期においては、関東地域を中心とした東海地域よりも以東の地域で勾玉が積極的に使用されていたことが指摘できる。

　中期になると遺跡数が42遺跡を数え、青森県・岩手県に加えて、長野県で遺跡数の大幅な増加がみられる。また、分布状況は、鹿児島県上ノ平遺跡の事例を除くと、早期・前期の分布と比較してそれほど大差はなく、遺跡数は早期・前期から継続的に増加していったことが考えられる。

　**第2期（縄文時代後期から晩期）**は、全国的に遺跡数が急激に増加するとともに、九州地域を中心とした西日本で勾玉の使用が、ある程度の事例数をもって確認されはじめる時期である。

　具体的には、後期になると遺跡数が増加の傾向を示し、全部で161遺跡が確認できる。

　この時期の東日本は、中期から継続して関東地域に分布が集中していることが確認でき、千葉県の17遺跡は、全国的にみても遺跡数が多い。また、最も出土数が多いのは北海道である。中期の分布とは異なる点としては、東海地域で勾玉が出土しはじめることがあげられ、当期になると東日

第1章 出土勾玉からみた時代的・地域的変遷と社会動態

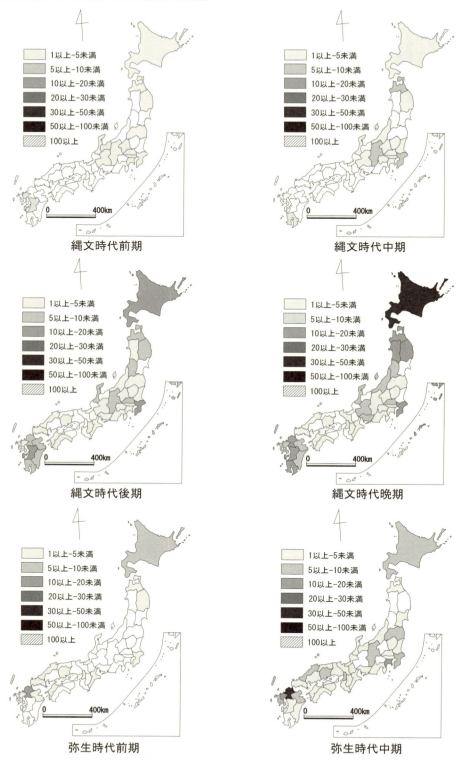

第13図 出土遺跡の分布①

第2節 出土遺跡数および分布からみた変遷

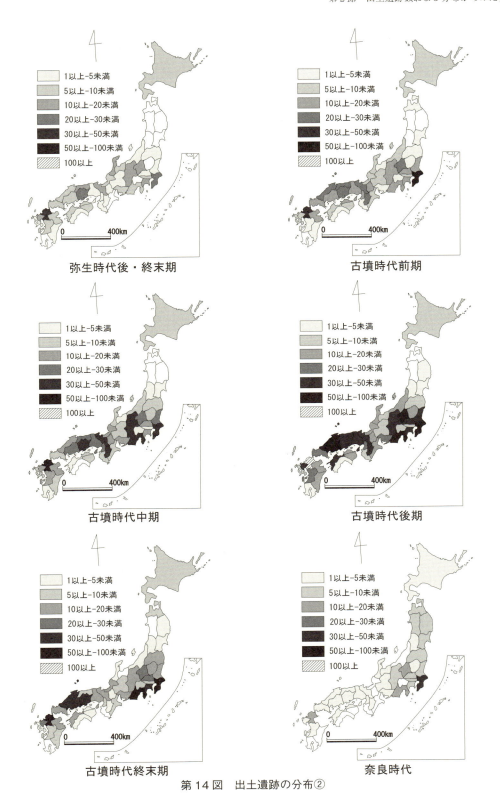

第14図 出土遺跡の分布②

第1章　出土勾玉からみた時代的・地域的変遷と社会動態

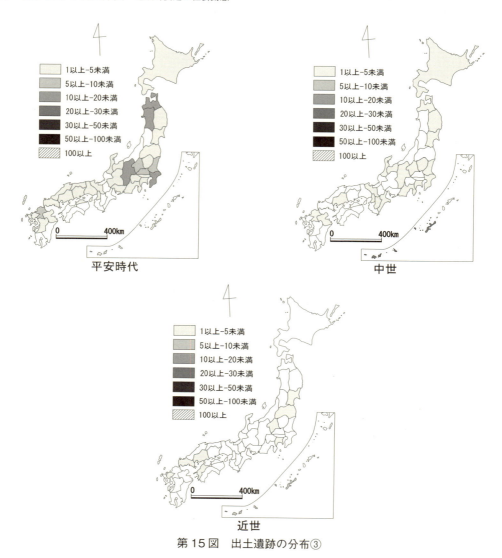

第15図　出土遺跡の分布③

本のほぼ全域で勾玉が使用されることが指摘できる。

　一方、西日本については、九州地域に分布が集中することが確認でき、加えて島根県・岡山県・山口県といった中国地域、愛媛県・高知県といった四国地域、沖縄県でも勾玉の出土を確認することができる。近畿地域については、奈良県橿原遺跡の事例を除くと、勾玉の使用は確認できない。

　また、分布が集中する九州地域について、もう少し詳しく述べるならば、九州地域は出土遺跡数の合計が47遺跡を数え、全国的にみて最も勾玉を使用していた地域といえる。県ごとにみていくと、福岡県の7遺跡は、西日本における他の地域と比較しても多いといえる。しかしながら、熊本県で15遺跡、宮崎県で9遺跡、鹿児島県で8遺跡が確認されていることを合わせて考えると、九州地域のなかでも、南部九州地域の人びとが勾玉を積極的に使用していたことが指摘できる。

　晩期には、縄文時代を通して最も出土遺跡が多くなり、その数は226遺跡を数える。分布状況について述べるならば、まず、東日本については、後期にみられた分布の広がりと比べて大差はなく、

64

第2節 出土遺跡数および分布からみた変遷

各々の地域で継続的に遺跡数が増加していったことが考えられる。

しかし、分布の集中する地域の様相に関して、後期とは異なる点を指摘することができる。具体的には、後期において分布の中心地であった関東地域で30遺跡、それに対して東北地域で49遺跡が確認されていることをふまえてみると、分布の中心地が東北地域へと移り変わっていることが確認できる。そして、それに伴うかたちで、北海道では遺跡数が増加していき、県単位でみた場合、最も出土遺跡数が多い地域となる。

西日本へ目をむけると、京都府・大阪府・奈良県で1遺跡ずつ確認でき、近畿地域における勾玉の使用がごく僅かではあるものの、面的広がりをみせる。また、後期とは異なり、沖縄県での勾玉の出土は確認できない。その他の地域は、後期の分布と同様な状況を示しており、遺跡数が継続的に増加していることが確認できる。

そのようななか、九州地域は継続して福岡県・熊本県・鹿児島県での出土遺跡数が多くみられる。しかし、佐賀県で5遺跡・長崎県で6遺跡、大分県で7遺跡、宮崎県で9遺跡が確認されていること考えあわせてみると、後期にみられた南九州地域に分布が集中するといった現象は、それほど強く認めることができない。

**第3期（弥生時代前期から後期・終末期）**は、遺跡数が増加した福岡県を除き、その他の全ての地域では、出土遺跡数がほとんどみられなくなり、その後、日本列島各地で勾玉の使用が再確認できる時期である。詳しく述べるならば、まず、弥生時代前期にはいると、遺跡数は縄文時代晩期の226遺跡に比べ大幅に減って42遺跡となる。この時期の分布については、北海道の8遺跡と福岡県の16遺跡、加えて青森県・千葉県・三重県・島根県・岡山県・佐賀県・長崎県・大分県で各々1遺跡、岩手県・大阪府でそれぞれ2遺跡、山口県・愛媛県では各々3遺跡が確認されており、遺跡の数そして、分布の広がり方をみても縄文時代晩期の様相とは明らかに異なることが指摘できる。

また、全国的に出土遺跡数が減少傾向を示すなか、福岡県では遺跡数の増加が確認できる。この現象は、第3期（弥生時代前期から後期・終末期）における特徴の1つとしてあげることができる。

中期になると、出土遺跡が増加の傾向を示し、全部で164遺跡が確認できる。この時期の東日本は、神奈川県・千葉県を中心とした関東地域に分布が集中していることが確認できる。その他の地域は、北海道・青森県・宮城県・福島県・北陸地域・長野県・東海地域である程度まとまった量の出土遺跡を確認できることから、東日本のほぼ全域で勾玉の使用が再確認できるといってよいと思われる。

西日本では、九州地域に分布の中心がみられ、その他の地域については近畿地域に加えて、島根県・岡山県を中心とした中国地域、四国地域で勾玉の出土事例が確認できる。つまり、沖縄県を除き、西日本の全ての地域で勾玉が使用されていたことが確認できる。九州地域の様相について述べるならば、縄文時代の様相と大きく異なる点がみられる。すなわち、福岡県で34遺跡が確認される一方で、南部九州地域における出土遺跡数の合計が5遺跡であること、加えて、鹿児島県で出土遺跡が確認できなくなることもふまえると、分布の中心が福岡県を中心とした北部九州地域に移り変わっていることが指摘できる。

後期・終末期に入ると、さらに出土遺跡数の急激な増加がみられ、合計292遺跡が確認できる。東日本の分布について詳しく述べるならば、東北地域で出土がほとんどみられなくなることが大き

第1章　出土勾玉からみた時代的・地域的変遷と社会動態

## 第8表　各県における出土遺跡数および出土点数の変遷　※出土遺跡数・(出土点数)

| | 縄文 | | | | | 弥生 | | | | 続縄 | 古墳 | | | | 奈 | 平(擦) | 中 | 近 | 計 |
|---|---|---|---|---|---|---|---|---|---|---|---|---|---|---|---|---|---|---|---|
| | 早 | 前 | 中 | 後 | 晩 | 前 | 中 | 後 | 終 | | 前 | 中 | 後 | 終 | | | | | |
| 北 | — | 1・(1) | 3・(5) | 18・(87) | 31・(73) | — | — | — | — | 8・(15) | — | — | — | — | — | 2・(3) | — | — | 63・(184) |
| 青 | — | 1・(1) | 6・(9) | 9・(25) | 17・(50) | 1・(1) | 2・(3) | — | — | — | 1・(3) | — | — | 6・(203) | 8・(196) | 11・(58) | 1・(1) | — | 63・(550) |
| 岩 | — | 1・(1) | 4・(6) | 5・(6) | 10・(18) | 2・(2) | — | — | — | — | — | — | 2・(18) | 4・(107) | 8・(44) | 4・(5) | 1・(1) | — | 41・(208) |
| 宮 | — | — | — | 3・(11) | — | — | 1・(1) | — | 1・(12) | — | — | — | 3・(8) | 3・(7) | 5・(38) | — | 3・(3) | 3・(3) | 25・(79) |
| 秋 | — | — | — | — | 10・(52) | — | — | — | — | — | — | — | — | 3・(7) | 8・(50) | 10・(52) | — | 3・(3) | 31・(165) |
| 山 | — | — | — | 5・(7) | 8・(12) | — | — | — | — | — | — | 1・(1) | 4・(7) | 4・(25) | 2・(20) | — | — | — | 24・(72) |
| 福 | — | 1・(1) | — | 1・(1) | 4・(4) | — | 6・(111) | — | 1・(1) | — | 2・(2) | 5・(7) | 10・(100) | 14・(246) | 6・(75) | 1・(1) | 1・(1) | — | 52・(550) |
| 茨 | — | — | — | 1・(2) | 2・(21) | — | — | — | 1・(1) | — | 12・(25) | 28・(59) | 41・(118) | 18・(65) | 8・(26) | 6・(9) | 1・(1) | — | 118・(309) |
| 栃 | — | — | 1・(1) | 2・(21) | 2・(21) | — | — | — | — | — | 4・(6) | 9・(13) | 14・(74) | 14・(46) | 3・(5) | — | — | — | 58・(195) |
| 群 | — | 3・(4) | 1・(1) | 2・(5) | 4・(13) | — | — | — | 12・(19) | — | 20・(33) | 24・(181) | 55・(178) | 20・(116) | 11・(17) | 7・(7) | 2・(2) | — | 162・(577) |
| 埼 | — | 3・(3) | 2・(2) | 7・(8) | 8・(14) | 2・(3) | — | — | 1・(2) | — | 10・(19) | 19・(75) | 39・(94) | 28・(127) | 6・(8) | 6・(7) | — | — | 131・(361) |
| 千 | — | 1・(1) | 5・(6) | 17・(26) | 13・(25) | 1・(1) | 7・(10) | 26・(53) | — | — | 56・(156) | 47・(192) | 92・(320) | 69・(246) | 36・(87) | 18・(21) | 2・(2) | — | 390・(1,146) |
| 東 | — | 3・(3) | 3・(3) | 4・(4) | 1・(1) | — | — | — | 3・(3) | — | 7・(16) | 4・(20) | 7・(8) | 5・(11) | 5・(6) | 3・(4) | 2・(2) | — | 47・(81) |
| 神 | — | 1・(1) | 2・(2) | 3・(3) | 2・(3) | — | 11・(31) | — | — | — | 14・(87) | 16・(137) | 35・(203) | 33・(148) | 9・(26) | 4・(4) | 2・(2) | — | 145・(667) |
| 新 | 1・(1) | 1・(1) | 1・(1) | 4・(15) | 7・(32) | — | — | — | 5・(18) | — | 6・(8) | 9・(13) | 11・(26) | 1・(4) | — | — | — | — | 26・(362) |
| 富 | — | 1・(1) | 1・(1) | — | 1・(1) | — | — | — | 14・(36) | — | 4・(10) | 3・(10) | 6・(313) | — | 1・(1) | 2・(2) | 1・(1) | — | 61・(146) |
| 石 | — | — | 1・(1) | 2・(6) | 1・(1) | — | — | — | — | — | 9・(11) | 7・(29) | 10・(34) | 13・(37) | 1・(1) | 1・(1) | 1・(1) | — | 53・(178) |
| 福 | — | — | — | — | — | — | — | — | 5・(19) | — | 5・(21) | 10・(37) | 19・(62) | 5・(6) | — | — | — | — | 21・(41) |
| 山 | — | — | 1・(1) | 2・(3) | 2・(3) | 2・(2) | — | — | — | — | 4・(8) | 1・(9) | 38・(138) | 14・(82) | 1・(1) | 2・(3) | — | — | 155・(530) |
| 長 | — | 2・(2) | 6・(6) | 6・(6) | 5・(6) | — | 5・(41) | — | 15・(28) | — | 17・(56) | 30・(121) | 7・(59) | 7・(32) | 8・(32) | 10・(14) | 2・(2) | — | 47・(424) |
| 岐 | — | 1・(1) | 2・(2) | 4・(5) | 3・(3) | 2・(2) | — | — | 2・(3) | — | 13・(23) | 40・(189) | 75・(359) | 76・(482) | 1・(2) | 2・(3) | — | — | 229・(1,129) |
| 静 | — | — | — | 1・(1) | 7・(10) | — | — | — | 5・(9) | — | 4・(6) | 14・(20) | 27・(68) | 18・(92) | 11・(57) | 2・(2) | 2・(2) | — | 88・(219) |
| 愛 | — | — | — | 3・(4) | 1・(1) | — | — | — | 7・(9) | — | 7・(9) | 11・(34) | 16・(29) | 3・(4) | 3・(5) | 2・(2) | — | — | 41・(121) |
| 三 | — | — | — | 1・(1) | 1・(2) | 1・(1) | — | — | — | — | 7・(9) | 8・(29) | 6・(313) | — | — | — | 1・(1) | — | 43・(99) |
| 滋 | — | — | — | — | — | — | — | — | 2・(3) | — | 7・(5) | 32・(4,326) | 36・(148) | 18・(77) | 1・(2) | — | — | 1・(1) | 131・(4,730) |
| 京 | — | — | — | — | — | 1・(1) | — | — | 13・(16) | — | 10・(24) | 27・(852) | 22・(56) | 7・(8) | 3・(3) | 2・(2) | 3・(3) | — | 88・(1,034) |
| 大 | — | — | — | — | 1・(1) | 1・(1) | — | — | 9・(22) | — | 25・(92) | 28・(162) | 45・(97) | 16・(24) | 1・(1) | 1・(1) | 1・(1) | — | 116・(379) |
| 兵 | — | 2・(3) | — | 2・(2) | 3・(3) | 1・(1) | — | — | 29・(50) | — | 17・(102) | 30・(969) | 32・(249) | 4・(8) | 3・(3) | 3・(3) | — | — | 106・(1,683) |
| 奈 | — | — | — | 2・(2) | 3・(3) | — | — | — | 8・(9) | — | 18・(86) | 8・(68) | 30・(96) | 9・(17) | 2・(6) | 1・(1) | 2・(2) | — | 99・(632) |
| 和 | — | 1・(1) | — | — | 1・(1) | 1・(1) | — | — | 2・(2) | — | 27・(417) | 22・(100) | 67・(195) | 30・(85) | 4・(5) | 4・(5) | — | 1・(1) | 165・(405) |
| 鳥 | — | — | — | — | — | 1・(1) | — | — | 13・(16) | — | 20・(31) | 19・(39) | 49・(178) | 31・(106) | 2・(2) | 2・(2) | 3・(3) | — | 181・(659) |
| 島 | — | — | — | 1・(2) | 1・(2) | 1・(1) | — | — | 9・(22) | — | 27・(129) | 30・(179) | 81・(208) | 45・(124) | 2・(5) | 2・(4) | 1・(1) | — | 187・(510) |
| 岡 | — | — | — | — | — | 2・(2) | — | — | 29・(50) | — | 18・(34) | 28・(124) | 32・(249) | 4・(8) | 4・(24) | — | 2・(2) | — | 106・(1,683) |
| 広 | — | 1・(1) | 1・(1) | — | 1・(2) | — | — | — | 8・(9) | — | 10・(204) | 8・(38) | — | 14・(22) | 2・(5) | 2・(2) | — | 1・(1) | 116・(379) |
| 山 | — | — | — | 1・(2) | — | 3・(5) | — | — | 6・(7) | — | 8・(9) | 8・(19) | 10・(25) | 3・(7) | 2・(2) | — | 2・(2) | — | 37・(356) |
| 徳 | — | 3・(3) | — | — | — | 1・(1) | — | — | 14・(22) | — | 11・(16) | 6・(10) | 15・(25) | 4・(9) | 2・(2) | — | — | 1・(1) | 51・(90) |
| 香 | — | — | — | — | — | — | — | — | — | — | 6・(11) | — | 15・(25) | 15・(22) | 2・(2) | 2・(2) | 2・(2) | — | 91・(155) |
| 愛 | — | 3・(4) | 4・(8) | 4・(8) | 4・(8) | 3・(4) | — | — | 9・(23) | — | 6・(11) | 3・(7) | 46・(84) | — | 2・(2) | 2・(2) | — | 1・(1) | 37・(356) |
| 高 | — | — | — | 1・(1) | 2・(2) | 3・(4) | — | — | 5・(6) | — | 3・(8) | — | 3・(10) | 2・(3) | 1・(1) | — | — | — | 15・(31) |

66

| 県 | 縄文 | | | | | 弥生 | | | 古墳 | | | | 奈 | 平 | 中 | 近 | 計 |
|---|---|---|---|---|---|---|---|---|---|---|---|---|---|---|---|---|---|
| | 早 | 前 | 中 | 後 | 晩 | 前 | 中 | 後・終 | 前 | 中 | 後 | 終 | | | | | |
| 福 | — | — | — | 7・(14) | 11・(19) | 16・(24) | 34・(72) | 30・(76) | 47・(198) | 51・(312) | 149・(373) | 94・(250) | 13・(17) | 6・(9) | 4・(5) | 1・(1) | 462・(1,369) |
| 佐 | — | 1・(1) | — | 2・(2) | 5・(6) | 1・(1) | 11・(44) | 10・(21) | 6・(17) | 14・(45) | 46・(107) | 22・(74) | 2・(2) | 1・(1) | — | 1・(1) | 122・(322) |
| 長 | — | — | 1・(1) | 1・(1) | 6・(7) | — | 4・(5) | 5・(7) | 5・(6) | 15・(69) | 8・(20) | 4・(5) | 1・(1) | 1・(1) | — | — | 44・(81) |
| 熊 | — | — | — | 15・(39) | 19・(51) | — | 5・(7) | 8・(12) | 4・(14) | 15・(69) | 21・(52) | 8・(18) | — | 1・(1) | — | — | 94・(258) |
| 大 | — | — | — | 5・(9) | 7・(10) | — | 5・(7) | 8・(12) | 17・(48) | 13・(463) | 18・(53) | 10・(41) | — | 1・(1) | 1・(1) | 1・(1) | 86・(646) |
| 宮 | — | — | 1・(1) | 9・(14) | 9・(14) | — | — | 3・(4) | 2・(7) | 7・(18) | 17・(69) | 8・(11) | — | — | — | — | 56・(138) |
| 鹿 | — | — | 1・(1) | 8・(30) | 11・(31) | — | — | 1・(5) | — | 1・(4) | — | 1・(7) | — | — | — | — | 22・(77) |
| 沖 | — | — | — | — | — | — | — | — | — | — | — | — | — | — | — | — | — |
| 計 | 1・(1) | 22・(21) | 42・(50) | 161・(373) | 226・(518) | 42・(59) | 164・(473) | 292・(609) | 516・(2,402) | 663・(9,307) | 1275・(4,443) | 714・(3,038) | 182・(773) | 126・(237) | 63・(87) | 18・(52) | 41・(97) |

な変化といえ、その点を除くと中期の分布と比べて大差はなく、分布は群馬県・千葉県・神奈川県を中心とした関東地域に集中していることが確認できる。また、石川県で14遺跡、長野県で15遺跡が確認できることから、地域によっては分布に濃淡が強くみられる場合もあることが指摘できる。

西日本の分布については、中期の分布と比較して大差はなく、福岡県を中心とした北部九州地域では依然として分布が集中してみられる。そのようななか、岡山県を中心とした山陰地域の出土遺跡数は、合計65遺跡を数え、福岡県を中心とした九州地域の59遺跡よりも多くみられる。この山陰地域における勾玉を使用する頻度の高まりは注目できる。

**第4期（古墳時代前期から中期）**は、遺跡数が急激に増加すると共に、近畿地域において勾玉の使用が積極的に行われていくことが確認できる時期である。具体的にみていくと、まず、前期の出土遺跡数としては、516遺跡が確認できる。この時期の東日本は、東北地域において勾玉の使用が少ないなど、弥生時代後期・終末期の分布と同様な広がりを示しており、遺跡数が継続的に増加していったことが考えられる。そのようななか、関東地域は前代の57遺跡から123遺跡と出土遺跡の大幅な増加がみられ、分布の中心地となっている。その関東地域について述べるならば、千葉県の56遺跡が最も多く、次いで群馬県の20遺跡、神奈川県の14遺跡と続く。また、東山地域では長野県、東海地域では静岡県で出土遺跡数が多くみられる。

一方、西日本では近畿地域で99遺跡、山陰地域で96遺跡、四国地域で28遺跡、九州地域で81遺跡を確認することができ、出土遺跡の総数といった場合には、東日本よりも西日本のほうが多いことが指摘できる。分布の広がりについては、弥生時代後期・終末期の分布と比べて大差はないが、やはり近畿地域で出土遺跡数が急激に増加することが注目できる。近畿地域では、出土遺跡数が前代の25遺跡から99遺跡と驚異的に増加しており、全国的にみても増加幅が大きい地域といえる。

中期になると、出土遺跡数はさらに増え、その数は663遺跡となる。東日本の分布は、前期とそれほど大きな差はなく、分布の中心は関東地域にある。関東地域における出土遺跡数についてみてみると、千葉県の47遺跡が最も多く、次いで茨城県の28遺跡、群馬県の24遺跡がとくに多い地域としてあげられる。また、東海地域では前期の24遺跡から62遺跡と急激に出土遺跡数が増加していることが確認できる。

第1章　出土勾玉からみた時代的・地域的変遷と社会動態

　西日本については、近畿地域で136遺跡、山陰地域で107遺跡、四国地域で17遺跡、九州地域で109遺跡を確認することができ、近畿地域に分布が最も集中するようになる。また、中国地域および四国地域の分布をみた場合、瀬戸内海に面した地域において出土遺跡数が多くみられる傾向が確認できる。九州地域においては、福岡県の51遺跡が最も多い。

　**第5期（古墳時代後期から終末期）** は、出土遺跡数が全時代を通して最も多くなり、特に西日本において、山陰地域において遺跡数の大幅な増加が確認できる時期である。詳しく述べるならば、集成からみた場合、後期の出土遺跡数は1,275遺跡を数え、中期の663遺跡と比べると約2倍に増えている。この時期の分布について、まず、東日本では、中期の分布と比べて大差はないものの、福島県といった東北地域の南部において、勾玉の使用が徐々に増えていることが指摘できる。

　一方、西日本の分布について述べるならば、分布の広がりについては、中期と比べて大きな変化はみられない。しかし、出土遺跡数の増加について述べるならば、山陰地域のうち島根県と広島県、そして、北部九州地域のうち福岡県における出土遺跡の増加幅は注目できる。具体的には、島根県は19遺跡から67遺跡、広島県は28遺跡から81遺跡、福岡県は51遺跡から149遺跡へと大幅に増加していることが確認できる。この島根県と広島県で遺跡数が大幅に増加することによって、山陰地域の出土遺跡数が近畿地域よりも多くなる。この現象は、当期における特徴の1つとして考えられる。

　終末期に入ると、出土遺跡数は714遺跡と減少する。分布については、まず、東日本では関東地域に分布の中心地がみられるものの、遺跡数は減少する傾向が確認でき、これは中部地域・東海地域でも同様にみられる現象である。一方、東北地域では後期の19遺跡から31遺跡と増加しており、全国的にみても遺跡数の増加がみられるのは、この地域のみである。このことについても、当期の特徴の1つとして捉えることができると考えられる。

　また、西日本における分布の広がりは、後期の分布と比べて大差はなく、全体的にどの地域においても出土遺跡数は減少していることが確認できる。そのようななか、減少幅の大きい地域としては、近畿地域・山陰地域・九州地域があげられる。具体的には、近畿地域では158遺跡から48遺跡、山陰地域では255遺跡から129遺跡、九州地域では259遺跡から146遺跡といったように、いずれの地域においても100遺跡以上の減少が確認できる。特に、古墳時代に入り急激に出土遺跡の数をのばしてきた近畿地域で、大幅な減少がみられたことは、勾玉の歴史的変遷を考える上で重要な現象と捉えることができよう。

　**第6期（奈良時代から平安時代）** は、遺跡数が増加する東北地域を除くすべての地域で、勾玉の出土事例の大幅な減少を確認することができ、西日本においては勾玉の使用がごく僅かとなる時期である。詳しくみていくと、奈良時代に入ると、遺跡数はさらに減少し、その数は182遺跡となる。

　この時期の分布の中心地は関東地域ではあるものの、その関東地域から九州地域までの広範囲で出土遺跡数の急激な減少を確認することができる。具体的には、関東地域は187遺跡から78遺跡、北陸地域は16遺跡から2遺跡、東山地域は26遺跡から9遺跡、東海地域は99遺跡から14遺跡、近畿地域は48遺跡から9遺跡、山陰地域は129遺跡から12遺跡、四国地域は24遺跡から3遺跡、九州地域は146遺跡から16遺跡といったように出土遺跡数の大幅な減少が確認できる。それに対して、東北地域では、古墳時代終末期の31遺跡から37遺跡と出土遺跡数が増加する傾向を示す。

平安時代になると出土遺跡数は126遺跡を数える。当期における分布の広がりは、奈良時代と同じ様相を示しており、青森県や秋田県を中心とした東北地域北部や関東地域、長野県で勾玉の出土事例が多くみられる。その他の地域は、勾玉が出土してはいるものの、事例数は少ない。また、この時期には、弥生時代から古墳時代にかけて、出土事例がみられなかった沖縄県の3遺跡から勾玉が出土している。

**第7期（中世）**は、勾玉の出土事例が全国的にごく僅かとなり、出土遺跡数の約半数が沖縄県で確認できる時期である。遺跡数などを詳しくみてみると、中世における出土遺跡数は合計64遺跡となり、そのうちの28遺跡は沖縄県で確認できる。他の地域は、北海道・本州・九州地域でそれぞれ勾玉が出土しているが、数量は少ない。また、神奈川県の1事例については、下層にあった古墳からの流れ込みが考えられている。

**第8期（近世以降）**は、沖縄県でも出土遺跡の減少がみられるようになり、日本列島で勾玉がほとんど使用されなくなる時期である。近世に入り、遺跡数は18遺跡となり、内訳は福島県・群馬県・神奈川県・広島県・山口県・愛媛県・佐賀県から1遺跡ずつ、宮城県で3遺跡、沖縄県で8遺跡である。ただし、山口県の1事例については、流れ込みの可能性が推測されている。

これらをふまえながら分析を加えるならば、日本列島で勾玉が出現するのは縄文時代早・前期のころであり、それ以降、提示した8つの時期と時期の間には、時間の経過と共に分布の広がりや出土遺跡の数が大きく変化していることが確認できた。

以上、勾玉の変遷を第1期は縄文時代早期から中期、第2期を縄文時代後期から晩期、第3期は弥生時代前期から後期・終末期、第4期を古墳時代前期から中期、第5期を古墳時代後期から終末期、第6期は奈良時代から平安時代、第7期は中世、第8期を近世以降といった8つの時期に区分して、出土遺跡の分布や数に注目しながら各時期の特徴について検討を加えた。

時代を追いながらの叙述ということから、事実の羅列に終始したきらいはあるが、これによって日本列島における勾玉の分布や遺跡数が時期の変遷によっていかなる変化をみせるのかが具体的に明らかになったと考える。

# 第3節　出土点数からみた変遷とその地域性

時間の経過と共にみられる出土点数の増減やそこから読み取ることができる地域性は、第2節で明らかにした出土遺跡数や分布の変遷と同様な傾向を示す場合が多い。しかしながら、幾つかの点に関しては、異なる様相を確認することができる。そこで、本節では、その相違点に注目しながら、出土点数からみた変遷とその地域性についてみていくことにする。以下、出土遺跡数と出土点数の移り変わりを示した第8表を用いながら述べていく。

まず、第2期（縄文時代後期から晩期）について述べるならば、縄文時代後・晩期の栃木県では、出土遺跡が2遺跡と少ないものの、出土点数は関東地域内で2番目に多い。また、晩期の秋田県では、東北地域で最も出土遺跡が分布する青森県よりも、出土点数が多いことが確認できる。

第3期（弥生時代前期から後期・終末期）をみてみると、弥生時代中期の福島県が、同じ時期の北部九州地域よりも出土遺跡数が少ないことはすでに明らかにした。しかし、出土点数からみた場合、

第1章　出土勾玉からみた時代的・地域的変遷と社会動態

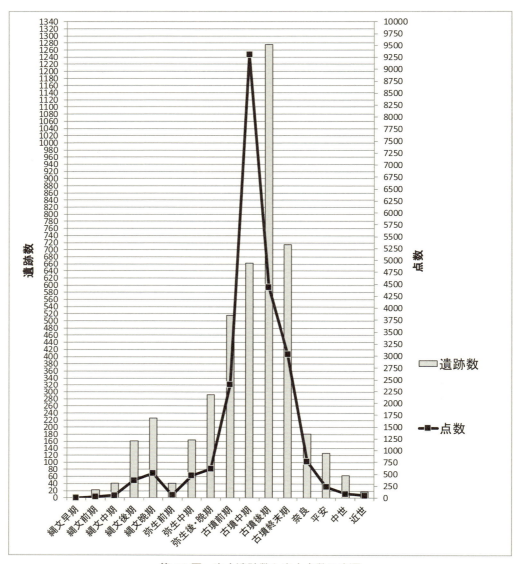

第16図　出土遺跡数と出土点数の変遷

中期の福島県の111点というのは、同時期の他地域を見渡しても並ぶところはなく、最も多いことが指摘できる。また、長野県では中期から後・終末期へと移り変わるなかで、出土遺跡数が全国的な傾向と同様に増加していく一方で、出土点数は減少するという現象を確認することができる。

次に、第4期（古墳時代前期から中期）のうち、中期の出土点数が全時代を通して最も多くなることが注目できる。すなわち、第2節でみてきたように、出土遺跡数の最盛期が次の第5期（古墳時代後期から終末期）のうちの後期になることをふまえて述べるならば、全国的な傾向として、出土遺跡数と出土点数の最盛期は一致しないことが指摘できる（第16図）。

この中期に出土点数が最も多くなる現象の背景には、出土遺跡はそれほど多くはないが、出土点数の数値がかなり高くなる地域が確認されていくことが大きな要因としてあげられる。具体的には、

縄文・弥生時代においては、30遺跡確認される地域であっても出土点数は100以下であった。これに対して、第4期の前期から、とくに中期になると、近畿地域を中心として、さまざまな地域で縄文・弥生時代にみられたような出土遺跡数と出土点数とのある種のバランスというものが崩れていく。事例をあげるならば、群馬県の24遺跡で181点、岐阜県の8遺跡で290点、京都府の32遺跡で4,326点、大阪府の27遺跡で852点、奈良県の30遺跡で969点、大分県の13遺跡で463点などである。

　第5期（古墳時代後期から終末期）では、遺跡数のわりに出土点数が多い現象を継続して確認できる。とくに終末期の東北地域で顕著にみることができ、このことは、すでに述べた全国的に出土遺跡数が減少するなかで、その数が増加するといった東北地域の地域性と矛盾しない。具体的には、青森県の6遺跡で203点、岩手県の4遺跡で107点、福島県の14遺跡で246点があげられ、同時期の三重県の5遺跡で22点や福岡の94遺跡などと比較すると、東北地域にみられる特異性がより目立つ。

　その他には、後期の東山地域では全国的な傾向と同じく、前代から出土遺跡数が増加しているが、出土点数は少なくなる。また、東海地域に目を向けると、後期から終末期に移り変わるなかで、日本列島全体で出土遺跡数と出土点数が減少していくなか、当該地域では出土遺跡数は減るものの、出土点数は475点から596点へと増加する。

　第6期（奈良時代から平安時代）では、第4期（古墳時代前期から中期）からの出土遺跡数と出土点数とのある種のバランスの崩れというものが、青森県を中心とした東北地域でみられるが、その他の地域ではその現象はそれほどみられなくなる。

# 第4節　材質の割合からみた変遷とその地域性

　日本列島から出土する勾玉が、さまざまな材質によって作られていることはよく知られていることである。このことをふまえて、出土勾玉の材質が時間の経過によって、どのような変遷をたどるのかを明らかにすると共に、その地域性について考えていく。考察を行うにあたっては、第2節で提示した8つの時期に対応させながら述べていきたい。第17図〜第19図は、集成した2万796点のうち、時期の特定ができるものを抽出し、各県における出土勾玉の材質の割合を時期ごとに示したものである[3]。

　**第1期（縄文時代早期から中期）**では、地域ごとに材質の割合が異なる段階を経た後、東日本でヒスイ製勾玉が主体的に使用されていく時期である（第17図）。詳しくみてみると、出土が確認され始める前期は滑石が多くみられ、次いで蛇紋岩、コハクの順に出土の割合が低くなる。関東地域・長野県・熊本県で滑石がみられるが、地域ごとで割合は異なる。一方、中期になると、前期と同様に地域ごとに出土勾玉の割合が異なりをみせるものの、北海道・関東地域・東山地域といった東日本でヒスイが目立つようになる。その他の材質は蛇紋岩や滑石、コハクがある。

　**第2期（縄文時代後期から晩期）**は、北海道を除き、材質の割合から日本列島をみた場合、ヒスイを主体的に使用する東日本と、ヒスイを受け入れながらもクロム白雲母を主体的に使用する西日本〔大坪2015a〕とに大きく分けることができる時期である（第17図）。具体的にみてみると、まず、

第1章　出土勾玉からみた時代的・地域的変遷と社会動態

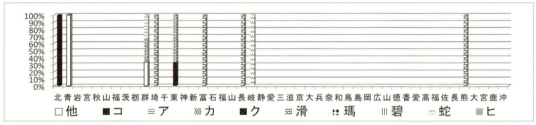
縄文時代前期

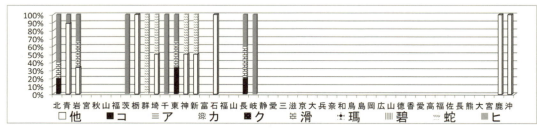
縄文時代中期

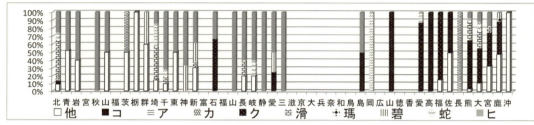
縄文時代後期

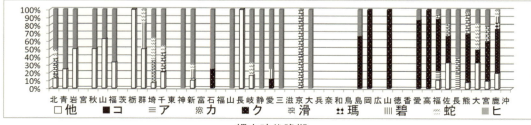
縄文時代晩期

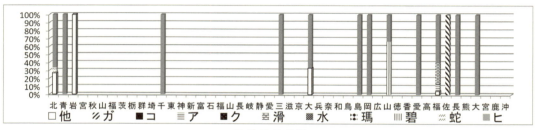
弥生時代前期

第17図　出土勾玉における材質の変遷①

第4節 材質の割合からみた変遷とその地域性

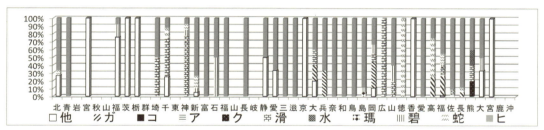
弥生時代中期

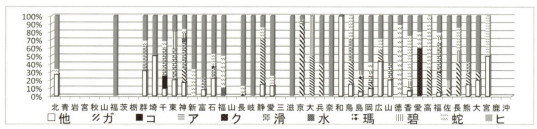
弥生時代後・終末期

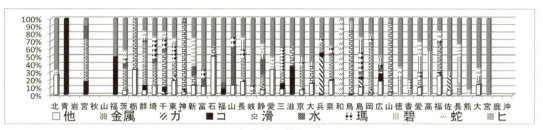
古墳時代前期

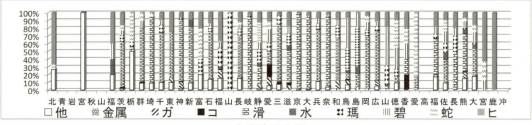
古墳時代中期

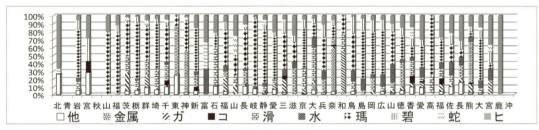
古墳時代後期

第18図　出土勾玉における材質の変遷②

第1章 出土勾玉からみた時代的・地域的変遷と社会動態

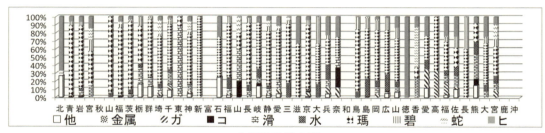
古墳時代終末期

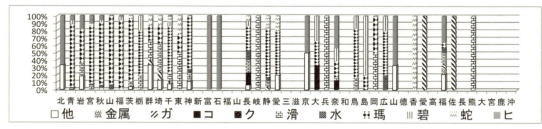
奈良時代

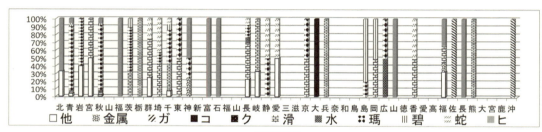
平安時代

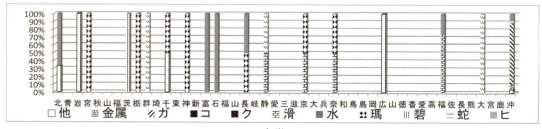
中世

近世以降

第19図 出土勾玉における材質の変遷③

東北地域・関東地域・中部地域ではヒスイが材質の主体を占め、他には蛇紋岩・碧玉・滑石がみられる。

　また、大坪氏がすでに指摘しているように、当期になると九州地域でクロム白雲母製の玉類が多く確認することができる〔大坪2015a〕。その他の地域でクロム白雲母製勾玉の出土事例が多くみられるのは、島根県・岡山県・山口県といった中国地域や愛媛県・高知県といった四国地域などがあげられ、加えて、石川県・愛知県といった東日本でも少量確認することができる〔大坪2015b〕。北海道はヒスイ・滑石が割合の半分を占め、その他に蛇紋岩・カンラン岩・コハクをみることができ、材質の割合からみた場合、東北地域・関東地域・中部地域とは異なった地域性をみせている。

　**第3期（弥生時代前期から後期・終末期）**は、日本列島の各地でヒスイが割合の多くを占めるようになり、加えて、西日本ではそれまでみられなかったガラス製勾玉が増加していく時期である（第17・18図）。具体的述べるならば、前期・中期になると、東日本だけではなく西日本でもヒスイ製勾玉の出土が多くみられるようになる。

　また、縄文時代にはみられなかった材質が3つ確認できるようになる。その1つ目がガラスであり、前期では佐賀県、中期では大阪附・兵庫県・岡山県・高知県・福岡県・長崎県といった西日本で出土が確認され、時期の経過と共に分布が広がり、出土量も増加する傾向を示す。2つ目は水晶であり、中期の熊本県で1点確認できる。3つ目はアマゾナイト（天河石）であり、福岡県・佐賀県で出土している。このようななか、福岡県の場合、ヒスイの他にも蛇紋岩・碧玉・瑪瑙・滑石・アマゾナイト・ガラスというように、さまざまな材質が確認されており、他の県とは異なった地域性をみせている。

　後期・終末期になると、各地ではヒスイの割合は依然として多くみられるものの、その他の材質の割合も高くなる傾向が確認できる。たとえば、関東地域ではヒスイの他に滑石も割合の多くを占めている。西日本では、蛇紋岩やガラスがヒスイの割合と同等あるいはそれ以上になる県も確認できる。

　**第4期（古墳時代前期から中期）**では北海道を除き、日本列島の各地で主体となる材質が、ヒスイから滑石へと徐々に変化する時期である（第18図）。詳しくみていくと、前期から中期へと移りゆくなかで、関東地域から九州地域までといった広い地域では、ヒスイもある程度の量をもってみることができるが、それよりも滑石の出土量が大幅に増加していく現象が確認できる。また、他の材質について述べるならば、碧玉と瑪瑙の割合が時間の経過と共に増加していく。さらに、当期になると、新しく金属製の勾玉が出土するようになる。事例をあげるならば、和歌山県車駕之古址古墳の後円部墳丘斜面から金製勾玉が1点確認されている。時代は中期である。

　**第5期（古墳時代後期から終末期）**では、北海道を除いた日本列島の各地で、主体となる材質が瑪瑙になる時期である（第18・19図）。詳しくみてみると、東北地域から九州地域までといった広範な地域で、材質の割合の多くを瑪瑙が占めるようになることから、第4期（古墳時代前期から中期）とは様相が大きく変化していることが指摘できる。その他の材質については、ヒスイ・滑石・ガラスなどはそれほど多くはないが、どの地域においても確認することができ、水晶の割合においては第4期（古墳時代前期から中期）と比べて増加する傾向を示す。

　材質によって地域性がみられるものとして、金属製勾玉があげられる。すなわち、後期の近畿地

域で金属製勾玉の出土量が集中していることが指摘できる。事例をあげると、大阪府富木車塚古墳の前方部にある第2埋葬施設から銀製勾玉4点、兵庫県下大谷1号墳の第1埋葬施設から青銅製勾玉1点、奈良県藤ノ木古墳の石棺内　北東部から銀製勾玉127点、同県慈恩寺第1号墳の葬施設内から銀製勾玉7点、同県塩屋地区遺跡の石室内から銅製勾玉1点、和歌山県尾ノ崎遺跡の横穴式石室1号から青銅製勾玉1点が出土している。

**第6期（奈良時代から平安時代）**では、全国的に瑪瑙が割合の多くを占めるといった現象をみることができなくなり、北陸地域や西日本では瑪瑙以外の材質が多くみられるようになる時期である（第19図）。具体的には、奈良時代になると、東北地域・関東地域・東海地域は第5期（古墳時代後期から終末期）から継続して、瑪瑙が割合の多くを占めていることが確認できる。一方、それぞれの地域で割合は異なりをみせるものの、北陸地域ではヒスイ、近畿地域ではヒスイ・碧玉・滑石・コハク、山陰地域ではヒスイ・碧玉・滑石、四国地域では蛇紋岩・ガラス、九州地域では滑石・ガラスといった瑪瑙以外の材質が目立つようになる。それに加えて、平安時代になると関東地域でも瑪瑙よりも蛇紋岩や滑石の割合のほうが目につくようになり、沖縄県ではガラス製勾玉2点が出土している。

**第7期（中世）**では、県ごとで割合は異なりをみせ、材質の種類も沖縄を除き、1あるいは2種類となる時期である（第19図）。沖縄県について述べるならば、ガラスが割合の多くを占め、その他にはヒスイ・金・瑪瑙などが確認できる。

**第8期（近世以降）**では、沖縄を除く出土が確認できる県では、材質の種類が1種類となる時期である（第19図）。沖縄県は、中世から継続して同じ様相がみられる。

以上のことから、出土勾玉の材質がどのような変遷過程をたどるのか、さらに、そこからみえる地域性についても明らかとなったと考えられる。また、これらと想定した時期区分には、対応性がみられるといえる。

# 第5節　出土遺構の変遷とその地域的特徴

第20図から第24図は、勾玉が出土した遺構が各県でどのような割合で確認されているのかを示したものである[4]。これらの図を用いながら、各時期の出土遺構の変遷とその地域的特徴についてみていくことにする。

**第1期（縄文時代早期から中期）**について述べるならば、東日本で竪穴建物からの出土が多いなか、徐々に墓からも勾玉が出土してくる時期である。前期の北海道・東北地域・関東地域・長野県では、大半の勾玉が竪穴建物から出土している。また、その傾向は、中期にも継続してみられる。竪穴建物以外の遺構では、土坑は前期の神奈川県、中期の山梨県・長野県、配石遺構は中期の青森県で確認されている。さらに、墓で勾玉が用いられたことを示す、土坑墓からの出土は中期になってからみられる現象であり、北海道や青森県・埼玉県で確認できる。

**第2期（縄文時代後期から晩期）**は、北海道・東北地域では墓、関東地域では竪穴建物、中部地域以西の地域では県あるいは地域ごとで出土遺構の割合に多様性がみられる時期である。まず、東日本をみていくと、北海道・東北地域では土坑墓、関東地域では竪穴建物からの出土が多い傾向を

第5節 出土遺構の変遷とその地域的特徴

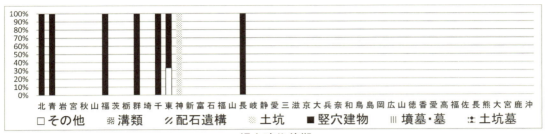
縄文時代前期

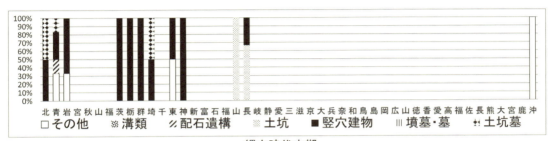
縄文時代中期

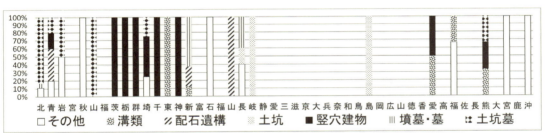
縄文時代後期

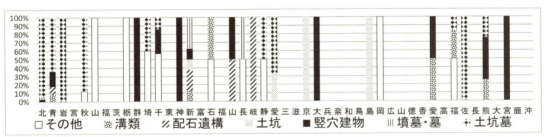
縄文時代晩期

弥生時代前期

第20図 出土遺構の変遷①

77

第1章　出土勾玉からみた時代的・地域的変遷と社会動態

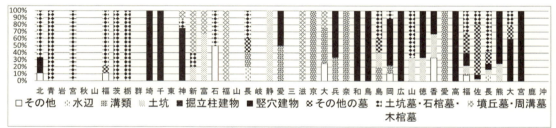

弥生時代中期

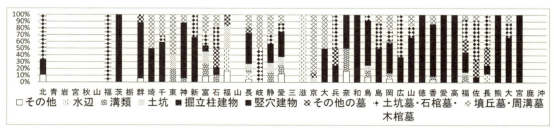

弥生時代後・終末期

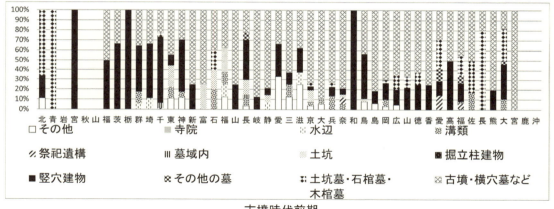

古墳時代前期

第21図　出土遺構の変遷②

示す。また、北陸地域・東山地域・東海地域では土坑や配石遺構・溝類に加えて、土坑墓など墓に関係するかたちで勾玉の出土が確認されており、その割合も県によって様々である。西日本をみてみると、近畿地域や中国地域では竪穴建物や土坑、九州地域では土坑墓・竪穴建物・溝類からの出土が確認できるが、その割合は、北海道や関東地域のように特定の遺構からの出土が目立つというものではない。九州地域に関してもう少し述べるならば、晩期になると、北部では墓、南部では竪穴建物が多くなるという傾向が若干みられるようになる。

**第3期（弥生時代前期から後期・終末期）**は、北海道・東北地域は墓、関東地域以西の地域では、竪穴建物と墓が出土遺構の割合の多くを占めるようになる時期である。詳しくみていくと、前期は北海道・千葉県で土坑墓、岩手県で土坑からの出土が目立つ。西日本については、大阪府は溝類、岡山県は旧河道、山口県は土坑墓・土坑・溝跡、愛媛県は溝跡から勾玉が確認されている。また、

第5節 出土遺構の変遷とその地域的特徴

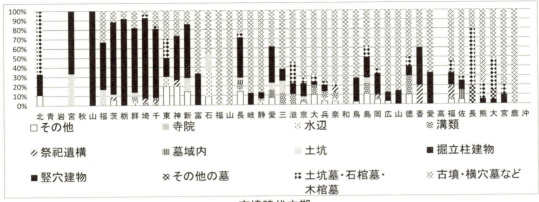
古墳時代中期

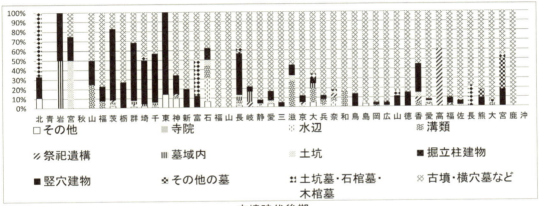
古墳時代後期

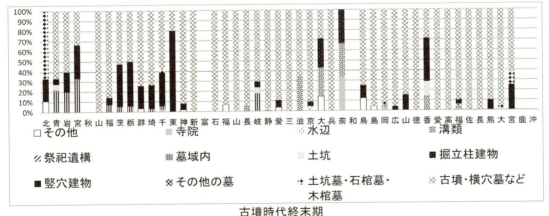
古墳時代終末期

第22図 出土遺構の変遷③

79

九州地域についてみてみると、北部では土坑墓など墓に関わるかたちで勾玉が確認される場合が多く、大分県では勾玉の出土が竪穴建物からのみ確認できる。

　中期になると、北海道から東北地域、そして北関東地域までの地域では墓に関わる遺構、埼玉県・千葉県・神奈川県では竪穴建物からの出土が大半を占める。また、北陸地域や長野県では方形周溝墓や土坑墓からの出土が比較的多くみられ、一方、東海地域の勾玉は墓からは確認できない。西日本をみていくと、近畿地域では溝跡からの出土が目立つが、中国地域・四国地域では竪穴建物の割合が高い傾向を示す。九州地域について述べるならば、北部では甕棺墓を中心とした墓から勾玉が確認されることが多いのに対して、南部では竪穴建物からの出土が目につく。

　後期・終末期にはいると、北海道・東北地域では依然として土坑墓からの出土が多く、関東地域では竪穴建物、次いで方形周坑墓などの墓から勾玉が出土する割合が高くなる。また、新潟県では竪穴建物が多くみられるものの、北陸地域全体でみれば、方形周溝墓・土坑墓・掘立柱建物・土坑・溝類・水辺など、出土遺構に多様性がみられる一方で、竪穴建物からの出土は少ないことを指摘できる。東山地域・東海地域では土坑・溝類・水辺からの出土も確認できるが、出土の多くは竪穴建物と墓からである。西日本については、近畿地域では竪穴建物に加えて、中期ではそれほどみられなかった墓からの出土が増加する。中国地域では墓からの出土が増加する傾向がみられ、四国地域・九州地域に関しては大方、中期の様相を継続してみることができる。

　**第4期（古墳時代前期から中期）**について述べるならば、北海道・北日本・関東地域を除く、勾玉の出土が確認できる全ての地域で、古墳からの出土の割合が大半を占めるようになり、次いで竪穴建物と続く傾向が確認できるようになる。このことから、第4期は弥生時代の様相とは大きく異なりをみせる時期といえる。細かくみていくと、北海道・青森県では土坑墓からの出土が多い。関東地域では竪穴建物の割合が多くを占め、その傾向は九州地域へいくにつれて弱まる。また、墓からの出土については、関東地域ではそれほど多くはないが確認できる。それよりも、中部地域から九州地域にかけての出土遺構の割合の多くを墓が占めるようになり、その傾向は前期から中期へと時間の経過とともにより強くなる。

　**第5期（古墳時代後期から終末期）**は、東北地域や関東地域において、古墳や横穴墓といった墓からの出土の割合が増加していき、さらに、近畿地域ではそれまでみられなかった寺院跡からの出土が確認されはじめる時期である。それぞれの地域について、少し詳しく述べるならば、北海道では墳墓・竪穴建物、東北地域では竪穴建物もみられるものの、古墳などの埋葬施設や周溝といったように墓に関わるかたちで勾玉が出土している場合が多い。関東地域では、古墳・横穴墓と竪穴建物がおよそ半々の割合でみることができる。また、中部地域・中国地域・四国地域・九州地域の勾玉のほとんどが、古墳や横穴墓といった墓の埋葬施設から出土している。とくに、東北地域は終末期になると、より古墳の割合が高くなる傾向を示す。そのようななか、近畿地域では墓からの出土事例は確認できるものの、溝跡や掘立柱建物からもある程度の量をもって確認でき、さらに、奈良県では新しく寺院跡からの出土事例がみられるようになる。

　**第6期（奈良時代から平安時代）**は、北海道・東北地域・関東地域では、第5期（古墳時代後期から終末期）の様相を継続して確認することができる。しかしながら、中国地域を除く、それ以外の地域については、古墳・横穴墓などからの出土はそれほどみられなくなり、代わって溝跡を中心と

第5節 出土遺構の変遷とその地域的特徴

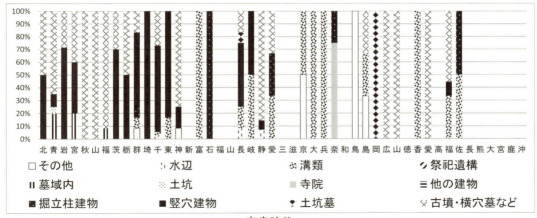
奈良時代

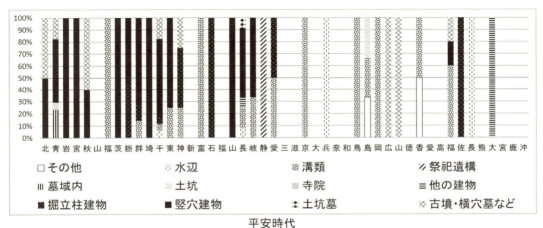
平安時代

第23図　出土遺構の変遷④

した他の遺構からの出土の割合が高くなる時期である。まず、奈良時代からみていくと、北海道では墓と竪穴建物が半々の割合でみられ、東北地域では岩手県・宮城県で竪穴建物が多いものの、全体的にみれば墓からの出土が大半を占める。また、関東地域では竪穴建物が最も多く、次いで古墳・横穴墓、溝類と続く。北陸地域では溝跡・掘立柱建物、東山地域と東海地域では古墳・横穴墓や竪穴建物・掘立柱建物・溝類・水辺など、様々な場所から勾玉が確認されている。近畿地域では、寺院跡の割合が多い奈良県以外の県では、溝跡からの出土が多い。中国地域では継続して、墓からの出土が多くみらる。また、四国地域・九州地域では、古墳・横穴墓や土坑墓・竪穴建物・掘立柱建物・溝跡など、出土遺構に多様性がみられ、それぞれの県で割合が異なる。

　平安時代になると、北海道・東北地域・関東地域では墓からの出土が減り、竪穴建物の割合が増加する。竪穴建物からの出土は東山地域で顕著にみられるが、その他の地域については、奈良時代の様相と同様に、各県では様々な場所から勾玉が出土しており、その割合もそれぞれ異なりをみせる。

　**第7期（中世）**は、古墳時代以降、関東地域を中心として展開していた竪穴建物からの出土事例

81

第1章　出土勾玉からみた時代的・地域的変遷と社会動態

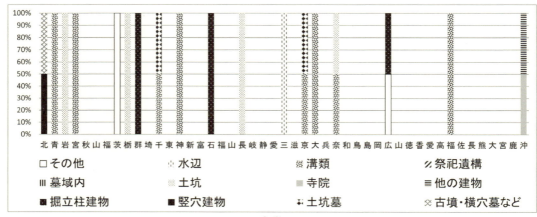
中世

近世以降
第24図　出土遺構の変遷⑤

が北海道を除いてみられなくなり、加えて、沖縄県にある寺院跡など、様々な種類の遺構から勾玉が出土してくる時期である。詳しくみていくと、北海道では墳墓と竪穴建物、それ以外の地域では溝跡が最も多く、他にも土坑墓・掘立柱建物・水辺・土坑などがみられるが、これらの割合は県ごとに異なりをみせる。沖縄県では寺院の基壇内からの出土事例が確認できる。

**第8期（近世以降）** は、全国的に竪穴建物からの出土がみられなくなる時期である。詳しくみていくと、宮城県・福島県では溝跡、広島県では掘立柱建物、山口県では土坑墓、愛媛県では塚跡、佐賀県では土坑墓、沖縄県では盛土内などから勾玉が出土している。

以上のことから、出土遺構の種類がどのような変遷過程をたどるのか、さらに、そこからみえる地域的特徴についても明らかとなったと考えられる。

# 第6節　小結

本章では、勾玉について従来、行われてこなかった長期的な視野を軸にして、出土遺跡の数およ

びその分布や出土点数、出土勾玉の材質、出土遺構の種類に着目し、消費地からみた勾玉の変遷過程について考察を試みた。その結果、勾玉の変遷過程については8つの時期に区分し、時期ごとの様相については、遺跡数・分布・出土点数・材質・出土遺構の視点から把握を行った。視点が複数にわたるので、それらをふまえて消費地における勾玉の変遷過程の要点をまとめる。

まず、**第1期（縄文時代早期から中期）**を勾玉の発生期と捉えた。縄文時代前期における関東地域を中心とした東日本の人びとが早く、継続性のある勾玉の使用を開始した。また、勾玉は、はじめに竪穴建物で出土が確認されていたが、徐々に墓に伴う事例もみられるようになる。

**第2期（縄文時代後期から晩期）**になると、東日本に加えて、九州地域を中心に中国地域や四国地域といった西日本でも本格的に勾玉の使用が開始される。また、九州地域のなかでも南九州地域の人びとが、当初、積極的に勾玉を用いていたことが考えられる。出土遺構については、北海道・東北地域では墓、関東地域では竪穴建物でよく用いられていたが、中部地域以西の地域では県ごとで出土遺構の割合は異なる。そのうち、晩期の九州地域について述べるならば、北部では墓、南部では竪穴建物からの出土が多くみられる現象は、第3期（弥生時代前期から後期・終末期）の九州地域でも同様にみられることから注目できる。材質といった観点でみるならば、とくに晩期になると、東日本ではヒスイ、西日本ではクロム白雲母が材質の主体を占める〔大坪2015a〕といった現象を確認することができる。しかしながら、県ごとの割合はそれぞれ異なりをみせることとあわせて考えるならば、縄文時代においてはそれぞれの地域の人びとが独自に選択をしながら勾玉を用いていたこと、言葉を換えて述べるならば、勾玉の使用には地域性が強くはたらいていたことが指摘できる。このことについては、出土遺跡数が少ないながらも出土点数が多い地域があったり、地域あるいは県ごとに出土遺構の多様性がみられることも1つの根拠となる。

そして、**第3期（弥生時代前期から後期・終末期）**には、遺跡数が増加する福岡県を除き、全ての地域で一度、勾玉の使用が衰退あるいは途絶えたのち、全国的に勾玉の使用が再確認される。この現象の背景には、ガラス・アマゾナイトといったそれまでみることができなかった材質が確認できるようになることもふまえて、稲作を含めた農耕社会が成立する過程で生じる、玉類をとりまく社会の変化が強く影響していると思われる。また、中期の福島県のように、遺跡数が少ないながらも出土点数は多いという地域がみられる。

さらには、北海道・東北地域では墓、関東地域以西の地域では竪穴建物と墓が出土遺構の大半を占めるが、各県を細かくみた場合、出土遺構の種類に共通性は見出しづらい。加えて、各県でヒスイが多く確認できる一方で、それぞれの県で割合の様相は異なりをみせる。これらをふまえて述べるならば、弥生時代においても依然として、勾玉を使用することにおいて、地域性が強くはたらいていたことが指摘できる。さらに述べるならば、後期・終末期で中国地域において、勾玉が墓から出土する事例が増加するという現象は、当該期の西日本において比較的大きな変化点と捉えることができると考える。

**第4期（古墳時代前期から中期）**になると、近畿地域の人びとが積極的に勾玉を使用し始めること、加えて、関東地域から九州地域までといった広範囲の地域で、出土勾玉の主体となる材質の割合が、前期から中期へと移り変わるにつれてヒスイから滑石へと変化する。この滑石の増加と出土点数が全時代を通して中期が最も多くなることは、密接に関係していると思われる。すなわち、ヒスイよ

りも産出地が限定的ではないことや材質の硬度がそれほど高くないため、加工が容易であることが大きな理由と考えられる。また、第3期（弥生時代前期から後期・終末期）では、竪穴建物からの出土が全体的にどこの地域においても目立っていたが、当該期に入り、北海道・北日本・関東地域を除く、全ての地域で墓から勾玉が出土する割合が大半を占めるようになる。これらをふまえて述べるならば、分布や主要な材質、出土遺跡の種類の様相が、弥生時代の様相から大きく変化していることが指摘でき、その大きな要因にはヤマト政権の成立に伴う社会の変化が強く影響していることが推測できる。

**第5期（古墳時代後期から終末期）**に入ると、山陰地域における出土遺跡が増加することに加え、東北地域から九州地域までといった広範囲な地域において、瑪瑙が材質の割合の多くを占めるようになる。この現象が生じる背景には、出雲地域における玉作り遺跡の展開との関わりが想定できる。

出雲地域では、100を超える玉作り関連の遺跡が確認されている〔深田2004〕。出雲地域における玉作りは、弥生時代前期末葉から古墳時代まで一貫して行われ、一度終焉を迎える。そして、奈良時代に再開され、平安時代まで続いたと考えられている〔米田2015〕。このように1つの地域で、長期間にわたって玉作りが行われたのは、出雲地域だけである。その大きな要因の1つに、良質の「出雲石」とよばれる碧玉や瑪瑙・水晶といった玉材を豊富に産出する花仙山の存在があげられる。

当期に対応させて述べるならば、玉造温泉の背後にそびえる花仙山の碧玉・瑪瑙・水晶を用いた勾玉の生産が行われていく。中期には玉作り遺跡の急激な増加が確認でき、後期になると他の地域では玉作りが衰退していくなか、出雲地域では玉作りの最盛期を迎える〔深田2004〕。この出雲地域で作られた勾玉は、北は北海道から南は九州地域まで全国規模で流通していたことがすでに指摘されている〔薬科2005〕。これらを考えあわせて述べるならば、やはり勾玉が出土する広範囲の地域で瑪瑙の割合が増加することと、出雲地域における玉作り遺跡の展開との関係性は看過できないと思われる。

しかしながら、それだけでは広範囲の地域において割合の主体が瑪瑙になるといった共通性がみられる背景の説明が十分になされているとはいい難い。このように考えて大過ないとするならば、そこにはやはり近畿地域を中心に展開したヤマト政権による、使用する勾玉の材質に関して規制が行われていた可能性を考えてよいのではなかろうか。

また、終末期になると、依然として瑪瑙は出土勾玉の主体を占め、墓からの出土は汎列島規模で多く確認できる。そのようななか、奈良県では墓からの出土がみられなくなり、それに代わって新しく寺院跡からの出土事例が確認されるようになる。この点は、第4期（古墳時代前期から中期）からの大きな変化点としてあげられ、その他にもいくつか変化点を指摘することができる。まずは、東北地域では全国的な傾向とは異なり、遺跡数の増加がみられる。加えて、当地域では遺跡数のわりに出土点数が多いことや墓への出土事例が増加することも指摘できる。そのうち、前者の状況は東海地域でも確認できる。これらをふまえて述べるならば、第5期の終わり頃にみられるこれらの変化点は、先ほど述べたヤマト政権と勾玉との関係性が変わっていく兆しとして捉えることができる。

**第6期（奈良時代から平安時代）**は、東北地域・関東地域を中心として勾玉の使用が行われていく一方で、西日本の人びとは徐々に勾玉を使用しなくなる。特に、東北地域では出土点数が他の地

域と比べて多くみられる。また、出土遺構の観点から述べるならば、北海道・東北地域・関東地域の出土遺構の割合は、第5期（古墳時代後期から終末期）から継続していることを確認することができるが、それ以外の地域については中国地域を除いて、全体的に墓からの出土が少なくなる。加えて、第5期（古墳時代後期から終末期）でみられたように、瑪瑙が出土勾玉における割合の主体を占めるといった現象は、とくに西日本では確認できなくなる。これらのことを考え合わせると、分布や材質の割合・出土遺構の様相が、当該期に入り大きく変化していることを指摘できる。

**第7期（中世）**は、全国的に遺跡数が大幅に減少するなか、沖縄県の人びとによる勾玉の使用が最盛期をむかえる。さらには、古墳時代に入って以降、関東地域を中心として必ずみられた竪穴建物からの出土が北海道を除いてみられなくなる。このように、分布状況や出土遺構の様相が第6期（奈良時代から平安時代）と比べて、大きく変化することが指摘できる

**第8期（近世以降）**は、第7期（中世）で最盛期をむかえた沖縄県でさえ遺跡数の減少をみることができ、加えて、出土遺構もそれまでみられた竪穴建物が姿を消していく。これらをふまえて、当該期は日本列島における勾玉の終焉期と位置付けたい。

以上、本章では、消費地における勾玉の変遷過程について述べた。この基礎的な考察により、今後、生産地を含めた流通に関する列島規模での把握や、勾玉の意味を理解するうえでのより深い内容の研究が可能となったと考える。

考察対象が長期間にわたったことに加えて、資料的制約もあり、論旨がわかりにくいところもあったかと思うがひとまず擱筆することにしたい。なお、集成表とその出典を省略した点をお詫び申しあげる。


註
(1)　遺構の年代については、序論第2節の1にある「分析対象としての地域および時期」にすでに述べたが、各報告書などで報告者が想定した編年や年代観を基本的にはそのまま採用している。
(2)　第13図〜16図・第8表では、遺構の時期が2つの時期にわたっている場合、それぞれの時期に点数を加算している。
(3)　第17図〜第19図では、属する時代が複数にわたっている場合、それぞれの時期に点数を加算して割合を出している。また、図内にある項目については、ヒは硬玉・ヒスイ・翡翠・長崎ヒスイ、蛇は蛇紋岩、碧は碧玉、瑪は瑪瑙・苔瑪瑙、水は水晶、滑は滑石、クはクロム白雲母、カはカンラン岩、アはアマゾナイト・天河石、コはコハク、ガはガラス、金属は鉛・金・銀・銅・金銅・青銅・不明金属を示している。
(4)　第20図〜第24図を作成するにあたっては、勾玉が出土しているがその名称や性格が不明確な遺構は除いている。さらに、取り扱った遺構に関して、属する時代が複数にわたっている場合には、それぞれの時期に件数を加算して割合を出している。また、図内にある遺構の種類については、性格が類似すると考えられるものは1つの項目にまとめたり、確認できる件数が少ないものはその他の項目に含めている。たとえば、縄文時代では墳墓・墓に墳墓・盛土墓・配石墓、溝類に溝跡・環状溝・流路、その他に竪穴状遺構・埋設土器遺構・埋め甕・環状遺構・環状列石・集石・礫群・盛土遺構・傾斜盛土・ピット・祭祀遺物集中地点・捨て場・谷・河跡・河川・河道・道路状遺構・くぼ地・落ち込み、弥生時代ではその他の墓に甕棺墓・壺棺墓・再葬墓・砂丘山墓・墓・方形台状墓・台状墓・区画墓、溝類に溝・大溝・環状溝・環濠、水辺に河道・河川・水田・井戸、その他に竪穴状遺構・焼土・土器群・袋状竪穴・落ち込み・ピット・集石・谷・貯蔵穴・杭列群・壇状遺構、古墳時代では古墳・

第1章 出土勾玉からみた時代的・地域的変遷と社会動態

横穴墓などに、古墳・地下式古墳・横穴墓・周溝墓・墳丘墓、その他の墓に方形台状墓・方形墓・甕棺墓・石囲い墓・礫床墓・集石墓・地下式板積石室墓・墓、墓域内に（埋葬施設以外）墳頂部・墳丘・墳丘下・周溝・前庭部・掘り方、祭祀遺構に祭祀遺構・山祭祀・岩陰祭祀・岩上祭祀・巨石祭祀、溝類に溝・大溝・流路・溝状遺構、水辺に井戸・水田・導水施設・水路・河道・河川・川・沼・湿地・溜池、その他に竪穴状遺構・土坑状遺構・焼土・ピット・洞穴・杭列群・くぼ地・落ち込み・谷・谷津遺構・くぼみ状遺構・遺物集中地点・土器集中地点・土器集中遺構・土器集積跡・土器溜まり・須恵器溜まり・土器群・集石・窯址・埋納穴・壇上遺構・土壇状遺構・盛り土遺構・方形周溝状遺構・テラス状遺構・岩盤下・塚・貼り石・配石、奈良時代以降では古墳・横穴墓などに古墳・横穴墓・周溝墓・墳墓、他の建物に礎石建物・建物基礎部・基壇内、墓域内に（埋葬施設以外）周溝・前庭部、溝類に溝・大溝・流路・堀跡、水辺に井戸・川・河川・河道・水田、その他に土器溜まり・集石・壇状遺構谷津遺構・塚・ピット・段丘岸・拝所・御嶽・城内というように整理・表示している。

# 第2章 刻み目を有する勾玉について

## 第1節 研究史の整理と問題の所在

第1章で明らかにしたように、縄文時代から日本の各地で出土する遺物の1つに勾玉がある。そのなかには、刻み目が施されているものもみられ、その代表的なものが勾玉の頭部に穿たれている孔から放射状に3条の刻み目が施されている、いわゆる丁字頭勾玉である〔高橋健1913〕。この丁字頭勾玉については、森貞次郎氏や木下尚子氏の研究がよく知られており、弥生時代中期中頃にあらわれることなどがすでに指摘されている〔森1980、木下1987〕。

しかし、この丁字頭勾玉が成立する以前、すなわち、縄文時代から弥生時代中期以前においても頭部に刻み目が施されている勾玉（以下、「頭部刻み目勾玉」[1]と仮称する）が確認されている。そこで、本章では頭部刻み目勾玉を含む、刻み目を有する勾玉を研究対象とする。

まず、これまでの研究史の整理に入る前に使用する用語について説明しておきたい。頭部刻み目勾玉は、弥生時代のいわゆる丁字頭勾玉とは区別し、頭部に抉りあるいは刻み目が施されている勾玉のことをいう。そして、頭部以外に刻み目が施されているものもみられることから、それらについては頭部刻み目勾玉を含めた包括的な意味をこめて「刻み目勾玉」という名称を用いていく。

次に、刻み目勾玉および頭部刻み目勾玉についての研究史の整理を行っていく。まず、刻み目が施された勾玉は早くからその存在が知られており、1783年に木内石亭によって書かれた『曲玉問答』[2]の中に、「常體ニテ筋アリ尤大小アリ」という記載とともに勾玉の図が紹介されている〔木内1936〕。しかし、木内のとりあげた刻み目が施された勾玉はいわゆる弥生時代の丁字頭勾玉である。

そのため、本章で取り扱う刻み目勾玉についての研究史の始まりは、1890年代に入り、遺跡から出土した刻み目勾玉の報告が行われていく段階まで待たねばならない。この時期からいくつか報告がなされているが、そのなかに鳥居龍蔵氏の「本邦石器時代ノ曲玉」がある〔鳥居1894〕。鳥居氏は、貝塚から出土した勾玉と古墳時代の勾玉は異なるものであるとし、前者を「石器時代ノ曲玉」とよんでいる。また、特徴についても述べており、形態に多様性があることや線刻が施されていることなどをあげている。また、鳥居氏のほかにも、林若吉氏が貝塚から出土した頭部刻み目勾玉の報告を行っている〔林1896〕。

このように報告が増加していくことにより、刻み目勾玉の存在が広く研究者の間で認識されていく。その結果、刻み目勾玉とくに頭部刻み目勾玉について、研究者による考古学的な議論が多くなされていくようになる。その研究者の1人である両角守一氏は、形態の特徴などから分類を行うことで、縄文時代における勾玉の全体像の把握を試みている〔両角1931a〕。両角氏の分類によると、頭部刻み目勾玉は「第3類 不整形勾玉」と「第4類 異形勾玉」ということになる[3]。さらに、両角氏は異形勾玉の大きさや材質、穿孔技術、分布圏などに注目することで、発生の要因や縄文時代から弥生時代、古墳時代へと移り変わる際にみられる勾玉の連続・非連続性などを明らかに

第2章 刻み目を有する勾玉について

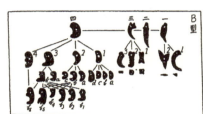

第25図 樋口清之氏の分類における「頭部刻み目勾玉」

しようとしている〔兩角1931b〕。さらに、異形勾玉の性格については、「純然たる石器時代勾玉に非ずして已にその発生に於て金属文化の影響ありし中間性の遺物であった」〔兩角1931b：39頁〕可能性を推測している。

そして、樋口清之氏も出土する垂玉について形態分類を行っており〔樋口1940〕、樋口分類におけるB型第4類3形に刻み目勾玉がみられる（第25図）。このB型第4類3形については、古墳時代の勾玉に類似する2形と密接な関わり合いをもちながら、古墳時代の勾玉の先駆けもしくは影響を与えた可能性を指摘している。

次に梅原末治氏は、中部地域以北から出土した頭部刻み目勾玉7点（東京都下沼部貝塚1点・神奈川県寸嵐1点・出土地不明1点・千葉県左山町1点・茨城県土浦町1点・宮城県気仙郡1点・青森県田子町1点）を紹介し〔梅原1969〕、それらを禽獣首形勾玉とよんでいる（第26図）。梅原氏の研究では、先述した兩角氏や樋口氏のような類型の抽出とその連続性の解明は行われず、頭部刻み目勾玉について具体的な名称を設定するに留まっている。

また、水野祐氏は古墳時代にみられる勾玉の「丁字頭」[4]の原型が、中部地域以北における縄文時代中期から晩期の遺跡でみられる「頭部に隆節をつけて、瘤節状を呈」〔水野1969：173頁〕する硬玉製の勾玉であると推測している。この水野氏の考えは、頭部刻み目勾玉と古墳時代における

88

第1節 研究史の整理と問題の所在

丁字頭勾玉との連続性を示唆するものであり、樋口氏の考えと同様な立場をとっている。

一方、藤田富士夫氏は丁字頭勾玉について、頭部に刻み目を有し、縄文時代晩期的なものと大陸文化的なものの2つがあると説明している〔藤田1989〕。これらのうち、縄文時代晩期的なものが、本章でとり上げる頭部刻み目勾玉にあたる。ここから藤田氏が、頭部刻み目勾玉と丁字頭勾玉との間に何かしらの関係性を推測していることが読みとれる。

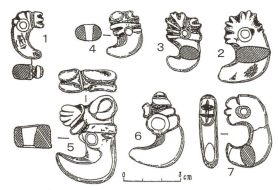

第26図 梅原末治氏の禽獣首形勾玉
1：東京都下沼部貝塚出土　2：神奈川県寸嵐出土
3：細見氏所蔵　4：千葉県佐山町出土
5：茨城県土浦町出土　6：宮城県気仙郡出土
7：青森県田子町出土

この頭部刻み目勾玉から丁字頭勾玉への変遷について、より考古学的に考察を行ったのが河村好光氏である。河村氏は、勾玉の厚さを含む形態的特徴や製作技術などを詳細に観察し、弥生時代の玉に縄文時代の玉の系譜を見出すことを試みている〔河村2000〕。分析するうえで縄文時代の玉について分類がなされており、そのうちの縄文Ⅰa類にあたるのが本章でいう頭部刻み目勾玉である（第27図）。そして、河村氏は縄文時代晩期から弥生時代早期にかけて、すでに北陸の玉が北部九州地域周辺に運ばれ、それが弥生時代の玉に影響を与えたことを推測し、弥生時代のいわゆる丁字頭勾玉が縄文Ⅰa類の系譜をひくことを指摘している。

また、木下尚子氏は縄文時代にみられる牙玉に穿たれた孔の周囲に刻み目を施すことについて、「結縛」の性格が玉類に込められていることを推測している〔木下2000〕。これは、人びとが玉に刻み目を施す行為の意味を考えるうえで重要な指摘であり、刻み目勾玉の性格を推測する際にも大きな意味をもつと考える。

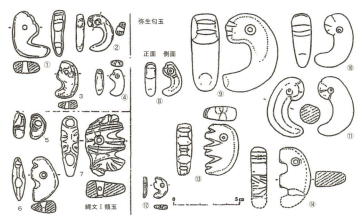

図5 丁字頭勾玉・櫛形勾玉の成立（番号に○はヒスイ）(S＝1/2)
①青森県上尾駮35号土壙　②熊本県ワクド石　③富山県境A　④石川県御経塚　⑤熊本県ワクド石　⑥石川県新保本町チカモリ　⑦鹿児島県上加世田　⑧佐賀県菜畑　⑨福岡県岡　⑩福岡県三雲小路2号甕棺　⑪宇木汲田47号甕棺　⑫福岡県津古内相　⑬福岡県吉武高木3号木棺　⑭岡山県矢藤治山墓

第27図 河村好光氏の分類における「頭部刻み目勾玉」

鈴木克彦氏は北日本の縄文時代後期から晩期にみられる勾玉について分類を行い〔鈴木2004・2006〕、そのなかに頭部に刻み目が施されているものや全体に複数の刻み目を有するものがみられることを明らかにしている。さらに鈴木氏は、頭部に刻み目を施した「く」の字形の勾玉が北日本では基本形のものであることも述べており、頭部刻み目勾玉の地域性について言及している。

近年の研究では、関雅之氏が

第2章 刻み目を有する勾玉について

新潟県から出土する縄文時代のヒスイ製勾玉を集成しており、そのなかに頭部刻み目勾玉も数多く取りあげられている〔関2013〕。しかし、関氏の研究は集成作業に重点が置かれているため、形態ごとの変遷などについての考察はなされていない。

以上、研究史を概観してきたが、刻み目勾玉を主体的に取りあげて研究したものはほとんど無いといってよいであろう。すなわち、従来の刻み目勾玉についての研究は、出土する勾玉の全体像を把握していく過程で注目される、いわば間接的な研究に留まっているといえる。さらには、とり扱う材質や地域も限定的な研究がほとんどである。断片的な刻み目勾玉の研究をまとめると、とくに頭部刻み目勾玉については、東北地域や北陸地域に多く出土することやヒスイ製のものがあることなどが、研究者の間で大まかな情報として共有されているようである。

また、河村氏のように縄文時代の勾玉から弥生時代の勾玉へ、さらに水野氏のように古墳時代の勾玉への繋がりの有無を考えるうえで、頭部刻み目勾玉は重要な遺物の1つであると考える。

そこで本章では、こうした研究史をふまえ、縄文時代からみられる刻み目勾玉の全国的な集成を実施して⁽⁵⁾、分類し、類型ごとに分布を把握していくことにする。また、時期的変遷や地域性を考えていくことにより、列島にみられる刻み目勾玉の基礎的情報の提示も行いたい。さらには、刻み目勾玉から丁字頭勾玉への連続性の有無についても、考察を加えていくことにする。

## 第2節 「刻み目勾玉」の分類

今回、筆者は計200点の刻み目勾玉の集成を行ったが、類型ごとに分ける際にとり扱ったものは、そのうちの84遺跡131点である（第9表）⁽⁶⁾。集成した勾玉すべてを類型別に振り分けることができないことについては、大半の刻み目勾玉が縄文時代から確認されており、その時期に顕著にみられる勾玉の形態の多様性が大きく影響していると思われる。

分類作業にあたっては、刻み目の施され方と勾玉の平面形態を組み合わせることで分類の基準を設定したが、Ⅳ類に関しては、刻み目の施され方と孔の穿たれ方で分類を行った。その結果、頭部刻み目勾玉を含む、刻み目勾玉はⅠ類からⅣ類まで分類し、各類型はさらに細かく分けている。また、Ⅳ類以外のⅠ類・Ⅱ類・Ⅲ類は、頭部刻み目勾玉に含まれる。

まずは、Ⅰ類についてみていく。Ⅰa類は平面形態がL字形もしくはJ字形を呈し、やや膨れる頭部正面に1か所抉りが施されているものである（第28図の1）。頭部に施された抉りは、側面に穿たれた孔には達していない。

次にⅠb類については、Ⅰa類と同様な平面形態をしているが、やや膨れる頭部正面への抉りが2カ所以上と増加しているものとする（第28図の2）。この類型も同様に、頭部に施された抉りは側面にある孔へ達していない。これらⅠa・Ⅰb類は、樋口分類のB型第4類の一部〔樋口1940〕、河村分類の縄文Ⅰ類玉などに相当する〔河村2000〕。

Ⅱa類は平面形態がL字形もしくはJ字形を呈し、やや膨れる頭部側面に穿たれた孔を中心として、放射状に刻み目が施されているものとする（第28図の3）。また、Ⅱb類については、Ⅱa類と同様な平面形態ではあるが、やや膨れる頭部に穿たれている孔に対して、意識的に横方向への刻みを施しているものとする（第28図の4）。Ⅱa・Ⅱb類については、樋口分類のB型第4類の一部

第2節 「刻み目勾玉」の分類

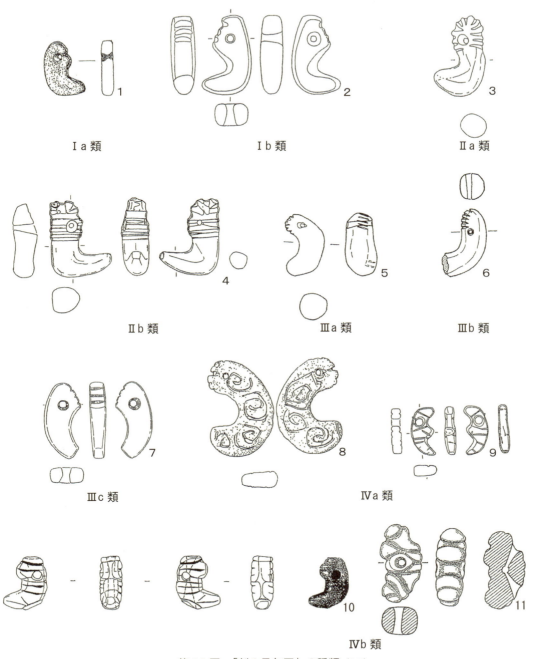

第28図 「刻み目勾玉」の種類 (1/2)
1：新潟県朝日遺跡　2：北海道大川遺跡　3：山梨県金生遺跡　4・9：埼玉県南方遺跡
5：神奈川県釜台町上星川遺跡　6：新潟県長松遺跡　7：岩手県九年橋遺跡
8：北海道美沢2遺跡　10：福岡県吉武高木遺跡　11：佐賀県宇木汲田遺跡

〔樋口 1940〕、梅原氏のいう禽獣首形勾玉のなかに含まれる〔梅原 1969〕。

　続いてⅢa類は、平面形態が丸みを帯びたＣ字形もしくは「く」の字形を呈し、頭部正面において細かな刻み目が部分的に複数条施されているものとする（第28図の5）。施された刻み目の多くは、側面に穿たれた孔へは達していない。

　そして、Ⅲb類はⅢa類と同様に頭部正面において部分的に細かい刻み目が複数条施され、やや細長いＪ字を呈する平面形態をしているものとする（第28図の6）。

　Ⅲc類は、他のⅢa類とⅢb類と同様に、頭部正面に細かな刻み目が部分的に複数条施されている。また、平面形態が縦に伸びたＣ字を呈し、孔が穿たれている側面は平坦になっているため、断面がやや板状になっているものである（第28図の7）。この類型においても、施された刻み目は孔へは達していない。

　Ⅳ類は、頭部以外に抉りもしくは刻み目が施されているものとする。とくに、側面の形態がＣ字やＥ字を呈しているものをⅣ類aとする（第28図の8・9）。

　また、Ⅳ類bは頭部側面に穿たれた孔以外に、勾玉の縦方向にも穿孔が施されているものとする（第28図の10・11）。これは、いわゆる緒締め形勾玉とよばれているものである。このⅣa・Ⅳb類は、樋口分類のＢ型第4類の一部に相当する〔樋口 1940〕。

# 第3節　各類型の材質および出土点数（第29図、第9表）

　まず、Ⅰ類aはヒスイ（硬玉を含む）17点、蛇紋岩3点、碧玉1点、滑石2点、含クロム白雲母1点、含硬玉珪質岩1点、結晶片岩様緑色岩1点、土製4点、その他（不明を含む）8点の計38点あり、用いられた材質の主体はヒスイである。また、出土点数は縄文時代晩期が最も多く、弥生時代前期にはみられなく、中期になると少量確認される。

　次のⅠb類はヒスイ（硬玉を含む）10点、蛇紋岩2点、碧玉1点、滑石2点、閃緑岩1点、その他（不明を含む）4点の計20点が確認されており、主体となる材質はヒスイである。そして、出土点数は縄文時代晩期に最も多く、弥生時代前期にはみられなくなり、中期に少量確認される。

　Ⅱa類はヒスイ（硬玉を含む）9点、蛇紋岩3点、凝灰岩1点、土製2点、その他（不明を含む）2点の計17点が出土しており、ヒスイ製のものが多くみられる。また、出土点数は、縄文時代後期から晩期が最も多い。

　また、Ⅱb類はヒスイ1点、滑石3点、土製4点、その他（不明を含む）3点の計11点あり、滑石と土製のものが多くみられる。この類型は縄文時代後期から晩期、弥生時代にかけて確認されているが、明確な最盛期を見出すことはできない。

　次のⅢa類はヒスイ（硬玉を含む）1点、頁岩1点、土製14点、その他（不明を含む）2点の計18点が確認されており、土製のものが多い。出土点数は弥生時代後期に最も多くなる。

　Ⅲb類は流紋岩質凝灰岩1点、土製5点の計6点あり、土製のものが多い。また、この類型は弥生時代中期から後期にかけて、最も多く出土する傾向がみられる。

　Ⅲc類は滑石1点、千枚岩1点、その他（不明を含む）1点の計3点が確認されている。この類型の主体となる材質や出土点数の変遷については、現状では資料が少なく明確にすることが難しい。

第3節　各類型の材質および出土点数（第29図、第9表）

## 第9表　「刻み目勾玉」出土一覧

● Ⅰa類

| | 遺跡名 | 所在地 | 時代 | 材質 | 出土遺構 | 穿孔 | 大きさ(cm) | 重さ(g) | 文献 |
|---|---|---|---|---|---|---|---|---|---|
| 1 | 高砂 | 北海道江別市 | 縄文時代晩期～続縄文時代初頭 | ヒスイ | 土壙P1327 | 不 | | | 1 |
| 2 | 港大照寺 | 北海道磯谷郡 | 縄文時代晩期～続縄文時代初頭 | ヒスイ | 9号土壙 | | 2.75 | | 2 |
| 3 | | | 縄文時代晩期～続縄文時代初頭 | ヒスイ | 包含層 | | 3.71 | | |
| 4 | 朝日山（2） | 青森県青森市 | 縄文時代 | ヒスイ | 865号土壙 | 片 | 3.1 | 6.7 | 3 |
| 5 | 泉山 | 青森県三戸郡 | 縄文時代 | 緑色細粒凝灰岩 | 包含層 | 両 | 2.3 | 4.1 | 4 |
| 6 | 大日向Ⅱ | 岩手県九戸郡 | 縄文時代 | ヒスイ | 包含層 | 両 | 3.7 | 16.9 | 5 |
| 7 | 馬場野Ⅱ | 岩手県九戸郡 | 縄文時代～弥生時代 | 土製 | 包含層 | | 2.12 | 24 | 6 |
| 8 | 向様田D | 秋田県北秋田市 | 縄文時代晩期 | ヒスイ | SM60盛土遺構 | 片 | | 16 | 7 |
| 9 | 地方 | 秋田県秋田市 | 縄文時代晩期 | 不明石材 | 300号土壙墓 | 片 | 2.7 | | 8 |
| 10 | | | 縄文時代晩期 | 不明石材 | 492号土壙墓 | 片 | 2.6 | | |
| 11 | | | 縄文時代晩期 | 不明石材 | 557号土壙墓 | 不 | 2.8 | | |
| 12 | | | | 不明石材 | | 不 | 2.1 | | |
| 13 | 宮の前 | 山形県村山市 | 縄文時代晩期以前 | ヒスイ | 捨て場 | 両 | | | 9 |
| 14 | 中谷津 | 茨城県つくば市 | 縄文時代晩期前葉 | 土製 | 第10号住居跡（竪穴）覆土 | 不 | 2.2 | 3 | 10 |
| 15 | 馬場（小室山） | 埼玉県さいたま市 | 縄文時代中期中葉～縄文時代後期 | 蛇紋岩 | 第71号土壙 | 両 | 2.5 | | 11 |
| 16 | 沓掛貝塚 | 千葉県大網白里市 | 縄文時代 | ヒスイ | 包含層 | 両 | 4.2 | 25 | 12 |
| 17 | 下太田貝塚 | 千葉県茂原市 | 縄文時代中期～縄文時代晩期 | ヒスイ | 包含層 | 両 | 4.6 | 3.4 | 13 |
| 18 | 三輪山貝塚 | 千葉県流山市 | 縄文時代晩期 | ヒスイ | 中央窪地 | 不 | | | 14 |
| 19 | 元屋敷Ⅱ（上段） | 新潟県村上市 | 縄文時代後期 | ヒスイ | 配石墓4160 | 片 | 2.4 | 3.7 | 15 |
| 20 | | | 縄文時代後期 | ヒスイ | 配石墓4503 | 片 | 2.6 | 5.45 | |
| 21 | 朝日 | 新潟県長岡市 | 縄文時代晩期末葉 | ヒスイ | トレンチ覆土 | | | | 16 |
| 22 | | | 縄文時代晩期末葉 | 不明石材 | | | | | |
| 23 | 前原 | 新潟県上越市 | 縄文時代晩期 | 蛇紋岩 | 包含層 | | 2 | 2.3 | 17 |
| 24 | 境A | 富山県下新川郡 | 縄文時代中期前葉～縄文時代後期前葉 | 蛇紋岩 | 包含層 | | 2.36 | 2.42 | 18 |
| 25 | 桜町 | 富山県小矢部市 | 縄文時代後期末葉～縄文時代晩期 | 土製 | 包含層 | 片 | 2.15 | 2.1 | 19 |
| 26 | 御経塚 | 石川県野々市市 | 縄文時代晩期～弥生時代 | 含硬玉珪質岩 | 包含層 | | 2.14 | 1.7 | 20 |
| 27 | 一津 | 長野県大町市 | 縄文時代早期末～縄文時代晩期 | 滑石 | B地区 | | | | 21 |
| 28 | 番屋 | 岐阜県郡上市 | 不明 | 不明石材 | 包含層 | | | | 22 |
| 29 | 梶子北 | 静岡県浜松市 | 縄文時代 | 滑石 | SD204北肩　溝 | | 3.1 | 7 | 23 |
| 30 | 半田山古墳群A支群・半田山Ⅲ | 静岡県浜松市 | 古墳時代終末期（追葬2回） | ヒスイ | A3号墳　玄室 | | | | 24 |
| 31 | 朝日 | 愛知県清須市 | 弥生時代中期中葉 | ヒスイ | SD103貝層上溝 | | 2.8 | | 25 |
| 32 | 天白 | 三重県松阪市 | 縄文時代 | 土製 | J10グリッド | | 5.1 | 16.7 | 26 |
| 33 | 半田 | 京都府福知山市 | 弥生時代～古墳時代 | 碧玉 | Bトレンチ | | | | 27 |
| 34 | 川平Ⅰ | 島根県雲南市 | 縄文時代～古墳時代 | 結晶片岩様緑色岩 | 遺構外 | | 1.5 | 0.84 | 28 |
| 35 | 柳田 | 高知県高知市 | 縄文時代晩期 | 含クロム白雲母 | ⅢJ区B層群 | | | | 29 |
| 36 | 田隈石沸 | 福岡県大牟田市 | 弥生時代 | 硬玉or碧玉 | 土器だめB | | | | 30 |
| 37 | 柏崎松本 | 佐賀県唐津市 | 弥生時代中期後半 | 硬玉 | 3号甕棺 | | 3 | | 31・32 |
| 38 | 中原 | 佐賀県唐津市 | 弥生時代中期後半 | ヒスイ | SJ13206甕棺墓　棺内 | 片 | 2.25 | | 33 |

● Ⅰb類

| | 遺跡名 | 所在地 | 時代 | 材質 | 出土遺構 | 穿孔 | 大きさ | 重さ | 文献 |
|---|---|---|---|---|---|---|---|---|---|
| 39 | 大川 | 北海道余市郡 | 縄文時代晩期 | ヒスイ | 土壙GP493 | 片 | 4.4 | 25.6 | 34 |
| 40 | | | 続縄文時代前半 | ヒスイ | 土壙GP355 | 不 | 5 | 32.6 | |

第2章　刻み目を有する勾玉について

| 遺跡名 | 所在地 | 時代 | 材質 | 出土遺構 | 穿孔 | 大きさ | 重さ | 文献 |
|---|---|---|---|---|---|---|---|---|
| 41 | 港大照寺 | 北海道磯谷郡 | 縄文時代晩期～続縄文時代初頭 | ヒスイ | 9号土壙 | 片 | 4.23 | | 2 |
| 42 | 野脇 | 青森県弘前市 | 縄文時代以降 | ヒスイ | SD02(溝)覆土 | 両 | 3.55 | 8.4 | 35 |
| 43 | 雨滝 | 岩手県二戸市 | 縄文時代晩期 | ヒスイ | 不明 | | 2.07 | 3.9 | 36 |
| 44 | 牡丹畑 | 岩手県上北市 | 縄文時代晩期中葉 | | 包含層 | 不 | 4.3 | 17.9 | 37 |
| 45 | 上新城中学校 | 秋田県秋田市 | 不明 | 不明石材 | 不明 | 片 | 3.9 | 0.8 | |
| 46 | 地方 | 秋田県秋田市 | 縄文時代晩期 | 不明石材 | 212号土壙墓 | 不 | 4.1 | | 8 |
| 47 | 地方 | 秋田県秋田市 | 縄文時代 | 不明石材 | 遺構外 | 両 | | | |
| 48 | 砂川A | 山形県鶴岡市 | 縄文時代後期～縄文時代晩期 | 閃緑岩 | 包含層 | 無 | 2.93 | (3.5) | 38 |
| 49 | 乙女不動原北浦 | 栃木県小山市 | 縄文時代晩期? | 不明 | 包含層 | 両 | | | 39 |
| 50 | 矢瀬 | 群馬県利根郡 | 縄文時代後期～縄文時代晩期 | 碧玉 | 16号住居跡(竪穴) | 不 | 1.9 | 0.7 | 40 |
| 51 | 内野第1 | 千葉県千葉市 | 縄文時代 | ヒスイ | 包含層 | 片 | | | 41 |
| 52 | 加曽利南 | 千葉県千葉市 | 縄文時代晩期 | 硬玉 | 包含層 | 不 | | | 42 |
| 53 | 元屋敷(上段) | 新潟県村上市 | 縄文時代後期～縄文時代晩期 | 滑石 | 配石墓7180 | 片 | 2.5 | 2.74 | 15 |
| 54 | 元屋敷(上段) | 新潟県村上市 | 縄文時代後期～縄文時代晩期 | ヒスイ | 配石9012 | 片 | 2.4 | 1.74 | |
| 55 | 山口 | 新潟県阿賀野市 | 弥生時代前期～弥生時代中期前半 | 蛇紋岩 | 包含層 | | | | 43 |
| 56 | 境A | 富山県下新川郡 | 縄文時代中期前葉～縄文時代後期前葉 | 蛇紋岩 | 包含層 | | 2.72 | 4.86 | 18 |
| 57 | 一津 | 長野県大町市 | 縄文時代早期末～縄文時代晩期 | 滑石 | B地区 | | | | 21 |
| 58 | 吉野ヶ里 | 佐賀県神埼郡 | 弥生時代中期初頭～弥生時代中期前半 | ヒスイ | 土壙 | | | | 44 |

●Ⅱa類

| | 遺跡名 | 所在地 | 時代 | 材質 | 出土遺構 | 穿孔 | 大きさ | 重さ | 文献 |
|---|---|---|---|---|---|---|---|---|---|
| 59 | 大川 | 北海道余市郡 | 縄文時代晩期 | ヒスイ | 土壙GP462 | 不 | 4.5 | 20.2 | 34 |
| 60 | 虫内Ⅲ | 秋田県横手市 | 縄文時代晩期 | ヒスイ | SK91土坑墓 | 片 | 3.6 | 12.4 | 45 |
| 61 | 乙女不動原北浦 | 栃木県小山市 | 縄文時代晩期? | 硬玉 | 包含層 | 片 | | | 39 |
| 62 | 藤岡神社 | 栃木市 | 縄文時代後期～縄文時代晩期 | 不明石材 | 包含層 | 両 | 3.01 | 13.5 | 46 |
| 63 | 後谷 | 埼玉県桶川市 | 縄文時代後期～縄文時代晩期 | ヒスイ | 包含層 | 不 | 2.75 | 7.8 | 47 |
| 64 | 後谷 | 埼玉県桶川市 | 縄文時代後期～縄文時代晩期 | ヒスイ | 包含層 | 片 | 3.05 | 10.8 | |
| 65 | 石神貝塚 | 埼玉県川口市 | 縄文時代後期～縄文時代晩期 | 硬玉 | 包含層 | 不 | 2.74 | 6.13 | 48 |
| 66 | 赤城 | 埼玉県北埼玉郡 | 縄文時代後期前葉～縄文時代晩期 | 蛇紋岩 | 祭祀遺物集中地点 | 片 | 3.5 | | 49 |
| 67 | 石神台 | 千葉県市原市 | 縄文時代後期末葉～縄文時代晩期初頭 | ヒスイ | SI003(竪穴) | 片 | | | 50 |
| 68 | 元屋敷(上段) | 新潟県村上市 | 縄文時代後期～縄文時代晩期 | 凝灰岩 | 包含層 | 片 | 3.4 | 7.59 | 15 |
| 69 | 布尻 | 富山県富山市 | 縄文時代 | 蛇紋岩 | 不明 | 片 | | | 51 |
| 70 | 桜町 | 富山県小矢部市 | 縄文時代後期末葉～縄文時代晩期 | 土製 | 包含層 | 両 | 1.95 | 1.1 | 19 |
| 71 | 桜町 | 富山県小矢部市 | 縄文時代後期末葉～縄文時代晩期 | 土製 | 包含層 | 両 | 3.6 | 9.2 | |
| 72 | 金生 | 山梨県北杜市 | 縄文時代晩期前半 | 硬玉 | 14号住居(竪穴) | | | | 52 |
| 73 | 金生 | 山梨県北杜市 | 縄文時代 | 硬玉 | 包含層 | | | | |
| 74 | 西田 | 岐阜県高山市 | 縄文時代後期～縄文時代晩期 | 蛇紋岩 | 包含層 | | 3.31 | 7.7 | 53 |
| 75 | 田治米宮内 | 大阪府岸和田市 | 不明 | ヒスイ? | 包含層 | | | | 54 |

●Ⅱb類

| | 遺跡名 | 所在地 | 時代 | 材質 | 出土遺構 | 穿孔 | 大きさ | 重さ | 文献 |
|---|---|---|---|---|---|---|---|---|---|
| 76 | 釈迦才仏 | 茨城県古河市 | 縄文時代後期 | 滑石 | 第18号住居跡(竪穴) | 不 | 2.8 | (4.5) | 55 |
| 77 | 藤岡神社 | 栃木県栃木市 | 縄文時代後期～縄文時代晩期 | 不明石材 | 包含層 | 両 | 3.23 | 11.7 | 46 |
| 78 | 上敷免北 | 埼玉県深谷市 | 縄文時代後期～縄文時代晩期 | 滑石 | 包含層 | 両 | 4.8 | 26.3 | 56 |
| 79 | 南方 | さいたま市 | 縄文時代晩期初頭 | ヒスイ | 第5号土壙 | 片 | 4.3 | 24.1 | 57 |
| 80 | 三直貝塚 | 千葉県君津市 | 縄文時代 | 滑石? | 包含層 | 両 | | | 58 |

第3節　各類型の材質および出土点数（第29図、第9表）

| | 遺跡名 | 所在地 | 時代 | 材質 | 出土遺構 | 穿孔 | 大きさ | 重さ | 文献 |
|---|---|---|---|---|---|---|---|---|---|
| 81 | 渡浮根 | 東京都新島若郷渡浮根港西岸 | 不明 | 不明石材 | 個人蔵 | 両 | 4.76 | | 59 |
| 82 | 天白 | 三重県松阪市 | 縄文時代 | 土製 | 包含層　Nグリッド | | 3.8 | 10.4 | 26 |
| 83 | 雀居 | 福岡県福岡市 | 弥生時代前期～弥生時代中期 | 滑石 | SG02　土器群 | | | | 60 |
| 84 | 後迫 | 大分県日田市 | 弥生時代～奈良時代 | 土製 | 包含層 | 未貫 | 5.7 | | 61 |
| 85 | 中ノ丸 | 鹿児島県鹿屋市 | 弥生時代前期末葉～弥生時代中期後半 | 土製 | 住居址1号　床面 | | 2.7 | 3.1 | 62 |
| 86 | | | | 土製 | 竪穴住居 | | 2.3 | 2.3 | |

● Ⅲa類

| | 遺跡名 | 所在地 | 時代 | 材質 | 出土遺構 | 穿孔 | 大きさ | 重さ | 文献 |
|---|---|---|---|---|---|---|---|---|---|
| 87 | 馬場野Ⅱ | 岩手県九戸郡 | 弥生時代 | 土製 | LVI－03住居（竪穴） | 不 | 3.3 | | 6 |
| 88 | | | 縄文時代～弥生時代 | 土製 | 包含層 | 不 | 3.23 | 2.35 | |
| 89 | | | | 土製 | | 不 | 2.9 | | |
| 90 | | | | 土製 | | 不 | 2.87 | 5.05 | |
| 91 | 中高瀬観音山 | 群馬県富岡市 | 古墳時代中期 | 不明 | 160土坑 | 両 | | | 63 |
| 92 | 杉の木 | 埼玉県東松山市 | 古墳時代後期？ | 土製 | 周溝跡 | 不 | 2.3 | | 64 |
| 93 | 釜台町上星川 | 神奈川県横浜市 | 弥生時代後期 | 土製 | 第2号住居址（竪穴） | 不 | | | 65 |
| 94 | 川崎市宮前区平風久保 | 神奈川県川崎市 | 弥生時代中期～弥生時代後期 | 土製 | A地点3号住居址（竪穴）床面 | 不 | 3.2 | | 66 |
| 95 | | | 弥生時代中期～弥生時代後期 | 土製 | A地点4号住居址（竪穴）覆土 | 両 | 2.9 | | |
| 96 | 塚田 | 長野県埴科郡坂城町 | 弥生時代後期後半 | 不明石材 | D13orD21号土坑 | | | | 67 |
| 97 | 七瀬 | 長野県中野市 | 弥生時代後期 | 土製 | G－23グリッド | | 8.4 | 110 | 68 |
| 98 | 百間川原尾島 | 岡山県岡山市 | 弥生時代後期 | 頁岩 | 竪穴住居8外周溝 | | 2.75 | 4.9 | 69 |
| 99 | 原1号 | 広島県東広島市 | 古墳時代前期 | 土製 | SB04号遺構 | | 4.7 | | 70 |
| 100 | | | | 土製 | 竪穴住居 | | 4.2 | | |
| 101 | 堂畑 | 福岡県うきは市 | 弥生時代～奈良時代 | 土製 | 遺構検出面 | | 3.2 | | 71 |
| 102 | 祇園山古墳群 | 福岡県久留米市 | 弥生時代終末期 | 硬玉 | 裾部外周第1号甕棺墓 | | 4.86 | | 72 |
| 103 | 方保田東原 | 熊本県山鹿市 | 弥生時代後期～古墳時代前期 | 土製 | 2区6号住居跡竪穴住居 | | 4.8 | | 73 |
| 104 | | | 弥生時代後期～古墳時代 | 土製 | 110－2番地遺構外 | | | | 74 |

● Ⅲb類

| | 遺跡名 | 所在地 | 時代 | 材質 | 出土遺構 | 穿孔 | 大きさ | 重さ | 文献 |
|---|---|---|---|---|---|---|---|---|---|
| 105 | 泉山 | 青森県三戸郡 | 不明 | 土製 | 遺構外 | 不 | 2.8 | 5 | 75 |
| 106 | 長松 | 新潟県村上市 | 弥生時代中期 | 土製 | SK38（土坑） | | | | 76 |
| 107 | 桜町 | 富山県小矢部市 | 縄文時代後期末葉 | 土製 | 包含層 | 片 | | 2.5 | 19 |
| 108 | 南谷大山 | 鳥取県東伯郡 | 弥生時代後期後半 | 流紋岩質凝灰岩 | A区SI01（竪穴建物） | | | | 77 |
| 109 | 大畑 | 岡山県津山市 | 弥生時代後期 | 土製 | 住居址16竪穴住居 | | 4.3 | | 78 |
| 110 | 二塚山 | 佐賀県神埼市 | 弥生時代後期中頃 | 土製 | 60号土壙墓 | | | | 79 |

● Ⅲc類

| | 遺跡名 | 所在地 | 時代 | 材質 | 出土遺構 | 穿孔 | 大きさ | 重さ | 文献 |
|---|---|---|---|---|---|---|---|---|---|
| 111 | 九年橋 | 岩手県北上市 | 縄文時代晩期中葉 | 不石 | 包含層 | 両 | 4.3 | | 80 |
| 112 | 大日ノ木 | 長野県上田市 | 古墳時代前期～平安時代 | 滑石 | 2号自然流路 | | 5.2 | | 81 |
| 113 | 荒城神社 | 岐阜県高山市 | 縄文時代 | 千枚岩 | 包含層 | | 7.1 | 30.8 | 82 |

● Ⅳa類

| | 遺跡名 | 所在地 | 時代 | 材質 | 出土遺構 | 穿孔 | 大きさ | 重さ | 文献 |
|---|---|---|---|---|---|---|---|---|---|
| 114 | 美沢2 | 北海道苫小牧市 | 縄文時代後期～縄文時代晩期 | 土製 | 包含層 | 不 | 5.4 | | 83 |
| 115 | | | | 土製 | | 不 | (2.9) | | |
| 116 | 大川 | 北海道余市郡余市 | 縄文時代 | 土製 | JH－11竪穴住居覆土 | 不 | | | 34 |
| 117 | | | | 土製 | | 不 | | | |
| 118 | 風張（1） | 青森県八戸市 | 縄文時代後期中葉～縄文時代後期後葉 | 土製 | 遺構外 | 不 | 3.5 | | 84 |
| 119 | | | | 土製 | | 不 | 4.2 | | |
| 120 | 雨滝 | 岩手県二戸市 | 縄文時代晩期 | 凝灰岩 | 不明 | | 4.03 | 8.8 | 36 |
| 121 | | | | 凝灰岩 | 不明 | | 4.3 | 6.8 | |

第2章 刻み目を有する勾玉について

| 122 | 藤岡神社 | 栃木県栃木市 | 縄文時代後期～縄文時代晩期 | 不明石材 | 包含層 | 両 | 3.82 | 5.9 | 46 |
| 123 | 南方 | 埼玉県さいたま市 | 縄文時代後期 安行1式期 | 不明石材 | 第17号住居跡（竪穴建物） | 両 | 2.7 | | 85 |
| 124 | 雀居 | 福岡県福岡市 | 弥生時代前期～弥生時代後期 | 滑石 | SX08 不定形土坑 | | 3.65 | 16.5 | 86 |
| 125 | 草野貝塚 | 鹿児島県鹿児島市 | 縄文時代後期 | 軽石 | 包含層 | | 4.8 | 5 | 87 |
| 126 | | | | 軽石 | | | 7.3 | 18 | |

●Ⅳb類

| | 遺跡名 | 所在地 | 時代 | 材質 | 出土遺構 | 穿孔 | 大きさ | 重さ | 文献 |
|---|---|---|---|---|---|---|---|---|---|
| 127 | 吉武高木 | 福岡県福岡市 | 弥生時代前期末～弥生時代中期初頭 | ヒスイ | 第2号木棺墓 | | 3.5 | | 88 |
| 128 | 宇木汲田 | 佐賀県唐津市 | 弥生時代中期前半 | ヒスイ | 24号甕棺墓 | 両 | 4.3 | | 32 |
| 129 | | | | ヒスイ | 50号甕棺墓 | 両 | 1.9 | | |
| 130 | | | | ヒスイ | 表採 | 両 | 2.4 | | |
| 131 | 中原 | 佐賀県唐津市 | 弥生時代終末期～古墳時代初頭 | ヒスイ | SP13231 木棺墓 | | 2.492 | | 89 |

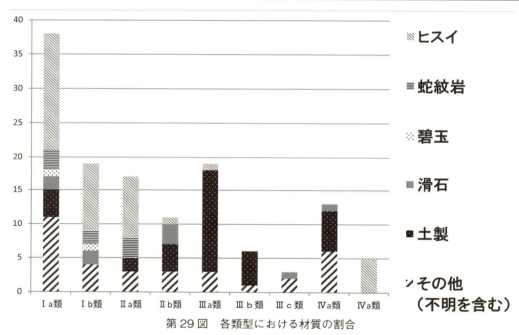

第29図　各類型における材質の割合

　Ⅳa類は滑石1点、凝灰岩2点、軽石2点、土製6点、その他（不明を含む）2点の計13点が確認されており、土製のものが多い。また、出土点数については、縄文時代後期に最盛期をむかえる。
　そして、Ⅳb類は5点確認されており、全てがヒスイを用いたものである。この類型の出土事例は弥生時代前期から終末期にかけて確認されている。

## 第4節　各類型における分布とその地域性

　Ⅰa類は、縄文時代後期から晩期にかけて、東北地域や関東地域、北陸地域に多く分布する傾向がみられる。また、北海道高砂遺跡や同港大照寺遺跡、三重県天白遺跡、京都府半田遺跡、島根県

川平Ⅰ遺跡、高知県柳田遺跡、福岡県田隈石沸遺跡、佐賀県柏崎松本遺跡、同中原遺跡などからも
この類型の勾玉が出土しており、出土点数は少ないが中国地域・四国地域・九州地域といった西日
本への分布の広がりもみてとれる（第30図のⅠa類）。この西日本への分布の広がりは、とくに弥
生時代中期になると、出土する遺跡が九州地域に集中的にみられるようになる。

　また、注目したいのは、Ⅰa類が縄文時代の玉作り遺跡である富山県境A遺跡や長野県一津遺跡
と弥生時代の玉作り遺跡である愛知県朝日遺跡から出土していることである。このことから、縄文
時代中期から晩期にかけては北陸地域や長野県で、弥生時代中期前葉には愛知県でⅠa類の勾玉が
生産されていた可能性が高いと思われる。しかしながら、弥生時代にみられるⅠa類は、北陸地域
などで生産されたものが後の時期に流入した可能性も考慮すべきであろう。

　Ⅰb類は、北海道大川遺跡や同港大照寺遺跡、佐賀県吉野ヶ里遺跡でも出土が確認されているが、
出土遺跡が集中するのは東北地域・関東地域・北陸地域である（第30図のⅠb類）。すなわち、Ⅰb
類の分布については、縄文時代後期から晩期における北陸地域を含めた東日本を中心に分布してお
り、西日本への分布的広がりはあまりみられないという特徴を指摘することができる。

　また、Ⅰb類は、縄文時代の玉作り遺跡である富山県境A遺跡や長野県一津遺跡からの出土が確
認されている。このことから、縄文時代中期から晩期におけるⅠb類の生産は、当該時期における
Ⅰa類と同様な地域で行われていたことが考えられる。また、管見では弥生時代の玉作り遺跡から
Ⅰb類の出土事例がみられないため、弥生時代においてもⅠa類と同様に愛知県で生産されていた
のかについては、明確にはできない。

　次のⅡa類については、北海道大川遺跡や山梨県金生遺跡、岐阜県西田遺跡、大阪府田治米宮内
遺跡での出土が確認されているが、分布の中心は縄文時代後期から晩期にかけての関東地域や北陸
地域である（第30図のⅡa類）。また、Ⅰa類とは異なり、九州地域への分布の広がりはみられない。

　Ⅱb類は、縄文時代後期から晩期にかけての関東地域に分布が集中する。そして、弥生時代にな
ると、Ⅱb類の勾玉が福岡県雀居遺跡や大分県後迫遺跡、鹿児島県中ノ丸遺跡で確認されている。
すなわち、分布の集中地点が時代の変遷と共に、関東地域から九州地域へと移り変わっていくこと
が指摘できる（第30図のⅡb類）。

　Ⅲa類については、弥生時代中期から後期にかけての関東地域と九州地域で多く確認されている
（第30図のⅢa類）。その他には、岩手県馬場野Ⅱ遺跡や長野県塚田遺跡、同県七瀬遺跡、岡山県百
間川原尾島遺跡、広島県原1号墳などでも出土が確認されている。

　次のⅢb類については、新潟県長松遺跡や富山県桜町遺跡、鳥取県南谷大山遺跡などの日本海側
の地域に出土する遺跡が多くみられる（第30図のⅢb類）。時期については、弥生時代中期から後
期が中心である。

　Ⅲc類は、岩手県九年橋遺跡や長野県大日ノ木遺跡、岐阜県荒城神社遺跡で出土が確認されてい
る（第30図のⅢc類）。しかしながら、出土点数が少ないため、この類型における分布の広がりに
ついては明確に述べることはできない。

　そして、Ⅳa類については、福岡県雀居遺跡や鹿児島県草野貝塚でも出土が確認されているが、
縄文時代後期から晩期にかけての北海道を含めた東日本に出土遺跡の分布が集中していることが確
認できる（第31図のⅣa類）。

第2章 刻み目を有する勾玉について

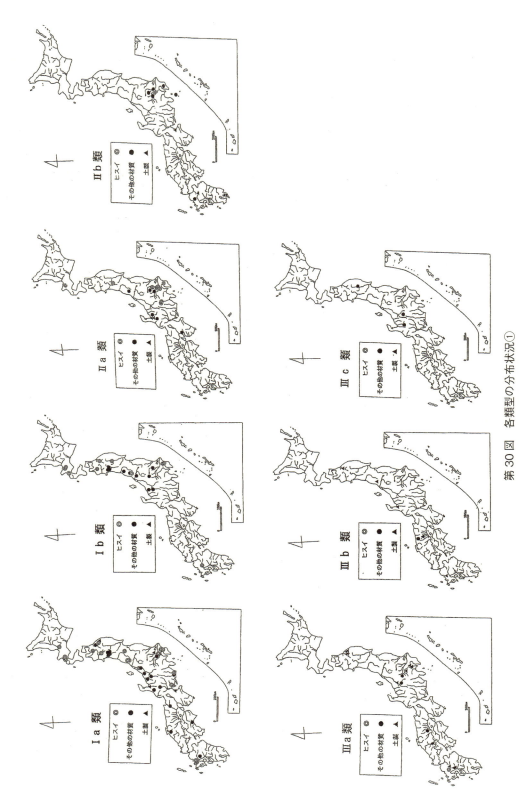

第30図 各類型の分布状況①

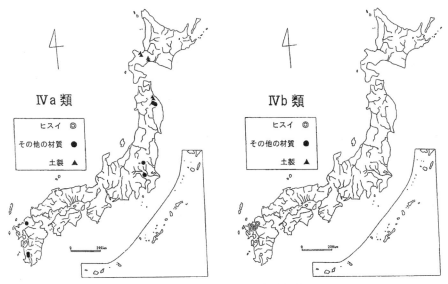

第31図　各類型の分布状況②

　また、Ⅳb類は福岡県吉武高木遺跡や佐賀県宇木汲田遺跡、同県中原遺跡から出土している。このことから、Ⅳb類の分布は弥生時代前期末葉から古墳時代初頭にかけての北部九州地域を中心としていることが指摘できる（第31図のⅣb類）。

## 第5節　各類型の出土遺構とその時期的変遷

　刻み目勾玉の出土状況は包含層や遺構外など、遺構に伴わないことが多い。そこで、ここでは明確な遺構に伴ったことが確認できるⅠa類；15遺跡19遺構、Ⅰb類；7遺跡10遺構、Ⅱa類；5遺跡5遺構、Ⅱb類；4遺跡4遺構、Ⅲa遺跡；10遺跡11遺構、Ⅲb類；4遺跡4遺構、Ⅲc類；1遺跡1遺構、Ⅳa類；3遺跡3遺構、Ⅳb類3遺跡3遺構をとり扱う（第9表）。

　まず、Ⅰa類は、縄文時代後期から晩期を中心として、土坑墓6件、配石墓2件、竪穴建物1件、盛土遺構1件、捨て場1件、溝1件が確認されている。また、続縄文時代前半の土坑墓2件に加えて、弥生時代中期の甕棺墓2件と溝1件、そして弥生時代の土器だめ1件も確認されている。さらには、静岡県浜松市にある半田山古墳群A支群に属するA3号墳の玄室からもヒスイ製のⅠa類が出土している[7]。この類型は、縄文時代から続縄文時代、弥生時代、そして古墳時代を通して、墓に伴う傾向が強くみられる（第10表のⅠa類）。

　Ⅰb類については、縄文時代後期から晩期にかけて土坑墓3件、配石墓1件、竪穴建物1件、溝1点、配石遺構1件、加えて、続縄文時代前半の土坑墓2件、そして弥生時代中期の土坑墓1件が確認されている。この類型もⅠa類と同様で、縄文時代から続縄文時代、弥生時代にかけての墓に伴う傾向が強いことが指摘できる（第10表のⅠb類）。

　続いてⅡa類は、縄文時代後期から晩期にかけて土坑墓2件、竪穴建物2件、祭祀遺物集中地点1件が確認されている。

第2章　刻み目を有する勾玉について

第10表　類型ごとの出土遺構（数字は件数）

※ ▨▨▨ は、墓に関係する遺構

| | Ⅰa類 | Ⅰb類 | Ⅱa類 | Ⅱb類 | Ⅲa類 | Ⅲb類 | Ⅲc類 | Ⅳa類 | Ⅳb類 |
|---|---|---|---|---|---|---|---|---|---|
| 土坑墓 | 8 | 6 | 2 | 1 | | 1 | | | |
| 配石墓 | 2 | 1 | | | | | | | |
| 甕棺墓 | 2 | | | | 1 | | | | 1 |
| 木棺墓 | | | | | | | | | 2 |
| 古墳 | 1 | | | | | | | | |
| 竪穴建物 | 1 | 1 | 2 | 3 | 7 | 2 | | 2 | |
| 土坑 | | | | | 2 | 1 | | 1 | |
| 配石遺構 | | 1 | | | | | | | |
| 盛土遺構 | 1 | | | | | | | | |
| 捨て場 | 1 | | | | | | | | |
| 土器群 | | | | 1 | | | | | |
| 土器だめ | 1 | | | | | | | | |
| 溝 | 2 | 1 | | | | | | | |
| 周溝 | | | | | 1 | | | | |
| 自然流路 | | | | | | | 1 | | |
| 祭祀遺物集中地点 | | 1 | | | | | | | |
| 合計 | 19 | 10 | 5 | 4 | 11 | 4 | 1 | 3 | 3 |

　Ⅱb類は、縄文時代後期から晩期にかけて土坑墓1件、竪穴建物1件、弥生時代前期から中期にかけては竪穴建物1件、土器群1件が確認されている。

　このことから、Ⅱa類及びⅡb類の特徴については、墓だけではなく墓以外の遺構からも出土することがあげられ、墓から出土する傾向が強いⅠ類とは様相を異にしている（第10表のⅡa・b類）。

　Ⅲa類は弥生時代中期から終末期にかけて、甕棺墓1件、土坑1件、竪穴建物5件、加えて、古墳時代前期から後期にかけては周溝1件、土坑1件、竪穴建物2件が確認されている。このことから、Ⅲa類については墓以外の遺構である竪穴建物によく伴って出土するという特徴が指摘できる（第10表のⅢa類）。

　そして、Ⅲb類は弥生時代中期から後期にかけて、土坑墓1件、竪穴建物2件、土坑1件が確認されている（第10表のⅢb類）。

　Ⅲc類は、古墳時代前期から平安時代の自然流路で1点出土したのみである（第10表のⅢc類）。

　Ⅳa類は縄文時代において竪穴建物2件、土坑1件が確認されており、墓以外の遺構に伴う傾向が強い（第10表のⅣa類）。

　Ⅳb類は弥生時代前期から古墳時代初頭にかけて、甕棺墓1件、木棺墓2件が確認されており、全てが墓に伴っている（第10表のⅣb類）。

# 第6節　小結

　以上、日本列島から出土する刻み目勾玉を集成し、それらの分類を行って、類型ごとに材質や出土点数からみた時期的変遷や分布圏を把握した。さらに、出土遺構の特徴についても考察を試みた。これらをふまえて、刻み目勾玉の変遷と流通について述べていきたい。

まず、遺跡から出土する刻み目勾玉は、4つの類型に分類することができる。さらに、これらの4つの類型は平面形態や刻み目の施され方などの違いによって、Ⅰ類をa・b、Ⅱ類をa・b、Ⅲ類をa・b・c、Ⅳ類をa・bに細かく分けることができる。

こうした分類とは別に、見方を変えると刻み目勾玉には大きく2つのグループが存在することもいえるであろう。すなわち、1つ目は頭に刻み目が施されるもの（Ⅰ類・Ⅱ類・Ⅲ類）であり、2つ目は勾玉全体に刻み目が施されるもの（Ⅳ類）である。

話を戻すが、これらの類型からは主体となる材質や出土遺構、分布圏の変遷などから特徴的な性格を読みとることができる。

まず、主体となる材質はⅠa類・Ⅰb類・Ⅱa類・Ⅳb類がヒスイで、Ⅲa類・Ⅲb類・Ⅳa類が土製である。そして、出土する遺構の種類については、Ⅰa類・Ⅰb類・Ⅳb類が墓に関係する遺構、Ⅲa類は竪穴建物、Ⅳa類は墓以外の遺構に多いことが指摘できる。

これらのことから、主体となる材質と出土する遺構の種類において、密接な関係性が窺える。すなわち、Ⅱa類のようにヒスイが材質の主体をなし、墓と墓以外の遺構の両方に出土が確認される事例もあるが、大まかにみてヒスイ製の刻み目勾玉は墓から出土する一方で、土製の刻み目勾玉は墓以外の遺構で確認される傾向が強いことがいえるであろう。つまり、縄文時代や弥生時代の人びとが勾玉自体に挟りや刻み目をいれることよりも、まず材質の希少性などによって用いる場面を変えていたことが考えられる。

次に、類型ごとの分布圏および時期的変遷について述べるならば、Ⅰa類は縄文時代後期から晩期にかけての東北地域・関東地域・北陸地域で分布が集中してみられる。そして、弥生時代中期になると縄文時代にみられた地域では出土しなくなり、代わって西日本とくに九州地域で出土が多く確認されていく。

そして、Ⅰb類は縄文時代後期から晩期にかけてⅠa類と同様な地域に分布が集中していくが、弥生時代になると佐賀県吉野ヶ里遺跡からの出土例のみとなり、出土点数が極端に減少する。

また、Ⅰ類に関しては玉作り遺跡からの出土が確認されており、縄文時代では北陸地域や長野県、弥生時代になると愛知県に生産地があったことは想定できる。しかしながら、弥生時代におけるⅠ類の刻み目勾玉については、縄文時代に作られたものが時期を経て他地域で出土することも十分に考えられるため、すぐに生産地と消費地を直接的に結びつけていくことはできない。

次のⅡa類は、縄文時代後期から晩期の関東地域・北陸地域で多く出土が確認された後、続く弥生時代にはみられなくなる。

Ⅱb類は、縄文時代後期から晩期の関東地域に分布が集中した後、弥生時代になると九州地域を中心として分布するようになる。

Ⅲ類については、資料の少ないⅢc類を除いて、弥生時代中期・後期になると、出土が確認されはじめ、Ⅲa類は関東地域・九州地域、Ⅲb類は日本海側の地域と九州地域に分布がみられる。

Ⅳa類は縄文時代後期から晩期にかけての北海道を含む東日本でみられた後、弥生時代にはみられなくなる。

また、Ⅳb類は、弥生時代前期末以降になって出土が確認されてくる。

これらをふまえて述べるならば、日本列島から出土する刻み目勾玉のなかには、縄文時代後・晩

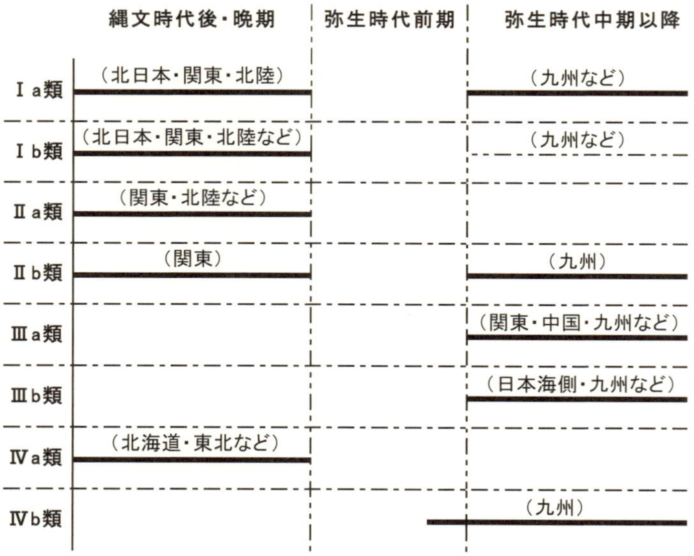

第2章　刻み目を有する勾玉について

| | 縄文時代後・晩期 | 弥生時代前期 | 弥生時代中期以降 |
|---|---|---|---|
| Ⅰa類 | （北日本・関東・北陸） | | （九州など） |
| Ⅰb類 | （北日本・関東・北陸など） | | （九州など） |
| Ⅱa類 | （関東・北陸など） | | |
| Ⅱb類 | （関東） | | （九州） |
| Ⅲa類 | | | （関東・中国・九州など） |
| Ⅲb類 | | | （日本海側・九州など） |
| Ⅳa類 | （北海道・東北など） | | |
| Ⅳb類 | | （九州） | |

第32図　各類型における分布の時期的変遷

期の東日本で出現したのち、弥生時代中期以降になると九州地域を中心とした西日本で確認されはじめるものと弥生時代になると出土がみられなくなるものがある（第32図）。前者はⅠa類やⅡb類のことであり、後者はⅠb類やⅡa類、Ⅳa類のことである。その他には、弥生時代中期以降から確認され始めるⅢa・b類や弥生時代前期末葉から出現してくるⅣb類などもある。また、全体に刻み目が施されるⅣ類は、頭部に刻み目が施されるⅠ類・Ⅱ類・Ⅲ類と比べると、出土地点の偏りや刻みの施され方に多様性がみられることから、より在地的性格が強い類型であったことが推測できる。

　また、流通の問題に関しては小林行雄氏〔小林1967〕や森貞次郎氏〔森1980〕、寺村光晴氏〔寺村1995〕、河村好光氏〔河村2000〕らが、縄文時代における北陸地域を中心とした東日本のヒスイ製勾玉が、北部九州地域における弥生時代の墓から出土する要因について検討を行っている。

　それぞれの研究者の考察をまとめていくと、まず小林氏は近畿地域と九州地域との交流を考えている。具体的には、近畿地域の人びとが銅鐸の原料になる輸入された銅器を九州地域から得る際に、当時、ヒスイと色調が類似するガラス製勾玉をよく墓に副葬していた九州地域の人びとが、その見返りとして縄文時代の東日本でみられたヒスイ製勾玉を求めたことを推測している〔小林1967〕。また、森氏は九州地域における伝世説と他地域からの収集説という2つの仮説を述べている〔森1980〕。他地域からの収集説は、同時期において東日本の縄文時代の勾玉がいまだ流通品の1つとしてみることができたことを前提としている。

　一方、寺村氏は小林氏や森氏のような前時代に作られた勾玉の流入という立場はとらず、あくまで弥生時代の北部九州地域でみられる縄文的な勾玉は、同時代の北陸地域からもたらされたものであるとしている。そして、寺村氏は新潟県大塚遺跡の事例をあげながら「ヒスイ産地の地元ではそのころ縄文時代よりの伝統的な作りかたで、ヒスイの玉を作っていた」〔寺村1995：160頁〕ことを想定している。

　さらに、河村氏は寺村氏による同じ時代の玉の移動という考えを評価しながらも、縄文的な特徴を有する勾玉が弥生時代の北部九州地域へ運ばれることについて、まず「さきだつ縄文晩期におこり、ついでヒスイが運ばれるようになった」〔河村2000：59頁〕と述べている。

　これらの流通に関する検討はそれぞれが多くの示唆を含んでいるが、この点について、さらに本章で明らかにした刻み目勾玉のⅠa類の特徴からもいくつかのことを述べることができる。

まず、寺村氏のいう同時期の勾玉の流通については、確か
に新潟県大塚遺跡Ａ沢から遠賀川式系土器の出土が確認され
ており〔寺崎1988〕、弥生時代前期に北陸地域と北部九州地域
との間で交流が行われていたことは明らかであろう。
　しかしながら、縄文時代後・晩期における九州地域から、
類似する遺物がなく類型に含めることができなかったもの（第
33図）を除くとしても[8]、ヒスイ製刻み目勾玉のⅠa類が確
認できないことは注目すべき点である。ここからは、弥生時

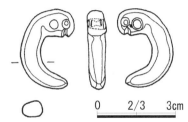

第33図　熊本県ワクド石遺跡
出土の「頭部刻み目勾玉」

代における九州地域のヒスイ製Ⅰa類は、縄文時代後・晩期に北陸地域などで作られたものであり、
それが時期を経て運ばれてきたと考えるのが穏当であろう。
　次に問題となるのは、縄文時代の勾玉が九州地域に運び込まれる時期についてである。河村氏の
縄文時代晩期に流入の先駆け的なものがあるという指摘や先にあげた弥生時代前期の大塚遺跡の
事例などをふまえて考えていくと、北陸地域を中心とした東日本と九州地域との間では、継続的に
ものの行き来が行われていたことが考えられる。しかしながら、刻み目勾玉の分布の変遷からみた
場合には、弥生時代前期はいわば交流の空白の時期になっている（第32図）。このことをふまえて、
弥生時代の九州地域に東日本で作られた縄文時代の刻み目勾玉が本格的に流入してくるのは、弥生
時代中期からと考えてよいであろう。
　そして、類型ごと、とくにヒスイ製Ⅰ類やⅡa類における分布の変遷をふまえて、推測を加えるな
らば、弥生時代における九州地域の人びとは東日本でみられた縄文時代の勾玉全てを欲していたわ
けではなかったということが考えられる。すなわち、そこには抉りあるいは刻み目が施されたヒス
イ製勾玉に対して、一種の選択性がはたらいていたことを指摘することができるのではなかろうか。
　以上が本章から得られた結論であるが、最後にいくつかの問題点をあげ、今後の課題としたい。
　まず、刻み目勾玉がみられなくなる、あるいは時期を経て他地域でみられるという現象にはその
地域ごとで密接に結びついた政治的・社会的要因が容易に想定できるが、そのことについて明確に
述べることはできなかった。なぜならば、この点を明らかにするためには刻み目勾玉だけではなく、
その周辺も含めた多角的な視野をもった議論が必要不可欠だからである。
　そのほかにも、北部九州地域の弥生時代中期頃に成立する、いわゆる丁字頭勾玉との関係性につ
いても、当然、議論されるべき大きな課題の１つであろう。そのことについては、丁字頭勾玉成立
の前段階と考えられている、いわゆる菜畑型と呼ばれる勾玉[9]のなかに、１条抉りが施されている
ものがあるのは興味深い〔木下1987〕。しかし、現段階では類似する資料が少ないことから、系譜
についての議論は出土点数の増加を待ったうえで行う必要があろう。これらのことを心に留めてひ
とまず擱筆することにしたい。


註
(1)　この頭部刻み目勾玉という名称は、縄文時代の勾玉を種類別に大まかに分ける際に、関雅之氏が用
　　いているものである〔関2013〕。
(2)　『石之長者　木内石亭全集』巻１の中に収められている「曲玉問答」の書き始めには、「曲玉問答は

第2章　刻み目を有する勾玉について

天明三年六月の奥書により其著作年代を明にす」〔木内 1936：21 頁〕とある。

(3)　　両角氏は、第4類の類例として、出雲國伯耆國境1点、信濃國上伊那郡中箕輪村1点、上野國吾妻郡原町字山根組1点、信濃國下諏訪町高木1点の計4点をあげており、材質は全て硬玉としている。また、第5類は弥生時代にみられるいわゆる丁字頭勾玉のことである。

(4)　　水野氏は『勾玉』のなかで、丁字頭という名称は使わず、T字頭という単語を用いている。

(5)　　本書で構築した集成データから刻み目勾玉の事例を抽出している。

(6)　　表のなかの材質と出土遺構の項目に関しては、引用文献に記載されている名称をそのまま用いている。また、出土遺構の「(竪穴)」は筆者による追記である。表内の文献番号は、下に記した通し番号と対応している。

1. 北海道江別市教育委員会 1999『高砂遺跡（16）』
2. 北海道磯谷郡蘭越町教育委員会　1973『港大照寺遺跡調査報告書』
3. 青森県教育委員会　2004『朝日山（2）遺跡Ⅸ』
4. 青森県埋蔵文化財センター　1996『泉山遺跡Ⅲ』
5. ㈶岩手県文化振興事業団埋蔵文化財センター　1995『大日向Ⅱ遺跡発掘調査報告』
6. 北上市立埋蔵文化財センター　1986『馬場野Ⅱ遺跡発掘調査報告書』
7. 秋田県教育委員会　2005『向様田D遺跡』
8. 秋田県教育委員会　1987『秋田新都市開発整備事業関係埋蔵文化財発掘調査報告書』
9. 財団法人山形県埋蔵文化財センター　1995『宮の前遺跡第2次発掘調査報告書』
10. 財団法人茨城県教育財団　1998『（仮称）中根・金田台地区特定土地区画整理事業地内埋蔵文化財調査報告書Ⅰ』
11. 浦和市教育委員会ほか1983『馬場（小室山）遺跡（第5次）』
12. 千葉県土木部 1987『沓掛貝塚』
13. 茂原市 ほか 2003『下太田貝塚』
14. 流山市教育委員会 2008『流山市三輪野山貝塚発掘調査概要報告書』
15. 新潟県 ほか 2002『奥三面ダム関連遺跡発掘調査報告書ⅩⅣ　元屋敷遺跡Ⅱ（上段）』
16. 越路町教育委員会　1965『朝日遺跡』
17. 新潟県教育委員会 ほか　2004『上信越自動車道関係発掘調査報告書Ⅶ　前原遺跡　丸山遺跡』
18. 富山県教育委員会　1990『北陸自動車道遺跡調査報告―朝日町編5―』
19. 学生社　2001『北陸の縄文遺跡　桜町遺跡調査概報』
20. 石川県野々市町教育委員会　1989『御経塚遺跡Ⅱ』
21. 大町市教育委員会　1990『一津』
22. 白鳥町教育委員会　1974『白鳥町の遺跡』
23. ㈶浜松市文化協会　2005『梶子北（三永）・中村遺跡―弥生時代編―』
24. 浜松市遺跡調査会　1984『半田山古墳群A支群・半田山Ⅲ遺跡』
25. 愛知県埋蔵文化財センター ほか　2000『朝日遺跡Ⅵ』
26. 三重県埋蔵文化財センター　1995『天白遺跡』
27. 福知山市教育委員会　1994『福知山市文化財調査報告書第26集』
28. 島根県教育委員会 ほか　2003『尾白Ⅰ遺跡　尾白Ⅱ遺跡　家ノ脇ヵⅡ遺跡3区　川平Ⅰ遺跡』
29. 財団法人高知県文化財団埋蔵文化財センター　1994『柳田遺跡』
30. 大牟田市教育委員会　2002『田隈柿添遺跡』
31. 唐津市教育委員会　1980『柏崎松本遺跡』
32. 六興出版　1982『末蘆国』
33. 佐賀県教育委員会　2010『中原遺跡群Ⅳ　11区・13区の弥生時代甕棺墓の調査』
34. 北海道余市町教育委員会 2000『大川遺跡における考古学的調査Ⅰ』

35. 青森県教育委員会　1993『野脇遺跡発掘調査報告書』

36. 鈴木克彦　2012「岩手県二戸市雨滝遺跡出土の縄文勾玉」『玉文化』第 9 号　43-45 頁

37. 北上市立埋蔵文化財センター　2003『牡丹畑遺跡』

38. 山形県朝日村教育委員会　1984『砂川 A 遺跡発掘調査報告書』

39. 小山市教育委員会 1982『乙女不動原北浦遺跡発掘調査報告書』

40. 月夜野町教育委員会　2005『上組北部遺跡群Ⅱ』

41. 財団法人千葉市文化財調査協会ほか 2001『千葉市内野第 1 遺跡発掘調査報告書』

42. 中央公論美術出版 1976『加曾利南貝塚』

43. 財団法人新潟県埋蔵文化財調査事業団　2009『新潟県埋蔵文化財調査事業団年報　平 20 年度』

44. 佐賀県教育委員会　1997『吉野ヶ里遺跡』

45. 秋田県教育委員会　1994『東北横断自動車道秋田線発掘調査報告書 17』

46. 栃木県教育委員会　2001『藤岡神社遺跡』

47. 桶川市教育委員会 2007『後谷遺跡』

48. 財団法人埼玉県埋蔵文化財調査事業団 1997『石神貝塚』

49. 財団法人埼玉県埋蔵文化財調査事業団 1988『赤城遺跡』

50. 財団法人千葉県文化財センターほか 2005『市原市石神台遺跡』

51. 大沢野町教育委員会　1977『富山県大沢野町布尻遺跡緊急発掘調査概要』

52. 山梨県教育委員会　1989『金生遺跡Ⅱ（縄文時代編）』

53. 岐阜県土木部　1997『西田遺跡』

54. 岸和田市教育委員会　1999『田治米宮内遺跡』

55. 財団法人茨城県教育財団　1998『主要地方道つくば古河線緊急地方道路事業地内埋蔵文化財調査報告書』

56. 深谷市教育委員会 1997『深谷市内遺跡Ⅸ』

57. さいたま市遺跡調査会 2005『椚谷遺跡（15 次）・南方遺跡（第 9 次）』

58. 財団法人千葉県教育振興財団ほか 2006『東関東自動車道（木更津・富津線）埋蔵文化財調査報告書 7』

59. 東京都島嶼地域遺跡分布調査団　1981『東京都島嶼地域遺跡分布調査報告書』

60. 福岡市教育委員会　2003『福岡市埋蔵文化財調査報告書　第 747 集　雀居　8』

61. 大分県教育委員会　2002『後迫遺跡』

62. 鹿児島県教育委員会　1989『中ノ丸遺跡・川ノ上遺跡（第 3 分冊）』

63. 群馬県教育委員会ほか　1995『中高瀬観音山遺跡』

64. 東松山市教育委員会 2003『杉の木遺跡（第 3 次）』

65. 相武考古学研究所　1985『釜台町上星川遺跡』

66. 高津図書館友の会郷土史研究部 1988『東泉寺上』

67. 坂城町教育委員会 ほか　1995『南条遺跡群　塚田遺跡Ⅱ』

68. 長野県道路公社 ほか　1994『県道中野豊野線バイパス志賀中野有料道路埋蔵文化財発掘調査報告書　栗林遺跡　七瀬遺跡』

69. 岡山県教育委員会 ほか　1994『百間川原尾島遺跡 3』

70. 東広島市教育委員会　1994『原 1 号遺跡発掘調査報告書』

71. 福岡県教育委員会　2004『堂畑遺跡Ⅱ』

72. 福岡県教育委員会　1979『九州縦貫自動車道関係埋蔵文化財調査報告―XXⅦ―』

73. 熊本県山鹿市教育委員会　2004『方保田東原遺跡（5）』

74. 熊本県山鹿市教育委員会　2007『方保田東原遺跡（8）』

75. 青森県教育委員会　1995『泉山遺跡発掘調査報告書』

第 2 章　刻み目を有する勾玉について

　　76.　新潟県岩船郡神林村教育委員会　1991『長松遺跡発掘調査報告書』

　　77.　鳥取県教育文化財団 ほか　1993『南谷大山遺跡　南谷ヒジリ遺跡　南谷 22・24 ～ 28 号墳』

　　78.　津山市教育委員会 ほか 1993『大畑遺跡』

　　79.　佐賀県教育委員会　1979『二塚山』

　　80.　北上市教育委員会　1980『九年橋遺跡第 6 次調査報告』

　　81.　日本道路公団 ほか　1999『上信越自動車道埋蔵文化財発掘調査報告書 21　大日ノ木　宮平　東
　　　　平古墳群　七ツ塚古墳群　上原古墳群　土井ノ入窯跡　染屋台条理　山崎古墳群　観音平経塚
　　　　陣場塚古墳　山崎　山崎北　小山製鉄』

　　82.　財団法人　岐阜県文化財保護センター　1993『荒城神社遺跡』

　　83.　北海道埋蔵文化財センター 1982『美沢川流域の遺跡群』

　　84.　八戸市教育委員会　1991『八戸市内遺跡発掘調査報告 2　風張（1）遺跡』

　　85.　埼玉県さいたま市遺跡調査会 2002『椚谷遺跡（第 9・10 次）・南方遺跡（第 5・6 次）・南方西台
　　　　遺跡（第 2 次）・行谷遺跡（第 3 次）』

　　86.　福岡市教育委員会　1995『雀居遺跡 2』

　　87.　鹿児島市教育委員会　1988『草野貝塚』

　　88.　福岡市教育委員会　1996『吉武遺跡群Ⅷ』

　　89.　佐賀県教育委員会　2012『中原遺跡群Ⅵ　12 区・13 区の古墳時代初頭前後の墳墓群の調査』

（7）　静岡県浜松市にある半田山古墳群 A 支群に属する A3 号墳は、7 世紀中葉に築造された方墳で、追
　　　葬は 2 回行われている（第 9 表）。玄室から出土した遺物は、Ⅰa 類のヒスイ製勾玉以外に鉄鏃や鍔、
　　　瑪瑙製勾玉 2 点、切子玉、ガラス玉などが確認されている。

（8）　頭部刻み目勾玉のなかには、九州地域における縄文時代晩期の遺跡から出土しているものの、ほか
　　　に類似するものが無く、1 つの類型として分けることができなかったものがいくつかある。そのうち
　　　の 1 つに、熊本県菊池郡にあるワクド石遺跡で確認されたヒスイ製の勾玉がある〔古森 1994〕。この
　　　勾玉は頭部 2 カ所に孔が確認でき、1 条の刻み目も施されている。材質については藁科哲男氏と東村
　　　武信氏による分析により、糸魚川産であることが明らかにされている〔藁科・東村 1994〕。また、弥
　　　生時代前期末葉から中期初頭に出現する定形勾玉とほぼ同形態の勾玉が一緒に採集されている〔大坪
　　　2004〕。

（9）　菜畑型勾玉は、佐賀県唐津市の菜畑遺跡から出土したヒスイ製勾玉が基準となっているものである
　　　〔唐津市 1982〕。ただし、菜畑遺跡から出土したヒスイ製勾玉の時期については、従来、縄文時代晩期
　　　と考えられていたが〔唐津市 1982〕、近年、弥生時代中期中葉に属する可能性も指摘されている〔大
　　　坪 2019〕。このことから、菜畑型勾玉を丁字頭勾玉の前段階のものとする考え自体に、より慎重な姿
　　　勢をとる必要性がでてきている。

# 第3章　丁字頭勾玉の展開過程と地域性

## 第1節　問題の所在

　日本列島から出土する勾玉をみると、弥生時代中期中頃に頭部に穿たれた孔から放射状に数条の線刻が施された、いわゆる丁字頭勾玉の出現を確認することができる〔森1980、木下1987〕。また、これらの丁字頭勾玉の材質には、ヒスイ・碧玉・瑪瑙・コハク・土製など多様性がみられ、分布も北海道から沖縄県まで広範囲にわたって確認される。

　丁字頭勾玉は、はやくからその存在が知られており、木内石亭の『曲玉問答』のなかで「常體ニテ筋アリ尤大小アリ」と記されている[(1)]。

　また、「丁字頭」という名称については、高橋健自氏が「頭に孔から三本の線が刻まれてある」〔高橋健1913；117頁〕ものに対して用いた名称であり、その由来については、「恰度丁子のそれに似ている」〔高橋健1929；146頁〕からであるとしている。この点について斎藤忠氏は、由来について、高橋氏が『類聚名物考』〔山岡 編1904〕のなかの装飾部に収録されている「丁字透かし」[(2)]をふまえたうえの用語であると推測しており〔斎藤1984〕、元来は植物の丁子に由来すると思われる。

　丁字頭勾玉を対象とした研究は、20世紀に入り本格化する。その大きな要因としては、坪井正五郎氏による「表面の彫刻には頭部に在つて孔の所から放射状に作られたのが有ります」〔坪井1908；295頁〕という指摘や前述した高橋氏〔高橋健1913〕に加え、大場磐雄氏〔大場1935〕なども「丁字頭」についての紹介を行ったことがあげられる。これによって研究者たちの間に「丁字頭勾玉」という名称とその存在が浸透しはじめた。

　当初の研究においては、古墳時代にみられる丁字頭勾玉の起源やその祖形について議論されたものが多い。「丁字頭」の起源については、朝鮮半島南部から出土する勾玉の金冠帽にみられる緊縛被覆の表現から派生し、それが時間の経過と共に単なる孔を起点とする放射状の線刻となることが指摘されている〔樋口1962〕。また、丁字頭勾玉の祖形については、前代である弥生時代、さらには縄文時代にまで遡って考えられていた〔樋口1940、八幡1940、水野1969〕。

　こうした研究を経て1980年代以降になると、出土点数の増加とともに丁字頭勾玉に関してより精密な考古学的アプローチが行われるようになっていく。まず、弥生時代の丁字頭勾玉に関する研究をみるならば、森貞次郎氏は膨大な量におよぶ弥生時代の勾玉を集成したうえで、定形化する弥生時代の勾玉のなかに丁字頭勾玉がみられること、さらに、それが弥生時代中期中頃の北部九州地域を中心に分布していることを明らかにした〔森1980〕。

　また、木下尚子氏は、森氏の考えを継承しつつ、「丁字頭」の系譜が、縄文時代の勾玉の一型式である緒締形勾玉につながる可能性を述べ、弥生時代の丁字頭勾玉に縄文的要素が内在していることを推測した〔木下1987〕。そして、「丁字頭」の性格については、時代により勾玉に込められた象徴性も異なることを述べたうえで、緊縛・結びの呪術性が込められていたことを指摘し〔木下

2000〕、弥生時代における「丁字頭」については「繁褥な勾玉を覆っていた溝や縦孔のルジメント」〔木下 2011：298 頁〕であると述べている。

この「丁字頭」が形成される背景については、勾玉を装飾するためという考えや〔寺村 1995〕、頭部が丸く磨き込まれていく過程で正面の刻みが孔に達したとする考え〔河村 2000〕、そして、孔に通した紐を固定するために施したとする研究者もいる〔小松 2011〕。

また、弥生時代における丁字頭勾玉の性格については、法量や共伴遺物などの比較から、丁字頭勾玉が「丁字頭」を施されていない勾玉よりも優品であるという認識とともに、一種の階層的な装身具の１つとして機能していたことが推測されている〔木下 2000・2011〕。小山雅人氏は、丁字頭勾玉を優品とする考えを継承しながらも、長崎県根獅子遺跡で検出された王妃墓・三雲２号墓の事例をとりあげ、熟年女性に大形の丁字頭勾玉が伴うことを根拠に、政治的権力者本人よりも、その傍らにいた宗教的権威を有する女性に多く使用された可能性を指摘している〔小山 1992〕。

さらに、流通に関しては、弥生時代後期後半以降に北部九州地域から瀬戸内海を経由し、大阪湾沿いへと運ばれてきたことが主張されている〔河村 2000・2010〕。

次に、古墳時代の丁字頭勾玉の研究について整理するならば、古墳時代前期に丁字頭勾玉が多いことは、すでに知られているところであり〔寺村 1984〕、当該期の丁字頭勾玉についての議論もいくつかなされている。

まず、注目されるのは前期古墳から出土するヒスイ製丁字頭勾玉のなかには、弥生時代にはみられない新しい種類が出現してくることが指摘されている〔大賀 2012〕。これは、大賀克彦氏によるヒスイ製勾玉の分類でいうとＯ型[3]にあたる。大賀氏は、この類型について、弥生時代中期頃の北部九州地域で製作されたものが、瀬戸内海経由で近畿地域に運ばれ、伝世し、祖形として採用されたことを推測している。また、古墳時代のヒスイ製丁字頭勾玉と三角縁神獣鏡の分布に類似性がみられることを述べたうえで、生産地についての明言は避けてはいるが、前期のヒスイ製丁字頭勾玉がヤマト政権主導のもと生産され、それをヤマト政権が他地域との繋がりを円滑に進めるために配布した可能性を推測している。

さらに、大賀氏は、滑石製丁字頭勾玉の出現を前期末葉から中期前葉頃とし、その分布は近畿地域を中心とした西日本に偏ること、加えて、大型のものが多いことや丁字頭の多条化など、多様性がみられることを指摘している〔大賀 2008〕。

これらから、丁字頭勾玉に関する従来の研究は、地域や時期を限定した研究が主であったことがわかる。すなわち、成立期からその後の展開を俯瞰するといった研究や、確認されている材質を網羅的に取り扱い、展開を明らかにするという研究はいまだなされていない。

以上のことをふまえて、本章ではまず、丁字頭勾玉の地域的展開を理解するため、出現が確認される弥生時代中期から奈良時代までを範囲とする長期的な視野のもと、日本列島の各時期における出土遺跡の分布や遺跡数の把握を行い、その時期的変遷を明らかにする。

また、材質ごとに出現・展開・消失の検討を試みるとともに、出土状況からみた時期差や地域性を明確にするため、遺構の種類や出土状況の変遷についてもみていく。そして、これらを基にして古代社会における丁字頭勾玉の展開の把握を行い、そこから読みとることができる地域性を明らかにしたい。

# 第2節　分布・出土遺跡数にみる時期的変遷

　はじめに、筆者の集成によって得られた230遺跡468点の情報をもとに（第11表、第12表）、それぞれの時期ごとに分布と出土遺跡数の把握を行うことにする[4]。第34図は出土遺跡の分布を示したものである[5]。

　これをみると弥生時代中期には、10遺跡が確認することができ、北部九州地域に分布の中心がみられる。

　また、弥生時代後期・終末期になると出土遺跡数が増加の傾向を示し、合計22遺跡が確認できる。分布の中心は中期と同様で北部九州地域といえる。注目すべき点は、日本海沿岸の地域である鳥取県や島根県、さらには瀬戸内海沿岸地域である岡山県・広島県でも出土が多く確認され始めることである。東日本では、玉作遺跡の新潟県後生山遺跡や長野県檀田遺跡から丁字頭勾玉が出土しているが、数量は少ない。

　次に、古墳時代前期は、出土遺跡数が70遺跡と急激に増加する。弥生時代から分布が確認されていた九州地域は12遺跡から17遺跡、中国地域では8遺跡から11遺跡と増加しており、これらから継続性を読みとることができる。この時期の大きな変化としては、京都府・大阪府・奈良県を中心とした近畿地域での出土遺跡数が、急激に増加することがあげられる。具体的に述べるならば、弥生時代中期に1遺跡みられるのみであった近畿地域で29遺跡が確認され、全国的にみても分布が最も集中する（第34図）。

　その他の地域としては、山口県の瀬戸内海側の地域に加えて、四国地域でも出土が確認されている。また、この時期になると、中部地域や関東地域でも丁字頭勾玉の出土が確認できるようになる。その分布の特徴は、西日本のようにある程度、全体にわたって分布するのではなく、遺跡は散在して出土量も多くはない。

　古墳時代中期に入ると、合計61遺跡が確認できる。前期に引き続き近畿地域に分布の中心がみられるが、依然として九州地域や中国地域でもある程度まとまった量の出土が確認される。他の地域をみると、南九州地域や北陸地域の一部、東海地域に加え、北関東地域にも分布の広がりを確認することができる。

　これが古墳時代後期になると、出土遺跡数は大幅に減って40遺跡となり、減少傾向がみられる。前期・中期において、分布が最も集中していた近畿地域の遺跡数が、30遺跡から11遺跡へと急激に減り、代わって九州地域の15遺跡が最も多くなる。また、瀬戸内海沿岸地域からも丁字頭勾玉が出土している。東日本では、南関東地域に加え、太平洋側沿岸地域に多く出土が確認できる。

　古墳時代終末期の出土遺跡数は16遺跡となり、後期に比べさらに減少する傾向が確認できる。遺跡の数からみると分布の中心は北部九州地域になる。また、近畿地域や静岡県の太平洋沿岸地域などでも出土が確認できる。この時期の特徴として注目されるのは、古墳時代前期から後期にかけて、分布がみられなかった北海道や東北地域で出土が確認され始めることである。

　奈良時代は、遺跡数が6遺跡となる。また、分布の様相は終末期と大差はないが、それ以降、沖縄県を除く全ての地域で丁字頭勾玉がほとんどみられなくなる[6]。

　これまで得たことを整理するならば、分布の変遷からは、①弥生時代後期、②古墳時代前期、

第3章　丁字頭勾玉の展開過程と地域性

## 第11表　出土遺跡一覧　※類型の項目は（類型；点数）。また、設定した材質・類型に含まれない、あるいは実測図・写真が報告されていない場合は除いている。

| No. | 遺跡名 | 所在地 | 時代 | 材質；点数 | 類型※ | 出土遺構 | 文献 |
|---|---|---|---|---|---|---|---|
| 1 | 青苗遺跡 | 北海道奥尻郡 | 擦紋時代 | ヒスイ；1 | ヒI；1 | 山本台地 墳墓 | 函館土木現業所 奥尻町教育委員会1979 |
| 2 | 丹後平古墳群 | 青森県八戸市 | 古墳時代終末～奈良時代 | 碧玉；1<br>ヒスイ；1<br>碧玉；1 | ヘII；1<br>ヒII；1<br>ヘII；1 | 16号墳 主体部<br>21号墳 主体部<br>23号墳 主体部 | 八戸市教育委員会1991 |
| 3 | 五条丸古墳群 | 岩手県江北上市 | 古墳時代終末期 | 碧玉；1 | ヘII；1 | SO－083古墳 主体部 | 岩手県江釣子村教育委員会1990 |
| 4 | 藤沢狄森古墳群 | 岩手県紫波郡 | 古墳時代終末期 | ヒスイ；1 | ヒI；1 | 5号墳・主体部 | 岩手県紫波郡矢巾町教育委員会1986 |
| 5 | 鹿角枯草坂古墳 | 秋田県鹿角市 | 奈良・平安時代 | 碧玉；1 | ヘII；1 | 不明 | 秋田県1960 |
| 6 | 北柳1遺跡 | 山形県山形市 | 縄文時代末期～古墳時代 | 蛇紋岩；1 | － | 遺物集中ブロック | 山形県埋蔵文化財センター1997 |
| 7 | 師山遺跡 | 福島県相馬郡 | 不明 | 滑石；1 | － | 包含層 | 福島県文化センター1990 |
| 8 | 塚山5号墳 | 栃木県宇都宮市 | 古墳時代中期 | 瑪瑙；1 | － | 埋葬施設 | 宇都宮市教育委員会1996 |
| 9 | 新保田中村前遺跡 | 群馬県高崎市 | 古墳時代前期以降 | 蛇紋岩；1 | － | 1号河川跡 | 群馬県埋蔵文化財調査事業団1990 |
| 10 | 上野国角淵古墳（軍配山古墳） | 群馬県伊勢崎市 | 古墳時代前期 | ヒスイ；2<br>コハク；1 | ヒI；1<br>ヒIII；1<br>コII；1 | 埋葬施設 | 岩出1980 |
| 11 | 十二天塚北古墳 | 群馬県藤岡市 | 古墳時代中期 | 凝灰岩；1 | － | 4Bトレンチ 礫榔脇 | 群馬県藤岡市教育委員会1988 |
| 12 | 白石稲荷山古墳 | 群馬県藤岡市 | 古墳時代中期 | 滑石；1 | 滑I；1 | 西榔 | 群馬縣1936 |
| 13 | 熊野神社古墳 | 埼玉県北足立区郡 | 古墳時代前期 | ヒスイ；1 | ヒI；1 | 石室 | 桶川町教育委員会1967 |
| 14 | 千葉市城の腰遺跡 | 千葉県千葉市 | 古墳時代 | 滑石；1 | － | 100号跡 古墳 石室 | 千葉県文化財センターほか1979 |
| 15 | 神明社裏遺跡 | 千葉県千葉市 | 古墳時代後期～終末期 | ガラス；1 | － | 6号墳 第1埋葬施設 | 千葉県教育振興財団ほか2008 |
| 16 | 稲荷谷遺跡 | 千葉県東金市 | 不明 | 瑪瑙；1 | － | 包含層 | 山武郡市文化財センターほか2002 |
| 17 | ばあ山遺跡 | 千葉県市原市 | 不明 | 滑石；1 | － | 表採 | 千葉県文化財センターほか1980 |
| 18 | 草刈遺跡 | 千葉県市原市 | 不明 | 頁岩；1 | － | 包含層 | 千葉県文化財センターほか2007 |
| 19 | 姉崎二子塚古墳 | 千葉県市原市 | 古墳時代後期 | ヒスイ；1 | ヒII；1 | 後円部 | 土師書院刊1967 |
| 20 | 総世寺裏古墳 | 神奈川県小田原市 | 古墳時代後期 | ヒスイ；1 | ヒII；1 | 石室 | 神奈川県教育委員会1998 |
| 21 | 雨崎洞穴遺跡 | 神奈川県三浦市 | 古墳時代前期末葉～後期初頭<br>古墳時代前期末葉～後期初頭 | 滑石；1<br>ヒスイ；1 | 滑II；1<br>ヒII；1 | T33 埋葬施設内<br>T36 埋葬施設内 | 赤星直忠博士文化財資料館・雨崎洞穴刊行会2015 |
| 22 | 後生山遺跡 | 新潟県糸魚川市 | 弥生時代後期後半 | 透角閃石；1 | － | 5号竪穴住居跡 | 高橋2012 |
| 23 | 中名II遺跡 | 富山県富山市 | 中世 | ヒスイ；1 | － | 包含層 | 埋蔵文化財調査事務所ほか2002 |
| 24 | 畝田・寺中遺跡 | 石川県金沢市 | 古墳時代～平安時代 | 変質凝灰岩；1 | － | 2区SD244 河川跡 | 金沢市（金沢市埋蔵文化財センター）2013 |
| 25 | 龍ヶ岡古墳 | 福井県福井市 | 古墳時代中期初頭 | ヒスイ；1 | ヒII；1 | 埋葬施設 | 福井県郷土誌懇談会1960 |
| 26 | 西塚古墳 | 福井県三方上中郡 | 古墳時代中期 | ガラス；1 | ガII；1 | 石室 | 福井県立若狭歴史民俗資料館1991 |
| 27 | 十善ノ森古墳 | 福井県三方上中郡 | 古墳時代後期 | ガラス；1 | ガII；1 | 石室内 | 福井県教育委員会1997 |
| 28 | 平林2号墳 | 山梨県笛吹市 | 古墳時代後期 | ヒスイ；1 | ヒIII；1 | 石室内 | 山梨県教育委員会ほか2000 |
| 29 | 石川条理遺跡 | 長野県長野市 | 古墳時代前期 | 不明；1 | － | 検出面 | 長野県教育委員会ほか1997b |
| 30 | 川柳村将軍塚古墳 | 長野県長野市 | 古墳時代前期 | 不明石材；2 | － | 表採 | 森本1929 |
| 31 | 檀田遺跡 | 長野県長野市 | 弥生時代後期 | ヒスイ；1 | ヒII；1 | 48①区2号 円形周溝墓 | 長野市教育委員会2005 |
| 32 | 牛出古窯遺跡 | 長野県中野市 | 古墳時代前期 | 不明；1 | － | 5号竪穴住居址 | 長野県教育委員会ほか1997a |
| 33 | 森将軍塚古墳 | 長野県千曲市 | 古墳時代前期 | ヒスイ；1 | ヒI；1 | 主体部 | 長野県更埴市教育委員会1992 |

| | | | | | | | |
|---|---|---|---|---|---|---|---|
| 34 | 熊田山北古墳群 | 岐阜県各務原市 | 古墳時代後期 | 碧玉；1 | ヘⅡ；1 | 1号墳第1主体部 | 各務原市埋蔵文化財調査センター2008 |
| 35 | 尾崎遺跡 | 岐阜県美濃加茂市 | 弥生時代中期～奈良時代・中世 | ヒスイ；1 | － | 包含層 | 岐阜県文化財保護センターほか1994 |
| 36 | 長良龍門寺古墳 | 岐阜県岐阜市 | 古墳時代中期前半 | 碧玉；2 | ヘⅡ；2 | 主体部 | 岐阜市教育委員会1962 |
| 37 | 兜塚古墳 | 静岡県磐田市 | 古墳時代中期 | 碧玉；1 | ヘⅡ；1 | 石室 | 平野1960 |
| 38 | 蓮城寺（新貝17）5号墳 | 静岡県磐田市 | 古墳時代中期前半 | ヒスイ；2 | ヒⅢ；2 | 石室 | 静岡県教育委員会1965 |
| 39 | 松林山古墳 | 静岡県磐田市 | 古墳時代前期 | ヒスイ；1 | ヒⅠ；1 | 石室内 | 静岡県磐田郡御厨村郷土教育研究會1939 |
| 40 | 大屋敷A古墳群 | 静岡県浜松市 | 古墳時代後期～終末期 | 蛇紋岩；1 | － | A－10号墳 石室 | 静岡県埋蔵文化財調査研究所2008 |
| 41 | 高草7号墳 | 静岡県藤枝市 | 古墳時代終末期～奈良時代 | 蛇紋岩；1 | － | 玄室 | 静岡県教育委員会ほか1981 |
| 42 | 雌鹿塚遺跡 | 静岡県沼津市 | 古墳時代 | 滑石；1 | － | 包含層 | 沼津市教育委員会1990 |
| 43 | 長塚古墳 | 静岡県沼津市 | 古墳時代後期 | ヒスイ；1 | － | 石室 | 足立1927 |
| 44 | 日野遺跡 | 静岡県賀茂郡 | 古墳時代後期～終末期 | 碧玉；1 | ヘⅡ；1 | SC03・04 配石遺構 | 南伊豆町教育委員会1987 |
| 45 | 高木遺跡 | 愛知県岡崎市 | 古墳時代中期 | 緑色片岩；1 | － | 50号住居跡（竪穴） | 岡崎市教育委員会2003 |
| 46 | 東之宮古墳 | 愛知県犬山市 | 古墳時代前期 | ヒスイ；2 | ヒⅢ；2 | 棺内 | 犬山市教育委員会2005 |
| 47 | 朝日遺跡 | 愛知県清須市 | 弥生時代中期前葉 | 不明石材；1 | － | 0009 SD05(旧)溝跡 | 愛知県埋蔵文化財センター1993 |
| 48 | 蔵田遺跡 | 三重県津市 | 古墳時代 | 滑石；1 | － | 包含層 | 三重県埋蔵文化財センター1999 |
| 49 | 小谷13号墳 | 三重県松阪市 | 古墳時代中期～後期 | 緑色凝灰岩；1 | － | 埋葬施設2 | 三重県埋蔵文化財センター2005 |
| 50 | 上椎ノ木古墳群 | 三重県亀山市 | 古墳時代前期～中期 | ヒスイ；1 | ヒⅠ；1 | 1号墳 主体部 | 三重県埋蔵文化財センター1992 |
| 51 | 森庵遺跡 | 三重県伊賀市 | 古墳時代中期 | 緑色凝灰岩；1 | － | SX32（古墳） 棺内 | 三重県埋蔵文化財センター2008 |
| 52 | 東条1号墳 | 三重県伊賀市 | 古墳時代後期前半 | ヒスイ；1 | ヒⅡ；1 | 埋葬施設2 | 三重県埋蔵文化財センター2015 |
| 53 | 志氐神社古墳 | 三重県四日市市 | 古墳時代前期 | ヒスイ；1 | ヒⅡ；1 | 石室 | 関西大学文学部考古学研究室編1992 |
| 54 | 近江大塚山古墳 | 滋賀県大津市 | 古墳時代前期中葉～後半 | ヒスイ；1 | ヒⅡ；1 | 石室？ | 日本古文化研究所1974a |
| 55 | 大塚越古墳 | 滋賀県栗東市 | 古墳時代中期 | 滑石；3ガラス；1 | 滑Ⅱ；3ガⅠ；1 | 埋葬施設 | 栗東歴史民俗博物館ほか2003 |
| 56 | 安土瓢箪山古墳 | 滋賀県近江八幡市 | 古墳時代前期 | コハク；1 | コⅠ；1 | 前方部第1号箱式棺内 | 梅原1974、日本古文化研究所1974a |
| 57 | 千歳下遺跡 | 京都府舞鶴市 | 古墳時代前期末～中期前葉 | 緑色凝灰岩；1 | － | 土坑状遺構 | 広島大学大学院文学研究科ほか2009 |
| 58 | 私市円山古墳 | 京都府綾部市 | 古墳時代中期中葉 | 流紋岩質溶結凝灰岩；1 | － | 第2主体部 | 京都府埋蔵文化財調査研究センター1989b、綾部市教育委員会1994 |
| 59 | 奈具谷遺跡 | 京都府京丹後市 | 弥生時代中期後半以降 | アプライト；1 | － | SD01 流路 | 京都府埋蔵文化財調査研究センター1994 |
| 60 | 有明7号墳 | 京都府京丹後市 | 古墳時代中期以降 | 碧玉；1 | － | 主体部 | 大宮町教育委員会1998 |
| 61 | 園部垣内古墳 | 京都府南丹市 | 古墳時代前期 | ヒスイ；2 | ヒⅢ；2 | 棺内 | 同志社大学文学部文化学科1990 |
| 62 | 岸ヶ前2号墳 | 京都府南丹市 | 古墳時代中期 | 碧玉；1 | ヘⅡ；1 | 埋葬施設3棺内 | 佛教大学校地調査委員会2001 |
| 63 | 水垂遺跡 | 京都府京都市 | 古墳時代 | 滑石；1 | － | E1区 SD101上層 溝跡 | 京都市埋蔵文化財研究所1998 |
| 64 | 宇治瓦塚古墳 | 京都府宇治市 | 古墳時代中期 | ヒスイ；1 | ヒⅠ；1 | 盗掘坑 | 宇治市教育委員会1988 |
| 65 | 宇治二子山古墳 | 京都府宇治市 | 古墳時代中期 | ヒスイ；2 | ヒⅡ；1ヒⅢ；1 | 南墳 棺内 | 宇治市教育委員会1991 |
| 66 | 久津川車塚古墳 | 京都府城陽市 | 古墳時代後期 | ヒスイ；1 | ヒⅡ；1 | 石室内 | 梅原1920 |
| 67 | 青塚古墳 | 京都府城陽市 | 古墳時代中期 | 碧玉；3 | ヘⅡ；3 | 埋葬施設内 | 京都府教育委員会1964 |

| 68 | 長岡京跡 | 京都府向日市 | 古墳時代 | 滑石；1 | ― | 土壙SK27132 | 向日市教育委員会1988 |
|---|---|---|---|---|---|---|---|
| 69 | 長法寺南原古墳 | 京都府長岡京市 | 古墳時代前期 | ヒスイ；2 | ヒⅠ；2 | 後方部竪穴式石室内 | 大阪大学南原古墳調査団1992 |
| 70 | 幣羅坂古墳 | 京都府木津川市 | 古墳時代中期 | 不明石材；2 | ― | 埋葬施設 | 京都府埋蔵文化財調査研究センター1989a |
| 71 | 平尾城山古墳 | 京都府木津川市 | 古墳時代前期 | ヒスイ；1 | ヒⅡ；1 | 石室 | 山口大学人文学部考古学研究室1990 |
| 72 | 山城国府跡 | 京都府乙訓郡 | 古墳時代～室町時代 | 碧玉；1 | ― | 道路敷 | 大山崎町教育委員会1980 |
| 73 | 鳥居前古墳 | 京都府乙訓郡 | 古墳時代前期末～中期初頭 | ヒスイ；3 | ヒⅠ；1 ヒⅡ；2 | 主体部 | 京都府教育委員会1970 |
| 74 | 大阪城跡 | 大阪府大阪市 | 不明 | ヒスイ；1 | ― | 第2d層 包含層 | 大阪市文化財協会1999b |
| 75 | 細工谷遺跡 | 大阪府大阪市 | 古墳時代中期～後期 | 滑石；1 | ― | 5層 包含層 | 大阪市文化財協会1999a |
| 76 | 堂山古墳群 | 大阪府大東市 | 古墳時代中期 | ヒスイ；1 | ヒⅠ；1 | 第1号墳主体部 | 大阪府教育委員会 1994 |
| 77 | カトンボ山古墳 | 大阪府堺市 | 古墳時代中期 | 滑石；1 | 滑Ⅱ；1 | 主体部 | 古代學研究會1953 |
| 78 | 伝百舌鳥古墳群 | 大阪府堺市 | 古墳時代 | 碧玉；1 | ― | 堺市博物館寄託・所蔵 | 七観古墳研究会2014 |
| 79 | 塚廻古墳 | 大阪府堺市 | 古墳時代中期 | ヒスイ；2 | ヒⅡ；2 | 埋葬施設 | 木下2005 |
| 80 | 大塚古墳 | 大阪府豊中市 | 古墳時代中期 | グリーンタフ；1 | ― | 埋葬施設 | 豊中市教育委員会1987 |
| 81 | 紫金山古墳 | 大阪府茨木市 | 古墳時代前期 | ヒスイ；3 | ヒⅡ；1 ヒⅢ；1 | 埋葬施設内 棺内 | 京都大学大学院文学研究科2005 |
| 82 | 弁天山C1号墳 | 大阪府高槻市 | 古墳時代前期中葉～末葉 | ヒスイ；2 | ヒⅡ；1 | 竪穴式石室棺内 | 大阪府教育委員会1967 |
| 83 | 国分ヌク谷北塚古墳 | 大阪府柏原市 | 古墳時代前期～中期 | ヒスイ；3 | ヒⅢ；3 | 粘土槨内木棺内 | 大阪大学1964 |
| 84 | 安堂遺跡 | 大阪府柏原市 | 不明 | 滑石；1 | ― | 溝状遺構 | 柏原市教育委員会1988 |
| 85 | 北玉山古墳 | 大阪府柏原市 | 古墳時代中期前葉 | ヒスイ；5 | ヒⅠ；3 ヒⅡ；2 | 石室 | 関西大学文学部1963 |
| 86 | 狐塚古墳 | 大坂府柏原市 | 古墳時代前期後半 | ヒスイ；1 | ヒⅡ；1 | 石室 | 柏原市教育委員会2004 |
| 87 | 河内松岳山古墳 | 大阪府柏原市 | 古墳時代前期 | ヒスイ；1 | ヒⅡ；1 | 石室 棺内 | 大阪府教育委員会1957 |
| 88 | 和泉黄金塚古墳 | 大阪府和泉市 | 古墳時代前期末葉 | ヒスイ；7 滑石；9 | ヒⅡ；7 滑Ⅰ；3 滑Ⅱ；6 | 中央槨 | 日本考古學協會1954 |
| | | | | ヒスイ；3 | ヒⅠ；1 ヒⅢ；1 | 東槨 | |
| | | | | ヒスイ；2 滑石；1 | ヒⅠ；1 滑Ⅱ；1 | 西槨 | |
| 89 | 風吹山古墳 | 大阪府岸和田市 | 古墳時代中期 | ヒスイ；5 | ヒⅠ；1 ヒⅡ；3 ヒⅢ；1 | 北棺 | 岸和田市教育委員会1995 |
| 90 | 大和川今池遺跡 | 大阪府松原市 | 古墳時代終末期 | 碧玉；1 | ヘⅡ；1 | SB02 掘立柱建物 | 大阪府教育委員会1990 |
| 91 | 庭鳥塚古墳 | 大阪府羽曳野市 | 古墳時代前期 | ヒスイ；1 | ヒⅡ；1 | 埋葬施設内 棺内 | 羽曳野市教育委員会2006 |
| 92 | 駒ヶ谷宮山古墳 | 大阪府羽曳野市 | 古墳時代中期初頭 | ヒスイ；1 | ヒⅡ；1 | 後円部竪穴式石室内 | 大阪大学1964 |
| 93 | 盾塚古墳 | 大阪府藤井寺市 | 古墳時代中期前葉 | 碧玉；2 緑色凝灰岩；1 | ヘⅡ；2 | 棺内 | 末永雅雄1991 |
| 94 | 珠金塚古墳 | 大阪府藤井寺市 | 古墳時代中期後半 | ヒスイ；1 | ヒⅡ；1 | 北槨 | 末永雅雄1991 |
| 95 | 寛弘寺12号墳 | 大阪府南河内郡 | 古墳時代前期 | ヒスイ；1 | ヒⅡ；1 | 主体部 | 大阪府教育委員会1986 |
| 96 | 白水瓢塚古墳 | 兵庫県神戸市 | 古墳時代前期中頃 | ヒスイ；4 | ヒⅠ；2 ヒⅡ；1 ヒⅢ；1 | 第1主体部棺内 | 神戸市教育委員会2008 |
| 97 | 田能遺跡 | 兵庫県尾崎市 | 弥生時代中期 | ヒスイ；1 | ヒⅡ；1 | 第4調査区第6溝 | 尾崎市教育委員会1982 |
| 98 | 長越遺跡 | 兵庫県姫路市 | 古墳時代前期～中期 | 滑石；1 | 滑Ⅱ；1 | 大溝 | 兵庫県教育委員会1978 |
| 99 | 宮山古墳 | 兵庫県姫路市 | 古墳時代後期 | ヒスイ；3 | ヒⅡ；1 | 石室 | 兵庫県姫路市教育委員会1970、姫路市教育委員会2016 |
| 100 | 人見塚古墳 | 兵庫県姫路市 | 古墳時代後期 | 碧玉；2 | ヘⅡ；2 | 石室 | 姫路市2010 |
| 101 | 山崎山古墳群 | 兵庫県姫路市 | 古墳時代後期 | ヒスイ；1 | ヒⅠ；1 | 3号墳 | 姫路市2010 |
| 102 | 小見塚古墳 | 兵庫県豊岡市 | 古墳時代前期 | 滑石；1 | 滑Ⅱ；1 | 石室 | 兵庫県1925 |

第2節　分布・出土遺跡数にみる時期的変遷

| 103 | 森尾古墳 | 兵庫県豊岡市 | 古墳時代前期 | ヒスイ;1 | ヒⅢ;1 | 埋葬施設 | 豊岡市教育委員会1980 |
|---|---|---|---|---|---|---|---|
| 104 | 田多地3号墳 | 兵庫県豊岡市 | 古墳時代中期 | 不明石材;1 | － | 第13主体 | 出石町教育委員会1985 |
| 105 | 茶すり山古墳 | 兵庫県朝来市 | 古墳時代中期前半 | 緑色凝灰岩風石;2 | － | 第2主体部 | 兵庫県教育委員会2010 |
| 106 | 城の山古墳 | 兵庫県朝来市 | 古墳時代前期 | コハク;1 | コⅡ;1 | 木棺内 | 和田山町・和田山町教育委員会1972 |
| 107 | 伊和中山古墳群 | 兵庫県宍粟市 | 古墳時代前期末葉 | 碧玉;1 | － | 1号墳　棺内 | 兵庫県宍粟郡一宮町教育委員会1986 |
| 108 | 西野山第3号墳 | 兵庫県赤穂郡 | 古墳時代中期前半 | ヒスイ;1 | ヒⅡ;1 | 粘土槨内　主体部 | 有年考古館1952 |
| 109 | 丸山古墳 | 奈良県奈良市 | 古墳時代後期 | ガラス;1 | ガⅡ;1 | 撹乱土内 | 奈良県教育委員会1959a |
| 110 | 奈良元興寺 | 奈良県奈良市 | 奈良時代 | ヒスイ;1 | ヒⅢ;1 | 塔跡心礎周辺 | 稲森1930、木下2005 |
| 111 | 石上神宮禁足地遺跡（仮） | 奈良県天理市 | 古墳時代中期前半 | ヒスイ;10 | ヒⅠ;8 ヒⅡ;2 | 石室 | 大場磐雄1930 |
| 112 | 櫟本市場遺跡 | 奈良県天理市 | 不明 | ヒスイ;1 | － | 包含層 | 奈良県教育委員会1966 |
| 113 | 下池山古墳 | 奈良県天理市 | 古墳時代前期 | グリーンタフ;2 | － | 石室内 | 奈良県立橿原考古学研究所2008 |
| 114 | 新沢千塚古墳群 | 奈良県橿原市 | 古墳時代後期 | ヒスイ;1 | ヒⅡ;1 | 126号墳　棺内 | 奈良県教育委員会1977 |
| | | | 古墳時代前期後半 | ヒスイ;1 不明石材;1 | ヒⅠ;1 | 500号墳　主槨 後円部　主体部 | 奈良県教育委員会1981 |
| | | | 古墳時代中期 | 不明;1 | － | 48号墳　石室 | |
| | | | 古墳時代前期後半～中期 | ヒスイ;3 | ヒⅡ;3 | 213号（棺内） | |
| 115 | 池ノ内5号墳 | 奈良県桜井市 | 古墳時代中期 | 滑石;1 | 滑Ⅱ;1 | 第3棺 | 奈良県教育委員会1973 |
| 116 | 桜井南部（磐余）古墳群 | 奈良県桜井市 | 古墳時代前期中頃 | ヒスイ;1 | ヒⅠ;1 | メスリ山古墳　主室 | 奈良県教育委員会ほか1977 |
| | | | 古墳時代前期前半 | ヒスイ;1 | ヒⅠ;1 | 桜井茶臼山古墳 石室 | 奈良県教育委員会1961 |
| 117 | 赤尾熊ヶ谷2号墳 | 奈良県桜井市 | 古墳時代前期 | ヒスイ;1 | ヒⅢ;1 | 1号棺 | 桜井市文化財協会2008 |
| 118 | 外山谷1号墳 | 奈良県桜井市 | 古墳時代後期 | 滑石;2 | 滑Ⅱ;2 | 第1埋葬施設 棺内 | 奈良県立橿原考古学研究所編1978 |
| | | | 古墳時代後期 | 滑石;1 | － | 採集 | |
| 119 | 石光山8号墳 | 奈良県御所市 | 古墳時代後期後葉～末葉 | ガラス;1 | ガⅠ;1 | 竪穴式石室 | 奈良県教育委員会1976 |
| 120 | 巨勢山2号墳 | 奈良県御所市 | 古墳時代中期 | 不明石材;1 | － | 北棺 | 奈良県教育委員会1974 |
| 121 | 室宮山古墳 | 奈良県御所市 | 古墳時代中期前葉 | 碧玉;2 | ヘⅡ;2 | 石室 | 奈良県教育委員会1959b |
| 122 | 鴨都波1号墳 | 奈良県御所市 | 古墳時代前期中葉 | ヒスイ;2 | ヒⅢ;2 | 棺内 | 御所市教育委員会 編2001 |
| 123 | 後出2号墳 | 奈良県宇陀市 | 古墳時代後期 | コハク;1 | コⅠ;1 | 棺内 | 奈良県立橿原考古学研究所2003 |
| 124 | 島の山古墳 | 奈良県磯城郡 | 古墳時代前期末葉 | 滑石;1 | 滑Ⅱ;1 | 粘土槨内 | 奈良県立橿原考古学研究所編1997 |
| 125 | 市尾墓山古墳 | 奈良県高市郡 | 古墳時代後期 | 不明石材;1 | － | 5－2トレンチ | 高取町教育委員会2007 |
| 126 | 飛鳥寺 | 奈良県高市郡 | 古墳時代終末期 | ヒスイ;1 | ヒⅢ;1 | 舎利埋納物 | 奈良國立文化財研究所1958 |
| 127 | 佐味田狐塚古墳 | 奈良県北葛城郡 | 古墳時代前期 | 滑石;1 | 滑Ⅱ;1 | Bトレンチ　第1主体部 | 奈良県立橿原考古学研究所2002a |
| 128 | 馬見古墳群 | 奈良県北葛城郡 | 古墳時代中期 | 不明石材;1 | － | 新木山古墳　石室 | 奈良県立橿原考古学研究所2002b |
| | | | 古墳時代中期 | 滑石;1 | 滑Ⅰ;1 | 巣山古墳　石室 | 広陵町教育委員会1989、奈良県立橿原考古学研究所2002b |
| | | | 古墳時代前期後半 | ヒスイ;6 | ヒⅠ;1 ヒⅡ;1 ヒⅢ;4 | 宝塚古墳　石室（＝貝吹山古墳） | 梅原末治1921、奈良県立橿原考古学研究所2002b |
| | | | 古墳時代前期中葉 | 滑石？;2 | － | 新山古墳　石室 | 奈良県立橿原考古学研究所2002b |
| | | | 古墳時代前期後半 | 不明石材;1 | － | 黒石5号墳？ 黒石東2号墳？ | 奈良県立橿原考古学研究所2002b |
| 129 | 鷹島遺跡 | 和歌山県有田郡 | 古墳時代 | 滑石;1 | － | 包含層 | 南紀考古同好会1969 |
| 130 | 面影山90号墳 | 鳥取県鳥取市 | 古墳時代前期後半頃 | ヒスイ;1 | ヒⅡ;1 | 埋葬施設内木棺内 | 鳥取市教育委員会ほか1991 |

第3章　丁字頭勾玉の展開過程と地域性

| 131 | 横枕73号墳 | 鳥取県鳥取市 | 古墳時代中期中葉 | コハク；2 | コⅡ；2 | 第1主体部 | 鳥取市文化財団2003 |
|---|---|---|---|---|---|---|---|
| 132 | 長瀬高浜遺跡 | 鳥取県東伯郡 | 古墳時代前期～中期 | 滑石；1 | 滑Ⅱ；1 | SI221（竪穴住居） | 鳥取県教育文化財団1997 |
| | | | 古墳時代前期～中期 | 滑石；1 | 滑Ⅱ；1 | SI01（竪穴住居） | 鳥取県教育文化財団ほか1980 |
| | | | 古墳時代中期 | 不明石材；1 | － | SI107（竪穴住居） | 鳥取県教育文化財団ほか1982 |
| | | | 古墳時代後期 | 滑石；1 | 滑Ⅱ；1 | SX02　2号墳墳丘内 | |
| 133 | 馬山4号墳 | 鳥取県東伯郡 | 古墳時代前期 | ヒスイ；1 | ヒⅠ；1 | 第1主体部 | 山陰考古学研究所1978 |
| 134 | 北山1号墳 | 鳥取県東伯郡 | 古墳時代中期 | ヒスイ；1 | ヒⅡ；1 | 第2主体部 | 山陰考古学研究所1978 |
| 135 | 南谷大山遺跡 | 鳥取県東伯郡 | 弥生時代後期後半 | 流紋岩質凝灰岩；1 | － | A区SIO1（竪穴住居） | 鳥取県教育文化財団ほか1993 |
| 136 | 前立山遺跡 | 島根県鹿足郡 | 弥生時代後期末 | 不明石材；1 | － | SI17（竪穴住居） | 島根県教育委員会1980 |
| 137 | 金蔵山古墳 | 岡山県岡山市 | 古墳時代前期末葉～中期初頭 | 滑石；72 | 滑Ⅰ；11 滑Ⅱ；31 | 南石室 | 倉敷考古館1959 |
| 138 | 雲山鳥打1号墳丘墓 | 岡山県岡山市 | 弥生時代後期 | ヒスイ；1 | ヒⅠ；1 | 第1主体部 | 岡山県1986 |
| 139 | 高塚遺跡 | 岡山県岡山市 | 古墳時代 | 蛇紋岩；1 | － | フロヤ調査区遺構外 | 岡山県教育委員会ほか2000 |
| | | 岡山県岡山市 | 弥生時代後期 | 土製；1 | 土Ⅰ；1 | 角田調査区方形土壙107 | 岡山県教育委員会ほか2000 |
| 140 | 一宮天神山2号墳 | 岡山県岡山市 | 古墳時代前期 | ヒスイ；1 | ヒⅡ；1 | 第2主体棺外？ | 木下2005 |
| 141 | 築山古墳 | 岡山県瀬戸内市 | 古墳時代中期 | ガラス；1 | ガⅠ；1 | 石室 | 岡山県1986 |
| 142 | 楯築弥生墳丘墓 | 岡山県倉敷市 | 弥生時代後期後葉 | ヒスイ；1 | ヒⅠ；1 | 中心主体部　墳丘墓 | 近藤　編1992 |
| | | | | 土製；2 | 土Ⅰ；1 土Ⅱ；1 | 円礫堆出土　墳丘墓 | |
| 143 | 鋳物師谷1号弥生墳丘墓 | 岡山県総社市 | 弥生時代後期後葉 | ヒスイ；1 | ヒⅠ；1 | 石室 | 春成・葛原・小野・中田1969 |
| 144 | 鶴山丸山古墳 | 岡山県和気郡 | 古墳時代前期後半 | ロウ石；2 | － | 石室　北東隅 | 日本古文化研究所1974b |
| 145 | 月の輪古墳 | 岡山県久米郡 | 古墳時代中期 | 碧玉；1 | ヘⅡ；1 | 南槨Ⅲ | 月の輪古墳刊行会1960 |
| 146 | 奥の前1号墳 | 岡山県津山市 | 古墳時代前期 | ヒスイ；1 | ヒⅠ；1 | 組合式石棺 | 久米開発事業に伴う文化財調査委員会1979 |
| 147 | 恵下1号墳 | 広島県広島市 | 古墳時代中期 | ヒスイ；1 | ヒⅡ；1 | 埋葬施設内 | 広島県教育委員会1977 |
| 148 | 新宮古墳 | 広島県広島市 | 古墳時代後期 | ヒスイ；1 | － | 石室 | 広島市役所1981 |
| 149 | 中小田第1号墳 | 広島県広島市 | 古墳時代前期 | ヒスイ；1 | ヒⅠ；1 | 石室 | 潮見　編1982 |
| 150 | 毘沙門台東遺跡 | 広島県広島市 | 弥生時代後期 | 土製；1 | 土Ⅰ；1 | 第25号住居跡周辺地山面 | 広島市教育委員会1990 |
| | | | 弥生時代後期？ | 土製；1 | 土Ⅱ；1 | B地点東側斜面 | |
| 151 | 千人塚古墳 | 広島県東広島市 | 古墳時代中期 | ヒスイ；2 | ヒⅡ；2 | 1号墳　石室 | 広島県1979 |
| 152 | 京野遺跡 | 広島県山形郡 | 弥生時代後期 | 土製；1 | 土Ⅰ；1 | SX2O　段状遺構 | 広島県埋蔵文化財調査センター1998 |
| 153 | 松崎古墳 | 山口県宇部市 | 古墳時代前期 | コハク；1 | コⅠ；1 | 石室 | 宇部市教育委員会1981 |
| 154 | 柳井茶臼山古墳 | 山口県柳井市 | 古墳時代前期 | ヒスイ；2 | ヒⅠ；2 | 竪穴式石槨 | 柳井市教育委員会編1999 |
| 155 | 妙徳寺山古墳 | 山口県山陽小野田市 | 古墳時代前期 | 緑色凝灰岩；3 | － | 主体部 | 建設省山口工事事務所・山口県教育委員会1991 |
| 156 | 岩崎山4号墳 | 香川県さぬき市 | 古墳時代前期 | ヒスイ；1 | ヒⅠ；1 | 竪穴式石槨 | 津田町教育委員会2002 |
| 157 | 快天山古墳 | 香川県丸亀市 | 古墳時代前期 | ヒスイ；1 | ヒⅠ；1 | 竪穴式石槨1号石棺 | 綾歌町教育委員会2002 |
| 158 | 大浦浜遺跡 | 香川県坂出市櫃石島 | 古墳時代 | 碧玉？；1 | － | 包含層 | 香川県教育委員会ほか1988 |
| 159 | 乃万の裏遺跡 | 愛媛県松山市 | 古代～中世 | ヒスイ；1 | － | SD11　溝跡 | 松山市教育委員会ほか1999 |
| 160 | 正光寺山古墳群 | 愛媛県新居浜市 | 古墳時代後期 | ヒスイ；1 | ヒⅢ；1 | 1号墳　主体部 | 新居浜市教育委員会2012 |
| 161 | 高岡山古墳群 | 高知県宿毛市 | 古墳時代前期 | ヒスイ；1 | ヒⅡ；1 | 1号墳　主体部 | 高知県教育委員会1985 |

第2節　分布・出土遺跡数にみる時期的変遷

| 162 | 岡遺跡 | 福岡県北九州市 | 弥生時代中期中頃〜後半 | ヒスイ；1 | ヒⅡ；1 | 谷地Ⅲ層 | 北九州市教育文化事業団埋蔵文化財調査室1989 |
|---|---|---|---|---|---|---|---|
| 163 | 蒲生寺中遺跡 | 福岡県北九州市 | 古墳時代中期 | 碧玉；2 | ヘⅠ；1 ヘⅡ；1 | 4区 蒲生寺中古墳 | 北九州市芸術文化振興財団埋蔵文化財調査室2002 |
| 164 | 広石南4号墳 | 福岡県福岡市 | 古墳時代後期 | ヒスイ；1 | ヒⅡ；1 | 羨道中央 | 福岡市教育委員会1999 |
| 165 | クエゾノ遺跡 | 福岡県福岡市 | 古墳時代後期 | 緑泥変岩；1 | ― | 1号墳 第2主体部 | 福岡市教育委員会1995 |
| 166 | 丸隈山古墳 | 福岡県福岡市 | 古墳時代中期 | ヒスイ；2 | ヒⅠ；1 ヒⅡ；1 | 石室 | 福岡市教育委員会1986 |
| 167 | 三苫遺跡群 | 福岡県福岡市 | 古墳時代後期 | 滑石；1 | 滑Ⅱ；1 | SC1005 竪穴住居 | 福岡市教育委員会1996 |
| 168 | 野方久保遺跡 | 福岡県福岡市 | 弥生時代後期後半 | ヒスイ；1 | ヒⅠ；1 | SC－17 A地点 竪穴住居 | 福岡市教育委員会1993 |
| 169 | 野多目拈渡遺跡 | 福岡県福岡市 | 古墳時代後期 | 碧玉？；1 | ― | 第23号住居址 壁溝 | 福岡市教育委員会1983 |
| 170 | 老司古墳 | 福岡県福岡市 | 古墳時代中期 | ヒスイ；5 | ヒⅠ；3 ヒⅡ；2 | 3号石室 | 福岡市教育委員会1989 |
| 171 | 鋤崎古墳 | 福岡県福岡市 | 古墳時代前期 | ヒスイ；3 | ヒⅠ；1 ヒⅡ；1 ヒⅢ；1 | 主室 1号棺 | 福岡市教育委員会2002 |
| 172 | 高田遺跡 | 福岡県福岡市 | 弥生時代後期後半〜末葉 | 土製；1 | 土Ⅰ；1 | 溝1 | 福岡県教育委員会1984 |
| 173 | 五島山古墳 | 福岡県福岡市 | 古墳時代前期前半 | ヒスイ；1 | ヒⅡ；1 | 石室 | 亀井明徳1970 |
| 174 | 城の谷古墳 | 福岡県八女市 | 古墳時代前期前半 | ヒスイ；1 | ヒⅠ；1 | 棺内 | 八女市教育委員会1983 |
| 175 | 稲童古墳群 | 福岡県行橋市 | 古墳時代前期後半 | ヒスイ；1 | ヒⅡ；1 | 稲童15号墳 石室 | 行橋市教育委員会2005 |
| | | | 古墳時代中期後半 | ヒスイ；5 | ヒⅠ；1 ヒⅡ；3 ヒⅢ；1 | 稲童21号墳 石室 | |
| 176 | 以来尺遺跡 | 福岡県筑紫野市 | 弥生時代後期 | 蛇紋岩；1 | ― | 84号住居 竪穴住居 | 福岡県教育委員会1997 |
| 177 | 上高宮古墳 | 福岡県宗像市 | 古墳時代中期 | ヒスイ；1 | ヒⅠ；1 | 埋葬施設内 | 宗像大社復興期成会1979 |
| 178 | 宗像神社沖津宮祭祀遺跡 | 福岡県宗像市 | 古墳時代中期 | ヒスイ；2 碧玉；2 | ヒⅠ；2 ヘⅠ；2 | 16号遺跡 岩上祭祀遺構 | 吉川弘文館1958、吉川弘文館1961 |
| | | | 古墳時代中期 | 碧玉；1 滑石；2 | ヘⅠ；1 滑Ⅰ；1 滑Ⅱ；1 | 19号遺跡 岩上祭祀遺構 | 吉川弘文館1961 |
| 179 | 東郷高塚古墳 | 福岡県宗像市 | 古墳時代前期後半 | ヒスイ；1 | ヒⅠ；1 | 盗掘壙 | 宗像市教育委員会1989 |
| 180 | 中津宮境内付近遺跡（仮） | 福岡県宗像市 | 不明 | ヒスイ；1 | ― | 不明（大島小学校校庭より） | 大島村1985 |
| 181 | 古野第19号墳 | 福岡県古賀市 | 古墳時代終末期 | 碧玉；1 | ヘⅡ；1 | 玄室 | 福岡県教育委員会1978 |
| 182 | 奴山正園古墳 | 福岡県福津市 | 古墳時代中期 | ヒスイ；1 碧玉；2 | ヒⅢ；1 ヘⅠ；1 ヘⅡ；1 | 埋葬施設 棺外南側盗掘坑 | 津屋崎町教育委員会1978、福津市教育委員会2013 |
| 183 | 勝浦峯ノ畑古墳 | 福岡県福津市 | 古墳時代後期 | コハク；1 | コⅡ；1 | 石室 | 福津市教育委員会2011 |
| 184 | 柿原遺跡群（D地区） | 福岡県朝倉市 | 古墳時代終末期〜奈良時代 | 瑪瑙；1 | ― | 13号墳 石室 | 福岡県教育委員会1990 |
| 185 | 竹海校東遺跡 | 福岡県みやま市 | 縄文時代晩期〜古墳時代 | ヒスイ；1 | ― | P－137 ピット | 高田町教育委員会2003 |
| 186 | 銚子塚古墳 | 福岡県糸島市 | 古墳時代前期後半 | ヒスイ；1 | ヒⅠ；1 | 竪穴式石室 | 日本考古學協會古墳調査特別委員會1952 |
| 187 | 三雲南小路遺跡 | 福岡県糸島市 | 弥生時代中期後半 | ヒスイ；1 ガラス；1 | ヒⅠ；1 ガⅠ；1 | 2号甕棺墓 | 福岡県教育委員会1976、福岡県教育委員会1985 |
| 188 | 平原遺跡 | 福岡県糸島市 | 弥生時代後期後半〜末葉 | ガラス；3 | ガⅠ；3 | 平原1号墓 主体部 | 平原弥生古墳調査報告書編集委員会1991、前原市教育委員会2000 |
| 189 | 須玖岡本D地点 | 福岡県春日市 | 不明 | ガラス；1 | ― | 表採 | 京都帝國大學1930 |
| 190 | 岩長浦古墳群 | 福岡県糟屋郡 | 古墳時代終末期 | ヒスイ；1 | ヒⅡ；1 | IW1号墳 石室 | 宇美町教育委員会1981 |
| 191 | 夜臼・三代地区遺跡群 | 福岡県糟屋郡 | 古墳時代 | 不明石材；1 | ― | 包含層 | 新宮町教育委員会1994 |

115

第3章　丁字頭勾玉の展開過程と地域性

| | | | | | | | |
|---|---|---|---|---|---|---|---|
| 192 | 箕田丸山古墳 | 福岡県京都郡 | 古墳時代後期 | 不明石材;1 | − | 前方部　石室 | 福岡大学人文学部考古学研究室2004 |
| 193 | 番塚古墳 | 福岡県京都郡 | 古墳時代後期 | コハク;4 | コⅡ;3 | 南棺 | 九州大学文学部考古学研究室1993 |
| 194 | 御所山古墳 | 福岡県京都郡 | 古墳時代後期 | ヒスイ;1 | ヒⅡ;1 | 石室 | 苅田町教育委員会1976 |
| 195 | 穴ヶ葉山遺跡 | 福岡県築上郡 | 弥生時代後期後葉 | ヒスイ;1 | ヒⅠ;1 | 23号墓 石蓋土壙墓 | 大平村教育委員会1993 |
| 196 | 梅白遺跡 | 佐賀県唐津市 | 古墳時代 | 蛇紋岩;1 | − | 包含層 | 佐賀県教育委員会2003 |
| 197 | 宇木汲田遺跡 | 佐賀県唐津市 | 弥生時代中期前半 | ヒスイ;1 | ヒⅠ;1 | 11号甕棺墓 | 六興出版1982 |
| | | | 弥生時代中期前半 | ヒスイ;1 | ヒⅠ;1 | 47号甕棺墓 | |
| 198 | 谷口古墳 | 佐賀県唐津市 | 古墳時代前期後半 | ヒスイ;2 | ヒⅠ;1 ヒⅡ;1 | 後円部 東石棺内 | 佐賀縣教育委員会1948、 六興出版1982 |
| 199 | 中原遺跡 | 佐賀県唐津市 | 弥生時代終末期 〜古墳時代初頭 | ヒスイ;1 | ヒⅠ;1 | SP13231 木棺墓 | 佐賀県教育委員会2012 |
| 200 | 蓮和古墳 | 佐賀県唐津市 | 古墳時代中期 | 滑石;1 | − | 石室 | 六興出版1982 |
| 201 | 牛原田遺跡 | 佐賀県鳥栖市 | 古墳時代終末期 | ヒスイ;1 | ヒⅡ;1 | ST05古墳 | 鳥栖市教育委員会1994 |
| 202 | 大久保遺跡 | 佐賀県鳥栖市 | 弥生時代中期後葉 | 不明石材;1 | − | SH2028 竪穴住居 | 佐賀県教育委員会2001 |
| 203 | 東福寺遺跡 | 佐賀県武雄市 | 古墳時代終末期 | 碧玉;1 | ヘⅡ;1 | STO14古墳 石室 | 佐賀県教育委員会1994b |
| 204 | 猿嶽C遺跡 | 佐賀県神埼市 | 古墳時代後期 〜終末期 | 不明石材;1 | − | ST026　古墳 石室 | 佐賀県教育委員会1993 |
| 205 | 吉野ヶ里 遺跡 | 佐賀県神埼郡 | 弥生時代後期 | 碧玉;1 | ヘⅡ;1 | 志波屋四の坪地区 SP0859　土壙墓 | 佐賀県教育委員会1994a |
| 206 | 高下古墳 | 長崎県島原市 | 古墳時代後期 | ヒスイ;1 | ヒⅡ;1 | 埋葬施設 | 小田1979 |
| 207 | 勝負田古墳 | 長崎県平戸市 | 古墳時代前期 | ヒスイ;1 | ヒⅠ;1 | 石室　箱式石棺 | 長崎県教育委員会1992 |
| 208 | 根獅子遺跡 | 長崎県平戸市 | 弥生時代中期 | ヒスイ;1 | ヒⅠ;1 | 遺構内 | 京都大学平戸学術調査団1951、 木下2005 |
| 209 | 田助古墳 | 長崎県平戸市 | 古墳時代前期 | 碧玉;1 | ヘⅠ;1 | 箱式石棺墓 | 京都大学平戸学術調査団1951 |
| 210 | 古里遺跡 | 長崎県対馬市 | 古墳時代後期 | 頁岩;1 | − | 箱式石棺 | 長崎県教育委員会1996 |
| 211 | 保床山古墳 | 長崎県対馬市 | 古墳時代 | 滑石;1 | − | 伝世品 | 小田1972 |
| 212 | 神ノ崎遺跡 | 長崎県 北松浦郡 | 弥生時代中期末葉 | ヒスイ;1 | ヒⅠ;1 | 20号石棺 | 長崎県北松浦郡小値賀町教育委員会 1984 |
| 213 | 方保田東原遺跡 | 熊本県山鹿市 | 弥生時代終末期 〜古墳時代初頭 | 土製;1 | 土Ⅱ;1 | 15号住居跡 竪穴住居 | 山鹿市教育委員会1984 |
| | | | 弥生時代 〜平安時代・中世 | 土製;1 | − | 4区　遺構外 | 熊本県山鹿市教育委員会2004 |
| 214 | 向野田古墳 | 熊本県宇土市 | 古墳時代前期後半 | ヒスイ;1 | ヒⅠ;1 | 棺内 | 熊本県宇土市教育委員会1978 |
| 215 | 桐ノ木尾 ばね古墳 | 熊本県 上天草市 | 古墳時代中期前半 | 碧玉;2 | ヘⅠ;1 ヘⅡ;1 | 石室 | 熊本大学文学部考古学研究室2007 |
| 216 | 江田船山古墳 | 熊本県玉名郡 | 古墳時代後期 | ヒスイ;2 | ヒⅠ;2 | 石室 | 菊水町史編纂委員会2007 |
| 217 | 上ノ坊古墳 | 大分県大分市 | 古墳時代前期後半 | ヒスイ;1 | ヒⅠ;1 | 石棺 | 大分県前方後円墳研究会1990 |
| 218 | 草場第2遺跡 | 大分県日田市 | 古墳時代中期 | 泥岩;2 | − | 13号方形墓 第1主体部 | 大分県教育委員会1989 |
| 219 | 兎ヶ平古墳 | 大分県宇佐市 | 古墳時代前期 | ヒスイ;2 | ヒⅠ;2 | 棺内 | 大分県立宇佐風土記の丘歴史民俗資料 館1986 |
| 220 | 川辺遺跡 | 大分県宇佐市 | 弥生時代終末期 〜古墳時代初頭 | ヒスイ;1 | ヒⅠ;1 | 1号方形周溝墓 2号石棺内 | 宇佐市教育委員会1998、 大分県教育委員会1999 |
| 221 | 樋尻道遺跡 | 大分県宇佐市 | 弥生時代中期中葉 〜後期後半 | 土製;8 | 土Ⅱ;8 | 10号墓及びその 周辺失蓋土壙墓 | 宇佐市教育委員会1981、 宇佐市教育委員会1986 |
| 222 | 高添遺跡 | 大分県 豊後大野市 | 弥生時代後期 〜古墳時代前期 | 不明石材;1 | − | 20号竪穴 竪穴住居 | 大分県教育庁埋蔵文化財センター2007 |
| 223 | 下北方古墳群 | 宮崎県宮崎市 | 古墳時代後期 | ヒスイ;2 | ヒⅠ;2 | 5号地下式 横穴墓　玄室 | 宮崎市教育委員会1977、 宮崎県教育委員会1987 |

| | | | | | | | |
|---|---|---|---|---|---|---|---|
| 224 | ズクノ山第1遺跡 | 宮崎県宮崎市 | 弥生時代中期後半～後期初頭 | 土製:1 | 土Ⅰ:1 | SA-10 竪穴住居 | 県宮崎郡田野町教育委員会2003 |
| | | | 弥生時代中期～後期 | 土製:1 | 土Ⅰ:1 | SA-29 竪穴住居 | |
| 225 | 六野原古墳群 | 宮崎県東諸県郡 | 古墳時代中期～後期 | ヒスイ:1 | ヒⅠ:1 | 地下式古墳 第8号墳 | 宮崎縣1944 |
| 226 | 持田古墳群 | 宮崎県児湯郡 | 古墳時代前期 | ヒスイ:1 | ヒⅢ:1 | 計塚 第1号墳 石室 | 宮崎県教育委員会1969 |
| | | | 古墳時代後期 | ヒスイ:2 | ヒⅠ:2 | 14号墳 石室 | |
| | | | 古墳時代後期 | ガラス:3 | ガⅡ:3 | 山の神塚（第26号墳） | |
| | | | 古墳時代 | ヒスイ:11 | － | 個人蔵 | |
| 227 | 首里城跡 | 沖縄県那覇市 | 中世～現代 | 不明石材:1 | － | 二階殿地区 盛土 | 沖縄県立埋蔵文化財センター2005 |
| 228 | 仲筋貝塚 | 沖縄県石垣市 | グスク時代 | 不明石材:1 | － | 表採 | 仲筋貝塚発掘調査団1981 |
| 229 | 里東原遺跡 | 沖縄県糸満市 | グスク時代？ | ガラス:1 | － | 包含層 | 糸満市教育委員会1995 |
| 230 | 齋場御嶽 | 沖縄県南城市 | 中世～近世 | ヒスイ:1 | ヒⅠ:1 | 三庫理地区（イビヌメー）第Ⅰ層テストピット2 | 知念村教育委員会1999 |

③古墳時代終末期で、それぞれ大きく変化していることが指摘できる。すなわち、①は北部九州地域から瀬戸内海を介して、広島県・岡山県の海岸沿いの地域に分布圏が広がりはじめる時期であり、②は近畿地域に最も分布が集中する時期、そして、③は近畿地域で丁字頭勾玉がほとんどみられなくなり、代わって新しく北海道や東北地域で出土が確認される時期である。

　次いで遺跡数からは、古墳時代前期に急激な増加がみられる近畿地域に対して、九州地域では全時代を通して、それほど大きな増減はみられない、という点が注目される。すなわち、九州地域では、近畿地域や東日本とは異なり、弥生時代から古墳時代に社会が移り変わるなかでも、継続して丁字頭勾玉が用いられていたと指摘できる。

　以上、弥生時代中期から時期を追って丁字頭勾玉の分布および出土遺跡数の変化を述べ、各時期の特徴について検討を加えた。このことによって丁字頭勾玉が時期の変遷によって、いかなる変容をとげているかがより明確になったと考えられる。

# 第3節　材質からみた消長

　次に材質に注目して分類を行い、変遷を明らかにする。なお、分類に関しては、すでに木下氏の研究がある〔木下1987〕。しかし、木下氏の分類は、材質に特化せず、勾玉全体を形態の面から分類したものである。したがって、材質ごとに分類したものとはいえない。しかし、各材質の出現・展開・消失に時期的な差異が認められることを考慮するならば、材質の相違を意識した上での形態分類が不可欠と考える。

　以下、材質ごとの分類を行うが（第35図）、そこで用いる形態分類のうちⅠ類とⅡ類は、それぞれ木下氏のいう定形勾玉と亜定形勾玉に含まれる〔木下1987〕。

　特徴をあげるならば、まず、Ⅰ類は頭部側面の形が丸みを帯び、そこから屈曲した胴部が形成されることにより、頭部と胴部の間の正面側に括れができ、それぞれを区別することができるものである。

## 第12表　県別にみた出土遺跡数の変遷　※（ヒ:(遺跡数)）＝ヒスイ製丁字頭勾玉を伴う遺跡数

| | 北海道 | 東北地域 | 関東地域 | 中部地域 | 近畿地域 | 中国地域 | 四国地域 | 九州地域 | 計 |
|---|---|---|---|---|---|---|---|---|---|
| 弥生時代中期 | － | － | － | 愛知:1遺跡<br>1遺跡 | 兵庫:1遺跡(ヒ:1遺跡)<br>1遺跡(1遺跡にヒスイ) | － | － | 福岡:2遺跡(ヒ:2遺跡)<br>佐賀:2遺跡(ヒ:1遺跡)<br>長崎:2遺跡(ヒ:2遺跡)<br>大分:1遺跡<br>宮崎:1遺跡<br>8遺跡(5遺跡にヒスイ) | 10 |
| 弥生時代後期<br>～終末期 | － | － | － | 新潟:1遺跡<br>長野:1遺跡(ヒ:1遺跡)<br>2遺跡(1遺跡にヒスイ) | 1遺跡(1遺跡にヒスイ) | － | － | 福岡:5遺跡(ヒ:2遺跡)<br>佐賀:1遺跡<br>熊本:1遺跡<br>大分:3遺跡(ヒ:1遺跡)<br>宮崎:1遺跡<br>12遺跡(4遺跡にヒスイ) | 22 |
| 古墳時代前期 | － | － | 群馬:1遺跡(ヒ:1遺跡)<br>埼玉:1遺跡(ヒ:1遺跡)<br>2遺跡(2遺跡にヒスイ) | 長野:4遺跡(ヒ:1遺跡)<br>岐阜:1遺跡<br>静岡:1遺跡<br>愛知:1遺跡(ヒ:1遺跡)<br>三重:2遺跡(ヒ:2遺跡)<br>8遺跡(5遺跡にヒスイ) | 滋賀:2遺跡(ヒ:1遺跡)<br>京都:5遺跡(ヒ:4遺跡)<br>大阪:8遺跡(ヒ:8遺跡)<br>兵庫:6遺跡(ヒ:2遺跡)<br>奈良:8遺跡(ヒ:5遺跡)<br>29遺跡(20遺跡にヒスイ) | 鳥取:1遺跡<br>島根:1遺跡<br>岡山:4遺跡(ヒ:3遺跡)<br>広島:2遺跡<br>8遺跡(3遺跡にヒスイ) | － | 福岡:6遺跡(ヒ:6遺跡)<br>佐賀:2遺跡(ヒ:2遺跡)<br>長崎:2遺跡(ヒ:1遺跡)<br>熊本:4遺跡(ヒ:3遺跡)<br>大分:4遺跡(ヒ:3遺跡)<br>宮崎:1遺跡(ヒ:1遺跡)<br>17遺跡(14遺跡にヒスイ) | 70 |
| 古墳時代中期 | － | － | 栃木:1遺跡<br>群馬:2遺跡<br>3遺跡 | 福井:2遺跡(ヒ:1遺跡)<br>岐阜:1遺跡<br>静岡:2遺跡(ヒ:1遺跡)<br>愛知:1遺跡<br>三重:3遺跡(ヒ:1遺跡)<br>9遺跡(3遺跡にヒスイ) | 滋賀:1遺跡<br>京都:8遺跡(ヒ:3遺跡)<br>大阪:11遺跡(ヒ:7遺跡)<br>兵庫:4遺跡(ヒ:2遺跡)<br>奈良:6遺跡(ヒ:1遺跡)<br>30遺跡(12遺跡にヒスイ) | 鳥取:3遺跡(ヒ:2遺跡)<br>岡山:6遺跡(ヒ:2遺跡)<br>広島:2遺跡(ヒ:2遺跡)<br>11遺跡(3遺跡にヒスイ) | 香川:2遺跡(ヒ:2遺跡)<br>高知:1遺跡<br>3遺跡(3遺跡にヒスイ) | 福岡:7遺跡(ヒ:6遺跡)<br>佐賀:1遺跡<br>熊本:1遺跡<br>大分:1遺跡<br>宮崎:1遺跡(ヒ:1遺跡)<br>11遺跡(7遺跡にヒスイ) | 61 |
| 古墳時代後期 | － | － | 千葉:2遺跡<br>神奈川:1遺跡<br>3遺跡(2遺跡にヒスイ) | 福井:1遺跡<br>山梨:1遺跡<br>岐阜:1遺跡<br>静岡:3遺跡(ヒ:3遺跡)<br>三重:1遺跡<br>8遺跡(3遺跡にヒスイ) | 京都:1遺跡<br>大阪:1遺跡<br>兵庫:3遺跡(ヒ:2遺跡)<br>奈良:6遺跡(ヒ:3遺跡)<br>11遺跡(4遺跡にヒスイ) | 鳥取:3遺跡<br>岡山:3遺跡<br>広島:2遺跡(ヒ:2遺跡)<br>8遺跡(3遺跡にヒスイ) | 愛媛:1遺跡(ヒ:1遺跡)<br>1遺跡(1遺跡にヒスイ) | 福岡:8遺跡(ヒ:2遺跡)<br>佐賀:1遺跡<br>長崎:2遺跡(ヒ:1遺跡)<br>熊本:1遺跡<br>宮崎:3遺跡(ヒ:3遺跡)<br>15遺跡(7遺跡にヒスイ) | 40 |
| 古墳時代終末期 | 北海道:1遺跡<br>(ヒ:1遺跡)<br>1遺跡(1遺跡にヒスイ) | 青森:1遺跡(ヒ:1遺跡)<br>岩手:1遺跡(ヒ:1遺跡)<br>3遺跡(2遺跡にヒスイ) | 千葉:1遺跡<br>1遺跡 | 静岡:3遺跡<br>3遺跡 | 大阪:1遺跡<br>奈良:1遺跡(ヒ:1遺跡)<br>2遺跡(1遺跡にヒスイ) | 鳥取:1遺跡<br>広島:1遺跡(ヒ:1遺跡)<br>2遺跡(1遺跡にヒスイ) | 1遺跡(1遺跡にヒスイ) | 福岡:3遺跡(ヒ:1遺跡)<br>佐賀:3遺跡(ヒ:1遺跡)<br>6遺跡(2遺跡にヒスイ) | 16 |
| 奈良時代以降 | 北海道:1遺跡<br>(ヒ:1遺跡)<br>1遺跡(1遺跡にヒスイ) | 青森:1遺跡(ヒ:1遺跡)<br>秋田:1遺跡<br>2遺跡(1遺跡にヒスイ) | － | 静岡:1遺跡<br>1遺跡 | 奈良:1遺跡(ヒ:1遺跡)<br>1遺跡(1遺跡にヒスイ) | － | － | 福岡:1遺跡<br>1遺跡 | 6 |

第3節 材質からみた消長

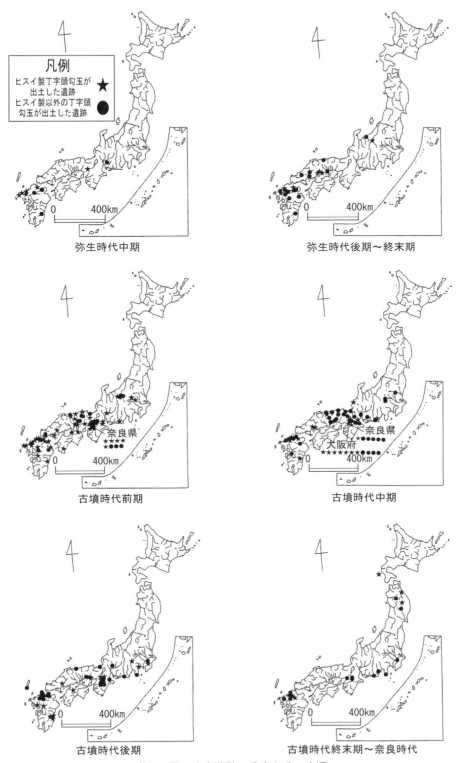

第34図 出土遺跡の分布とその変遷

119

第3章　丁字頭勾玉の展開過程と地域性

第35図　Ⅰ類・Ⅱa類・Ⅱb類・Ⅲ類における形態差

それに対して、Ⅱ類はその区別ができないものである。Ⅲ類は、大賀分類O型〔大賀2012〕と重なる部分はあるが、埼玉県熊野神社古墳〔桶川町教育委員会1967〕の例を含めないなど、対象とする範囲は異なるものである。その特徴は背部の湾曲が強いため、Ⅰ・Ⅱ類とは異なり、胴部が縦に間延びしていないという特徴を有している。また、全長に対して頭部と胴部側面の幅が大きいため、ややずんぐりとした外見的特徴もあげられる。

第13表は、材質ごとの類型が時間の経過と共にどのような広がり方をみせるのかを示したものである。以下、第13表をもとに説明する。

第13表　各地域における類型ごとの変遷
材質名(ヒはヒスイ/ヘは碧玉/滑は滑石/コはコハク/ガはガラス/土は土製)/類型;点数

| | 弥生 中 | 弥生 後・終 | 古墳 前 | 古墳 中 | 古墳 後 | 古墳 終 | 奈良 |
|---|---|---|---|---|---|---|---|
| 北海道 | | | | | | ヒⅠ;1 | ヒⅠ;1 |
| 東北 | | | | | | ヒⅠ;1<br>ヒⅡ;1<br>ヘⅡ;3 | ヒⅡ;1<br>ヘⅡ;3 |
| 関東 | | | | ヒⅠ;2<br>ヒⅢ;1<br>コⅡ;1 | 滑Ⅰ;1 | ヒⅡ;2 | |
| 中部 | | ヒⅡ;1 | ヒⅠ;3<br>ヒⅡ;1<br>ヒⅢ;2 | ヒⅡ;1<br>ヒⅢ;2<br>ヘⅡ;3<br>ガⅠ;1 | ヒⅡ;1<br>ヒⅢ;1<br>ガⅠ;1 | ヘⅡ;1 | |
| 近畿 | ヒⅡ;1 | | ヒⅠ;10<br>ヒⅡ;24<br>ヒⅢ;19<br>滑Ⅰ;3<br>滑Ⅱ;11<br>コⅡ;2 | ヒⅠ;15<br>ヒⅡ;18<br>ヒⅢ;5<br>ヘⅡ;8<br>滑Ⅰ;1<br>滑Ⅱ;6<br>ガⅠ;1 | ヒⅠ;1<br>ヒⅡ;3<br>ヘⅡ;2<br>ガⅡ;1<br>コⅠ;1 | ヒⅡ;1<br>ヘⅡ;1 | ヒⅢ;1 |
| 中国 | | ヒⅠ;2<br>ヒⅡ;1<br>土Ⅱa;4<br>土Ⅱb;1 | ヒⅠ;5<br>ヒⅡ;2<br>滑Ⅰ;11<br>滑Ⅱ;33<br>コⅠ;1 | ヒⅡ;4<br>ヘⅡ;1<br>滑Ⅰ;11<br>滑Ⅱ;33<br>ガⅠ;1 | 滑Ⅱ;1 | | |
| 四国 | | | ヒⅠ;2<br>ヒⅡ;1 | | ヒⅢ;1 | | |
| 九州 | ヒⅠ;5<br>ヒⅡ;1<br>ガⅡ;1<br>土Ⅱa;2<br>土Ⅱb;8 | ヒⅠ;4<br>ヘⅠ;1<br>ガⅠ;3<br>土Ⅱa;3<br>土Ⅱb;9 | ヒⅠ;12<br>ヒⅡ;4<br>ヒⅢ;2<br>ヘⅡ;6<br>ヘⅠ;1<br>土Ⅱb;1 | ヒⅠ;9<br>ヒⅡ;6<br>ヒⅢ;6<br>ヘⅡ;6<br>滑Ⅰ;1<br>滑Ⅱ;1 | ヒⅠ;8<br>ヒⅡ;2<br>滑Ⅱ;2<br>コⅡ;4<br>ヒⅡ;2 | ヒⅡ;2<br>ヘⅡ;2 | |

※神奈川県雨崎洞穴遺跡からは、古墳時代前期末葉から後期初頭のヒⅡと滑石Ⅱが各々1点出土しているが、対象となる時間幅が広すぎるため除いている。また、実測図や写真で報告されていないものは入れていない。

## 1. ヒスイ製

ヒスイ製丁字頭勾玉は、形態的にみてⅠ類（第36図の1）からⅢ類の3つに分類することができる。Ⅱ類（第36図の2）のなかには、類例は少ないが次の特徴を有するものもある。すなわち、Ⅱ類には、大阪府河内松岳山古墳〔大阪府教育委員会1957〕から出土した勾玉のような「丁字頭」に加えて、頭部から尾部にかけて数条の刻み目が施されるものがみられる（第37図の4）。また、Ⅲ類については、他の材質ではみることができないため、ヒスイ製がもつ大きな特徴の一つといえる（第36図の3）。

これら類型にみられる時期的変遷と地域性について考察を加えるならば、Ⅰ類・Ⅱ類は弥生時代中期には九州地域、後期・終末期には九州地域に加え中国

第3節 材質からみた消長

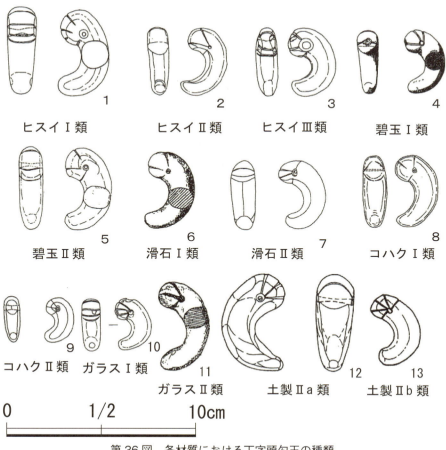

第36図　各材質における丁字頭勾玉の種類
1：福岡県三雲南小路遺跡　2：福岡県野方久保遺跡　3：大阪府紫金山古墳
4：福岡県宗像神社沖津宮祭祀遺跡　5：福岡県古野古墳群　6：群馬県白石稲荷山古墳
7：鳥取県長瀬高浜遺跡　8：奈良県後出古墳群　9：兵庫県城の山古墳　10：福岡県平原遺跡
11：奈良県丸山古墳　12：福岡県高田遺跡　13：熊本県方保田東原遺跡

地域でも多くみられる。しかし、ヒスイの産出地である北陸地域での出土はみられない。また、九州地域では古墳時代を通じて、Ⅰ類・Ⅱ類がある程度まとまって出土している。他地域については、まず古墳時代前期には出土量が最も多い近畿地域や中国地域・四国地域といった西日本での出土が目立つ。しかし、少量ながらも群馬県・埼玉県・長野県・静岡県・三重県[7]といった東日本でも出土がみられる。

　中期・後期になると、近畿地域では継続して多くの出土事例が確認できる一方で、中国地域・四国地域での出土数は減少していく。東日本は、千葉県・神奈川県・福井県・三重県で出土がみられるがやはり出土量は少ない。終末期に入ると、新しく北海道や東北地域での出土が確認できるようになるが、他は、北部九州地域で少量みられるのみとなる。

　Ⅰ類・Ⅱ類における出土の割合を述べるならば、弥生時代中期から古墳時代後期にかけての九州地域では、Ⅰ類が多くみられる傾向が確認できる。また、古墳時代前期以降の近畿地域では、Ⅰ類とⅡ類が混在あるいはⅡ類の方が多くみられる傾向を示す。

第3章　丁字頭勾玉の展開過程と地域性

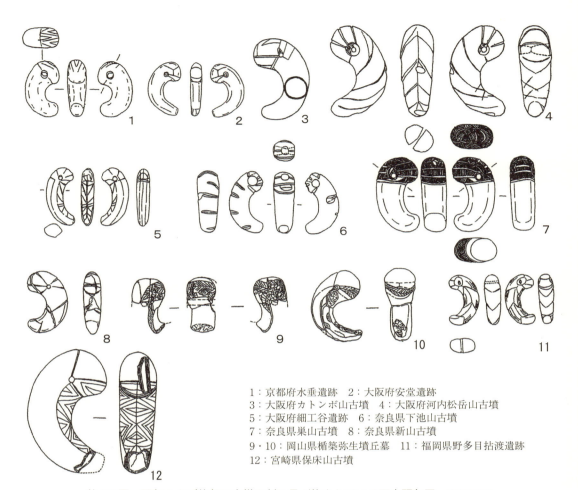

1：京都府水垂遺跡　2：大阪府安堂遺跡
3：大阪府カトンボ山古墳　4：大阪府河内松岳山古墳
5：大阪府細工谷遺跡　6：奈良県下池山古墳
7：奈良県巣山古墳　8：奈良県新山古墳
9・10：岡山県楯築弥生墳丘墓　11：福岡県野多目拈渡遺跡
12：宮崎県保床山古墳

第37図　頭部および体部に文様や刻み目が施されている丁字頭勾玉　※縮尺不同

　Ⅲ類は、古墳時代前期の大阪府と奈良県を中心とした近畿地域で多く出土が確認できる。また、福岡県・宮崎県といった九州地域でも出土を確認することができるが、Ⅰ・Ⅱ類と比べると数は明らかに少ない。さらに注目されることは、Ⅲ類が前期の段階からすでに東日本で確認できることである。古墳時代中期・後期になると、近畿地域でⅢ類の出土点数が減少していく。他の地域に目をむけると、山梨県や静岡県・愛媛県・福岡県で出土がみられる。しかし、出土量からみると、前期を最盛期とし、それ以降、減少傾向をたどるということは明らかである。
　古墳時代終末期と奈良時代には、奈良県から各々1事例が確認されている。
　これらから、Ⅲ類は古墳時代前期の近畿で出土点数が大幅に増加するということが指摘できる。その一方で、古墳時代を通して、九州地域からはⅢ類の出土量が明らかに少ない。この点はⅠ類・Ⅱ類とは異なる大きな特徴ということができよう。
　また、ヒスイ製丁字頭勾玉における「丁字頭」の多条化については、出土する大半が3本を基準とするという特徴がみられ、時期による変遷はみられない。

第3節　材質からみた消長

## 2. 碧玉製

　碧玉製丁字頭勾玉については、その形態を大きくⅠ類（第36図の4）・Ⅱ類（第36図の5）の2つに分けることができる。碧玉製丁字頭は、弥生時代中期から古墳時代前期にかけての出土量は極めて少なく、古墳時代前期末葉以降から徐々に確認されはじめて、奈良時代まで継続的にみられる。また、出土量からみた最盛期は、古墳時代中期である。特に、Ⅰ類は福岡県を中心とした北部九州地域、Ⅱ類は京都府・大阪府・奈良県などの近畿地域で多く出土している。古墳時代後期以降になると、出土点数は減少していき、確認される丁字頭勾玉は全てⅡ類になる。

　また、碧玉製丁字頭勾玉における「丁字頭」の多条化について述べるならば、古墳時代中期の福岡県宗像神社沖津宮祭祀遺跡と古墳時代終末期の岩手県五条丸古墳群から、刻みが4条施されている勾玉が確認されているが、それ以外はすべて刻みが3条のものである。このことから、時期差や地域差による「丁字頭」の多条化は、碧玉製丁字頭勾玉にはみられないと考えられる。

## 3. 滑石製

　滑石製丁字頭勾玉は、Ⅰ類（第36図の6）とⅡ類（第36図の7）とに大別することが可能である。これらのうちⅡ類のなかには、「丁字頭」と共に頭部や背部・抉り部、あるいは勾玉全体に直線・屈曲線・曲線を組み合わせた文様を施したものもある（第37図の2・3・5～8・12）[8]。

　Ⅰ類・Ⅱ類は、古墳時代前期から中期までの近畿地域・中国地域で多くみられ、群馬県・福岡県でも少量確認できることから、この時期を最盛期と捉えることができる。後期に入ると奈良県・鳥取県・福岡県で出土事例はみられるものの、全体的に数が減少していき、出土はⅡ類のみとなる。そして、終末期に出土が確認できなくなる。

　また、滑石製丁字頭勾玉は軟質であるため、文様が容易に施せることから、他の石材を用いた勾玉よりも「丁字頭」の多条化が顕著にみられるが、時期差による変遷はみられない。

## 4. コハク製

　コハク製丁字頭勾玉は、Ⅰ類（第36図の8）とⅡ類（第36図の9）の2つの形態に分けられる。Ⅰ類には奈良県後出古墳群〔奈良県立橿原考古学研究所2003〕の事例などがあるが、大半はⅡ類に含まれる。

　時期的変遷は、Ⅰ・Ⅱ類ともに弥生時代には確認されず、古墳時代前期に入り群馬県・滋賀県・兵庫県・山口県で確認されるようになる。中期には鳥取県、さらに後期では奈良県・福岡県で出土が確認できる。これらの分布のあらわれ方は、コハク製丁字頭勾玉が時代を通じて同じ地域で継続的に用いられるものではない、ということをものがたっていると思われる。

　「丁字頭」の多条化については、そのほとんどが2から3条の刻み目が施されているものであり、ヒスイ製・碧玉製・滑石製の丁字頭勾玉と同様に時期的変遷はみられない。

## 5. ガラス製

　ガラス製丁字頭勾玉は、Ⅰ類（第36図の10）とⅡ類（第36図の11）の2つに大別できる[9]。

123

Ⅰ類・Ⅱ類ともに弥生時代中期から終末期にかけては、福岡県でのみ出土が確認される。その後、古墳時代前期に入ると一度みられなくなるが、中期の福井県・滋賀県・岡山県で出土が確認されはじめる。後期は、福井県・奈良県・宮崎県の後期古墳で確認でき、その大半がⅡ類となる。そして、終末期になると、出土がみられなくなる。

「丁字頭」の多条化については、時代を通して3から4条のものが散見されるが、やはり時期差による変化は見出せない。

## 6. 土製

土製丁字頭勾玉は全てⅡ類に含まれる。ただし、さらに頭部側面の形が丸みを帯びるⅡa類と、頭頂部が直線的になるⅡb類に細分することができる（第35図、第36図の12・13）。特異な例として、岡山県楯築弥生墳丘墓では、3条の刻み目とともに綾杉文様が施されたⅡ類のa・bが確認されているが（第37図の9・10）、他に類似する事例は見当たらない。

変遷については、弥生時代中期に大分県・宮崎県、後期・終末期には岡山県・広島県・福岡県・熊本県でも出土が確認されている。そして、古墳時代初頭の事例を最後にして、出土はみられなくなる[10]。また、1つの遺跡で複数の出土が確認される場合、岡山県楯築弥生墳丘墓〔近藤 編1992〕ではⅡ類a・bが混在してみられるが、多くの遺跡では同じ類型のものに限って出土する傾向が強い。

土製における「丁字頭」の多条化については、材質的特徴から他の材質のものと比べると刻線が多く施される傾向はあるが、時期差による変化はこれまでのさまざまな材質の丁字頭勾玉と同様にみることができない。

## 7. その他の材質

その他の材質としては、蛇紋岩や緑色凝灰岩を用いたものが多くみられ、栃木県塚山5号墳〔宇都宮市教育委員会1996〕や福岡県柿原13号墳〔福岡県教育委員会1990〕からは、瑪瑙製のものも出土している。それ以外の材質としては、泥岩や透角閃石、頁岩を用いたものもある。これらは、木下分類の亜定形・不定形勾玉を素材にしたものが大半を占める〔木下1987〕。また、丁字とともに体部全体に屈曲線が施されているものが、福岡県野多目拈渡遺跡〔福岡市教育委員会1983〕から出土している（第37図の11）[11]。

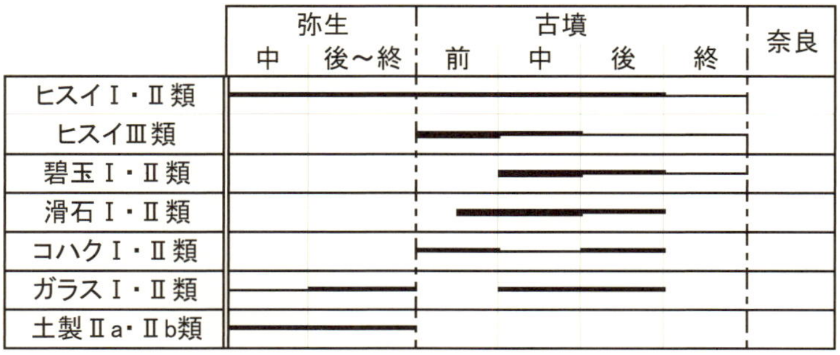

これらの材質における変遷を大まかにみていくと、弥生時代には中部地域・中国地域・九州地域で少量みられ、古墳時代に入ると近畿地域や東日本でも確認されるようになる。出土点数は、弥生時代から古墳時代になるにしたがい増加していく。

| | 弥生 | | 古墳 | | | | 奈良 |
|---|---|---|---|---|---|---|---|
| | 中 | 後～終 | 前 | 中 | 後 | 終 | |
| ヒスイⅠ・Ⅱ類 | | | | | | | |
| ヒスイⅢ類 | | | | | | | |
| 碧玉Ⅰ・Ⅱ類 | | | | | | | |
| 滑石Ⅰ・Ⅱ類 | | | | | | | |
| コハクⅠ・Ⅱ類 | | | | | | | |
| ガラスⅠ・Ⅱ類 | | | | | | | |
| 土製Ⅱa・Ⅱb類 | | | | | | | |

第38図　材質ごとの消長

第4節　出土状況の特徴と地域性

以上、材質ごとに丁字頭勾玉の形態やその変遷をみてみた。これによって、時期や地域ごとでいくつかの特徴的な様相が具体的に明らかになった（第38図）。また、形態的特質について述べるならば、Ⅰ類は定形勾玉に含まれることはすでに述べた。このタイプは北部九州地域で成立したとする説がある〔木下1987〕。その説によるならば、定形勾玉は縄文時代以来の勾玉が大陸の影響を受けて成立したものである。また、亜定形勾玉に含まれるⅡ類は、Ⅰ類の影響を受けたものとされる。筆者も九州地域でⅠ類がいち早くみられること、そしてⅡ類も確認できるなかでⅠ類が主体的に用いられていることから、この説は十分に首肯できると考えている。これに対して、Ⅲ類は近畿地域で成立して他地域へ配布されたと推定できる。

## 第4節　出土状況の特徴と地域性

次に出土状況に注目して、分析を試みることにする。

### 1. 弥生時代

弥生時代にみられる遺構は、甕棺墓や石棺などの墓に関係するものと、竪穴建物や溝跡・流路・谷・段状遺構などの墓以外の遺構があげられる。

これらのうち、まず、墓に関係する遺構についてみていきたい。弥生時代中期には、福岡県三雲南小路遺跡〔福岡県教育委員会1985〕の甕棺墓からヒスイ製とガラス製の丁字頭勾玉が各々1点ずつと、ガラス製勾玉11点が出土している。この他に、佐賀県宇木汲田遺跡〔六興出版1982〕の甕棺墓では細形銅剣と共にヒスイ製丁字頭勾玉、長崎県神ノ崎遺跡〔長崎県北松浦郡小値賀町教育委員会1984〕で検出された石棺からは、板状鉄斧や碧玉製管玉に伴ってヒスイ製のものが確認されている。

弥生時代後期・終末期になると、長野県檀田遺跡〔長野市教育委員会2005〕で検出された48①区2号円形周溝墓からガラス製小玉とヒスイ製丁字頭勾玉を組み合わせた首飾りが、被葬者に装着された状態で出土している。また、岡山県楯築弥生墳丘墓〔近藤 編1992〕では埋葬施設にヒスイ製丁字頭勾玉1点、埋葬祭祀に関連する遺構と考えられている円礫堆からは土製丁字頭勾玉2点が確認されている。同県鋳物師谷1号墓〔春成・葛原・小野・中田1969〕では、ヒスイ製丁字頭勾玉1点と共伴して、爬龍文鏡やヒスイ製勾玉3点が出土している。さらに、福岡県平原1号墓〔前原市教育委員会2000〕の割竹形木棺の中からは、銅鏡40面やガラス製玉類1900点以上と共にガラス製丁字頭勾玉3点が確認されている。その他では、佐賀県中原遺跡〔佐賀県教育委員会2012〕の木棺墓から緒締形勾玉と一緒にヒスイ製丁字頭勾玉が1点、大分県川辺遺跡〔大分県教育委員会1999〕で検出された1号方形周溝墓からは、鏡や鉄剣、ガラス玉に伴ってヒスイ製丁字頭勾玉1点が出土している。同県樋尻道遺跡〔宇佐市教育委員会1981、宇佐市教育委員会1986〕では、土坑墓に関連した祭祀遺構から土製丁字頭勾玉8点に加え、丁字が施されていない土製勾玉5点が確認されている。

以上、墓から出土する丁字頭勾玉については、中期の北部九州地域でヒスイ製・ガラス製のものを単独で副葬している例が多いが、複数の丁字頭勾玉を副葬している例もみられる。それが後期・終末期に入ると、北部九州地域・吉備地域を中心とした瀬戸内海の北部沿岸地域において、複数の

丁字頭勾玉のみ、あるいは丁字頭勾玉1点と丁字が施されていない複数の勾玉が副葬されていく。

次に墓以外の遺構についてみるならば、弥生時代中期のものとして、京都府奈具谷遺跡〔京都府埋蔵文化財調査研究センター1994〕で検出された流路からは、アプライトを材質として用いた丁字頭勾玉1点と共に、流紋岩製の勾玉1点や大型石包丁、磨製石斧などが出土している。この流路は、水田関連遺構の可能性が考えられている。そこから水稲耕作に関わる儀礼行為に丁字頭勾玉が用いられた可能性を示す事例として注目される。また、弥生時代後期・終末期には、新潟県や島根県・福岡県・熊本県・宮崎県の竪穴建物から丁字頭勾玉が確認されている。

以上、墓以外の遺構から出土する丁字頭勾玉については、遺構の種類と材質との間に規則性を見出すことができない。つまり、弥生時代の墓以外の遺構では、それぞれの地域の人びとが、独自に材質を選択していたと思われる。

## 2. 古墳時代以降

古墳時代における出土状況としては、古墳や方形墓・箱式石棺墓・洞穴内埋葬施設といった墓に関係する遺構と、竪穴建物や祭祀遺構・大溝・配石遺構・掘立柱建物・寺院跡など墓以外の遺構からの出土という2つに大別できる。

そのうちまず、墓に関係する遺構については、さらに①丁字頭勾玉と他の玉類との関係性、②共伴遺物、③墳形の3つの観点から検討を加えることにしたい。

まず①については、古墳時代前期から中期にかけての特徴には、1つの埋葬施設に複数の丁字頭勾玉を副葬する例や丁字頭勾玉1点と丁字が施されていない複数の勾玉が共に副葬される例が、近畿地域を中心として全国的に展開することがあげられる。このような用いられ方は、古墳以外の埋葬施設でもみることができる。

事例をあげるならば、神奈川県三浦市の雨崎洞穴遺跡〔赤星直忠博士文化財資料館・雨崎洞穴刊行会2015〕では、古墳時代前期末葉から後期初頭に属する2つの埋葬施設が検出されており、それぞれにヒスイ製・滑石製の丁字頭勾玉が各々1点と丁字が施されていない複数の勾玉が共に確認されている。

古墳時代後期になると、九州地域を除き、複数の丁字頭勾玉を副葬する古墳は減少の傾向をみせる。それに対して、丁字が施されていない勾玉と組み合わせて副葬する古墳は逆に増加する。

古墳時代終末期以降に入ると、西日本において、出土が確認できる古墳は九州地域のみとなり、さらに複数の丁字頭勾玉を副葬することは行われなくなる。また、この時期を契機として、北海道・青森県・秋田県では、丁字頭勾玉1点と複数の丁字が施されていない勾玉を組み合わせて副葬する古墳が多くみられるようになる。

次に、②の共伴遺物に関してみるならば、前期古墳では、鏡や石製腕飾類と共に出土する事例が多いことがあげられる。共伴遺物である舶載・国産鏡〔大賀2012〕や石製腕飾類〔小林1968〕は、近畿地域に集中して分布がみられる。

また、中期古墳では、丁字頭勾玉と鏡や甲冑・馬具が共に出土することが多く、また他の古墳ではあまりみられない遺物と共伴する場合もある。具体的には、金製垂飾付耳飾や巴形銅器・筒形銅器などがあげられる。これらは、列島内外の交流によってもたらされた品々と考えられている。

後期古墳では、中期と同様に鏡や甲冑類・馬具類、終末期古墳では馬具類や玉類が共伴遺物としてみられる。

③の古墳の墳形について述べるならば、全国的にみて前期では前方後円墳での副葬が大半を占めていたのに対して、中期になると円墳に副葬される割合が高くなる（第39図）。

以上、墓から出土する丁字頭勾玉については、古墳時代前期の近畿地域で出土遺跡数が急激に増加していき、そこで行われていた複数の丁字頭勾玉を副葬する例、あるいは丁字頭勾玉1点と丁字が施されていない勾玉を複数個合わせて副葬品とする例が、関東地域から九州地域まで共通性をもって確認できるようになる。また、共伴遺物には近畿地域の特色が強くみられる場合が多く、その様相は後期古墳まで継続してみられる。

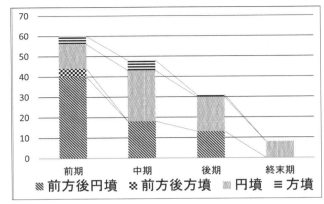

第39図　丁字頭勾玉が出土する古墳の墳形

古墳時代中期に入ると、出土する古墳の大勢が前方後円墳から円墳へ変化する。古墳時代後期には、九州地域を除き、複数の丁字頭勾玉を副葬する事例は減少していく。

そして、古墳時代終末期・奈良時代に入ると、丁字頭勾玉の副葬が、近畿地域ではみられなくなるのに対して、九州地域では継続して確認できる（第14表）。また、新しく蝦夷地域[12]の古墳に丁字頭勾玉が副葬されはじめる[13]。

次に、墓以外の遺構について、出土場所に注目して考察を加える。まず、長野県や鳥取県では竪穴建物、大阪府では掘立柱建物から丁字頭勾玉が確認されている。また、静岡県では水に関する配石遺構、福岡県では祭祀遺構での出土が確認されている。他に古墳時代終末期の事例では、奈良県飛鳥寺〔奈良國立文化財研究所1958〕から銀製空玉・ガラス玉・金環・杏葉形金具などと共にヒスイ製丁字頭勾玉1点の出土が確認されており、丁字頭勾玉が舎利埋納物の1つであったことが推測されている[14]。

また、奈良時代の事例としては、奈良県元興寺〔稲森1930〕の塔跡心礎周辺からガラス玉・水晶玉・純金延板などに伴ってヒスイ製丁字頭勾玉1点と、丁字が施されていない勾玉を含む多くの玉類が確認されている[15]。

以上、墓以外の遺構から出土する丁字頭勾玉については、古墳時代終末期に入ると寺院で確認され始め、奈良時代以降、全国的に丁字頭勾玉はほとんどみられなくなる。

第14表　近畿地域・九州地域における古墳時代以降の出土遺構

|  | 古墳時代前期 | 古墳時代中期 | 古墳時代後期 | 古墳時代終末期 | 奈良時代 |
|---|---|---|---|---|---|
| 近畿 | 古墳;31、大溝;1、土坑状遺構;1 | 古墳;29、大溝;1、土坑状遺構;1 | 古墳;10 | 掘立柱建物;1、寺院;1 | 寺院;1 |
| 九州 | 古墳;13、方形周溝墓;1、木棺墓;1、竪穴住居;2 | 古墳;9、方形墓;1、祭祀遺構;2 | 古墳;12、横穴墓;1、箱式石棺;1、竪穴住居;2 | 古墳;6 | 古墳;1 |

※遺構の種類;数

## 第5節　丁字頭勾玉の展開過程

　これまで、丁字頭勾玉の展開の指標として、分布と遺跡数の変遷、各材質の特徴、出土状況に着目して、その様相を明らかにしてきた。これらをふまえ、丁字頭勾玉の展開について考察を試みることにする。

　まず、弥生時代に関していうならば、丁字頭勾玉が出現する中期の北部九州地域を中心に、ヒスイ製・ガラス製のものが単独で副葬されていく。後期・終末期になると、北部九州地域・吉備地域に分布が集中していき、両地域では副葬されるヒスイ製丁字頭勾玉に共通性をみることができる。それは、複数の丁字頭勾玉が副葬されているか、もしくは丁字頭勾玉1点と丁字のない複数の勾玉が副葬されているかのいずれかである。このことから、北部九州地域と吉備地域との間に瀬戸内海を媒介とした交流を想定することができよう。そう考えて大過ないならば、両地域間にはヒスイ製丁字頭勾玉の副葬について、共通の認識があったことが考えられる。

　次に、古墳時代の丁字頭勾玉についてみていくことにする。まず、前期の出土遺跡が、瀬戸内海の海岸線沿いに集中して分布すること、さらに、そのなかでも吉備地域と讃岐地域で出土事例が多くみられることをふまえるならば、瀬戸内海を媒介とした北部九州地域と近畿地域間の交流に加え、備讃瀬戸を舞台とした地域間交流も想定することができよう（第34図、第12表）。

　また、前節をふまえて述べるならば、古墳時代前期、中期、終末期に様相が変化していることが指摘できる。そこで、これらの時期に注目して考察を加えていくことにする。まず、古墳時代前期の近畿地域における出土量の急激な増加について考えるならば、すでに大賀氏も指摘しているように、ヤマト政権との関わりがみてとれる〔大賀2012〕。しかし、さらに、ふみこむならば、社会背景の変化が考えられるであろう。

　このことについて断定的に述べることは容易ではないが、1つの仮説を述べるならば、次の2つのことがいえるのではなかろうか。すなわち、①弥生時代後期・終末期の北部九州地域や吉備地域でみられた丁字頭勾玉を用いた風習をヤマト政権が採り入れ、さらに、②各地の首長層が丁字頭勾玉を副葬品とすることに規範を課し、丁字頭勾玉を副葬することでヤマト政権下に属することの象徴としたことが想定される。とくに②に関して留意すべきことは、ヤマト政権から丁字頭勾玉それ自体が各地域へ配布されたというのではなく、あくまでも丁字頭勾玉を副葬する際の規範をヤマト政権が各地域へ課したのではないかということである。つまり、丁字頭勾玉自体は、各地域がそれぞれ生産地から入手していたことが考えられる。

　これら想定した①・②についての根拠をあげるならば、まず、①については、前期の近畿地域では、弥生時代後期・終末期の北部九州地域や吉備地域でみられたヒスイⅠ類・Ⅱ類について量的に確認することができ（第11表、第13表）、さらに副葬方法に関しても共通点がみられる。②については、まず、前期の近畿地域で成立するヒスイⅢ類は、ヤマト政権から他の地域への配布が考えられる。しかし、他のものについては、土製を除くと第13表からわかるように、すべてをヤマト政権から配布されたものとは考えにくい。

　このように考えて大過ないとするならば、次に北部九州地域・吉備地域の習俗をなぜヤマト政権が採り入れ、その後、どうして規範として各地域に課したのかということが問題となってこよう。

第5節　丁字頭勾玉の展開過程

　このことに関しては、丁字頭勾玉のもつ宗教的性格が密接に関わっていると思われる。すでに研究史で述べたが、弥生時代にみられる「丁字頭」の性格については、緊縛・結びの呪術性が込められていたといわれる〔木下 2000〕。

　また、古墳時代の勾玉については、多数の研究者らが呪的な性格を想定している。例えば、後藤守一氏は、京都府久津川車塚古墳からヒスイ製丁字頭勾玉１点と、丁字が施されていないヒスイ製勾玉１点・滑石製勾玉 4087 点以上が確認された事例から、勾玉に被葬者の服飾品以外の性格を指摘し、そこに霊威があることを推測しているし〔後藤 1940〕、辰巳和弘氏も勾玉を「たまふり」の呪物とみなしている〔辰巳 2006〕。

　これらから、弥生・古墳時代の丁字頭勾玉には、魂との関わりや呪術といった宗教的性格が考えられる。また、弥生時代では宗教的性格を帯びた共通のものを用いて儀礼を行うこと、古墳時代では三角縁神獣鏡などの権力を示すものを他地域に分配することで社会的集団の結束の強化を図っていた可能性が指摘されている〔石村 2008、福永 2005〕。これらのことから、ヤマト政権は宗教的性格を有する丁字頭勾玉を用いることで、弥生時代から各地域に浸透していた習俗を利用し、他地域との円滑な繋がりを図ったと考えられる。さらに、他地域が独自に丁字頭勾玉を用いることを規制することで、地域間の繋がりを妨げるねらいがあったと思われる。

　次に古墳時代中期に丁字頭勾玉の副葬がみられる古墳の多くが、前方後円墳から円墳へと推移することについて考えてみたい。この現象は結論的にいうならば、全国的にみられる古墳への副葬品の変化と関係しているといえる。すなわち、前期から中期になると、古墳への副葬品が呪的・宗教的性格のものから武器・武具などの軍事的性格を帯びたものへと移り変わっていく。さらに、都出比呂志氏の前方後円墳体制による政治的秩序をふまえるならば〔都出 1991〕、前期に有力者層（前方後円墳）の間で、宗教性をもつものを副葬品として採用するようになり、その１つに丁字頭勾玉も含まれていた。中期になると、軍事的性格を有する武器・武具類が副葬されるようになり、前方後円墳にいち早く採り入れられていく。このことはとりもなおさず、ヤマト政権によって主導的になされていた副葬する際の規範が変化したと考えることもできる。その結果、前期には用いることができなかった在地の首長層を含む人びと（円墳）も丁字頭勾玉を副葬することができるようになったと思われる。すなわち、丁字頭勾玉の性格がこの時期を境に変化したというのではなく、丁字頭勾玉をとりまく当時の社会背景、つまり、ヤマト政権下に属することを示すための規範が宗教性から軍事性へと移ったことが変化の大きな要因と考えられる。

　そして、古墳時代終末期になると、近畿地域では丁字頭勾玉は副葬されなくなるのに対して、九州地域では継続的に確認できる（第14表）。さらに、蝦夷地域でも副葬がみられるようになる。これらをもとに、丁字頭勾玉を副葬する意味の変化について考えてみたい。この時期に九州地域の遺跡数が最も多くなることもふまえて述べるならば（第34図、第12表）、やはりヤマト政権に属することの象徴という性格を古墳時代終末期の丁字頭勾玉に想定することは難しい。さらに、副葬品以外の丁字頭勾玉についても、古墳時代終末期から奈良時代にかけて、地鎮に関わる道具や舎利埋納具の１つとして用いられるようになることから、性格の変化が指摘できる。そして、本来的には古墳時代終末期と奈良時代との様相の差というものを明確にしたうえで、終焉期の設定を行うべきであろう。しかし、ここでは東北地域の終末期古墳の年代が奈良時代までといったように時間幅を

129

もって捉えられていることから、暫定的に古墳時代終末期から奈良時代までを丁字頭勾玉の終焉期と評価しておきたい。

## 第6節　展開過程からみた地域性

　以上、丁字頭勾玉の展開過程の把握を試みてきた。そのなかで特に古墳時代において、いくつかの特徴的な地域が確認することができる。ここでは地域に視点を移して考察を加えることにしたい。

第15表　出土が確認される
　　　　近畿地域・北部九州地域の後期古墳

| 近畿 | 前方後円墳；3、円墳；5、方墳；1 |
| 北部九州 | 前方後円墳；5、円墳；2 |

※墳形；基数

　古墳時代前期から後期の古墳における丁字頭勾玉が、近畿地域を中心に分布することはすでに述べた（第14表）。しかし、例外ともいえる地域を2例指摘することができる。

　1つ目の地域は、分布の空白地域である出雲地域である。出雲地域では前期の前方後円墳は4基確認されている〔松本2015〕。そのうち、勾玉が出土した出雲市の大寺1号墳は、前期後葉に築造された前方後円墳であり、後円部埋葬施設から出土した遺物から、ヤマト政権との関わりが指摘されている〔仁木2005〕。出土した勾玉は碧玉製のもので、丁字は施されていない。

　管見では、出雲地域における、古墳時代前期から終末期にかけてみられる古墳や横穴墓からは、合計188点の勾玉が確認されているが〔瀧音2012〕、これらのいずれにも丁字は施されていない。この現象は、他地域におけるヒスイ製・碧玉製丁字頭勾玉の展開過程とは異なっている。出雲地域では、前期から徐々に花仙山産の碧玉を用いた勾玉生産がみられ、中期に最盛期を迎える〔深田2004〕。つまり、勾玉の生産地であり消費地でもある出雲地域から、丁字頭勾玉の出土が確認されないということは、ヤマト政権によって主導的に行われた副葬のさいの規範の共有が、全国的なものではなかったといえる。このことは、見方を変えると、出雲地域の自立性と読みとることもできる。

　2つ目の地域は、北部九州地域である。この地域は、弥生時代中期から古墳時代終末期まで継続的に丁字頭勾玉を副葬している。また、出土が確認される後期古墳の墳形をみてみると、近畿地域では円墳が主流なのに対して、北部九州地域では前方後円墳が多い（第15表）。さらには、近畿地域で丁字頭勾玉の副葬が確認できなくなる古墳時代終末期においても、当該地域では副葬がみられる（第14表）。これらから、古墳時代の北部九州地域は、ヤマト政権による丁字頭勾玉の規範を受容しつつも、その一方で弥生時代以来の習俗も残していると考えられる。ここから、丁字頭勾玉における規範の共有を行わなかった出雲地域とは異なる意味での自立性を読みとることができる。

## 第7節　小結

　本章では、丁字頭勾玉について、従来行われてこなかった長期的かつ複眼的な見方を軸にして、展開過程を把握し、そこからみえた地域性についても考察を試みた。

　その結果、まず古墳時代前期、中期、終末期の3つの時期が画期となることを明らかにした。

さらに、古墳時代前期には、丁字頭勾玉の分布や材質・出土状況で大きな変化がみられることを指摘した。その理由は、弥生時代後期・終末期の段階において北部九州地域や吉備地域でみられた丁字頭勾玉を副葬するといった風習を、古墳時代前期に入りヤマト政権が採り入れたためと考えられる。その後、ヤマト政権は各地の首長層が丁字頭勾玉を副葬することに規範を課し、それを守ることがヤマト政権に属することの象徴とみなしたのではないかと想定した。

　さらに、ヤマト政権が宗教的性格をもつ丁字頭勾玉を用いることで、各地にみられた習俗を利用し、他地域との関係を強めようとした可能性を指摘し、規制した背景にヤマト政権が他地域同士の連関を妨げようとしたことをあげた。

　次いで、中期に入ると、出土が確認される古墳の多くが、前方後円墳から円墳へと変化していき、この様相は後期まで続く。これは、ヤマト政権に属することを表す規範の変化が大きな要因と考えられる。その結果、より幅広い階層が丁字頭勾玉を副葬できるようになったことを指摘した。

　古墳時代終末期になると、丁字頭勾玉の副葬が近畿地域では衰退するにもかかわらず、九州地域では継続的にみられ（第14表）、蝦夷地域の古墳でも確認され始める。この現象から、丁字頭勾玉の性格の変化を考えた。加えて、墓以外の遺構から出土するものについても性格が変化することを指摘した。そして、東北地域の終末期古墳の年代幅に関する資料的制約を考慮して、暫定的に古墳時代終末期から奈良時代までを弥生時代からみられる丁字頭勾玉の終焉期と位置づけた。

　また、古墳時代前期から後期にかけて、近畿地域を中心に丁字頭勾玉が副葬されるなかで、出雲地域・北部九州地域では異なった様相が確認できるとした。すなわち、ヤマト政権が列島内に向けて、丁字頭勾玉の副葬に関する規範の共有を課していたとするならば、それを行わなかった出雲地域と、規範を受容しつつも弥生時代以来の習俗も残している北部九州地域の2つの地域には、各々の自立性をよみとれると考えた。

　本章では、弥生時代中期から奈良時代という長い時間のなかで、古代の人びとがどのような背景のもと、丁字頭勾玉を用い続けていたのかを浮き彫りにしようとした。そして、丁字頭勾玉の展開過程にみられる地域性の抽出も行った。こうした長期間を対象とした考察は従来なされてこなかったが、ものの変遷を通して社会の変容を明らかにするには欠くことのできない重要な1つの方法論と考えられる。


　註
（1）　『石之長者　木内石亭全集』巻1の中に収められている「曲玉問答」の書き始めには、「曲玉問答は天明三年六月の奥書により其著作年代を明にす」〔木内1936；21頁〕とある。
（2）　「丁字透かし」は、扇の親骨の透かしの一種である。
（3）　O型に含まれる丁字頭勾玉の特徴には、畿内周辺に多く、原石産出地周辺にはみられないことや、石錐による穿孔が行われること、法量の変異が大きく、形状も不安定になること、良質のヒスイを選択的に利用することを除けば、丁字頭を刻むことのみを唯一の規範としたことなどがあげられる〔大賀2012〕。
（4）　本集成では、複数の溝が孔へ向かって放射状に刻まれている勾玉を対象に行った。孔に向かって、あるいは達しているが、1条の刻み目しか施されていない勾玉や、頭部正面のみに刻み目が施され、孔のある側面まではその刻み目が達していない勾玉などは、集成の対象から除いている。事例を1つ

あげるならば、宮城県入の沢遺跡の竪穴建物（SI13）からコハク製の定形勾玉が出土している〔宮城県教育委員会・国土交通省東北地方整備局 2016〕。時代は古墳時代前期である。この勾玉の頭部には、2条の線刻が確認でき、1条は正面にのみに、他の1条は側面まで線刻がみられるものの、孔には達していない。このことをふまえて、本集成では入の沢遺跡の事例を除いている。

(5)　明確な遺構に伴い、かつ時期が判明しているものをとりあげている。また、遺構の時期が2つの時期にわたっている場合は、それぞれの時期に点数を加算している。

(6)　中世以降の状況を述べるならば、沖縄県で4点確認されているが、これらは全て明確な遺構に伴っていない。

(7)　序論第2節の「分析対象としての地域および時期」ですでに述べたが、地理的な条件を考慮して、三重県は東海地域に含めることとし、大きな地域区分では中部地域に入れておくことにする。

(8)　丁字と文様が組合わされる勾玉については、まず古墳時代前期の近畿地域で確認されるようになり、中期には大坂府に集中してみられる。後期になると、近畿地域での出土が確認されなくなる一方で、福岡県や宮崎県で出土する傾向がみられる。また、静岡県東坂古墳〔吉原市教育委員会 1958〕や京都府水垂遺跡〔京都市埋蔵文化財研究所 1998〕からは（第37図の1）、曲線や屈曲線のみ施されている勾玉が確認されている。これらをふまえると、まず、近畿地域の人びとが、勾玉に文様を施し始めたことが想定できる。また、丁字が施されていない勾玉にも文様が確認できることから、丁字と共に用いることができ、かつ文様のみでも成立する意味が込められていたことが推測できる。

(9)　千葉県神明社裏遺跡〔千葉県教育振興財団 ほか 2008〕の出土例は、古墳時代後期・終末期のものと考えられているが、他に類似する例がみられないため、分類対象からは除いている。

(10)　埼玉県東松山市にある杉の木遺跡からは、頭部に細かな刻み目が施されている土製勾玉が出土している〔東松山市教育委員会 2003〕。しかし、杉の木遺跡から出土したものは、勾玉頭部正面の一部分に細かい線刻が施されており、古墳時代の丁字頭勾玉でよくみられる、頭部の面積に対して比較的に均等に、かつ放射状に線刻を施すものとは様相を異にしている。そのため、本章においては、杉の木遺跡から出土したものを丁字頭勾玉には含んでいない。

(11)　材質は明確にされてはいないが、報告書では碧玉に類似するものと表記されている〔福岡市教育委員会 1983〕。

(12)　本章では、古墳時代終末期から奈良時代の東北地域を蝦夷地域と呼ぶことにしたい。

(13)　青森県丹後平16号墳〔八戸市教育委員会 1991〕では、碧玉製丁字頭勾玉1点と丁字が施されていないヒスイ製勾玉2点、碧玉製勾玉2点、瑪瑙製勾玉31点、水晶製勾玉1点、21号墳ではヒスイ製丁字頭勾玉1点とヒスイ製勾玉2点、碧玉製勾玉3点、瑪瑙製勾玉42点、23号墳では碧玉製丁字頭勾玉1点とヒスイ製勾玉2点、碧玉製勾玉1点、瑪瑙製勾玉29点、そして、岩手県藤沢狄森5号墳〔岩手県紫波郡矢巾町教育委員会 1986〕からは、ヒスイ製丁字頭勾玉1点と共にヒスイ製勾玉5点、碧玉製勾玉2点、瑪瑙製勾玉48点、水晶製勾玉2点、滑石製勾玉1点、ガラス製勾玉1点が出土している。

(14)　奈良県飛鳥寺からは、推古天皇元年正月十五日埋納物として、勾玉（ヒスイ製1点、瑪瑙製1点、ガラス製1点）や管玉、銀製空玉、トンボ玉、ガラス玉、金環、金銅製打出金具、杏葉形金具、金銅鈴、刀子などと共に確認されている。

(15)　奈良県元興寺では、勾玉（ヒスイ製1点、碧玉製3点、瑪瑙製5点）や水晶玉、ガラス玉、金小塊、純金延板、金箔及文字附着などと共に確認されている。

# 第4章　使用形態からみた古墳時代の勾玉

## 第1節　問題の所在

　古墳時代の勾玉は、さまざまな性格の遺構から確認されている。そのため、玉類の消費の様相を明らかにしようと試みる研究は多くなされてはいるが、いずれもある種の限定性がみてとれる。たとえば、墓に副葬される玉類〔森1940、後藤1940、伊藤1991、大野2003　など〕や集落・祭祀遺構で消費される玉類〔東日本埋蔵文化財研究会1993、篠原1997など〕の様相についてはある程度、把握されつつある。

　しかしながら、これらの研究には資料集めの段階で遺構の性格という制限が設けられ、研究者ごとに分析を行う際の指標も異なる。すなわち、遺構の性格ごとに明らかとなった玉類の様相を互いに比較・検討することは、容易なことではないと思われる。

　一方、古墳時代において勾玉の消費の様相がどのような変遷をみせるのか、についての研究も精力的になされてはいるものの〔大賀2002・2013など〕、それらの多くは管玉・切子玉・丸玉・棗玉・臼玉など、他の玉類との組成に着目しながら論じられる傾向が強い。

　また、装身具を身につけた埴輪資料や埋葬施設内の出土状況が良好な事例[1]を手掛かりにして、古墳時代の人びとの首飾りや手玉、足玉などにはどのような玉類が用いられ、そのなかで勾玉がどこに配置されていたのか、というような装身具の実態にまで言及した研究もなされているが〔高橋1911・1929、玉城1999など〕、それほど積極性はみられない。

　これらをふまえて述べるならば、それぞれの遺構の種類もしくは消費の場面でみられる玉類については、共伴遺物との関係性なども含めてある程度、明らかにされており、その成果の一部を通して勾玉の消費の様相を知ることはできる。しかし、出土勾玉に焦点を当て、統一的な視点でもって遺構の種類ごとに様相を把握したり、それらを比較する研究はほとんどなされていない。たとえば、副葬品としての勾玉と祭具としての勾玉との間には違いがみられるのか、そして、同じ祭具でも儀礼の対象が異なると用いられる勾玉の様相には差異が生じるのか、といった素朴な疑問に対する議論は、いまだ不十分であるといえる。

　また、着装方法や他の玉類との組み合わせ方という観点から、装身具における勾玉の配置の復元は行われているが、材質や出土点数といった出土勾玉の要素を指標にした、使用形態についての考察はほとんどない。

　本章ではまず、勾玉の出土遺構を性格ごとに分類し、それぞれで確認できる出土勾玉の様相を把握した後、それらを比較することで消費場所からみた勾玉の共通点・相違点について述べていく。さらに、勾玉の材質および個数に注目しながら、古墳時代における勾玉の使用形態を復元する。そうすることで、古墳時代の人びとがもっていたであろう勾玉への認識の一端を明らかにできると考える。

第4章　使用形態からみた古墳時代の勾玉

## 第2節　各出土遺構からみた材質の割合

　勾玉の出土遺構が多岐にわたることはすでに述べたが、本章では遺構の性格を大きく①埋葬施設内、②建物跡、③水に関わる祭祀遺構、④祭祀遺構の4つに区分して述べていく。まずは、それぞれの出土遺構における出土勾玉の材質の割合についてみていくことにする[2]。また、④祭祀遺構について述べるならば、葬送儀礼や水辺の祭祀以外の儀礼行為が行われたと推測できる遺構のことを指す。

### 1. 埋葬施設内

　墳丘墓や古墳、方形周溝墓、土坑墓などの埋葬施設における勾玉の材質については、第40図にまとめてある。それをみていくと、地域ごとで割合の様相は異なるものの、各時期において、地域が異なっていてもそれぞれ共通する様相を指摘することができる。

　具体的に述べるならば、前期はヒスイ製が主体を占める。とくに顕著にみられるのは、九州地域である。また、関東地域・近畿地域・中国地域では滑石製、中部地域では水晶製も高い割合でみられるが、やはりヒスイ製が目立つ。その他の材質として、ガラス製は千葉県・神奈川県・長野県・静岡県・京都府・兵庫県・鳥取県・島根県・岡山県・福岡県・佐賀県、コハク製は青森県・群馬県・千葉県・神奈川県・福井県・三重県・滋賀県・兵庫県・奈良県・鳥取県・島根県・広島県・山口県・福岡県で確認されている。このことから、ガラス製・コハク製も量は少ないものの、ヒスイ製と同様にさまざまな地域の埋葬施設に副葬されていたことが指摘できる。

　中期ではヒスイ製・碧玉製・瑪瑙製とともに、とくに滑石製勾玉が埋葬施設内で多く確認されている。この滑石製の台頭は、出土点数からみて近畿地域が中心となって起こった現象であろう。その他に滑石製の割合が多くなる地域としては、関東地域や岡山県・広島県といった瀬戸内海に面した中国地域、九州地域があげられる。また、ガラス製について前期から継続して、関東地域・中部地域・九州地域の一部で確認できるものの、近畿地域・中国地域の埋葬施設内ではより多く出土する傾向が確認できる。

　後期は、瑪瑙製が主体を占めるようになり、その次にヒスイ製、そして碧玉製・水晶製がきて、滑石製・ガラス製というのが、各地域における埋葬施設内でみられる材質の大まかな傾向である。そのようななかで、埼玉県・静岡県・鳥取県では1点ずつ、近畿地域では100点を超える金属製勾玉が埋葬施設内で確認されていることは興味深い。

　終末期については、後期の様相と比較して、材質の割合にそれほど大きな変化は確認できない。しかし、細かいことを述べるならば、各地域でガラス製の出土量が減り、近畿地域での金属製勾玉の出土がみられなくなり、全国的に瑪瑙の占める割合がより高くなることが後期からみた細かな変化点としてあげられる。加えて、この時期になると、東北地域の北部で検出される埋葬施設にもある程度、量をもって勾玉が確認できるようになり、その多くが瑪瑙製である。

### 2. 建物跡

　竪穴建物や掘立柱建物で確認される材質の割合は、第41図にまとめてある。それをみていくと、

第2節　各出土遺構からみた材質の割合

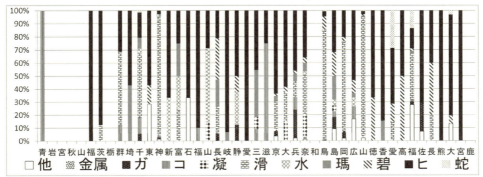
古墳時代前期

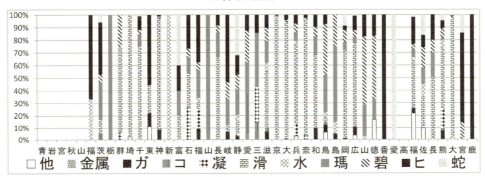
古墳時代中期

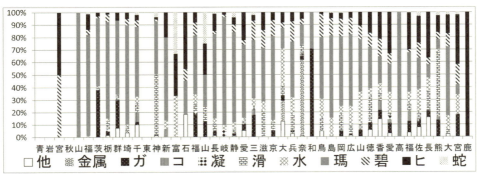
古墳時代後期

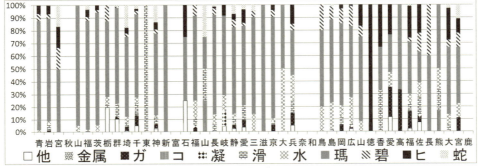
古墳時代終末期

第40図　埋葬施設における材質の変遷

第4章 使用形態からみた古墳時代の勾玉

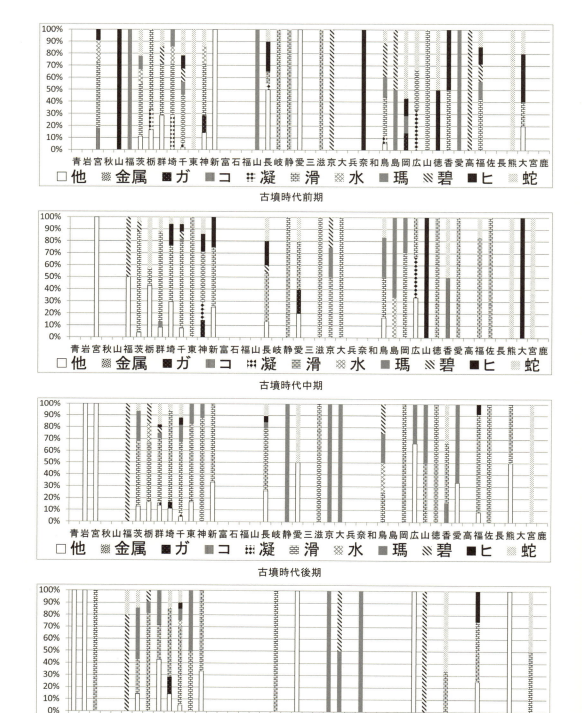

第41図 建物跡における材質の変遷

それぞれの時期において、地域をまたいでみられる共通性というものは見出し難い。強いていえば、全国的にみて前期から終末期まで継続して滑石製の割合が高いということが共通点としてあげられるが、それほど明確にいうことができない。

次に具体的な詳細について記述していくが、先にも述べたように、各時期において、地域をまたいだ共通する様相というものがあまりみられない。そこで、ここでは「1. 埋葬施設内」での記述の仕方とは異なり、地域ごとに材質の移り変わりについてまとめていく。

まず、関東地域では前期から終末期まで一貫して、滑石製が主体を占める。その他の材質については、前期・中期に蛇紋岩製も多く確認でき、ヒスイ製・瑪瑙製・水晶製・凝灰岩製などは少量みられる。後期・終末期になると、蛇紋岩製が継続して確認されるなか、ヒスイ製に代わって、瑪瑙製が目立つようになる。

中部地域では前期・中期は滑石製が多く、蛇紋岩製・ヒスイ製・瑪瑙製・凝灰岩製・ガラス製も少量確認できる。後期には蛇紋岩製・瑪瑙製・滑石製が同等に、終末期には滑石製の勾玉がよくみられる。

近畿地域の前期はヒスイ製・碧玉製・滑石製が同等、中期は滑石が多く、後期・終末期は瑪瑙製の割合が高くなる。ただし、当地域における建物跡からの出土事例自体が少ないことから、提示した割合の妥当性は他の地域よりも劣ることは念頭に入れておくべき点である。

中国地域では、前期に蛇紋岩製・ヒスイ製・瑪瑙製・滑石製、中期・後期に瑪瑙製・滑石製、終末期に碧玉製・瑪瑙製が目立つ。少量の事例としては、前期に岡山県でガラス製1点、中期に島根県で水晶製1点、後期に鳥取県で水晶製1点が確認できる。

四国地域については、前期から終末期にかけて、蛇紋岩製と滑石製は継続してみられ、それに加えて、前期にヒスイ製・碧玉製・瑪瑙製、後期に瑪瑙製も目立つ。出土点数は少ないが、当地域では中期から後期にかけてコハク製も確認することができる。

そして、九州地域ではヒスイ製・瑪瑙製も僅かにみられるが、それを除くと、前期から終末期にかけて、建物跡から出土する大半の勾玉は蛇紋岩製か滑石製のものとなる。

## 3. 水に関わる祭祀遺構

水に関係する祭祀遺構における材質の割合については、第42図に示す。この図をみると、「1. 埋葬施設内」でみられた特徴、すなわち、各時期において、共通した材質が全国的にみられるといったことは確認できない。

それぞれの地域の詳細について述べていくならば、まず、東北地域南部の福島県では、後期に瑪瑙製が確認されている。

関東地域では、前期に滑石製、中期・後期に蛇紋岩製・瑪瑙製・滑石製が多くみられる。また、稀有な事例として金属製1点が後期から終末期の千葉県から出土している。

中部地域の前期では蛇紋岩・ヒスイ製・水晶製・滑石製が確認でき、1県につき約1種類の材質といったような状況がみられる。それが中期から終末期になると、出土事例がみられる各県において必ず滑石製が確認できるようになる。

近畿地域では前期以降、滑石製が継続的に割合の多くを占めるが、中期から徐々にヒスイ製・碧

第 4 章　使用形態からみた古墳時代の勾玉

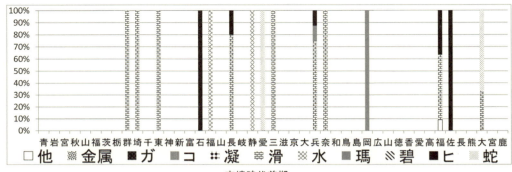
古墳時代前期

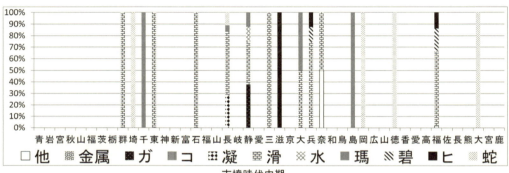
古墳時代中期

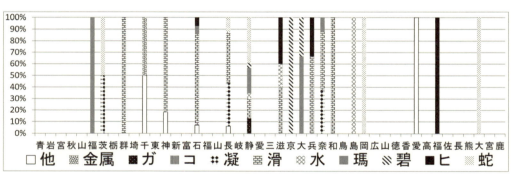
古墳時代後期

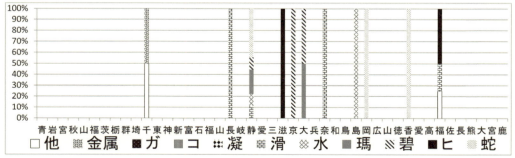
古墳時代終末期

第 42 図　水に関わる祭祀遺構における材質の変遷

第2節　各出土遺構からみた材質の割合

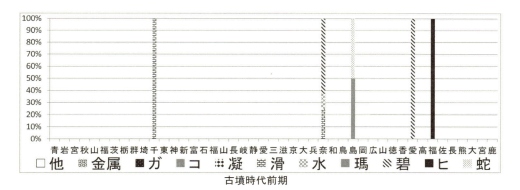

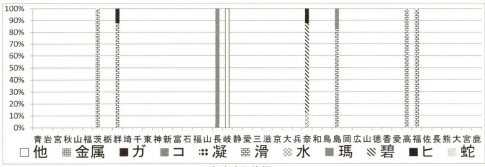

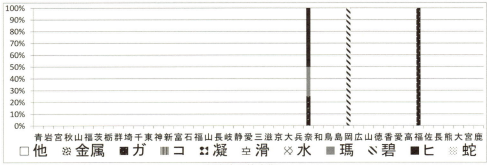

第43図　祭祀遺構における材質の変遷

玉製・瑪瑙製もみられるようになり、後期・終末期にはそれぞれが滑石製の割合と同等か、それ以上となる。

四国地域については少ない事例ながら、中期と終末期に蛇紋岩製がみられる。

九州地域において述べるならば、まず、福岡県では前期から終末期にかけてヒスイ製・碧玉製・滑石製がよくみられ、他に中期には水晶製1点が出土している。また、前期の佐賀県ではヒスイ製、加えて、大分県の前期には蛇紋岩製・滑石製、中期・後期には蛇紋岩製の勾玉が確認できる。

### 4. 祭祀遺構

祭祀遺構でみられる出土勾玉の材質については、第43図に示している。それをみていくと、中期になると各地域で滑石製の割合が高くなる点を除けば、その他の時期において、全国的に共通した様相というのはみられない。

具体的に述べるならば、関東地域では後期の群馬県でヒスイ製1点が確認されていることを除くと、前期から後期まで継続して滑石製の割合が高い。

中部地域では、長野県・静岡県の事例からみると中期に滑石製が多く、後期に瑪瑙製が確認できる。

近畿地域では奈良県のみの事例となるが、前期に碧玉製・水晶製・滑石製、中期になるとヒスイ製が加わり、後期なるとそこから滑石製がみえなくなる。また、終末期にはヒスイ製・瑪瑙製・ガラス製がみられる。

中国地域については、島根県の前期に蛇紋岩製・瑪瑙製、中期に滑石製、後期に瑪瑙製・滑石製、そして岡山県の終末期では碧玉製が確認できる。

四国地域では前期の愛媛県で碧玉製、後期の高知県で滑石製が出土している。

そして、九州地域では福岡県の事例のみではあるが、前期にヒスイ製、中期・後期に滑石製、終末期にガラス製を確認することができる。

# 第3節　各遺構でみられる出土点数

発掘調査によって、1点しか出土しない遺構がある一方で、50点、さらには100点をゆうに超える勾玉が確認されている遺構もあることは、発掘調査によってすでに知られている。そこで、出土点数に注目しながら、それぞれの遺構の様相をみていくことにする。出土点数の多様性に一定の基準を与えるため、ここでは1点・2-4点・5-10点・11-20点・21-30点・31-50点・51点以上といった7項目に区切って、出土点数をあつかっていく。

## 1. 埋葬施設内

出土勾玉の数からみた埋葬施設の件数は、第16表[3]にまとめてある。全体的にみて出土点数が1点のみの遺構が1149件、2-4点は738件、5-10点は299件、11-20点は72件、21-30点は24件、31-50点は16件、51点以上が16件確認することができる。このことから、埋葬施設では1点のみ、あるいは多くても10点以下の勾玉がよく副葬品として扱われていたが、それ以上副葬する場合も

多かったことがわかる。この点は、埋葬施設での消費形態における１つの特徴として指摘できる。

さらに、51点以上の勾玉が埋葬施設内で確認された事例、いわゆる大量副葬が行われた主な事例として、岩手県の藤沢狄森古墳群（終末期）で検出された５

**第16表　出土点数からみた埋葬施設の件数**　※表内の数字は遺構の件数

| | 1点 | 2-4点 | 5-10点 | 11-20点 | 21-30点 | 31-50点 | 51点以上 |
|---|---|---|---|---|---|---|---|
| 東北 | 6 | 14 | 21 | 6 | 3 | 3 | 1 |
| 関東 | 128 | 94 | 70 | 19 | 4 | 4 | 1 |
| 北陸 | 36 | 28 | 12 | 0 | 0 | 0 | 0 |
| 東山 | 43 | 25 | 13 | 4 | 1 | 1 | 0 |
| 東海 | 125 | 106 | 64 | 7 | 3 | 0 | 0 |
| 近畿 | 149 | 121 | 33 | 16 | 9 | 5 | 9 |
| 中国 | 265 | 167 | 44 | 9 | 3 | 0 | 4 |
| 四国 | 77 | 28 | 3 | 1 | 0 | 0 | 0 |
| 九州 | 320 | 155 | 39 | 10 | 1 | 3 | 1 |
| 計 | 1149 | 738 | 299 | 72 | 24 | 16 | 16 |

号墳の主体部から計60点（ヒスイ製6点・碧玉製2点・瑪瑙製48点・水晶製2点・滑石製1・ガラス製1点）〔岩手県紫波郡矢巾町教育委員会 1986〕、群馬県白石稲荷山古墳（中期）の西槨から計138点（碧玉製3点・滑石製135点）〔群馬縣 1936〕、京都府の久津川車塚古墳（中期）から4102点以上（ヒスイ製2点・滑石製4100点以上）〔梅原 1920、城陽市教育委員会 2015〕、大阪府のカトンボ山古墳（中期）から計725点（滑石製725点）〔古代學研究會 1953〕、同府珠金塚古墳（中期中葉～後葉）の南槨から計55点（ヒスイ製5点・滑石製47点・ガラス製3点）〔末永 編 1991〕、兵庫県の梅田1号墳（中期）から計91点（碧玉製3点・滑石製88点）〔兵庫県教育委員会 2002〕、奈良県新山古墳（前期中葉）からは計127点（滑石と思われる石製127点）〔奈良県立橿原考古学研究所 2002〕、同県池ノ内5号墳（中期）の第3棺から計110点（滑石製110点）〔奈良県教育委員会 1973〕、同県宮山古墳（中期前葉）から計570点（ヒスイ製1点・碧玉製5点・滑石製564点）〔奈良県教育委員会 1959〕、奈良県の藤ノ木古墳（後期）から計127点（銀製127点）〔奈良県立橿原考古学研究所 1993〕、鳥取県上ノ山古墳（前期）の第2石室から計304点以上（碧玉製4点滑石製300点以上）〔稲葉書房 1964〕、岡山県金蔵山古墳（前期末葉～中期初頭）の南石室から計72点（滑石製72点）〔倉敷考古館 1959〕、広島県の亀山第1号墳（中期）から計67点（碧玉製1点・瑪瑙製1点・滑石製65点）〔広島県教育委員会 1983〕、山口県妙徳寺山古墳（前期）の主体部・粘土枕頭部右から計179点（ヒスイ製2・瑪瑙製2点・滑石製172点・緑色凝灰岩製3点）〔建設省山口工事事務所・山口県教育委員会 1991〕、大分県亀塚古墳（中期）の第1主体部から計428点（滑石製9点・滑石と思われる石製419点〔大分市教育委員会 1995〕）が出土した事例などをあげることができる。

　これらの事例をふまえて述べるならば、勾玉の大量副葬[4]は、中期の近畿地域が中心となって行われたこと、加えて、滑石製勾玉の大量消費が東は群馬県、西は大分県までといった広い範囲でみられることが指摘できる。また、岩手県の藤沢狄森古墳群の事例に関しては、時期が重ならないことや滑石製ではなく瑪瑙製が大量に副葬されていることから、その他の事例とは背景が異なることが考えられる。

## 2.　建物跡

　出土勾玉の数からみた建物跡の件数は、第17表[5]に示してある。出土点数が1点のみの遺構が608件、2-4点は60件、5-10点は4件、11-20点は1件、21-30点は1件、31-50点は0件、51点以上が1件確認することができる。このことから、建物跡では勾玉が1点のみ用いる場合が

第4章　使用形態からみた古墳時代の勾玉

第17表　出土点数からみた建物跡の件数　※表内の数字は遺構の件数

| | 1点 | 2-4点 | 5-10点 | 11-20点 | 21-30点 | 31-50点 | 51点以上 |
|---|---|---|---|---|---|---|---|
| 東北 | 12 | 1 | 0 | 1 | 0 | 0 | 0 |
| 関東 | 375 | 38 | 1 | 0 | 1 | 0 | 0 |
| 北陸 | 7 | 1 | 1 | 0 | 0 | 0 | 1 |
| 東山 | 46 | 2 | 1 | 0 | 0 | 0 | 0 |
| 東海 | 19 | 0 | 0 | 0 | 0 | 0 | 0 |
| 近畿 | 20 | 1 | 1 | 0 | 0 | 0 | 0 |
| 中国 | 62 | 9 | 0 | 0 | 0 | 0 | 0 |
| 四国 | 22 | 1 | 0 | 0 | 0 | 0 | 0 |
| 九州 | 45 | 7 | 0 | 0 | 0 | 0 | 0 |
| 計 | 608 | 60 | 4 | 1 | 1 | 0 | 1 |

ほとんどで多くても4点以下、つまり、5点以上の勾玉を消費するということはあまり行われなかったことが指摘できる。

　また、勾玉が建物跡のさまざまな場所から出土していることを根拠にして、建物内ではいくつかの儀礼行為が行われていた可能性が推測されている。具体的には、カマドに関わるものや移動・転居に関わるもの、建築に関わるものなどが想定されている。

　これらに関連した主な事例をあげていくと、茨城県島名熊の山遺跡（終末期）の第744号住居跡のカマド前から瑪瑙製1点、同遺跡（後期）の第779号住居跡のカマド内から滑石製1点〔財団法人茨城県教育財団2000〕、埼玉県下田遺跡（後期）の133号住居跡のカマド袖内内部から滑石製1点〔小久保1979〕、千葉県木野子大山遺跡（終末期）の9号住居跡のカマド周辺からヒスイ製1点〔佐倉市1992〕が確認されている事例などはカマドに関わるものである。

　次に、茨城県島名熊の山遺跡（後期）の第3068号竪穴建物から蛇紋岩製1点〔財団法人茨城県教育財団2014〕、群馬県甘楽条里遺跡（後期）の119号住居から滑石製1点〔甘楽町教育委員会1989〕、埼玉県月輪遺跡（中期）の15号住居跡から滑石製1点〔滑川町月輪遺跡群発掘調査会2008〕、福岡県勝浦堂ノ裏遺跡（前期）のA区SC-27竪穴住居から滑石製1点〔津屋崎町教育委員会2000〕が出土している事例などは、移動・転居に関わるものと推測できる[6]。

　そして、福岡県鶴田西畑遺跡（中期）の1SI10から蛇紋岩製1点出土している事例〔筑後市教育委員会　2000〕などが、建築に関わるものと考えられている。この事例について、少し詳しく述べるならば、鶴田西畑遺跡の勾玉が建物の出入り口にあたる場所に埋納された状態で確認されていたため、建築時に行った地鎮祭に用いられた可能性が指摘されている。

　これらの様相をふまえて述べるならば、建物内で行われていたと考えられている儀礼の種類と消費する勾玉の個数との間に規則性は見出し難いことが指摘できる。

## 3. 水に関わる祭祀遺構

　水に関わる祭祀遺構についてみていくと、出土点数が1点のみの遺構が42件、2-4点は14件、5-10点は3件、11-20点は2件、21-30点は3件、31-50点は0件、51点以上が0件確認することができる。

　そのうち、21-30点の3件というのは、計22点（滑製17点・カンラン岩製2点・白雲母片岩製2点・緑色片岩製1点）の勾玉が確認された神奈川県勝坂有鹿谷祭祀遺跡（後期）の祭祀遺構〔杉山1972、相模原市2010〕と残りの2件は福岡県の宗像神社沖津宮祭祀遺跡で検出された祭祀遺構である[7]。1つ目は計27点（ヒスイ製3点・碧玉製2点・滑石製22点）の勾玉が確認された16号遺跡（前期〜中期）であり、2つ目は計26点（ヒスイ製2点・碧玉製9点・水晶製1点・滑石製14点）の勾玉が出土した19号遺跡（中期）である〔吉川弘文館1958・1961〕。

第3節　各遺構でみられる出土点数

　これらをふまえると、水に関わる祭祀を実施する際には、勾玉は1点もしくは多くても4点以下という地域がほとんどであったことが指摘できる。

　また、水に関わる祭祀は、さまざま場所で行われている。そのことに関連づけながら主要な事例をみていくと、群馬県上中居辻薬師Ⅱ遺跡（前期〜中期）のSD8・水路から滑石製1点〔群馬県高崎市教育委員会1992〕、埼玉県鍛冶谷・新田口遺跡（前期）の第9号井戸跡から滑石製2点〔財団法人埼玉県埋蔵文化財調査事業団1986〕、千葉県郡遺跡群（後期〜平安時代）のSD71・川跡から金属製1点〔財団法人君津郡市文化財センター　ほか1996〕、長野県屋代遺跡群（後期）の6区湧水SX7037・溝SD8032から計2点（滑石製1点・凝灰岩製1点）〔日本道路公団　ほか1999〕、大阪府蔀屋北遺跡（中期〜後期）の大溝090001から瑪瑙製1点〔大阪府教育委員会2004〕、兵庫県長越遺跡（前期〜中期）の大溝から滑石製6点〔兵庫県教育委員会1978〕、同県池ノ下遺跡（中期）の61区・H区SD209・水田遺構から碧玉製1点〔兵庫県教育委員会2012〕、島根県大家八反田遺跡（中期後半）の旧河川・溝跡から滑石製1点〔大田市1968、松尾2015〕、同県前田遺跡（後期〜終末期）の貼石遺構付近から瑪瑙製1点〔島根県八雲村教育委員会2001〕が出土した事例などが確認されている。

　これらの事例をふまえて述べるならば、水に関わる祭祀を行う場所と消費する勾玉の材質・個数との間に明確な規則性を見出すことはできない。

## 4.　祭祀遺構

　祭祀遺構においては、出土点数が1点のみの遺構が14件、2-4点は8件、5-10点は7件[8]、11-20点は2件、21-30点は0件、31-50点は0件、51点以上が0件確認することができる。ここからは、水に関わる祭祀遺構よりも祭祀遺構のほうがより多くの勾玉が消費されやすい、ということがいえるであろう。

　また、祭祀遺構とひとくくりにいっても、信仰の対象には多様性がみられる。たとえば、山を信仰の対象とした事例をあげるならば、赤木山を対象とした祭祀の可能性が指摘されているのが群馬県西大室丸山遺跡（後期）の祭祀遺構であり、そこからは滑石製と思われる勾玉が10点確認されている〔群馬県教育委員会1991〕。静岡県洗田遺跡（中期〜後期）からは滑石製6点が出土しており、そこでは御倉山を対象とした神奈備型祭祀が想定されている〔静岡県図書館協会1978〕。その他にも、奈良県の三輪山祭祀遺跡（前期〜後期）では、ヒスイ製1点・碧玉製1点〔島根県立古代出雲歴史博物館2015〕、同県山ノ神遺跡（前期〜後期）の山麓・岩座下からは碧玉製5点・水晶製1点と滑石製勾玉が多数確認されている〔奈良県立橿原考古学研究所1984〕。

　大きな岩や石を信仰の対象にして祭祀が行われている事例には、群馬県櫃石遺跡（後期）からヒスイ製1点と材質不明の石製4点が出土しており、これらは赤城山南麓の巨石祭祀との関係性が考えられている〔大場1943〕。また、岐阜県山畑遺跡（後期）では、緑色片岩3点を用いた巨石祭祀が想定されている〔押野谷1982〕。

　そして、火に関わる祭祀が想定されているのが、千葉県小滝涼源寺遺跡（前期〜中期）のSX09地点・祭祀遺構であり、そこからは滑石製1点が出土している〔白浜町　ほか1989〕。

　その他にも信仰の対象が不明確ではあるものの、共伴遺物の様相や遺構の立地から祭祀行為が想定されている遺構も多々みられる。いくつか事例をあげるならば、千葉県南羽鳥中岫第1遺跡

143

第4章　使用形態からみた古墳時代の勾玉

（後期）の土器集積祭祀遺構からは、甕・壺・切子玉・臼玉・ガラス玉などと共に蛇紋岩製1点・瑪瑙製1点〔財団法人印旛郡市文化財センター ほか1999〕が確認されており、同県上灰毛遺跡（中期）の祭祀遺構の中からは、管玉・有孔円板・剣形石製品・臼玉と一緒に貴蛇紋岩製5点〔飯塚1991〕が出土している。

　また、鳥取県谷畑遺跡（後期～終末期）では、丘陵に挟まれた谷地形の奥まった斜面上から瑪瑙製1点が出土しており、そこでは神祭りが繰り返し行われていたことが推測されている〔島根県立古代出雲歴史博物館2015〕。島根県の鳥井南遺跡（中期～後期）では、居住区域から離れた丘陵上に形成された畳6畳ほどの空間で神祭りが行われていたことや滑石製勾玉5点が祭具として用いられていたことが指摘されている〔島根県立古代出雲歴史博物館2015〕。

　これらの事例をふまえて述べるならば、信仰の対象と用いる勾玉の材質・個数との間に規則性はみられない。

## 第4節　使用形態の規則性

　これまでは、材質や個数と用いられる場との関係性に焦点を当て述べてきたが、本節では材質と個数との関係に注目しながら、古墳時代にみられる勾玉の使用形態について考えていく。

　出土勾玉の材質と個数との組み合わせ方について、その多様なあり方を敢えて分類してみると、

（パターン1）　さまざまな材質1点のみのもの

（パターン2）　合計3点以上で、すべて異なる材質のもの

（パターン3）　合計3点以上で、材質がすべて同じもの

（パターン4）　2点1セットを1つの単位とするもの

　　　　　　　（パターン4-a）　材質が同じもの2点が1セットのみ確認できるもの
　　　　　　　　　　　　　　　　　　　　　　または、
　　　　　　　　　　　　　　　材質が同じもの2点が複数セット確認できるもの
　　　　　　　（パターン4-b）　材質が異なるもの2点が1セットのみ確認できるもの

（パターン5）　合計3点以上のもので、その中に材質が同じもの2点が1セットとなって確認できるもの

（パターン6）　合計4点以上のもので、さまざまな材質1点とそれとは異なる3点以上の統一された材質で構成されたもの

と大きく6つの使用形態が想定できる（第44図）。当然のことながら、その他の組み合わせ方が行われている事例というのはみられるものの、この6つの使用形態がある程度の事例数をもって確認できることは注目できる。ただし、後世に攪乱を受けたなど、さまざまな要因によって、本来のパターンとは異なるパターンで視認されている場合も多々あるということは忘れてはならない。

　これら6つの使用形態のうち、とくにパターン3からパターン6については、より人びとが意識的に行った結果として捉えることが出来るのではなかろうか。すなわち、古墳時代の人びとが、意識しながら材質を統一したり、勾玉を2点1セットとして用いたり、材質で統一された多数の勾玉のなかに1点だけ異なる材質を入れようとしていたことが推測できる。

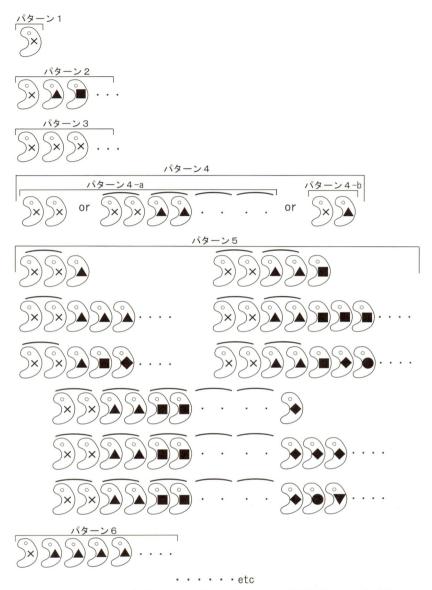

第44図　材質と点数との組み合わせ方からみた使用形態のモデル図
※×・▲・■は、それぞれ異なった材質を表す

　そこで、パターン3からパターン6の様相からみた地域的展開について、少し詳しくみていくことにする。
　まず、パターン3とした、合計3点以上で材質がすべて同じものについてみていく。前期では近畿地域や九州地域で事例が集中してみられ、その他の各地域においても数は少ないものの事例は確認できる。
　中期になると、さきほどの近畿地域や九州地域のような事例数が集中するといった地域は確認できなくなる。そして、東北地域を除いた、日本列島の各地域で同程度、パターン3がみられるよう

145

第4章　使用形態からみた古墳時代の勾玉

になる。

　後期には全国的に事例数が増加していき、東北地域でも少しずつ事例が確認され始める。

　終末期になると、東北地域で事例数が増加する一方で、近畿地域ではほとんどみられなくなる。その他の地域については、後期の様相を継続してみることができる。

　パターン3の統一された材質に目を向けてみると、九州地域を除いて、前期にはヒスイ、中期は蛇紋岩・滑石・緑色凝灰岩などといったように材質にまとまりがなく、後期からは瑪瑙が統一された材質として選ばれることが多い。

　一方、九州地域の前期・中期については他地域の様相とそれほど異なる点はみられないが、後期・終末期になると統一された材質が瑪瑙ではなく、ヒスイが選ばれやすいことが指摘できる。

　確認される場所については、多くの事例が埋葬施設ではあるが、建物跡や祭祀遺構、大溝など、ほかの場所でも確認することができる。とくに中期の関東地域では同時期の他の地域と比べて、埋葬施設以外の場所での出土事例が多くみられる。

　次に、パターン4である2点1セットを1つの単位とするものについてみていく。とくにここでは、パターン4のなかでも人びとの意図や選択性が強く働いていたであろう、パターン4-aの様相について詳しく述べてみたい。主な事例は、第18表[9]に示してある。この表をみていくと、前期には関東地域・中国地域・九州地域でまとまった数の事例を確認することができ、次いで中部地域・近畿地域・四国地域、そして、東海地域の順に確認される事例は少なくなる。しかし、中期になると、近畿地域や東海地域で事例数が大幅に増加していき、パターン4-aが日本列島の各地域で積極的に行われていくことが指摘できる。後期には全国的に事例数が増加していき、そして、やや事例数は減少するものの、大方その様相は終末期に引き継がれる。

　パターン4-aでセット関係となる材質をみてみると、前期にヒスイ、後期・終末期に瑪瑙がよく選ばれるという大まかな傾向はみられるものの、そのような傾向がみられる地域であっても、他の材質もある程度の割合をもって確認できる。さらに、前期の関東地域ではヒスイよりも滑石が用いられていたり、後期・終末期の九州地域ではヒスイに加えて、瑪瑙もよく選択される。

　また、確認される場所については、埋蔵施設からの事例が多くみられるものの、建物跡・大溝・井戸跡・土壇状遺構からの事例も確認できる。とくに関東地域では、埋葬施設以外の場所でパターン4-aの事例が多くみられる。

　パターン5である合計3点以上のもので、その中に材質が同じもの2点が1セットとなって確認できるものについてみていく。このパターンの主な事例は、第19表[10]にまとめてある。

　その表をみていくと、前期の事例は関東地域・近畿地域・中国地域・四国地域でごくわずかに確認できる。

　中期になると、引き続き中部地域・近畿地域で事例が確認でき、九州地域では事例数の増加が顕著にみられる。

　後期には、全国的にみて事例数が最盛期となる。事例が多く確認できる地域としては、中国地域・九州地域、その次に関東地域・東海地域・近畿地域と続く。

　終末期の事例数については、東北地域や静岡県などの東海地域では増加していき、そのほかの地域では減少する傾向が指摘できる。

146

第4節　使用形態の規則性

第18表　パターン4-aの主な事例一覧

| 通し番号 | 遺跡名 | 県名 | 時代 | 出土遺構 | 出土玉類<br>※数字は点数<br>※不明は材質が<br>不明を表す | 出典 |
|---|---|---|---|---|---|---|
| 1 | 一番古墳 | 宮城 | 後期 | 主体部　刳抜式石棺 | ヒスイ2<br>碧玉2 | 1 |
| 2 | 久保ノ作古墳群 | 福島 | 中期後半～後期 | 刳抜式石棺 | ヒスイ2 | 2 |
| 3 | 烏山遺跡 | 茨城 | 前期 | 34号住居址(竪穴) | 滑石2 | 3 |
| 4 | 佐自塚古墳 | 茨城 | 前期 | 粘土槨 | ヒスイ2<br>不明2 | 4 |
| 5 | ナギ山遺跡 | 茨城 | 中期～後期 | 第1号方形周溝状遺構 | 蛇紋岩2 | 5 |
| 6 | 熊野遺跡 | 栃木 | 前期後半 | 24号住居跡(竪穴) | 滑石2 | 6 |
| 7 | 間々田六本木遺跡 | 栃木 | 後期～終末期 | 1号墳・石室 | 瑪瑙2 | 7 |
| 8 | 明神山古墳群 | 栃木 | 後期 | 1号墳　石室 | 瑪瑙2 | 8 |
| 9 | 上野国角淵古墳<br>(軍配山古墳) | 群馬 | 前期 | 埋葬施設 | ヒスイ2<br>琥珀2 | 9 |
| 10 | 矢場薬師塚古墳 | 群馬 | 終末期 | 割竹形木棺 | ヒスイ2 | 10 |
| 11 | 矢田遺跡 | 群馬 | 終末期 | 463号住居跡(竪穴) | 玉髄2 | 11 |
| 12 | 鍛冶谷・新田口遺跡 | 埼玉 | 前期 | 第9号井戸跡 | 滑石2 | 12 |
| 13 | 反町遺跡 | 埼玉 | 前期 | 第229号住居跡(竪穴) | 緑色凝灰岩2 | 13 |
| 14 | 九反田遺跡 | 埼玉 | 中期 | 1号溝 | 蛇紋岩2 | 14 |
| 15 | 塚本山古墳群 | 埼玉 | 終末期 | 13号墳　棺床面 | 蛇紋岩2 | 15 |
| 16 | 神田古墳群 | 千葉 | 前期 | 1号墳・周溝内土坑 | 滑石2 | 16 |
| 17 | 森台遺跡群<br>(北野遺跡) | 千葉 | 前期 | 5号墳 | ヒスイ2 | 17 |
| 18 | 二又堀遺跡 | 千葉 | 前期～中期 | SI049(竪穴住居) | 碧玉2 | 18 |
| 19 | 海保古墳群 | 千葉 | 中期～後期 | 第3号墳　主体部 | 瑪瑙2 | 19 |
| 20 | 東台遺跡 | 千葉 | 前期 | 3号住居跡(竪穴) | 滑石2 | 20 |
| 21 | 池向遺跡 | 千葉 | 後期～終末期 | 池向14号墳 | 瑪瑙2 | 21 |
| 22 | 椎名崎古墳群 | 千葉 | 後期 | 3号墳　石室 | 玉髄2 | 22 |
| 23 | 野毛大塚古墳 | 東京 | 中期 | 第1主体部 | 滑石2 | 23 |
| 24 | 上浜田古墳群 | 神奈川 | 中期後半 | 2号墳　石室 | 瑪瑙2 | 24 |
| 25 | 日向・渋田遺跡 | 神奈川 | 終末期 | 2号墳　石室 | ガラス2 | 25 |
| 26 | 諏訪脇横穴群<br>(東部分) | 神奈川 | 終末期 | 901号横穴墓 | 瑪瑙2 | 26 |
| 27 | 諏訪脇横穴群<br>(西部分) | 神奈川 | 終末期～奈良時代 | 第11号穴 | 瑪瑙2 | 27 |
| 28 | 岩井戸横穴群 | 神奈川 | 終末期 | 23号横穴墓　埋葬施設 | 瑪瑙2 | 28 |
| 29 | 吉里古墳群 | 新潟 | 後期 | 鎌塚第1号墳　玄室 | 瑪瑙2 | 29 |
| 30 | No17遺跡 | 富山 | 中期～後期 | 第1号墳埋葬施設内 | 蛇紋岩2 | 30 |
| 31 | 加納南古墳群 | 富山 | 後期 | 10号墳埋葬施設内 | 水晶2 | 31 |
| 32 | 塚崎遺跡 | 石川 | 前期 | E第13号土坑墓 | 蛇紋岩質石2 | 32 |
| 33 | 向山1号墳 | 福井 | 中期 | 石室内 | 瑪瑙2<br>緑色凝灰岩2 | 33 |
| 34 | 天神山古墳群 | 福井 | 中期 | 7号墳　石室 | ヒスイ2 | 34 |
| 35 | 大飯神社古墳群 | 福井 | 終末期 | 4号墳　埋葬施設 | ヒスイ2 | 35 |
| 36 | 考古博物館構内古墳 | 山梨 | 後期 | 石室 | 蛇紋岩2 | 36 |
| 37 | ナギジリ一号古墳 | 長野 | 後期 | 石室 | 碧玉2<br>水晶2 | 37 |
| 38 | 幸神古墳群 | 長野 | 後期～終末期 | 幸神1号墳　玄室 | 瑪瑙2 | 38 |
| 39 | 寄山古墳 | 長野 | 終末期 | 石室 | 瑪瑙2 | 39 |
| 40 | 金ヶ崎遺跡 | 岐阜 | 前期 | SX05　主体部墳丘墓<br>方形周溝墓 | ヒスイ2 | 40 |
| 41 | 宝珠古墳 | 岐阜 | 前期 | 粘土郭 | ヒスイ2 | 41 |
| 42 | 長塚古墳 | 岐阜 | 前期 | 第1主体部 | ヒスイ2 | 42 |
| 43 | 遊塚古墳 | 岐阜 | 中期中葉 | 割竹形木棺 | ヒスイ2 | 43 |
| 44 | 半ノ木洞古墳 | 岐阜 | 後期 | 石室内 | 瑪瑙2 | 44 |
| 45 | 船来山古墳群 | 岐阜 | 後期 | M支群　175号墳　玄室 | 瑪瑙2 | 45 |
| 46 | 船来山古墳群 | 岐阜 | 終末期 | O支群　101号墳　石室 | 瑪瑙2 | 45 |
| 47 | 栗下古墳 | 静岡 | 中期～後期 | 第2主体部 | ヒスイ2 | 46 |
| 48 | 兜塚古墳 | 静岡 | 中期 | 石室 | 碧玉2 | 47 |
| 49 | 神明社上古墳群 | 静岡 | 中期 | 1号墳　1号木棺 | 碧玉2 | 48 |
| 50 | 新貝17号墳<br>(蓮城寺5号墳) | 静岡 | 中期前半 | 棺内 | ヒスイ2 | 49 |
| 51 | 東浦古墳群 | 静岡 | 中期前半 | 1号墳　割竹形木棺1 | 水晶2 | 50 |
| 52 | 東浦古墳群 | 静岡 | 中期前半～中葉 | 3号墳<br>棺中央部の集水孔付近 | 滑石2 | 50 |
| 53 | 瓦屋西古墳群 | 静岡 | 後期 | B4号墳　主体部 | 瑪瑙2 | 51 |

147

第4章　使用形態からみた古墳時代の勾玉

| 54 | 瓦屋西C古墳群 | 静岡 | 後期～終末期 | 瓦屋西C15号墳 石室内 | 瑪瑙2 | 52 |
|---|---|---|---|---|---|---|
| 55 | 下滝遺跡 | 静岡 | 後期 | 6KF03 3号墳 | 瑪瑙2 | 53 |
| 56 | 二本ヶ谷積石塚古墳群（内野古墳群） | 静岡 | 後期 | 二本ヶ谷東谷群 2号墳 主体部 | 碧玉2 | 54 |
| 57 | 二本ヶ谷積石塚古墳群（内野古墳群） | 静岡 | 後期 | 二本ヶ谷東谷群 23号墳 主体部 | 蛇紋岩2 | 54 |
| 58 | 瀬戸古墳群 | 静岡 | 後期～終末期 | 瀬戸4号墳 石室内 | 瑪瑙2 | 55 |
| 59 | 観音堂横穴古墳群 | 静岡 | 後期～終末期 | 第20号墳 埋葬施設 | 碧玉2 瑪瑙2 | 56 |
| 60 | 清水ヶ谷横穴群 | 静岡 | 後期 | 3号横穴 埋葬施設 | 瑪瑙2 | 57 |
| 61 | 井庄段古墳 | 静岡 | 終末期 | 玄室 | 蛇紋岩2 | 58 |
| 62 | 平尾野添横穴群 | 静岡 | 終末期 | B－b－3号横穴 | 瑪瑙2 | 59 |
| 63 | 地蔵平古墳群 | 静岡 | 終末期 | B3号墳 主体部 | 瑪瑙2 | 60 |
| 64 | 地蔵平古墳群 | 静岡 | 終末期 | B20号墳 | 瑪瑙2 | 60 |
| 65 | 金山横穴群 | 静岡 | 終末期 | A5号横穴 | ヒスイ2 | 61 |
| 66 | 大屋敷A古墳群 | 静岡 | 終末期 | A2号墳 玄室 | 蛇紋岩2 | 62 |
| 67 | 千人塚平古墳群 C小支群 | 静岡 | 終末期 | 千人塚平C小支群 C15 主体部 | 瑪瑙2 | 63 |
| 68 | 岩場古墳 | 愛知 | 中期中葉 | 棺内 | 瑪瑙2 | 64 |
| 69 | 栗林古墳 | 愛知 | 中期前半 | 石室 | 琥珀2 | 65 |
| 70 | 岩津古墳群 | 愛知 | 後期～終末期 | 岩津第2号墳 後室 | 瑪瑙2 | 66 |
| 71 | 向山古墳群 | 愛知 | 後期～終末期 | がくた5号墳 石室 | 瑪瑙2 | 67 |
| 72 | 向山古墳群 | 愛知 | 後期～終末期 | 向山7号墳 石室 | ヒスイ2 | 65 |
| 73 | 宇頭古墳群 | 愛知 | 終末期 | 釜ノ口第2号墳 | 蛇紋岩2 | 68 |
| 74 | 六大A遺跡 | 三重 | 前期 | SD1 大溝 | 滑石2 | 69 |
| 75 | 正知浦古墳群 | 三重 | 前期～中期 | 2号墳 石室 | 瑪瑙2 | 70 |
| 76 | 志島古墳群 | 三重 | 後期 | おじょか古墳 玄室 | 瑪瑙2 ガラス2 | 71 |
| 77 | 毛刈古墳 | 滋賀 | 中期～後期 | 主体部 | 滑石2 | 72 |
| 78 | 黄牛塚古墳 | 滋賀 | 後期～終末期 | 玄室 | 瑪瑙2 | 73 |
| 79 | 園部垣内古墳 | 京都 | 前期 | 棺内 | ヒスイ2 流紋岩質溶結凝灰岩2 | 74 |
| 80 | 私市円山古墳 | 京都 | 中期 | 第1主体部 | 瑪瑙2 | 75・76 |
| 81 | 千束古墳群 | 京都 | 中期 | 5号墳 埋葬施設内 | ヒスイ2 碧玉2 | 77 |
| 82 | 武者ヶ谷1号墳 | 京都 | 中期 | 第1主体部 | 瑪瑙2 | 78 |
| 83 | 宇治二子山古墳 | 京都 | 中期 | 南墳 棺内 | ヒスイ2 | 79 |
| 84 | アバ田古墳群 | 京都 | 後期～終末期 | アバ田2号墳 石室 | 碧玉2 | 80 |
| 85 | 三角古墳群 | 京都 | 後期～終末期 | 三角4号墳 埋葬施設 | ガラス2 | 81 |
| 86 | 西谷古墳群 | 京都 | 終末期 | 6号墳 主体部 | 瑪瑙2 | 82 |
| 87 | 高山古墳群 | 京都 | 終末期 | 1号墳 石室 | 瑪瑙2 | 83 |
| 88 | 長原遺跡 | 大坂 | 中期 | SX701土壙状遺構 | 滑石2 | 84 |
| 89 | 交野東車塚古墳 | 大坂 | 中期 | 第1号棺 | ヒスイ2 碧玉2 | 85 |
| 90 | 塚廻古墳 | 大坂 | 中期 | 埋葬施設 | ヒスイ2 | 86 |
| 91 | 心合寺山古墳 | 大坂 | 中期 | 主室部 | ヒスイ2 | 87 |
| 92 | 紅茸山古墳 | 大坂 | 後期 | 北棺 | 軟玉2 | 88 |
| 93 | 富木車塚古墳 | 大坂 | 後期 | 前方部 第3埋葬施設 | ヒスイ2 | 89 |
| 94 | 向山古墳群 | 兵庫 | 前期 | 向山6号墳 棺内 | 瑪瑙2 | 90 |
| 95 | 七日市遺跡 | 兵庫 | 前期 | SK181 土壙（木棺墓） | ヒスイ2 | 91 |
| 96 | 鳥坂古墳群 | 兵庫 | 前期 | 3号墳 棺内 | ヒスイ2 | 92 |
| 97 | 新宮東山古墳群 | 兵庫 | 中期 | 2号墳2号棺 | 緑色凝灰岩2 | 93 |
| 98 | 新宮東山古墳群 | 兵庫 | 中期 | 2号墳4号棺 | 碧玉2 瑪瑙2 | 93 |
| 99 | 大寺山古墳群 | 兵庫 | 中期前半 | 1号墳 主体部 | ヒスイ2 | 94 |
| 100 | 法尺谷古墳群 | 兵庫 | 中期 | 1号墳 石室 | 瑪瑙2 | 95 |
| 101 | 伊和遺跡 | 兵庫 | 中期 | 住居跡2（竪穴） | 滑石2 | 96 |
| 102 | 高津橋大塚古墳 | 兵庫 | 後期 | 棺内 | 滑石2 | 97・98 |
| 103 | 若王寺遺跡 | 兵庫 | 後期 | SE06 井戸 | 滑石2 | 99 |
| 104 | 立石古墳群 | 兵庫 | 後期 | 105号墳 棺内 | 瑪瑙2 | 100 |
| 105 | 人見塚古墳 | 兵庫 | 後期 | 石室 | 碧玉2 | 101 |
| 106 | 内高山東古墳群 | 兵庫 | 後期 | 1号墳 第2主体 胸横付近 | 水晶2 | 102 |
| 107 | 下池山古墳 | 奈良 | 前期 | 石室内 | 緑色凝灰岩2 | 103 |
| 108 | 池ノ内古墳 | 奈良 | 中期 | 池ノ内5号墳 （第1棺） | 滑石2 | 104 |
| 109 | 池ノ内古墳 | 奈良 | 中期 | 池ノ内5号墳 （第2棺） | 瑪瑙2 | 104 |
| 110 | 野山遺跡群 | 奈良 | 中期 | シメン坂支群1号墳 埋葬施設内 | 滑石2 | 105 |

第4節 使用形態の規則性

| 111 | 野山遺跡群 | 奈良 | 後期 | サドガハナ支群1号墳 棺内 | 滑石2 | 105 |
|---|---|---|---|---|---|---|
| 112 | 篠楽向山古墳 | 奈良 | 中期～後期 | 棺内 | 碧玉2 | 106 |
| 113 | 島ノ山古墳群 | 奈良 | 後期 | 島ノ山1号墳 墓道 | ヒスイ2 | 107 |
| 114 | 沢野山遺跡群 | 奈良 | 後期 | G－1号墳 埋葬施設 | 滑石2 | 108 |
| 115 | 尾ノ崎遺跡 | 和歌山 | 中期 | 方形周溝墓15号 | 碧玉2 | 109 |
| 116 | 中ノ谷古墳 | 和歌山 | 中期 | 石室 | 滑石2 | 110 |
| 117 | 友田町遺跡 | 和歌山 | 後期 | SD－6 第4層 溝 | 滑石2 | 111 |
| 118 | 井辺前山古墳群 | 和歌山 | 後期 | 井辺前山三十二号墳 南方石室 | ガラス2 | 112 |
| 119 | 長瀬高浜遺跡 | 鳥取 | 前期 | SI123(竪穴住居) | 滑石2 | 113 |
| 120 | 長瀬高浜遺跡 | 鳥取 | 前期 | SI134(竪穴住居) | 碧玉2 | 113 |
| 121 | 六部山古墳群 | 鳥取 | 中期 | 六部山48号墳 第1主体部 | 滑石2 | 114 |
| 122 | 横枕古墳群 | 鳥取 | 中期中葉 | 横枕73号墳 第1主体部 | コハク2 | 115 |
| 123 | 松河原古墳群 | 鳥取 | 中期 | 2号墳 石室 | 瑪瑙2 | 116 |
| 124 | 屋喜山9号墳 | 鳥取 | 中期 | 石棺 | 瑪瑙2 | 117 |
| 125 | 越敷山古墳群 | 鳥取 | 中期前葉～後葉 | 51号墳 埋葬施設1 | 瑪瑙2 | 118 |
| 126 | 服部遺跡 | 鳥取 | 後期 | 36号墳 玄室B群 | 瑪瑙2 | 119 |
| 127 | 石洲府古墳群 | 鳥取 | 後期 | 68号墳 石室内 | 瑪瑙2 | 120 |
| 128 | 五反田古墳群 | 島根 | 前期末葉 | 五反田1号墳 第1主体部 | ヒスイ2 | 121 |
| 129 | 斐伊中山古墳群 | 島根 | 前期 | 3号墳 主体部 | 緑泥石片岩2 | 122 |
| 130 | 細曽1号墳 | 島根 | 中期 | 主体部 棺内 | 瑪瑙2 | 123 |
| 131 | 渋山池古墳群 | 島根 | 後期～終末期 | 5号横穴墓 玄室内 | 水晶2 | 124 |
| 132 | 常熊古墳群 | 島根 | 後期 | 石室 | 瑪瑙2 水晶2 | 125 |
| 133 | 天神社裏山古墳群 | 島根 | 後期 | 3号石室 | 瑪瑙2 | 126 |
| 134 | 岩屋遺跡 | 島根 | 後期後半 | Ⅰ区4号墳 SX01 | 碧玉2 | 127 |
| 135 | 伊賀武社境内横穴墓 | 島根 | 後期 | 玄室 | 瑪瑙2 | 128 |
| 136 | 長尾原古墳群 | 島根 | 後期 | 3号墳 石室 | 瑪瑙2 | 129 |
| 137 | 今浦横穴墓群 | 島根 | 終末期 | 4号横穴墓 | 瑪瑙2 | 130 |
| 138 | 足守川矢部南向遺跡 | 岡山 | 前期 | 竪穴住居51 | 蛇紋岩2 | 131・132 |
| 139 | 百間川原尾島遺跡 | 岡山 | 前期 | 竪穴式住居29 | 蛇紋岩2 | 133 |
| 140 | 岡山城三之外曲輪跡 旧岡山藩藩学跡 | 岡山 | 前期 | 溝5 | 瑪瑙2 | 134 |
| 141 | 近長丸山古墳群 | 岡山 | 前期 | 近長丸山1号墳 第1主体部 | ヒスイ2 | 135 |
| 142 | 正崎4号墳 | 岡山 | 前期 | 石棺内 | ヒスイ2 | 136 |
| 143 | 殿山古墳群 | 岡山 | 前期 | 11号墳 第4主体部 | ヒスイ2 | 137 |
| 144 | 矢部古墳群B | 岡山 | 前期 | 44号墳 棺内 | ヒスイ2 | 138 |
| 145 | 用木古墳群 | 岡山 | 前期 | 第4号墳 第11主体部 | ヒスイ2 | 139 |
| 146 | 奥の前1号墳 (油木高塚古墳) | 岡山 | 前期 | 組合式石棺 | ヒスイ2 | 140 |
| 147 | 野山古墳群 | 岡山 | 中期～後期 | 野山古墳群 野山5号墳 1号棺 | ヒスイ2 | 141 |
| 148 | 月の輪古墳 | 岡山 | 中期初頭 | 中央主体部 | 碧玉2 | 142 |
| 149 | | 岡山 | 中期初頭 | 南棺Ⅰ | 碧玉2 瑪瑙2 | 142 |
| 150 | 四辻古墳群 | 岡山 | 中期 | 四辻古墳群 第1号墳 主体部 | 碧玉2 | 143 |
| 151 | 牛飼山古墳群 | 岡山 | 中期 | 1号墳 第1主体部 | 瑪瑙2 | 144 |
| 152 | みそのお遺跡 | 岡山 | 後期 | 2号墳墓 古墳 主体部 | ガラス2 | 145 |
| 153 | 津島遺跡 | 岡山 | 後期 | 竪穴住居3 | 滑石2 | 146 |
| 154 | 四つ塚古墳群 | 岡山 | 後期前葉 | 四つ塚1号墳 石室内 | 瑪瑙2 | 147 |
| 155 | 四つ塚古墳群 | 岡山 | 後期前葉 | 四つ塚13号墳 南主体部 | ガラス2 | 147 |
| 156 | 安信古墳群 | 岡山 | 後期～終末期 | 2号墳 石室 | 瑪瑙2 | 148 |
| 157 | 円通寺古墳群 | 岡山 | 後期～終末期 | 1号墳 石室 | 瑪瑙2 | 149 |
| 158 | 根岸古墳 | 岡山 | 後期～終末期 | 石室内 | 瑪瑙2 | 150 |
| 159 | 二宮大成遺跡 | 岡山 | 後期～終末期 | 1区古墳 1号陶棺 | 碧玉2 | 151 |
| 160 | 西山古墳群 | 岡山 | 終末期 | 3号墳 石室 | ヒスイ2 | 152 |
| 161 | 大迫横穴群 | 岡山 | 終末期 | A1号横穴墓 | 瑪瑙2 | 153 |
| 162 | 安信古墳群 | 岡山 | 終末期 | 1号墳 石室 | 瑪瑙2 | 148 |
| 163 | 芳ヶ谷古墳 | 広島 | 前期 | 割竹形木棺 | 碧玉2 | 154 |
| 164 | 才ヶ迫遺跡 | 広島 | 前期 | 才ヶ迫第1号古墳 第1主体部 | ヒスイ2 | 155 |
| 165 | 尾ノ上古墳 | 広島 | 前期 | 竪穴式石槨 | ヒスイ2 | 156 |
| 166 | 鍛冶屋迫4号墳 | 広島 | 前期 | 箱式石棺 | ヒスイ2 | 157 |
| 167 | 吹越古墳群 | 広島 | 中期前半 | 吹越第3号墳 主体部 | 滑石2 | 158 |
| 168 | 表山古墳群 | 広島 | 中期～後期 | 2号古墳 石室 | 滑石2 | 159 |
| 169 | 川東大仙山古墳群 | 広島 | 後期～終末期 | 川東大仙山第6号墳 石室 | 水晶2 | 160 |
| 170 | 皇塚古墳 | 広島 | 後期 | 石室 | 瑪瑙2 | 161 |
| 171 | 道ヶ曽根遺跡 | 広島 | 後期～終末期 | SB73 壁溝内 竪穴住居 | 玉髄2 | 162 |

149

第4章　使用形態からみた古墳時代の勾玉

| 172 | 若宮古墳群 | 山口 | 後期末葉 | 第2号古墳　石室内 | ヒスイ2 | 163 |
|---|---|---|---|---|---|---|
| 173 | 上岡原古墳群 | 山口 | 後期 | 2号墳　玄室 | 瑪瑙2 | 164 |
| 174 | 狐塚古墳 | 山口 | 後期後葉 | 埋葬施設 | 瑪瑙2 | 165 |
| 175 | 後井古墳群 | 山口 | 後期 | 1号墳　石室 | 碧玉2 | 166 |
| 176 | 見島古墳群 | 山口 | 終末期～平安時代 | 第56号墳　石室 | ヒスイ2 | 167 |
| 177 | 大代古墳 | 徳島 | 前期～中期 | SX1001土壙墓 | 碧玉2 | 168 |
| 178 | 庄・蔵本遺跡 | 徳島 | 中期 | 溝跡 | 蛇紋岩2 | 169 |
| 179 | 岩崎山古墳群 | 香川 | 前期 | 4号墳　竪穴式石槨 | ヒスイ2 | 170 |
| 180 | 長砂古墳群 | 香川 | 後期 | 4号墳　玄室 | ヒスイ2 | 171 |
| 181 | 唐子台遺跡群 | 愛媛 | 前期 | 第5号丘　7号土坑墓 | 蛇紋岩2 | 172 |
| 182 | 久万ノ台古墳 | 愛媛 | 後期～終末期 | 3号墳 | ヒスイ2 | 173 |
| 183 | 伯方岩ヶ峰古墳 | 愛媛 | 後期～終末期 | 玄室 | 瑪瑙2 | 174 |
| 184 | 正光寺山古墳群 | 愛媛 | 後期 | 1号墳　主体部 | ヒスイ2 | 175 |
| 185 | 正光寺山古墳群 | 愛媛 | 後期 | 2号墳　主体部 | ヒスイ2 | 175 |
| 186 | 浜山・千鳥遺跡 | 福岡 | 前期 | 第8号墳　主体部 | 滑石2 | 176 |
| 187 | 浜山・千鳥遺跡 | 福岡 | 前期 | 第21号墳　主体部 | 瑪瑙2 | 176 |
| 188 | 浜山・千鳥遺跡 | 福岡 | 前期 | 第1号墳　主体部 | ヒスイ2 | 176 |
| 189 | 稲童古墳群 | 福岡 | 前期後半～中期前半 | 稲童12号墳　1号箱式石棺 | 滑石2 | 177 |
| 190 | 汐井掛遺跡 | 福岡 | 前期 | 第47号木棺墓 | ガラス2 | 178 |
| 191 | 汐井掛遺跡 | 福岡 | 前期 | 第108号木棺墓 | ガラス2 | 178 |
| 192 | 徳永川ノ上遺跡 | 福岡 | 前期 | I－C地区8号墓　埋葬施設 | ヒスイ2 | 179 |
| 193 | 五島山古墳 | 福岡 | 前期前半 | 古墳 | ヒスイ2 | 180 |
| 194 | 光正寺古墳 | 福岡 | 前期前半 | 第1主体部 | ヒスイ2 | 181 |
| 195 | 稲童古墳群 | 福岡 | 前期後半～中期前半 | 稲童12号墳　1号箱式石棺 | 滑石2 | 177 |
| 196 | 池の上墳墓群 | 福岡 | 前期 | D－1　石蓋土壙墓 | ヒスイ2 | 182 |
| 197 | 原古墳群 | 福岡 | 中期 | 3号円形周溝墓 | 滑石2 | 183 |
| 198 | 丸隈山古墳 | 福岡 | 中期 | 石室内 | ヒスイ2 | 184 |
| 199 | 下遺跡群 | 福岡 | 中期 | 小倉古墳　石室 | ヒスイ2 | 185 |
| 200 | 阿志岐古墳群 | 福岡 | 後期～終末期 | B群21号墳 | 瑪瑙2 | 186 |
| 201 | 塚原遺跡 | 福岡 | 後期～終末期 | 4号墳　石室 | 瑪瑙2 | 187 |
| 202 | 居屋敷遺跡 | 福岡 | 後期～終末期 | 居屋敷12号横穴墓　玄室 | 瑪瑙2 | 188 |
| 203 | 柏原古墳群 | 福岡 | 後期～終末期 | C－6号墳　石室 | ヒスイ2 | 189 |
| 204 | 久原瀧ヶ下遺跡 | 福岡 | 後期 | SC33(H区)　竪穴住居 | 滑石2 | 190 |
| 205 | 岬ヶ原古墳群 | 福岡 | 後期～終末期 | 37号墳 | ヒスイ2 | 191 |
| 206 | 向山古墳群 | 福岡 | 後期～終末期 | 向山4号墳　石室 | 瑪瑙2 | 192 |
| 207 | 名残高田遺跡 | 福岡 | 後期～終末期 | 1号墳　主体部 | 瑪瑙2 | 193 |
| 208 | 大井三倉遺跡 | 福岡 | 後期 | 第2号墳 | ヒスイ2 | 194 |
| 209 | 荻浦遺跡群 | 福岡 | 後期～終末期 | 前田古墳　玄室 | 瑪瑙2 | 195 |
| 210 | 山崎古墳群 | 福岡 | 後期～終末期 | C－1号墳　玄室 | ガラス2 | 196 |
| 211 | 莵ギ坂古墳群 | 福岡 | 後期～終末期 | 2号墳　石室 | 水晶2 | 197 |
| 212 | 城ヶ谷古墳群 | 福岡 | 後期 | 19号墳　2号石室 | 水晶2 | 198 |
| 213 | 萩ノ浦古墳群 | 福岡 | 後期～終末期 | 2号墳　前庭部付近 | ヒスイ2 | 199 |
| 214 | 金居塚遺跡 | 福岡 | 終末期 | 11号横穴　玄室 | 瑪瑙2 | 200 |
| 215 | 岩長浦古墳群 | 福岡 | 終末期 | IW2号墳　玄室 | ヒスイ2 | 201 |
| 216 | 蓮和古墳 | 佐賀 | 中期 | 石室 | 滑石2 | 202 |
| 217 | 滝A遺跡 | 佐賀 | 後期 | SC03　石棺墓 | 蛇紋岩2 | 203 |
| 218 | 織島東分下遺跡 | 佐賀 | 後期 | ST003　古墳　石室 | 瑪瑙2 | 204 |
| 219 | 伊勢山遺跡 | 佐賀 | 後期 | 第3区1号住居跡(竪穴) | 滑石2 | 205 |
| 220 | 貝鮒崎古墳 | 長崎 | 後期 | 棺内 | 滑石2 | 206 |
| 221 | 古里遺跡 | 長崎 | 後期 | 箱式石棺 | 頁岩2 | 207 |
| 222 | 小嶋古墳群 | 長崎 | 終末期 | 1号墳　埋葬施設 | ヒスイ2 | 208 |
| 223 | 桐ノ木尾ばね古墳 | 熊本 | 中期前半 | 石室 | 碧玉2 | 209 |
| 224 | 城の本2号墳 | 熊本 | 中期 | 石室 | 水晶2 | 210 |
| 225 | 草場第二遺跡 | 大分 | 前期 | 4号方形墓　主体部<br>(13号石棺) | ヒスイ2 | 211 |
| 226 | 草場第二遺跡 | 大分 | 中期 | 13号方形墓　第1主体部　床面<br>棺内東側小口部(192号石棺) | 蛇紋岩2<br>泥岩2 | 211 |
| 227 | 勘助野地遺跡 | 大分 | 前期～中期 | 5号土壙墓 | 碧玉2 | 212 |
| 228 | 舞田原遺跡 | 大分 | 前期 | 8号or16号竪穴遺構　竪穴住居 | 滑石質石2 | 213 |
| 229 | 瀬戸墳墓群 | 大分 | 前期 | 瀬戸1号墳　3号主体部 | ヒスイ2 | 214 |
| 230 | 勘助野地遺跡 | 大分 | 前期～中期 | 1号方形墓　1号主体部 | 水晶2 | 212 |
| 231 | 勘助野地遺跡 | 大分 | 前期～中期 | 5号土壙墓 | 碧玉2 | 212 |
| 232 | 入津原丸山古墳 | 大分 | 中期 | 箱式石棺 | 碧玉2 | 215 |
| 233 | 上ノ原横穴墓群 | 大分 | 後期～終末期 | 51号横穴墓　玄室 | 瑪瑙2 | 216 |
| 234 | 飛山横穴群 | 大分 | 後期～終末期 | 7号横穴　玄室 | 瑪瑙2 | 217 |
| 235 | 飛山横穴群 | 大分 | 後期～終末期 | 21号横穴　玄室 | 碧玉2<br>瑪瑙2 | 217 |
| 236 | 六野原古墳群 | 宮崎 | 中期～後期 | 地下式古墳　第14号墳 | 碧玉2 | 218 |
| 237 | 六野原古墳群 | 宮崎 | 後期 | 六野原6号墳　粘土槨 | ヒスイ2 | 218 |

第19表　パターン5の主な事例一覧

| 通し番号 | 遺跡名 | 県名 | 時代 | 出土遺構 | 出土玉類　※数字は点数 | | 出典 |
|---|---|---|---|---|---|---|---|
| | | | | | 対となる材質 | その他 | |
| 1 | 丹後平古墳群 | 青森 | 終末～奈良時代 | 15号墳・主体部 | ヒスイ2 | 瑪瑙5 | 1 |
| 2 | 丹後平古墳群 | 青森 | 終末～奈良時代 | 23号墳・主体部 | ヒスイ2 碧玉2 | 瑪瑙29 | 1 |
| 3 | 善応寺横穴古墳群 | 宮城 | 終末期 | 11号墳・玄室内床面 | 瑪瑙2 | 碧玉1 | 2 |
| 4 | 廓内横穴墓群 | 福島 | 終末期 | 7号横穴　玄室 | 碧玉2 | 瑪瑙6 | 3 |
| 5 | 笊内古墳群 | 福島 | 終末期～奈良時代 | 45号墳　石室 台床（横穴古墳） | 瑪瑙2 | 碧玉1 | 4 |
| 6 | 菅田古墳群 | 栃木 | 後期 | 菅田27号墳　玄室 | ガラス2 | 瑪瑙5 | 5 |
| 7 | 蛭田富士山古墳群 | 栃木 | 後期～終末期 | C-2号墳 | 碧玉2 | 瑪瑙1 | 6 |
| 8 | 上落合岡遺跡 | 群馬 | 終末期 | K-1号古墳・玄室内 | 瑪瑙2 | 緑色凝灰岩1 | 7 |
| 9 | 奥原古墳群 | 群馬 | 終末期～奈良時代 | 13号墳　石室 | 瑪瑙2 | ガラス1 | 8 |
| 10 | 和田遺跡 | 群馬 | 後期 | 1号墳　石室 | 瑪瑙2 | 水晶1 | 9 |
| 11 | 熊野神社古墳 | 埼玉 | 前期 | 古墳 | 瑪瑙2 | ヒスイ4 | 10 |
| 12 | 川田谷古墳群 樋詰支群 | 埼玉 | 後期 | 樋詰2号墳 | 瑪瑙2 | 水晶1 | 11 |
| 13 | 山王塚西古墳 | 埼玉 | 終末期 | 玄室 | 水晶2 | 瑪瑙6 | 12 |
| 14 | 鶴ヶ岡古墳群 | 千葉 | 前期中葉 | 1号墳・埋葬施設 | ヒスイ2 | ガラス3 | 13 |
| 15 | 山之辺古墳群 | 千葉 | 中期 | 3号墳 | ヒスイ2 | 滑石1 | 14 |
| 16 | 間見穴古墳群 | 千葉 | 後期 | 006号墳・棺外 | 瑪瑙2 | 碧玉1 | 15 |
| 17 | 立山遺跡 | 千葉 | 後期 | 立山2号墳　第3主体部 | 瑪瑙2 | 滑石1 | 16 |
| 18 | 井戸谷9号墳 | 千葉 | 後期 | 墳墓 | ガラス2 | 瑪瑙1 | 17 |
| 19 | 中島ヤマンタン25号墳 | 石川 | 後期～終末期 | 主体部　床面 | 瑪瑙2 | ヒスイ1 | 18 |
| 20 | 法土寺遺跡 | 福井 | 中期 | 19号墳　石室 | ヒスイ2 | 緑色凝灰岩1 | 19 |
| 21 | 泰遠寺山古墳 | 福井 | 中期 | 石室 | ヒスイ2 ガラス2 | 碧玉1 | 20 |
| 22 | 鹿野1号墳 | 福井 | 終末期 | 石室 | 水晶2 | 瑪瑙1 | 21 |
| 23 | 田麦北古墳 | 長野 | 中期 | 2号墳主体部 | 碧玉2 | 瑪瑙1 | 22 |
| 24 | 榎田遺跡 | 長野 | 中期～後期 | SG3（沼址） | 蛇紋岩2 | 滑石片岩1 | 23 |
| 25 | 雨降塚古墳 | 長野 | 後期 | 石室 | 瑪瑙2 | ヒスイ1 | 24 |
| 26 | 長良龍門寺古墳 | 岐阜 | 中期 | 主体部 | 碧玉2 瑪瑙2 | 滑石35 | 25・26 |
| 27 | 中野1号墳 | 岐阜 | 中期 | 石室 | ヒスイ2 | ガラス1 | 27 |
| 28 | 船来山古墳群 | 岐阜 | 後期～終末期 | O支群　166号墳　石室 | 緑色凝灰岩2 | ヒスイ1 | 28 |
| 29 | 船来山古墳群 | 岐阜 | 終末期 | N支群　141号墳　玄室 | 水晶2 | 瑪瑙4 | 28 |
| 30 | 松林山古墳群 | 静岡 | 中期前葉 | 1号墳　埋葬施設 | 緑色凝灰岩2 | 瑪瑙1 | 29・30 |
| 31 | 女池ヶ谷古墳群 | 静岡 | 中期 | 女池ヶ谷6号墳　石室 | ヒスイ2 | 瑪瑙4 | 31 |
| 32 | 南新星古墳群 秋合支群 | 静岡 | 後期～終末期 | 秋合12号墳　石室 | 蛇紋岩2 | 瑪瑙1 | 32 |
| 33 | 殿沢古墳群 | 静岡 | 後期～終末期 | 殿沢古墳群第9号墳 玄室 | 碧玉2 水晶2 | 瑪瑙5 | 33・34 |
| 34 | 谷津原古墳群 | 静岡 | 後期～終末期 | 第2号墳　石室 | 水晶2 | 瑪瑙3 | 35 |
| 35 | 半田山古墳群A支群 半田山III遺跡 | 静岡 | 終末期 | A3号墳　玄室 | 瑪瑙2 | ヒスイ1 | 36 |
| 36 | 半田山遺跡 | 静岡 | 終末期 | C-28号墳（C群）　石室内 | 瑪瑙2 | 水晶1 | 37 |
| 37 | 広見古墳群 | 静岡 | 終末期 | 中原1号墳　石室 | 石英2 | 瑪瑙3 | 38 |
| 38 | 地蔵平古墳群 | 静岡 | 終末期 | L25号墳 | 瑪瑙2 | 碧玉1 | 39 |
| 39 | 地蔵ヶ谷横穴群 | 静岡 | 終末期 | 27号横穴 | 瑪瑙2 | 碧玉1 | 40 |
| 40 | 神明山古墳群 | 静岡 | 終末期 | 第4号墳　主体部 | 瑪瑙2 | ヒスイ1 | 41 |
| 41 | 二本ヶ谷古墳群 | 静岡 | 終末期 | B4号墳 | 瑪瑙2 | 水晶1 | 42 |
| 42 | 原古墳群 谷稲葉支群高草地区 | 静岡 | 終末期～奈良時代 | 高草7号墳　玄室 | 瑪瑙2 | 蛇紋岩1 | 43 |
| 43 | 平尾野添横穴群 | 静岡 | 終末期～奈良時代 | B-c-6号横穴 | 瑪瑙2 | ガラス1 | 44 |
| 44 | 大塚古墳 | 愛知 | 後期 | 石室 | ヒスイ2 | 瑪瑙1 | 45 |
| 45 | 炭焼平古墳群 | 愛知 | 終末期 | 2号墳　主体部 | 瑪瑙2 | 滑石3 | 46 |

第4章　使用形態からみた古墳時代の勾玉

| 46 | 山添2号墳 | 三重 | 後期 | 1号埋葬施設 | 瑪瑙2 | ヒスイ1 | 47 |
|---|---|---|---|---|---|---|---|
| 47 | 木ノ下古墳 | 三重 | 後期 | 第2主体部 | 碧玉2 | 瑪瑙1 | 48 |
| 48 | 新開古墳群 | 滋賀 | 中期後半 | 新開第1号墳　北遺構 | 碧玉2 | 瑪瑙1 | 49 |
| 49 | 大塚越古墳 | 滋賀 | 中期 | 埋葬施設 | ガラス2 | 滑石10 | 50 |
| 50 | 塚原古墳群 | 滋賀 | 後期 | 塚原2号墳　石室内 | 瑪瑙2 | 碧玉1 | 51 |
| 51 | 園部岸ヶ前古墳群 | 京都 | 中期 | 岸ヶ前2号墳　埋葬施設3棺内 | 瑪瑙2 | 碧玉1 | 52 |
| 52 | 久津川車塚古墳 | 京都 | 中期 | 石室内 | ヒスイ2 | 滑石4100以上 | 53・54 |
| 53 | 遠所古墳群 | 京都 | 後期 | 遠所16号墳　埋葬施設 | 瑪瑙2 | 碧玉1 | 55 |
| 54 | 峰山桃谷古墳 | 京都 | 後期～終末期 | 玄室 | 水晶2 | 瑪瑙10 | 56 |
| 55 | 北浦古墳群 | 兵庫 | 前期 | 森尾古墳 | ガラス2 | ヒスイ1 | 57 |
| 56 | 石出郡神美村所在古墳（仮称） | 兵庫 | 前期 | 石室 | ガラス2 | ヒスイ3 | 58 |
| 57 | カチヤ古墳 | 兵庫 | 中期 | 埋葬施設 | 碧玉2 | 緑色凝灰岩9 | 59 |
| 58 | 高坂古墳群 | 兵庫 | 後期～終末期 | 高坂1号墳　石室 | 瑪瑙2 | 石英1 | 60 |
| 59 | 桂ヶ谷奥古墳（桂谷古墳） | 兵庫 | 後期～終末期 | 石室 | 瑪瑙2 | 滑石1 | 61 |
| 60 | 古宮谷遺跡群 | 奈良 | 中期 | 古宮谷1号墳　第2号主体部 | 碧玉2 | 滑石5 | 62 |
| 61 | 後出古墳群 | 奈良 | 後期 | 2号墳　棺内 | コハク2 | 滑石1 | 63 |
| 62 | 後出古墳群 | 奈良 | 後期 | 20号墳第1主体 | 瑪瑙2 | コハク1 | 63 |
| 63 | 妻木晩田遺跡妻木山地区 | 鳥取 | 中期 | 晩田山3号墳　第1埋葬施設（壺棺内） | 碧玉2 | 瑪瑙1 | 64 |
| 64 | 高野坂古墳群 | 鳥取 | 中期 | 14号墳　石室 | 瑪瑙2 | 水晶1 | 65 |
| 65 | 六部山古墳群 | 鳥取 | 後期 | 六部山26号墳　主体部　石棺内 | 瑪瑙2 | 水晶1 | 66 |
| 66 | 後口野古墳 | 鳥取 | 後期 | 1号墳　2号主体部 | 水晶2 | 瑪瑙3 | 67 |
| 67 | 東下谷横穴群 | 島根 | 後期 | 東下谷6号横穴　玄室 | 瑪瑙2 | 水晶1 | 68 |
| 68 | 中曽根横穴群 | 島根 | 後期 | 1号横穴 | 瑪瑙2 | 碧玉1 | 69 |
| 69 | 原田遺跡1区 | 島根 | 後期 | 原田古墳　玄室 | ヒスイ2 | 瑪瑙5 | 70 |
| 70 | 楡ノ木谷横穴群 | 島根 | 後期 | 第III支群1号穴 | ヒスイ2碧玉2 | 瑪瑙5 | 71 |
| 71 | 小池横穴群 | 島根 | 後期後半 | 第I支群1号穴　横穴 | 碧玉2 | 瑪瑙3 | 72 |
| 72 | 西山古墳群 | 岡山 | 中期～後期 | 西山26号墳　埋葬施設 | 碧玉2 | 滑石9 | 73 |
| 73 | すりばち池古墳群 | 岡山 | 後期 | 2号墳　主体部 | 碧玉2 | 瑪瑙1 | 74 |
| 74 | 随庵古墳 | 岡山 | 後期 | 中央石室　棺内 | 紫水晶2 | 滑石1 | 75 |
| 75 | 西山古墳群 | 岡山 | 終末期 | 5号墳　A陶棺内 | 碧玉2 | 水晶1 | 76 |
| 76 | 石鎚山古墳群 | 広島 | 前期末葉 | 石鎚山第1号古墳石室内　第1号主体部 | コハク2 | ヒスイ3 | 77 |
| 77 | 中小田古墳群 | 広島 | 前期 | 中小田第1号墳　石室 | ヒスイ2 | 紫水晶1 | 78 |
| 78 | 恵下B地点遺跡 | 広島 | 中期 | 恵下1号墳　埋葬施設内 | ヒスイ2 | 瑪瑙3 | 79 |
| 79 | 東山古墳 | 広島 | 後期 | 石室 | 瑪瑙2 | 碧玉1 | 80 |
| 80 | 馬立古墳群 | 広島 | 後期 | 馬立第2号墳　埋葬施設 | 瑪瑙2 | 水晶1 | 81 |
| 81 | 大槙遺跡 | 広島 | 後期～終末期 | 大槙第2号古墳　玄室 | 滑石2 | ヒスイ1 | 82 |
| 82 | 戸字大仙山古墳群 | 広島 | 後期～終末期 | 3号墳　石室 | 碧玉2 | 水晶1 | 83 |
| 83 | 雨連古墳 | 広島 | 後期～終末期 | 石室 | 水晶2瑪瑙2 | 碧玉1 | 84 |
| 84 | 光福寺古墳 | 広島 | 後期～奈良時代 | 石室 | 瑪瑙2 | 碧玉1 | 85 |
| 85 | 柳井茶臼山古墳 | 山口 | 前期 | 竪穴式石槨 | ヒスイ2 | 蛇紋岩1 | 86 |
| 86 | 上の山古墳 | 山口 | 後期 | 埋葬施設 | 瑪瑙2 | 水晶10 | 87・88 |
| 87 | 天神山古墳群 | 香川 | 後期 | 1号墳　石室 | 瑪瑙2 | ヒスイ1 | 89 |
| 88 | 長田古墳群 | 愛媛 | 後期 | 第2号古墳　1号石室 | 水晶2 | 瑪瑙1 | 90 |
| 89 | 樽味四反地遺跡 | 愛媛 | 後期 | SB016　竪穴建物跡 | 瑪瑙2 | 結晶片岩1 | 91 |
| 90 | 高岡山古墳群 | 高知 | 前期 | 2号墳　主体部 | ヒスイ2 | 碧玉3 | 92 |
| 91 | 七夕池古墳 | 福岡 | 中期 | 棺内 | 碧玉2 | ヒスイ1 | 93・94 |
| 92 | 蒲生寺中遺跡 | 福岡 | 中期 | 4区蒲生寺中古墳 | 碧玉2 | 滑石7 | 95 |
| 93 | 花見遺跡 | 福岡 | 中期 | 第2号墳　棺内 | 蛇紋岩2ヒスイ2 | 水晶3 | 96 |
| 94 | 花見遺跡 | 福岡 | 中期 | 第3号墳　棺内 | 蛇紋岩2 | 滑石1 | 96 |
| 95 | 神領古墳群 | 福岡 | 中期 | 2号墳　第2主体割竹形木棺内 | 碧玉2瑪瑙2 | 滑石1 | 97 |

| 96 | 長谷池遺跡群 | 福岡 | 後期 | Ｂ－６横穴　玄室 | 瑪瑙2 | 碧玉1 | 98 |
|---|---|---|---|---|---|---|---|
| 97 | 福正寺古墳 | 福岡 | 後期 | 石室 | ヒスイ2 | 瑪瑙3 | 99 |
| 98 | 田久瓜ヶ坂遺跡 | 福岡 | 後期 | 14号墓　（集石墓） | 軟玉2 | ガラス1 | 100 |
| 99 | 田久瓜ヶ坂遺跡 | 福岡 | 後期 | 4号墳　玄室 | 水晶2 | 軟玉1 | 100 |
| 100 | 西行古墳群 | 福岡 | 後期～終末期 | 16号墳　玄室 | ヒスイ2 | 瑪瑙1 | 101 |
| 101 | 高島遺跡 | 福岡 | 後期～終末期 | 高島古墳　石室 | 水晶2<br>瑪瑙2 | ヒスイ1 | 102 |
| 102 | 上ヶ原古墳群 | 福岡 | 後期～終末期 | 4号墳　埋葬施設 | 瑪瑙2 | ガラス1 | 103 |
| 103 | 久保泉丸山遺跡 | 佐賀 | 中期 | ST002古墳　石室 | 緑泥片岩2 | 蛇紋岩5 | 104 |
| 104 | 惣原古墳群 | 佐賀 | 中期 | 惣原南1号墳 | 滑石2 | 碧玉3 | 105 |
| 105 | 天神尾古墳群 | 佐賀 | 中期～後期 | 6区　1号墳　玄室 | 水晶2 | ヒスイ1 | 106 |
| 106 | 山浦古墳群 | 佐賀 | 終末期 | 8号墳　石室 | 碧玉2 | 滑石6 | 107 |
| 107 | 龍王崎古墳群 | 佐賀 | 終末期 | 第1号墳　石室 | ガラス2 | ヒスイ3 | 108 |
| 108 | 恵比須山遺跡 | 長崎 | 中期 | 第5号石棺（棺内） | 瑪瑙2 | 碧玉1 | 109 |
| 109 | カミノハナ古墳群 | 熊本 | 中期 | 3号墳　石室 | ガラス2 | 碧玉1 | 110 |
| 110 | 江田船山古墳 | 熊本 | 後期 | 石室 | ヒスイ2<br>ガラス2 | 蛇紋岩1 | 111 |
| 111 | 下北方古墳群 | 宮崎 | 後期 | 5号地下式横穴墓　玄室 | ヒスイ2<br>紫水晶2 | 碧玉5 | 112・113 |
| 112 | 鈴鏡塚 | 宮崎 | 後期 | 石室 | ヒスイ2 | ガラス3 | 114 |

　パターン5でセット関係となる材質について述べるならば、各地域において弱いながらも前期は
ヒスイ、後期・終末期は瑪瑙が選択される傾向がみられる。そのようななか、後期・終末期の九州
地域では、瑪瑙の他にヒスイや水晶などもよく選ばれており、このことはパターン4-aでみられた
状況と共通する点が多い。

　また、確認される場所については、ほとんどの事例が埋葬施設のものである。埋葬施設以外で確
認されたのは、長野県榎田遺跡の沼地と愛媛県樽味四反地遺跡の竪穴建物跡の2つの事例である。
このことから、パターン5はパターン4-aと比べて埋葬施設内で確認されることが多いといえる。

　そして、パターン6である合計4点以上のもので、さまざまな材質1点とそれとは異なる3点以
上の統一された材質で構成されたものについてみていく。パターン6の事例は、第20表[11]に示
してある。

　それをみていくと、前期・中期は関東地域・中部地域・近畿地域・中国地域で事例を確認するこ
とができるが、その数はごくわずかである。本格的に各地域でみられるようになるのは、後期に
なってからといえる。

　後期の様相としては、関東地域・中部地域・中国地域・九州地域でよくみられ、これらの地域は
終末期になるとさらに事例数を伸ばしていく。また、そのころになると、後期では1事例であった
東北地域において6事例が確認できるようになる。一方、近畿地域や四国地域はほかの地域と比べ
て、パターン6に対する積極性が乏しかったことも指摘することができる。

　パターン6の1点だけ材質が異なるものについて述べるならば、九州地域を除いた各地域では、
碧玉・瑪瑙・水晶が材質として選ばれる傾向が強い。その他の材質については、ヒスイ・滑石・
ガラスが比較的多く確認できる。一方、九州地域ではヒスイやガラスが選ばれやすく、そこには
地域性がみられる。

　材質についてもう1つ述べるならば、パターン6のなかで1点ものとしてよく選ばれる材質が
ある一方で、1点ものとそのほか多数のものの両方に用いられる材質というものがあることも興味
深い。前者は碧玉・水晶・ガラスであり、後者は蛇紋岩・ヒスイ・瑪瑙・滑石がそれにあたる。

153

第4章　使用形態からみた古墳時代の勾玉

## 第20表　パターン6の主な事例一覧

| 通し番号 | 遺跡名 | 県名 | 時代 | 出土遺構 | 出土玉類 ※数字は点数 | | 出典 |
|---|---|---|---|---|---|---|---|
| | | | | | 材質が異なる1点の方 | 材質が統一された複数の方 | |
| 1 | 丹後平古墳群 | 青森 | 終末期〜平安時代 | 32号墳主体部 | 水晶1 | 瑪瑙3 | 1 |
| 2 | 阿光坊遺跡 | 青森 | 終末期 | 3号墳　中心部 | ヒスイ1 | 瑪瑙6 | 2 |
| 3 | 鹿島沢古墳 | 青森 | 終末期 | 石室 | 水晶1 | 瑪瑙8 | 3 |
| 4 | 猫谷地古墳群 | 岩手 | 終末期 | SO−029古墳・主体部 | コハク1 | 瑪瑙21 | 4 |
| 5 | 小申田横穴群 | 福島 | 後期 | 北内8号横穴　玄室 | 碧玉1 | 瑪瑙6 | 5 |
| 6 | 駒板新田横穴群 | 福島 | 終末期 | 2号横穴墓　玄室 | 玉髄1 | 瑪瑙12 | 6 |
| 7 | 清戸迫横穴群 | 福島 | 終末期〜奈良時代 | IV群　38号横穴墓　玄室 | ヒスイ1 | 瑪瑙6 | 7 |
| 8 | 吹上遺跡 | 茨城 | 終末期 | 第2号墳　主体部 | 水晶1 | 瑪瑙3 | 8 |
| 9 | 明神山古墳群 | 栃木 | 後期 | 10号墳　石室 | ヒスイ1 | 瑪瑙3 | 9 |
| 10 | 菅田古墳群 | 栃木 | 終末期 | 菅田23号墳　玄室 | 水晶1 | 瑪瑙5 | 10 |
| 11 | 奥原古墳群 | 群馬 | 終末期〜奈良時代 | 13号墳　石室 | ガラス1 | 瑪瑙3 | 11 |
| 12 | 奥原古墳群 | 群馬 | 終末期 | 15号墳　石室 | 蛇紋岩1 | 瑪瑙8 | 11 |
| 13 | 奥原古墳群 | 群馬 | 終末期 | 28号墳　玄室 | 碧玉1 | 瑪瑙13 | 11 |
| 14 | 安坪塚古墳 | 群馬 | 終末期以降 | 7号墳・石室 | 瑪瑙1 | 滑石8 | 12 |
| 15 | 庚申塚古墳 | 埼玉 | 後期 | 石室 | 碧玉1 | 瑪瑙5 | 13 |
| 16 | ささら遺跡 | 埼玉 | 終末期 | 1号墳　内部主体部 | 蛇紋岩1 | 瑪瑙3 | 14 |
| 17 | 北峰7号墳 | 埼玉 | 終末期 | 石室 | 碧玉1 | 瑪瑙3 | 13 |
| 18 | 帯刀古墳群 | 埼玉 | 終末期 | 帯刀2号墳　石室 | 瑪瑙1 | 蛇紋岩16 | 13 |
| 19 | 帯刀古墳群 | 埼玉 | 終末期 | 帯刀4号墳　石室 | 蛇紋岩1 | 瑪瑙3 | 13 |
| 20 | 長沖3号墳 | 埼玉 | 終末期 | 石室 | 水晶1 | 瑪瑙3 | 13 |
| 21 | 池向遺跡 | 千葉 | 後期〜終末期 | 池向3号墳　第1施設 | 水晶1 | 瑪瑙5 | 15 |
| 22 | 池向遺跡 | 千葉 | 後期〜終末期 | 池向5号墳　第1施設 | 滑石1 | 瑪瑙5 | 15 |
| 23 | 桜之宮1号墳 | 千葉 | 後期〜終末期 | 石棺内 | 水晶1 | 瑪瑙5 | 16 |
| 24 | 神明社裏遺跡 | 千葉 | 後期 | 1号墳・第4埋葬施設 | 水晶1 | 瑪瑙8 | 17 |
| 25 | 田向南古墳群 | 千葉 | 後期後半 | 田向南1号墳 | コハク1 | 瑪瑙7 | 18 |
| 26 | 駄ノ塚古墳 | 千葉 | 終末期 | 横穴式石室 | 瑪瑙1 | ガラス10 | 19 |
| 27 | 白山古墳群 | 千葉 | 終末期 | 1号墳　石室(後室) | ガラス1 | 瑪瑙3 | 20 |
| 28 | 東谷古墳群 | 千葉 | 終末期 | 第3号墳・主体部 | 蛇紋岩1 | 瑪瑙4 | 21 |
| 29 | 西谷古墳群　西谷遺跡 | 千葉 | 終末期 | SK071土壙墓 | 蛇紋岩1 | 瑪瑙5 | 22 |
| 30 | 小川崎台遺跡 | 千葉 | 終末期 | 2号墳　1号主体部 | 緑色凝灰岩1 | 瑪瑙6 | 23 |
| 31 | 大山台遺跡 | 千葉 | 終末期〜奈良時代 | 第36号墳　玄室内 | ヒスイ1 | 瑪瑙6 | 24 |
| 32 | 大山台遺跡 | 千葉 | 終末期 | 第43号墳　埋葬施設内 | 水晶1 | 瑪瑙3 | 24 |
| 33 | 雨崎洞穴遺跡 | 神奈川 | 前期末葉〜後期初頭 | T36　木棺内 | ヒスイ1 | 滑石48 | 25 |
| 34 | 鎧塚古墳 | 神奈川 | 後期〜終末期 | 第1号墳　石室 | ガラス1 | 瑪瑙4 | 26 |
| 35 | 不弓引横穴群 | 神奈川 | 終末期 | 横穴墓 | 滑石1 | 瑪瑙3 | 27 |
| 36 | 比奈窪中屋敷横穴墓群 | 神奈川 | 終末期 | 第4号横穴墓 | 瑪瑙1 | 蛇紋岩10 | 28 |
| 37 | 吉里古墳群 | 新潟 | 後期 | 糠塚第2号墳　玄室 | ヒスイ1 | 瑪瑙5 | 29 |
| 38 | 北吉田ノノメ古墳群 | 石川 | 中期 | 3号墳　埋葬施設 | 瑪瑙1 | 滑石3 | 30 |
| 39 | 花野谷古墳群 | 福井 | 中期後半 | 花野谷2号墳　棺内 | 水晶1 | 瑪瑙4 | 31 |
| 40 | 薗部古墳 | 福井 | 後期〜終末期 | 石室 | 碧玉1 | 瑪瑙5 | 32 |
| 41 | 法土寺遺跡 | 福井 | 終末期 | 3号墳　石室 | 水晶1 | 瑪瑙3 | 33 |
| 42 | 甲斐銚子塚古墳 | 山梨 | 前期末葉 | 竪穴式石室 | ヒスイ1 | 水晶4 | 34 |
| 43 | 幸神古墳群 | 長野 | 後期〜終末期 | 新海神社新発見古墳石室 | 水晶1 | 瑪瑙8 | 35 |
| 44 | 北西久保遺跡 | 長野 | 終末期 | 北西久保2号墳　石室内 | 水晶1 | 瑪瑙9 | 36 |
| 45 | 荒神塚古墳 | 長野 | 終末期 | 石室内 | 滑石1 | 瑪瑙6 | 37 |
| 46 | 大室古墳群 | 長野 | 終末期 | 第200号墳　石室 | 碧玉1 | 瑪瑙8 | 38 |
| 47 | 船来山古墳群 | 岐阜 | 前期末葉〜中期初頭 | 24号墳　割竹形木棺 | 瑪瑙1 | ヒスイ4 | 39 |
| 48 | 船来山古墳群 | 岐阜 | 後期 | K支群　103号墳　玄室 | 水晶1 | 瑪瑙11 | 40 |
| 49 | 山ノ花遺跡 | 静岡 | 中期〜後期 | 大溝南肩部 | 瑪瑙1 | ガラス3 | 41 |
| 50 | 平沼吹上遺跡 | 静岡 | 後期〜終末期 | 石室内　第2次礫面床 | ヒスイ1 | 瑪瑙6 | 42 |
| 51 | 茶屋辻横穴群 | 静岡 | 後期〜終末期 | A群　5号墓 | 碧玉1 | 瑪瑙3 | 43 |
| 52 | 井出古墳 | 静岡 | 後期〜終末期 | 埋葬施設 | 瑪瑙1 | ヒスイ3 | 44 |
| 53 | 観音堂横穴古墳群 | 静岡 | 終末期 | 第4号墳　埋葬施設 | 瑪瑙1 | 蛇紋岩4 | 45 |
| 54 | 半田山古墳群 | 静岡 | 終末期 | C−18号墳　石室 | 滑石1 | 瑪瑙3 | 46 |
| 55 | 半田山遺跡 | 静岡 | 後期〜終末期 | C−29号墳　石室内 | 水晶1 | 瑪瑙5 | 47 |
| 56 | 仁田山ノ崎古墳 | 静岡 | 終末期 | 石室内 | ヒスイ1 | 瑪瑙10 | 48 |
| 57 | 宇藤横穴群 | 静岡 | 終末期 | A−11号横穴 | 碧玉1 | 瑪瑙6 | 49 |
| 58 | 室ヶ谷古墳群 | 静岡 | 終末期 | 石室 | ヒスイ1 | 瑪瑙3 | 50 |
| 59 | 大淵ヶ谷横穴墓群 | 静岡 | 終末期 | OC−8号横穴墓　玄室 | 滑石1 | 瑪瑙3 | 51 |
| 60 | 水掛渡D古墳群 | 静岡 | 終末期 | 12号墳　玄室 | 瑪瑙1 | 滑石3 | 52 |
| 61 | 炭焼平古墳群 | 愛知 | 終末期 | 9号墳　石室 | 瑪瑙1 | 瑪瑙3 | 53 |
| 62 | 炭焼平古墳群 | 愛知 | 終末期 | 21号墳　石室 | 滑石1 | 瑪瑙10 | 53 |
| 63 | 炭焼平古墳群 | 愛知 | 終末期 | 12号墳　玄室 | 瑪瑙1 | 滑石3 | 53 |
| 64 | 愛宕神社古墳群 | 京都 | 前期 | 愛宕神社1号墳　主室 | 滑石1 | ヒスイ3 | 54 |
| 65 | 広峯古墳群 | 京都 | 前期 | HM−14　第2主体部 | 碧玉1 | 滑石3 | 55 |
| 66 | 平尾城山古墳 | 京都 | 前期 | 石室内 | 瑪瑙1 | ヒスイ3 | 56 |
| 67 | 離湖古墳 | 京都 | 中期 | 第2主体部 | 緑色凝灰岩1 | 碧玉7 | 57 |

| | | | | | | | |
|---|---|---|---|---|---|---|---|
| 68 | 福垣北古墳群 | 京都 | 中期 | 第2・3墳<br>周辺第4号埋葬施設 | 軟玉1 | 瑪瑙3 | 58・59 |
| 69 | 小虫古墳群 | 京都 | 中期～後期 | 1号墓 埋葬施設 | 瑪瑙1 | 碧玉4 | 60 |
| 70 | 畑大塚古墳群 | 京都 | 後期～終末期 | 2号墳 石室 | 緑色凝灰岩1 | 瑪瑙4 | 61 |
| 71 | 白水瓢塚古墳 | 兵庫 | 前期中頃 | 第1主体部 棺内 | コハク1 | ヒスイ5 | 62 |
| 72 | 霞遺跡群 | 鳥取 | 前期 | 霞17号墳 石室内 | ガラス1 | ヒスイ3 | 63 |
| 73 | 尾高古墳群 | 鳥取 | 中期 | 尾高19号墳 第2主体部 | ヒスイ1 | 蛇紋岩系岩5 | 64 |
| 74 | 長瀬高浜遺跡 | 鳥取 | 中期中葉 | 77号墳 棺内 第1埋葬施設 | 碧玉1 | 瑪瑙5 | 65 |
| 75 | 六部山古墳群 | 鳥取 | 後期 | 六部山80号墳 玄室 | 碧玉1 | 滑石3 | 66 |
| 76 | 大塚山横穴墓群 | 鳥取 | 後期 | B-1号横穴墓 玄室 | 碧玉1 | 瑪瑙4 | 67 |
| 77 | 後口野古墳 | 鳥取 | 後期 | 1号墳 1号主体部 | 水晶1 | 碧玉3 | 68 |
| 78 | 箆津乳母ヶ谷遺跡 | 鳥取 | 終末期～奈良時代 | SS6 段状遺構 | 碧玉1 | 瑪瑙4 | 69 |
| 79 | 亀田横穴群 | 島根 | 終末期 | 北I支群2号横穴 | 水晶1 | 瑪瑙3 | 70 |
| 80 | 高坪古墳 | 岡山 | 後期～終末期 | 石室 | 水晶1 | 瑪瑙4 | 71 |
| 81 | 谷尻遺跡 | 岡山 | 後期～終末期 | 赤茂1号墳 石器室内 | 水晶1 | 瑪瑙9 | 72 |
| 82 | 塚ヶ成古墳 | 岡山 | 後期～終末期 | 石室 | 碧玉1 | 瑪瑙8 | 73 |
| 83 | 土井2号墳 | 岡山 | 終末期 | 石室 | ガラス1 | 瑪瑙6 | 74 |
| 84 | 見尾山古墳群 | 広島 | 後期～終末期 | 見尾山第2号墳 玄室 | 碧玉1 | 瑪瑙5 | 75 |
| 85 | 塔の岡古墳群 | 広島 | 古墳時代後期 | 塔の岡第1号墳 玄室 | 碧玉1 | 瑪瑙6 | 76 |
| 86 | 屋部迫古墳 | 広島 | 後期 | 石室 | 滑石1 | 瑪瑙5 | 77 |
| 87 | 横山古墳 | 広島 | 後期～終末期 | 石室 | 水晶1 | 瑪瑙7 | 77 |
| 88 | 梶平塚第2号古墳 | 広島 | 終末期 | 玄室 | ガラス1 | 瑪瑙3 | 78 |
| 89 | 円光寺古墳 | 山口 | 後期 | 埋葬施設 | 碧玉1 | 瑪瑙5 | 79 |
| 90 | 梅ヶ崎15号墳 | 山口 | 終末期 | 玄室 | 碧玉1 | 瑪瑙5 | 80 |
| 91 | 勝浦峯ノ畑古墳 | 福岡 | 後期 | 石室 | ヒスイ1 | コハク10 | 81 |
| 92 | 塚原遺跡 | 福岡 | 後期～終末期 | 2号墳 石室 | ガラス1 | 瑪瑙7 | 82 |
| 93 | 竹並遺跡 | 福岡 | 後期～終末期 | G-60号横穴墓 | ヒスイ1 | 瑪瑙3 | 83 |
| 94 | 妻の鼻墳墓群 | 熊本 | 後期 | 第3号石室墓<br>地下式板積石室墓 | ガラス1 | 滑石12 | 84 |
| 95 | 妻の鼻墳墓群 | 熊本 | 後期 | 第17号石室墓<br>地下式板積石室墓 | ガラス1 | 滑石6 | 84 |
| 96 | 光音寺横穴群 | 宮崎 | 後期 | 第6号横穴 | 水晶1 | 瑪瑙3 | 85 |

　また、確認される場所については、鳥取県箆津乳母ヶ谷遺跡のSS6段状遺構の事例を除けば、パターン6の事例はすべて埋葬施設から確認されている。このことから、パターン6はパターン5と比べて、より埋葬施設内でみられるといった特徴を指摘することができる。

# 第5節　小結

　以上、各遺構から出土する勾玉の様相や、実際に勾玉を用いる際にみられる材質と個数との関係性について検討してきた。まず、前者の結果をふまえて、先にあげた勾玉への素朴な疑問、すなわち、副葬品としての勾玉と祭具としての勾玉との間には違いがみられるのか、そして、儀礼の対象が異なると勾玉の様相も変化するのかについて考察を加えていきたい。

　副葬される勾玉と祭具としての勾玉との間には、各時期でみられる材質や個数、材質の変遷といった点で違いを見出すことができる（第40～43図）。もう少し詳しく述べるならば、副葬される勾玉の材質にはそれぞれの時期において、全国的に共通する主要な材質というものを指摘することができる。つまり、各時期にみられる副葬される勾玉の材質には、斉一性があるといえる。そして、それぞれの時期で主要となる材質は変化する。

　一方、祭具としての勾玉の材質は、各時期において、主要となる材質が地域ごとあるいは県ごとで異なる。加えて、その様相はそれぞれの地域で時期を跨いでみられるため、継続性が強いことが指摘できる。

　これらを考えあわせて述べるならば、副葬品としての勾玉と祭具としての勾玉とは、用いられ方

第4章　使用形態からみた古墳時代の勾玉

から明確に区別することができる。そして、そこには社会の変化に呼応しやすいものとその土地土地での伝統的つながりが重視されるものという違いが想定できるのではなかろうか。

　ただし、祭祀行為が行われたいくつかの遺構において、出土品が副葬品の様相と重なることが指摘されている。当然のことながら、そういった遺構から出土する勾玉の材質や個数と副葬される勾玉のそれとの間には、共通性がみられることは忘れてはならないことである。

　具体的な事例としては、静岡県日野遺跡や奈良県三輪山祭祀遺跡、同県山ノ神遺跡、福岡県の宗像神社沖津宮祭祀遺跡などがあげられる。静岡県の事例は明確にいうことはできないが、奈良県と福岡県の事例に関しては、ヤマト政権との関わりがみてとれる。

　それをふまえて述べるならば、勾玉には副葬品と祭具との使い分けという大きな枠組みはあるものの、そこへ権力や身分といったものが関わると共通性が生じる、ということが考えられる。この権力・身分という観点では、神奈川県勝坂有鹿谷祭祀遺跡の事例も参考になる。この遺跡では、その地域の豪族が計19点もの勾玉を用いて、水神への感謝と湧水の水権利を維持することを目的として、定期的に祭祀行為を行っていたことが推測されている〔杉山1972、相模原市2010〕。

　儀礼の対象が異なるごとに勾玉の様相にも違いが生じるのか、という疑問について述べるならば、水とそれ以外という大きな分け方ではあるが、その両者間において、材質の割合に差がみられること（第42・43図）、加えて、水以外を対象とした祭祀遺構の方がより多く勾玉が消費されやすいことを指摘することができる。また、同じものを対象とする場合、場所が異なっていても勾玉の様相にはそれほど変化がみられない。

　これらをふまえて述べるならば、人びとが勾玉を用いて祭祀行為を行うときには、場所というよりも、さらに大きな枠組みである何を対象とするものなのかという点を重視していたことが推測でき、それに従って使い分けがなされていた可能性が考えられる。

　次に、本章第4節の分析結果をふまえて、古墳時代における勾玉の使用形態を復元していきたい。

　それぞれのパターンについてもう少し述べるならば、パターン3は装身具だけではなく、勾玉の大量消費とも関わりが深く、当然、死者の霊魂を鎮めるために玉の緒を切ってばら撒いたり〔後藤1940〕、祭祀の場で撒かれる際に用いられる使用形態であったことが想定できる。

　また、後期・終末期の九州地域では他地域とは異なり、よくヒスイを選択することをふまえて述べるならば、1つのパターンの中にも地域性がみられること、加えて、何の材質を用いるかはそれぞれの地域の人びとの選択によるが、それらを扱う際には全国的に共通するパターンが存在していたことを指摘することができる。

　その他にも、前期の段階から近畿地域の事例が多く、これは他のパターン4・5・6ではみられないことである。ここからは、ヤマト政権が意欲的にパターン3を採用していたことが読みとれ、そこには権力・身分の表示という性格が多分に含まれていた可能性が高い。

　パターン4-aについては、選ばれる材質がパターン3よりも多様であることや、材質よりも勾玉を2個1セットで扱うことに重きが置かれていたことが考えられる。また、京都府園部垣内古墳では棺内に埋葬された人骨の首部にヒスイ2点、足部に流紋岩質溶結凝灰岩2点が確認されている。つまり、装身具においてパターン4-aがみられる場合には、材質によって使う場所を選択していたことを推測でき、そこからは古墳時代の人びとの美的意識や色彩感覚のようなものを垣間みること

156

ができて、大変興味深い。

パターン5については、出土事例のほとんどが埋葬施設内であることから、首飾りの構成要素と密接に関係していることは容易に想像できる。兵庫県内高山東古墳群の1号墳・第2主体部では胸元横に水晶製2点が出土していたり、鳥取県の屋喜山9号墳では、背椎骨を中心にほぼ左右対称に勾玉2点が確認されている。これらの事例からは、勾玉を左右対称に配置した首飾りが復元できる。

パターン6からは、古墳時代の人びとがペンダントトップとして異なる素材のもの・異なる色のものを意図的に配置しようとしていたことが推測できる。

これらをふまえて、パターン3からパターン6を俯瞰してみると、パターン3・4とパターン5・6の2つに大別することができる。前者は装身具や祭具など、用いられる場面に汎用性がみられるもので、後者はそのほとんどが装身具との関係のなかでみられるものである。

また、パターン4とパターン5をふまえて述べるなら、古墳時代の人びとのなかには、勾玉は2個1対にして用いるものといった認識・習慣があったことが指摘できる。ただし、そこには厳密性はなく、緩やかな共通認識というかたちで人びとの生活のなかに浸透していたことが推測できる。

この2個1対で勾玉を用いる事例がどこまで遡れるのかについては、縄文時代の事例は確認できるものの[12]、数は少ない。そのため、現状では弥生時代までとしておくのが穏当であろう。実際に、弥生時代については、事例数もある程度の量をもって確認することができ、加えて体部表面に土製の勾玉を2個1対として張り付けた弥生土器が出土していることも1つの根拠となるであろう[13]。

本章では、それぞれの遺構でみられる出土勾玉の共通点・相違点や、古墳時代における勾玉の使用形態における規則性について、材質と個数に注目しながら議論を重ねてきた。その結果、副葬品としての勾玉と祭具としての勾玉との間には違いがみられること、加えて、水とそれ以外という大きな枠組みではあるが、信仰する対象が異なる場合も勾玉の様相が異なることを指摘した。ただし、単純に区分できるものではなく、そこには副葬される者や副葬する者、祭祀を行う者の権力・身分というものが絡みあうことで、使用形態が複雑化していくことが想定できることを指摘した。また、古墳時代の人びとが、一定の規則性をもって勾玉を用いていたことも確認できた。

最後に、本章では遺構で確認できる勾玉の個数を1つの指標として用いてきた。当然、後世に盗掘などの損壊を受けている遺跡がほとんどである。そのため、発掘調査によって確認された遺構の在り方が、当時の状況をそのまま反映しているとはいえない。しかし、共通した事例がある程度の数をもって確認することができることも合わせて述べるならば、確認された出土勾玉の状況は、当時の使用形態の実態の一側面を示唆するものであり、一概に看過することができないと考える。

註

(1)　副葬の状況が良好に残っていた遺跡の報告書のなかには、装身具の復元案が提示されているものもある。たとえば、京都府の赤坂今井墳丘墓の報告書では、弥生時代後期末葉の頭飾りと耳飾りについて、ガラス製勾玉とガラス製管玉、碧玉製管玉で構成された復元図が提示されている〔峰山町教育委員会2004〕。他にも、三重県の東条1号墳の報告書では、古墳時代後期の首飾りにヒスイ製勾玉やガラス製勾玉、碧玉製管玉が用いられ、左手首に着ける手玉には瑪瑙製勾玉とガラス製小玉が綴られていたことが、1つの復元案として出されている〔三重県埋蔵文化財センター2015〕。

(2)　①の埋葬施設については、古墳の墳丘・周溝内への流れ込みは含めていない。また、④の祭祀遺構

第 4 章　使用形態からみた古墳時代の勾玉

　は祭祀遺構・土器集中区・土器集積遺構・遺物集中址・貼石遺構、⑤の水に関わる祭祀遺構は大溝・
　溝・水田・水路・溜池・井戸・河川・川跡・河道・流路・沼跡・湿地・湿地落ち込み・低湿地・配石
　遺構（水辺）・導水施設・遺物集中地点といった名称で報告書のなかに表記されているものを含む。

(3)　　第 16 表は、2,314 件の埋葬施設の事例をもとに作成した。

(4)　　大量副葬については、後藤守一氏の解釈がよく知られる〔後藤 1940〕。後藤氏は、京都府久津川車
　塚古墳であたかも石棺内に撒かれたかのような大量の勾玉を目にしたことをふまえて、全てではない
　と念を押したうえで、被葬者に対する服飾具以外の勾玉の利用があること、そして、それが被葬者の
　霊魂と関わる奉賽の用途が想定できることを述べている。

(5)　　第 17 表は、675 件の建物跡の事例をもとに作成した。

(6)　　そのうち、茨城県の事例を除いて、全てが焼失住居であったことが指摘されている。

(7)　　沖ノ島の磐座祭祀が、海上交通の安全などを司る海神を信仰の対象としていること、そして、沖ノ
　島が本来的には海の中に宿っている神が依る島であったことが考えられている〔春成 2018〕。そのた
　め、宗像神社沖津宮祭祀遺跡で検出された岩上祭祀遺構は、水に関わる祭祀遺構に含めている。

(8)　　ただし、山ノ神遺跡の報告書によると、図化されていない玉類が多く存在しており、数については
　滑石製模造品・勾玉 100 点以上と表記されているだけで明確にはなっていない。そのため、本章では
　図化されている数をもとにして、この遺跡の出土点数を 8 点としてとり扱っている。

(9)　　第 18 表の出典は以下の通りであり、その通し番号と表内の出典番号は対応している。また、表の
　なかの材質と出土遺構の項目に関しては、引用文献に記載されている名称をそのまま用いている。

1.　仙台市史編さん委員会　1995『仙台市史』特別編 2 考古資料

2.　いわき市　1986『いわき市史』第 1 巻原始・古代・中世

3.　茨城県住宅供給公社　1975『土浦市烏山遺跡群』

4.　茨城県　1979『茨城県史料』考古資料編　先土器・縄文時代

5.　財団法人茨城県教育財団　2007『ナギ山遺跡 2』

6.　山武考古学研究所　1996『熊野遺跡』

7.　栃木県教育委員会　1998『間々田地区遺跡群 I』

8.　毛野古文化研究所・山辺東部土地区画整理事務所・足利市教育委員会　1985『明神山古墳群』

9.　岩出貞夫　1980『古墳発掘品調査報告』東京堂出版

10.　群馬県史編さん委員会　1981『群馬県』資料編 3 原始古代 3

11.　群馬県教育委員会 ほか　1997『矢田遺跡Ⅶ』

12.　財団法人埼玉県埋蔵文化財調査事業団　1986『鍛冶谷・新田口遺跡』

13.　ユニー株式会社・埼玉県埋蔵文化財調査事業団　2011『反町遺跡Ⅱ（集落編）』

14.　本庄市教育委員会　2004『九反田（Ⅲ次調査）・観音塚（Ⅲ次調査）』

15.　埼玉県教育委員会　1977『関越自動車道関係埋蔵文化財発掘調査報告—Ⅳ—塚本山古墳群』

16.　袖ヶ浦市 ほか　1995『神田遺跡・神田古墳群』

17.　財団法人山武郡市文化財センター ほか　1997『森台遺跡群』

18.　財団法人君津郡市文化財センター ほか　1993『大竹遺跡群発掘調査報告書Ⅱ』

19.　市原市教育委員会　1968『南大広遺跡　海保古墳群』

20.　下吹入遺跡調査会・芝山町教育委員会　1987『下吹入遺跡群』

21.　財団法人千葉県文化財センター ほか　1995『佐倉市池向遺跡』

22.　財団法人千葉県都市公社 ほか　1975『千葉東南部ニュータウン 1』

23.　世田谷区教育委員会　1999『野毛大塚古墳』

24.　海老名市教育委員会　2015『現地説明会資料』

25.　伊勢原市教育委員会　2001『いせはらの遺跡 I』

26.　神奈川県教育委員会　1972『埋蔵文化財分布調査報告 3』

27. 神奈川県教育委員会　1973『埋蔵文化財分布調査報告4』

28. 秦野市　1985『秦野市史』別巻

29. 立教大学 ほか　1979『新潟県南魚沼郡塩沢町吉里古墳群の調査』

30. 富山県教育委員会　1980『富山県小杉町・大門町小杉流通業務団地遺跡群第2次緊急発掘調査概要』

31. 埋蔵文化財調査事務所 ほか　2007『平成18年度埋蔵文化財年報』

32. 石川県教育委員会・石川県北陸自動車道埋蔵文化財調査団　1976『北陸自動車道関係埋蔵文化財調査報告書Ⅱ』

33. 上中町教育委員会　1992『向山1号墳』

34. 福井県立博物館　2000『よみがえるふくいのくらし　埋もれたモノへのまなざし』平成12年度特別展

35. 福井県教育庁埋蔵文化財センター　2003『滝見古墳群　大飯神社古墳群　山田古墳群　山田中世墓群』

36. 山梨県教育委員会　1987『岩清水遺跡・考古博物館構内古墳』

37. 飯田市教育委員会　1998『ナギジリ一号古墳』

38. 南佐久群白田町教育委員会　1996『幸神古墳群』

39. 佐久市教育委員会 ほか　1995『寄山』

40. 財団法人　岐阜県文化財保護センター　2003『金ヶ崎遺跡・青木横穴墓』

41. 岐阜市　1979『岐阜市史』史料編考古・文化財

42. 中井正幸　1992「長塚古墳」『前方後円墳集成』中部編

43. 大垣市教育委員会　1987『大垣の古墳』

44. 各務原市教育委員会　1987『半ノ木洞古墳発掘調査報告書』

45. 本巣郡糸貫町教育委員会・本巣町教育委員会　1999『船来山古墳群』

46. 掛川市教育委員会　2003『東名掛川Ⅰ・Ｃ周辺土地区画整理事業に伴う埋蔵文化財発掘調査報告書Ⅱ』

47. 平野和男　1960「磐田市　一本松　かぶと塚古墳出土遺物について」『古代學研究』26　古代學研究會

48. 松井一明　1994「遠江・駿河における初期群集墳の成立と展開について」『地域と考古学』向坂鋼二先生還暦記念論集刊行会

49. 磐田市　1992『磐田市史』史料編1　考古・古代・中世

50. 藤枝市教育委員会　1988『東浦遺跡発掘調査報告書』

51. 浜松市教育委員会　1991『瓦屋西古墳群』

52. 財団法人浜松市文化協会　1991『有玉西土地区画整理事業に伴う埋蔵文化財発掘調査報告書』

53. 浜松市遺跡調査会　1985『下滝遺跡』

54. 浜北市教育委員会　2000『内野古墳群』

55. 西駿考古学研究会　1968『瀬戸古墳群』

56. 日本楽器製造株式会社　1979『観音堂横穴古墳群発掘調査報告書』

57. 大東町教育委員会　1988『岩滑清水ヶ谷横穴群　岩滑松ヶ谷横穴発掘調査報告書』

58. 静岡市教育委員会　1979『駿河井庄段古墳』

59. 財団法人静岡県埋蔵文化財調査研究所　1992『平尾野添横穴群』

60. 財団法人浜松市文化協会　1992『有玉西土地区画整理事業に伴う埋蔵文化財発掘調査報告書』

61. 袋井市教育委員会　1996『金山古墳群・金山横穴群Ⅰ・Ⅱ』

62. 財団法人静岡県埋蔵文化財調査研究所　2008『大屋敷Ａ古墳群』

63. 浜松市教育委員会　1998『千人塚古墳‚千人塚平・宇藤坂古墳群』

64. 幡豆郡吉良町　1957『岩場古墳』

159

第 4 章　使用形態からみた古墳時代の勾玉

65.　新編岡崎市史編さん委員会　1989『新編　岡崎市史』史料　考古　下　16
66.　岡崎市教育委員会　1964『岩津古墳群』
67.　渥美郡田原町教育委員会　2002『向山古墳群』
68.　岡崎文化財研究会　1961『宇頭古墳群』
69.　三重県埋蔵文化財センター　2003『六大 A 遺跡発掘調査報告』
70.　三重県埋蔵文化財センター　1992『上椎ノ木古墳群・谷山古墳・正知浦古墳群・正知浦遺跡』
71.　関西大学文学部考古学研究室編　1992『紀伊半島の文化史的研究―考古学編―』
72.　滋賀県教育委員会　1961『滋賀縣史蹟調査報告第十二冊』
73.　滋賀県教育委員会 ほか　1976『北陸自動車道関連遺跡発掘調査報告書Ⅲ』
74.　同志社大学文学部文化学科　1990『園部垣内古墳』
75.　綾部市教育委員会　1994『史跡　私市円山古墳整備事業報告』
76.　財団法人京都府埋蔵文化財調査研究センター　1989『京都府遺跡調査概報第 36 冊』
77.　財団法人京都府埋蔵文化財調査研究センター　2008『京都府遺跡調査報告集第 130 冊』
78.　福知山市教育委員会　1999『福知山市文化財調査報告書第 38 集』
79.　宇治市教育委員会　1991『宇治二子山古墳発掘調査報告』
80.　財団法人京都府埋蔵文化財調査研究センター　1988『京都府遺跡調査概報第 29 冊』
81.　財団法人京都府埋蔵文化財調査研究センター　2005『京都府遺跡調査概報第 115 冊』
82.　福知山市教育委員会　2002『福知山市文化財調査報告書　第 41 集』
83.　京都府教育委員会　1988『埋蔵文化財発掘調査概報』
84.　財団法人大阪市文化財協会　2001『長原遺跡東部地区発掘調査報告Ⅳ』
85.　交野市教育委員会　2000『交野車塚古墳群　交野東車塚古墳　〔調査編〕』
86.　木下尚子　2005　「階級社会の垂飾　ヒスイ勾玉の誕生と展開―弥生時代から奈良時代まで」『ヒスイ文化フォーラム　2005』シンポジウム資料
87.　八尾市教育委員会　2001『史跡心合寺山古墳発掘調査概要報告書―史跡整備に伴う発掘調査の概要―』
88.　高槻市教育委員会　1966『紅茸山及岡本山東地区遺跡の調査』
89.　大阪市立美術館　1960『富木車塚古墳』
90.　兵庫県教育委員会　1999『向山古墳群　市条寺古墳群　一条寺経塚　矢別遺跡』
91.　兵庫県教育委員会　1990『七日市遺跡（I）―第 2 分冊』
92.　龍野市教育委員会　1984『鳥坂古墳群』
93.　龍野市教育委員会　1996『新宮東山古墳群』
94.　兵庫県教育委員会　2004『筒井遺跡　庵の谷遺跡　大寺山古墳群　小田池遺跡』
95.　日高町教育委員会　1988『法尺谷古墳群発掘調査概報』
96.　一宮町文化協会　1974『播磨一宮伊和遺跡』
97.　神戸市教育委員会　1999『平成 8 年度　神戸市埋蔵文化財年報』
98.　神戸市教育委員会　2000『白水遺跡第 3・6・7 次　高津橋大塚遺跡第 1・2 次発掘調査報告書』
99.　兵庫県教育委員会　2006『若王寺遺跡』
100.　豊岡市教育委員会　1999『立石古墳群発掘調査報告』
101.　姫路市　2010『姫路市史』第 7 巻下　資料編　考古
102.　兵庫県教育委員会　2012『上工山古墳群　内高山古墳群』
103.　奈良県立橿原考古学研究所　2008『下池山古墳の研究』
104.　奈良県教育委員会　1973『磐余・池ノ内古墳群』
105.　奈良県立橿原考古学研究所　1989『野山遺跡群Ⅱ』
106.　榛原町教育委員会 ほか　1977『大王山遺跡』

107. 奈良県立橿原考古学研究所　1994『奈良県遺跡調査概報（第二分冊）1993 年度』

108. 奈良県立橿原考古学研究所　1986『奈良県遺跡調査概報（第二分冊）1985 年度』

109. 御坊市遺跡調査会　1981『尾ノ崎遺跡』

110. 巽三郎　1964「和歌山県下の古式古墳（一）」『熊野路考古』4

111. 財団法人和歌山市文化体育振興事業団　1998『友田町遺跡第 2・3 次発掘調査概報』

112. 桐山義雄　1966『和歌山県文化財学術調査報告　第一冊』和歌山県教育庁社会教育課

113. 鳥取県教育文化財団 ほか　1983『長瀬高浜遺跡発掘調査報告書Ⅴ』

114. 財団法人鳥取市教育福祉振興会　1994『六部山古墳群』

115. 財団法人鳥取市文化財団　2003『横枕古墳群Ⅱ』

116. 島根県古代文化センター　2005『古代出雲における玉作の研究Ⅱ』

117. 倉吉市教育委員会　1983『四王寺地域遺跡群　遺跡詳細分布調査報告書』

118. 財団法人鳥取県教育文化財団　2013『金廻家ノ上ノ内遺跡　越敷山古墳群（金廻地区）』

119. 倉吉市教育委員会　1974『倉吉市服部遺跡発掘調査報告』

120. 米子市教育委員会 ほか　1989『石州府古墳群発掘調査報告書』

121. 島根県教育委員会 ほか　1998『門生黒谷Ⅰ遺跡　門生黒谷Ⅱ遺跡　門生黒谷Ⅲ遺跡』

122. 木次町教育委員会　1993『斐伊中山古墳群』

123. 松江市教育委員会　1987『細曽 1 号墳』

124. 島根県教育委員会 ほか　1998『渋山池古墳群』

125. 山本　清　1960「山陰の須恵器」『島根大学開学十周年記念論文集』

126. 美保関町　1986『美保関町誌』

127. 島根県教育委員会 ほか　2001『岩屋遺跡・平床Ⅱ遺跡』

128. 仁多町教育委員会　2001『伊賀武社境内横穴墓』

129. 瑞穂町教育委員会　1976『長尾原遺跡A地区現地説明会資料』

130. 隠岐島前教育委員会　1993『今浦横穴群発掘調査報告書』

131. 岡山県教育委員会　1995『足守川河川改修工事に伴う発掘調査』

132. 岡山県教育委員会　1997『足守川加茂A遺跡　足守川加茂B遺跡　足守川矢部南向遺跡』

133. 岡山県教育委員会 ほか　1984『百間川原尾島遺跡 2』

134. 岡山市教育委員会　2008『岡山城三之外曲輪跡　旧岡山藩藩学跡』

135. 津山市教育員会　1992『近長丸山古墳群』

136. 山陽町教育委員会　2004『正崎 2 号墳』

137. 岡山県教育委員会　1982『殿山遺跡　殿山古墳群』

138. 岡山県教育委員会 ほか　1993『山陽自動車道建設に伴う発掘調査 6』

139. 山陽町教育委員会　1975『用木古墳群』

140. 久米開発事業に伴う文化財調査委員会　1979『稼山遺跡群Ⅰ』

141. 山陽町教育委員会　1976『岩田古墳群』

142. 月の輪古墳刊行会　1960『月の輪古墳』

143. 山陽町教育委員会　1973『四辻土壙墓遺跡・四辻古墳群』

144. 総社市教育委員会　1993『牛飼山古墳群』

145. 岡山県教育委員会　1993『みそのお遺跡』

146. 岡山県教育委員会　1999『津島遺跡 1』

147. 岡山県八束村　1992『蒜山原四つ塚古墳群』

148. 岡山県教育委員会　1977『旦原遺跡　岩倉遺跡　谷内遺跡　安信遺跡　塚谷古墳　桃山遺跡』

149. 大佐町教育委員会　1978『円通寺古墳』

150. 岡山県教育委員会 ほか　1998『高下遺跡　浅川古墳群 ほか　楢原古墳群　根岸古墳』

151. 岡山県文化財保護協会　1973　『中国縦貫自動車道建設に伴う発掘調査3』

152. 岡山県文化財保護協会　1996『田益新田遺跡　西山古墳群』

153. 神郷町教育委員会　1990『大迫横穴群 A1 号横穴墓』

154. 広島市教育委員会　1984『広島経済大学構内遺跡群発掘調査報告』

155. 財団法人広島県埋蔵文化財調査センター　1993『山陽自動車道建設に伴う埋蔵文化財発掘調査報告（Ⅸ）』

156. 福山市教育委員会・福山市埋蔵文化財発掘調査団　1999『尾ノ上古墳』

157. 広島県　1979『広島県史　考古編』

158. 広島県教育委員会 ほか　1981『石鎚山古墳群』

159. 神辺町教育委員会　1986『神辺町埋蔵文化財調査報告Ⅵ』

160. 東城町教育委員会　1994『川東大仙山古墳群』

161. 広島県教育委員会　1963『広島県文化財調査報告　第 4 集』

162. 財団法人広島県埋蔵文化財センター　1998『灰塚ダム建設に伴う埋蔵文化財発掘調査報告書（Ⅱ）』

163. 宇部市 ほか　1968『宇部の遺跡』

164. 山口県教育委員会 ほか　1989『上岡原古墳群』

165. 谷口哲一　1998「新宮山古墳・新宮山経塚」『平成 6～9 年度重要遺跡確認緊急調査報告書』山口県教育委員会

166. 山口県　2000『山口県史　資料編　考古 1』

167. 山口県教育委員会 ほか　1965『見島古墳群』

168. 財団法人徳島県埋蔵文化財センター　2001『阿讃山脈東南緑の古墳群』

169. 徳島市立考古資料館　2008『会館 10 周年記念特別企画展　古代のまつりと信仰』

170. 津田町教育委員会　2002『岩崎山 4 号古墳発掘調査報告書』

171. 香川県教育委員会　1988『四国横断自動車道建設に伴う埋蔵文化財発掘調査報告』

172. 今治市教育委員会　1974『唐子台遺跡群』

173. 松山市教育委員会　1976『埋蔵文化財発掘調査報告　御産所 11 号古墳　惣那山古墳　久万ノ台古墳』

174. 伯方町教育委員会　1990『伯方岩ヶ峰古墳』

175. 新居浜市教育委員会　2012『正光寺山古墳群』

176. 古賀町教育委員会　1985『浜山・千鳥遺跡』

177. 行橋市教育委員会　2005『稲童古墳群』

178. 福岡県教育委員会　1979『九州縦貫自動車道埋蔵文化財調査報告―ⅩⅩⅧ―』

179. 福岡県教育委員会　1996『徳永川ノ上遺跡Ⅱ』

180. 亀井明徳　1970「福岡市五島山古墳と発見遺物の考察」『九州考古学』38 九州考古学会

181. 平ノ内幸治編　2001『光正寺古墳』宇美町教育委員会

182. 甘木市教育委員会　1979『池の上墳墓群』

183. 福岡県教育委員会　1976『山陽新幹線関係埋蔵文化財調査報告　第 2 集』

184. 福岡市教育委員会　1986『丸隈山古墳Ⅱ』

185. 若宮町教育委員会　1989『下遺跡群』

186. 筑紫野市教育委員会　1982『阿志岐古墳群』

187. 穂波町教育委員会　1994『穂波地区遺跡群　第 6 集』

188. 福岡県教育委員会　1996『居屋敷遺跡』

189. 福岡市教育委員会　1986『柏原遺跡群Ⅱ』

190. 宗像市教育委員会　2000『久原瀧ヶ下』

191. 大牟田市教育委員会　1990『山甲ヶ原古墳群』

192. 福岡県教育委員会　1977『九州縦貫自動車道関連埋蔵文化財調査報告―XII―』

193. 宗像市教育委員会　1990『名残II』

194. 宗像市教育委員会　1987『大井三倉遺跡』

195. 前原市教育委員会　1995『荻浦―古墳編―』

196. 福岡市教育委員会　1994『山崎古墳群―第2次調査―』

197. 福岡県教育委員会　1993『莵ギ坂古墳群』

198. クボタハウス株式会社・住友不動産株式会社　1977『城ヶ谷古墳群』

199. 若宮町教育委員会　1991『萩ノ浦古墳群』

200. 福岡県教育委員会　1996『金居塚遺跡I』

201. 宇美町教育委員会　1981『宇美観音浦―上巻―』

202. 六興出版　1982『末蘆国』

203. 佐賀県教育委員会　1989『老松山遺跡』

204. 佐賀県三日月町教育委員会　1990『織島東分下遺跡I』

205. 佐賀県教育委員会　1970『基山町伊勢山　鳥栖市永吉遺跡』

206. 長崎県教育委員会　1974『対馬』

207. 長崎県教育委員会　1996『原始・古代の長崎県　資料編I』

208. 長崎県教育委員会　1997『原始・古代の長崎県　資料編II』

209. 熊本大学文学部考古学研究室　2007『考古学研究室報告第42集』

210. 益城町教育委員会　2006『城の本2号墳』

211. 大分県教育委員会　1989『九州横断自動車道関係埋蔵文化財調査報告書（1）草場第二遺跡』

212. 大分県教育委員会　1988『一般国道10号線中津バイパス埋蔵文化財発掘調査報告書（I）』

213. 犬飼町教育委員会　1985『舞田原』

214. 大分県教育委員会　2000『瀬戸墳墓群　瀬戸遺跡　帆足城跡』

215. 大分県教育委員会　1998『大分の前方後円墳』三重・西国東地区編』

216. 大分県教育委員会　1991『上ノ原横穴墓群II』

217. 大分県教育委員会　1973『飛山』

218. 宮崎縣　1944『宮崎県史蹟名勝天然紀念物調査報告』第13輯

（10）　第19表の出典は以下の通りであり、その通し番号と表内の出典番号は対応している。また、表の
なかの材質と出土遺構の項目に関しては、引用文献に記載されている名称をそのまま用いている。

1. 八戸市教育委員会　1991『丹後平古墳』

2. 仙台市教育委員会　1968『善応寺横穴古墳群調査報告書』

3. 白河市教育委員会　1981『廓内横穴墓群発掘調査報告I』

4. 福島県教育委員会 ほか　1979『母畑地区遺跡発掘調査報告III』

5. 栃木県教育員会・㈶とちぎ未来づくり財団　2012『菅田古墳群』

6. 湯津上村教育委員会　1972『蛭田富士山古墳群』

7. 藤岡市教育委員会　2004『上落合岡遺跡』

8. 群馬県教育委員会 ほか　1983『奥原古墳群』

9. 笠懸村教育委員会　1981『笠懸村和田遺跡』

10. 桶川町教育委員会 1967『桶川町文化財調査報告I』

11. 桶川町教育委員会　1967『桶川町文化財調査報告I』

12. 川越市教育委員会・川越市遺跡調査会　1997『山王塚脇遺跡』

13. 木更津市教育委員会　1995『佐倉ヶ丘遺跡群発掘調査報告書』

14. 佐原市教育委員会　1988『佐原市内遺跡群発掘調査概報II』

15. 財団法人千葉県文化財センター ほか 2004『船橋印西線埋蔵文化財調査報告書3』
16. 財団法人千葉県文化財センター ほか 1983『佐倉市山遺跡』
17. 財団法人千葉県文化財センター ほか 1994『妙経遺跡・井戸谷9号墳』
18. 石川県埋蔵文化財センター 2002『中島町中島ヤマンタン25号墳』
19. 福井県教育庁埋蔵文化財調査センター 2003『法土寺遺跡Ⅱ』
20. 松岡町教育委員会 1984『泰遠寺山古墳』
21. 同志社大学文学部文化学科 1966『若狭大飯』
22. 長野県教育委員会 1953『下高井』
23. 長野県教育委員会 ほか 1999『上信越自動車道埋蔵文化財発掘調査報告書12 榎田遺跡』
24. 長野県史刊行会 1981『長野県史考古資料編』全1巻（1）遺跡地名表
25. 岐阜市教育委員会 1962『竜門寺古墳発掘調査概況報告』
26. 岐阜市教育委員会 1962『岐阜市長良龍門寺古墳』
27. 岐阜市教育委員会 1969『岐阜市埋蔵文化財調査報告』
28. 糸貫町教育委員会・本巣町教育委員会 1999『船来山古墳群』
29. 磐田市 1992『磐田市史』史料編1 考古・古代・中世
30. 磐田市新貝土地区画整理組合・磐田市教育委員会 2015『松林山1号墳』
31. 藤枝市教育委員会 1990『女池ヶ谷古墳群』
32. 藤枝市教育委員会 ほか 1980『日本住宅公団藤枝地区埋蔵文化財発掘調査報告書2―古墳時代編―』
33. 静岡市教育委員会 2005『静岡市内遺跡群発掘調査報告書』
34. 静岡市教育委員会 2006『ふちゅ～る No.14』
35. 富士川町教育委員会 2008『谷津原古墳群』
36. 浜松市遺跡調査会 1984『半田山古墳群A支群・半田山Ⅲ遺跡』
37. 浜松市教育委員会 1982『半田山遺跡発掘調査報告書』
38. 日本道路公団名古屋建設局・静岡県富士土木事務所・静岡県教育委員会・富士市教育委員会 1981『西富士道路（富士地区）岳南広域歳計画道路田子浦臨港線埋蔵文化財発掘調査報告書』
39. 財団法人浜松市文化協会 1992『有玉西土地区画整理事業に伴う埋蔵文化財発掘調査報告書』
40. 袋井市教育委員会 2004『地蔵ヶ谷古墳群・横穴群Ⅰ・Ⅱ』
41. 清水市教育委員会 2002『神明山第4号墳』
42. 浜北市教育委員会 2000『内野古墳群』
43. 静岡県教育委員会 ほか 1981「原古墳群谷稲橋郡 高草地区」
44. 財団法人静岡県埋蔵文化財調査研究所 1992『平尾野添横穴群』
45. 豊田市教育委員会 1966『豊田大塚』
46. 一宮町教育委員会 2004『炭焼平古墳群』
47. 松坂市教育委員会 1998『山添2号墳発掘調査報告書』
48. 三重大学歴史研究会原始古代史部会 1982「亀山市木ノ下古墳の発掘調査概要」『考古学雑誌』 67-3 日本考古学会
49. 滋賀県教育委員会 1961『滋賀縣史蹟調査報告第十二冊』
50. 栗東歴史民俗博物館 ほか 2003『古墳時代の装飾品』平成14年度企画展 図録
51. 米原町教育委員会 1984『三大寺遺跡群』
52. 佛教大学校地調査委員会 2001『園部岸ヶ前古墳群発掘調査報告書』
53. 梅原末治 1920『久津川古墳研究』
54. 城陽市教育委員会 2015『久津川車塚古墳 2015年度発掘調査の概要』現地説明会資料
55. 財団法人京都府埋蔵文化財調査研究センター 1992『京都府遺跡調査概報第50冊』
56. 京都府教育委員会 1955『京都府文化財調査報告第22冊』

57. 豊岡市教育委員会　1980「北浦古墳群」
58. 兵庫県　1925『兵庫縣史蹟名勝天然紀念物調査報告書』第二輯
59. 兵庫県教育委員会　1983『半阪峠古墳群　辻遺跡』
60. 兵庫県教育委員会　2005『高坂古墳群』
61. 兵庫県教育委員会　2013『三釈迦山北麓遺跡群』
62. 奈良県立橿原考古学研究所 編 ほか　2005『古宮谷遺跡群』
63. 奈良県立橿原考古学研究所　2003『後出古墳群』
64. 大山スイス村埋蔵文化財発掘調査団　2000『妻木晩田遺跡発掘調査報告Ⅱ〈妻木地区〉』
65. 岩美町教育委員会　1989『高野坂古墳群発掘調査概報Ⅱ』
66. 財団法人鳥取市教育福祉振興会　1995『六部山古墳群Ⅱ』
67. 倉吉市教育委員会　1991『後口野1号墳発掘調査報告書』
68. 三刀屋町教育委員会　1984『東下谷横穴群発掘調査報告書』
69. 広瀬町　1968『広瀬町史』上巻
70. 島根県教育委員会 ほか　2004『家ノ脇Ⅱ遺跡　原田遺跡1区　前田遺跡4区』
71. 仁摩町　1972『仁摩町誌』
72. 横田町教育委員会　1992『横田地区　町内遺跡詳細分布調査報告書Ⅰ』
73. 岡山県教育委員会 ほか　1997『中国横断自動車道建設に伴う発掘調査4』
74. 総社市教育委員会　1993『すりばち池古墳群』
75. 総社市教育委員会　1965『総社市　隋庵古墳』
76. 岡山県文化財保護協会　1996『田益新田遺跡　西山古墳群』
77. 広島県教育委員会 ほか　1981『石鎚山古墳群』
78. 潮見浩編　1982『中小田古墳群—広島市高陽町所在—』広島の文化財　第16集　広島市教育委員会
79. 広島県教育委員会　1977『高陽新住宅市街地開発事業地内埋蔵文化財発掘調査報告』
80. 財団法人広島県埋蔵文化財センター　1991『中国横断自動車道建設に伴う埋蔵文化財発掘調査報告（Ⅰ）』
81. 財団法人広島県埋蔵文化財センター　1998『浅谷山東B地点遺跡　清水3号遺跡』
82. 財団法人広島県埋蔵文化財調査センター ほか　1985『大槙遺跡群』
83. 島根県古代文化センター　2005『古代出雲における玉作の研究Ⅱ』
84. 財団法人広島県埋蔵文化財調査センター　1998『雨連古墳発掘調査報告書』
85. 広島県　1979『広島県史　考古編』
86. 柳井市教育委員会編　1999『史跡柳井茶臼山古墳—保存整備事業発掘調査報告書—』
87. 山口県　2000『山口県史　資料編　考古1』
88. 下関市役所　1965『下関市史　原始―中世』
89. 三木町教育委員会　2001『天神山古墳群』
90. 愛媛県埋蔵文化財調査センター　1981『一般道33号砥部道路関係埋蔵文化財調査報告書Ⅱ』
91. 松山市教育委員会　2005『樽味四反地遺跡Ⅱ』
92. 高知県教育委員会　1985『高岡山古墳群発掘調査報告書』
93. 志免町教育委員会　1974『七夕池遺跡群発掘調査概報』
94. 志免町教育委員会　2001『七夕池古墳』
95. 財団法人北九州市芸術文化振興財団埋蔵文化財調査室　2002『蒲生寺中遺跡1』
96. 古賀町教育委員会　1984『花見遺跡』
97. 宇美町教育委員会　1984『神領古墳群』
98. 田川市教育委員会　1993『長谷地遺跡群』

第 4 章　使用形態からみた古墳時代の勾玉

99.　福間町教育委員会　1981『手光古墳群Ⅰ』

100.　宗像市教育委員会　1999『田久瓜ヶ坂』

101.　久留米市教育委員会　1993『西行古墳群』

102.　北九州市埋蔵文化財調査会　1976『高島遺跡』

103.　久山町教育委員会　2009『上ヶ原古墳群』

104.　佐賀県教育委員会　1986『久保和泉丸山遺跡』

105.　六興出版　1982『末蘆国』

106.　神埼町教育委員会　1997『早稲隈山遺跡』

107.　佐賀県教育委員会　1973『鳥栖市山浦古墳群』

108.　佐賀県教育委員会　1968『龍王崎古墳群』

109.　坂田邦洋・永留史彦　1974『恵比須山遺跡発掘調査報告』長崎県峰村教育委員会

110.　熊本大学文学部考古学研究室　1982『カミノハナ古墳群 2』

111.　菊水町史編纂委員会　2007『菊水町史　江田船山古墳編』

112.　宮崎県教育委員会　1987『船塚遺跡』

113.　宮崎市教育委員会　1977『下北方地下式横穴第 5 号　緊急発掘調査報告書』

114.　宮崎県教育委員会　1955『日向遺跡調査報告書　第二輯』

(11)　第 20 表の出典は以下の通りであり、その通し番号と表内の出典番号は対応している。また、表のなかの材質と出土遺構の項目に関しては、引用文献に記載されている名称をそのまま用いている。

1.　八戸市教育委員会　1991『丹後平古墳』

2.　下田町教育委員会　1991『阿光坊遺跡発掘調査報告書』

3.　江坂輝弥　1971「鹿島沢古墳出土の遺物」『月刊　考古学ジャーナル』7 号　ニュー・サイエンス社

4.　江釣子村教育委員会　1988『江釣子遺跡群』

5.　福島県いわき市　1988『小申田横穴群』

6.　福島県文化センター　1989『東北横断自動車道遺跡調査報告 6』

7.　双葉町教育委員会　1985『清戸迫横穴墓群』

8.　日立市教育委員会　1981『久慈吹上』

9.　毛野古文化研究所・山辺東部土地区画整理事務所・足利市教育委員会　1985『明神山古墳群』

10.　栃木県教育委員会・㈶とちぎ未来づくり財団　2012『菅田古墳群』

11.　群馬県教育委員会 ほか　1983『奥原古墳群』

12.　吉井町教育委員会　2005『安坪古墳群』

13.　中山浩彦　2001「埼玉県内古墳出土の勾玉（Ⅱ）」『調査研究報告』第 14 号

14.　財団法人埼玉県埋蔵文化財調査事業団　1983『国道 122 号バイパス関係埋蔵文化財発掘調査報告Ⅰ』

15.　財団法人千葉県文化財センター ほか　1995『佐倉市池向遺跡』

16.　財団法人香取郡市文化財センター　1996『桜之宮 1 号墳』

17.　財団法人千葉県教育振興財団 ほか　2008『千葉東南部ニュータウン 38』

18.　千葉市教育委員会社会教育部文化課　1984『千葉市文化財調査報告書　第 8 集』

19.　国立歴史民俗博物館　1996『国立歴史民俗博物館研究報告』第 65 集

20.　我孫子町教育委員会　1969『我孫子古墳群』

21.　財団法人君津郡市文化財センター ほか　2002『中尾遺跡群Ⅱ』

22.　財団法人君津郡市文化財センター ほか　2000『西谷古墳群・西谷遺跡』

23.　財団法人千葉県文化財センター ほか　1999『千葉東金道路（二期）埋蔵文化財調査報告書 3』

24.　木更津市教育委員会　2002『請西遺跡群発掘調査報告書Ⅷ』

25.　赤星直忠博士文化財資料館　雨崎洞穴刊行会　2015『雨崎洞穴―三浦半島最古の弥生時代海蝕洞穴遺跡―』

26. 伊勢原市教育員会　1991『鎧塚古墳群第 1 号墳発掘調査報告書』
27. 財団法人かながわ考古学財団　1998『不弓引遺跡（No.21・22）　鶴巻大椿遺跡（No.23）鶴巻上ノ窪遺跡（No.25 上）　北矢名南遺跡　蛇久保遺跡（No.25 下）　北矢名矢際遺（No.26）』
28. 財団法人かながわ考古財団　2002『比奈窪中屋敷横穴墓群』
29. 立教大学 ほか　1979『新潟県南魚沼郡塩沢町吉里古墳群の調査』
30. 石川県立埋蔵文化財センター　1992『北吉田ノノメ古墳群発掘調査報告書』
31. 福井市教育委員会　2012『福井市古墳発掘調査報告書 I 』
32. 石部正志・白石太一郎　1959「若狭高浜薗部古墳と周辺の遺跡」『古代学研究』第 21・22 合併号 古代學研究會
33. 福井県教育庁埋蔵文化財調査センター　2001『法土寺遺跡 I 』
34. 山梨県　1999『山梨県史』資料編 2 原始・古代 2
35. 白田町教育委員会　1996『幸神古墳群』
36. 佐久市教育委員会 ほか　1987『北西の久保』
37. 長野県岡谷市教育委員会 ほか　2005『荒神塚古墳』
38. 明治大学文学部考古学研究室　2015『信濃大室積石塚古墳群の研究IV』
39. 岐阜県　1972『岐阜県史』通史編・原始
40. 糸貫町教育委員会・本巣町教育委員会　1999『船来山古墳群』
41. 財団法人浜松市文化協会　1998『山ノ花遺跡』
42. 沼津市教育委員会 ほか　1985『平沼吹上遺跡発掘調査報告書』
43. 掛川市教育委員会　2003『東名掛川 I・C 周辺土地区画整理事業に伴う埋蔵文化財発掘調査報告書 II 』
44. 日本道路公団 ほか　1968『東名高速道路（静岡県内工事）関係埋蔵文化財発掘調査報告書』
45. 日本楽器製造株式会社　1979『観音堂横穴古墳群発掘調査報告書』
46. 浜松市教育委員会　1988『半田山古墳群（IV中支群—浜松医科大学内—）』
47. 浜松市教育委員会　1984『半田山遺跡発掘調査報告書』
48. 榛原町教育委員会　1986『仁田山ノ崎古墳』
49. 菊川町教育委員会　1996『宇藤遺跡群』
50. 由比町教育委員会　1990『室ケ谷 4 号墳発掘調査報告書』
51. 明星大学考古学研究部　1983『大淵ヶ谷　篠ヶ谷　西宮浦』
52. 財団法人静岡県埋蔵文化財調査研究所　2003『吉峠遺跡　水掛渡 D 古墳群　坂口千頭ヶ谷古墳　御陣場古墳　権現様御陣場遺跡（静岡空港関連遺跡A・B・D地点）』
53. 一宮町教育委員会　2004『炭焼平古墳群』
54. 財団法人京都府埋蔵文化財調査研究センター　1998『京都府遺跡調査概報第 83 冊』
55. 福知山市教育委員会　1989『駅南地区発掘調査報告書』
56. 山口大学人文学部考古学研究室　1990『京都府平尾城山古墳　第 6 集』
57. 網野町教育委員会　1993『離山古墳・離湖古墳発掘調査概要』
58. 財団法人京都府埋蔵文化財調査研究センター　1988『京都府遺跡調査概報第 31 冊』
59. 財団法人京都府埋蔵文化財調査研究センター　1992『京都府遺跡調査報告書第 17 冊』
60. 加悦町教育委員会　1985『小虫古墳群』
61. 久美浜町教育委員会　1988『畑大塚古墳群』
62. 神戸市教育委員会　2008『白水瓢塚古墳発掘調査報告書』
63. 財団法人鳥取県教育文化財団　2001『霞遺跡群』
64. 財団法人鳥取県教育文化財団 ほか　1994『尾高御建山遺跡　尾高古墳群』
65. 鳥取県教育文化財団 ほか　1983『長瀬高浜遺跡発掘調査報告書V』

66. 財団法人鳥取市教育福祉振興会　1995『六部山古墳群Ⅱ』
67. 鳥取県教育文化財団　1987『大埲山横穴墓群』
68. 倉吉市教育委員会　1991『後口野1号墳発掘調査報告書』
69. 鳥取県埋蔵文化財センター ほか　2007『箆津乳母ヶ谷第2遺跡Ⅱ』
70. 島根町　1987『島根町誌』
71. 岡山県教育委員会　1982『高坪古墳』
72. 北房町教育委員会　1986『谷尻遺跡赤茂地区』
73. 美甘村教育委員会　1994『塚ヶ成古墳』
74. 岡山県教育委員会　1979『土井2号古墳』
75. 財団法人広島県埋蔵文化財センター　1994『灰塚ダム建設に伴う埋蔵文化財発掘調査報告書（Ⅰ）』
76. 広島市文化財団文化科学部文化課　1999『塔の岡古墳群—広島市安佐北区白木町所在—』
77. 広島県　1979『広島県史　考古編』
78. 財団法人広島県埋蔵文化財調査センター　1997『梶平塚第2号古墳発掘調査報告書』
79. 山口県　2000『山口県史　資料編　考古1』
80. 山口県教育財団　山口県埋蔵文化財センター　1999『大浦古墳群　梅ヶ崎古墳群　一般県道山口阿知須宇部線道路改良工事に伴う発掘調査報告』
81. 福津市教育委員会　2011『津屋崎古墳群Ⅱ』
82. 穂波町教育委員会　1994『穂波地区遺跡群　第6集』
83. 株式会社東出版寧楽社　1979『竹並遺跡　横穴墓』
84. 本渡市教育委員会　1982『妻の鼻墳墓群』
85. 宮崎県教育委員会　1973『宮崎県文化財調査報告』第17集

（12）　福岡県の大木遺跡から検出された7号土坑墓からは、縄文時代晩期末葉に属するとされるアマゾナイト製勾玉2点が確認されている〔夜須町教育委員会1997〕。

（13）　土製の勾玉を表面につけた土器については、岩本貴氏の研究が詳しい〔岩本2001〕。そのなかで、勾玉が2個1対で張り付けられている土器については、福井県の下屋敷遺跡（弥生時代中期中葉）〔福井県教育庁埋蔵文化財センター1988〕と千葉県の常代遺跡（弥生時代中期後葉）〔君津郡市文化財センター1996〕の2つの事例があげられている。

# 第5章　背合わせ勾玉についての一考察

## 第1節　名称設定

　米子市博労町遺跡において、平成19年から本調査をおこなった米子市教育委員会は、翌年の平成20年、勾玉を2個背中合わせにしたような形態の遺物を確認した。その情報は、「背中合わせの勾玉出土」や「左右対称は国内初？」といったタイトルで、山陰中央新報[1]によって大きく取り上げられた。

　この記事の中で、発掘担当者や研究者[2]などが、出土した背中合わせの勾玉に対して、事実確認を含むいくつかのことを発言している。それは、大まかにまとめると以下のようになる。①遺物は、4世紀代いわゆる古墳時代前期の遺物であること。②関東地域によく出土が確認されている祭祀系遺物である立花との関係性。③勾玉の意味を魂と関連付け、出土した背中合わせの勾玉が魂の結びつきの強化という働きをもっていたと推定することができる。これら3点が、発表された段階において考えられていたことである。

　筆者も、初めてこの遺物と対面したとき、小さい遺物ながらも丁寧に作り上げられ、確実に2個の勾玉を結びつける、あるいは対にするといった意図のもとに作られた遺物であるのではないか、といったことを感じとった（第45図）。確かに、関東地域では、古くから茨城県にある常陸鏡塚古墳〔大場・佐野1956〕や同県浮島で確認された祭祀遺跡〔亀井1958〕で、類似した遺物が確認されていることはよく知られている。しかし、これらと博労町遺跡から出土したものとでは、受ける印象が異なると思われる。それは、博労町遺跡からの出土遺物の方が、より勾玉を写実的に捉えていることに起因するかもしれない。

　今回の博労町遺跡での発みによって、2個の勾玉を背合わせ状にした遺物が、当時の人々の中で用いられていたことは確実になった。しかし、この遺物における使用場面や使用法、さらには遺物に対する当時の人々の意識についても、いまだ明らかにされていないのが現状である。

第45図　鳥取県博労町遺跡出土の背合わせ勾玉

第5章　背合わせ勾玉についての一考察

　そこで、本論にはいる前に2個の勾玉を背中合わせにしたような形の遺物に対しての名称設定を
おこないたい。まず、どのような名称が、当遺物において用いられてきたのかについてまとめてお
くことにする。最初に発掘調査報告書をみるならば、小さな名称の差こそあれ、おおかた「異形石
製品」という名称が使用されている。

　次に、研究者の間で用いられた名称をみていきたい。研究者の中にも、異形石製品と称してい
る場合もあるが、個別に名称設定を行っている場合もみられる。梅原末治氏は、ガラス製の勾玉
が2個背中合わせ状になっているものに対して、「背合せ双形玻璃勾玉」という名称を与えており
〔梅原1971b〕、大場磐雄氏は、子持勾玉の発生を考えていく中で2個の勾玉が背合わせになってい
るものの存在を取り上げ、それを「勾玉連接品」と呼んでいる〔大場1962〕。そのほかにも、立花
と形態的特徴が類似することから、立花状石製品や立花形石製品などと呼ばれる場合もある。

　このようにみていくと、梅原氏と大場氏の設定した名称の根底にあるものは、あくまでも、この
奇妙な形をしている遺物が、勾玉の一種であるという考えの上で成り立っていることが読み取れる。
つまり、勾玉と勾玉の組み合わせによって、この遺物が構成されており、持っていたであろう歴史
的性格の根底には、当時における勾玉の意味合いが厳然と存在しているということになる。

　名称設定にもどると、まず、2個の勾玉を背中合わせ状にするという表現をすでに何回も用いて
しまってはいるが、そもそも「背」などの部分名称から考えていく必要があろう。これに関しては、
今回取り扱う遺物を筆者自身、勾玉の範疇で捉えているため、勾玉の部分名称と重なる形で当遺物
の名称も設定していこうと考えている。勾玉の部分名称については、坪井正五郎氏や藤田富士夫氏
によって、明快に図案化、説明されているのでそれを参照されたい〔坪井1908、藤田1989〕。

　さらに、当遺物において、勾玉と勾玉を連接した遺物であることが、第一義の特徴であることは
先に述べた。この観点からすれば、大場氏が設定した勾玉連接品でもよいのだが、それでは、ただ
単に勾玉と勾玉とが連接しているもの全般を総称した名称になってしまう。それを避けるため、連
接部位に注目し、もう一段階踏み込んだ名称の設定をしておく必要がある。なぜなら、奈良県宇陀
郡榛原町にある澤ノ坊2号墳から、ヒスイ製勾玉が2つ上下の向きを同じくして重なるように連接
している遺物が出土しているからである[3]。すなわち、2個の勾玉が連接している遺物には、形態
差が生じており、また、包含していたであろう歴史的意味についても、当然違いがみられる可能性
がある。そのため、なるべく名称を細かく分けて設定しておく必要があると考える。

　これらを総合的にふまえた上で、米子市博労町遺跡から出土したような、2個の勾玉を背中合わ
せ状に連接した遺物について、「背合わせ勾玉」と呼び、これ以降この用語を用いて論を進めてい
くことにする。

　そのほかの名称に関しては、2個の勾玉を連接したものの総称として「合わせ勾玉」という名称
を設定する。また、奈良県宇陀郡榛原町の澤ノ坊2号墳から出土したもの、すなわち、側面に2個
の勾玉が重なるように連接されているものを「横合わせ勾玉」と呼ぶことにする。

## 第2節　先行研究の整理

　背合わせ勾玉はもちろんのこと、合わせ勾玉についてでさえ、先行研究というもの自体ほぼ皆無

第2節　先行研究の整理

の状況である。しかし、まったくないわけではない。また、別の遺物に関しての研究において、間接的な事例としてとりあげられている場合も見受けられる。今回は、それらのことをまとめて、先行研究として取り扱うことにする。

まず、考古学の研究において初めて、背合わせ勾玉を紹介したのは小林行雄氏である〔小林1952〕。小林氏は、福岡県銚子塚古墳の後円部石室内から出土した2個のヒスイ製勾玉のうち1個の形態が、通常我々が想像する勾玉の形とは遠くかけ離れた珍しい形をしていることを報告している。出土した異形の勾玉は、長さ1.77cmの緑色半透明のヒスイ製であった。形態的特徴としては、勾玉の頭部と尾部が連結した形状に形作られているため、平面形はドーナツのような形をしている。また、一般的な勾玉にみられる頭部への穿孔は、両面から行ってはいるが未貫のままになっている。

このような異形の勾玉について考える際、小林氏は個人や博物館が所蔵している伝来の異形勾玉などを掻き集め、計4点の異形勾玉の実測図を参考資料としてあげている。そのうちの1点が、今回とりあげようとしている背合わせ勾玉である（第46図の1）。この遺物は佐伯理一郎氏が所蔵しており、材質はヒスイ製で大和國葛下郡傳丘付近から出土したといわれているものである。掲載されている実測図をみてみると、両方の勾玉の頭部に刻み目を確認することができ、2個の丁字頭の勾玉を背合わせ状に連接していることがよみ取れる。

また、穿孔については実測図から判断すると、左右両方の勾玉とも片面穿孔と考えられる。この小林氏の紹介した4点の異形勾玉の実測図および情報が、それ以降の梅原末治氏の異形勾玉や大場磐雄氏の子持勾玉に関する研究で引用されていく。このことから考えて、この小林氏の業績はまさに異形石製品研究における先駆け的なものであったといえよう。

次に、亀井正道氏が茨城県浮島で背合わせ勾玉を表採している〔亀井1958〕。亀井氏は表採した背合わせ勾玉に関して、先に確認されている常陸鏡塚古墳出土の遺物との類似性を指摘している。また、遺物の中央に穿たれた孔に紐を通して使用したことも推定している。

大場磐雄氏は子持勾玉の系譜を明らかにしていく過程で、小林行雄氏が紹介した背合わせ勾玉についても、相互の関係性が検討できるような時間的座標軸および系譜上にのせる試みをおこなっている〔大場1962〕。大場氏が、想定した子持勾玉における系譜の構成要素として欠かせないことは、勾玉と勾玉が付着していること、もしくは勾玉を2個以上用いていることである。この結果、想定された系譜は玉杖―勾玉連接品―立花形品という変遷過程である。そして、同じく玉杖から勾玉連接品へと移行するのに並列して子持勾玉が派生するとしている。ここにみられる系譜上の勾玉連接品とは、常陸鏡塚古墳〔大場・佐野1956〕[4]出土のもの（第46図の2）や常陸浮島の祭祀遺跡〔亀井1958〕から出土したもの（第46図の3）を指している。

そして、伝丘出土の背合わせ勾玉（第46図の1）については、お

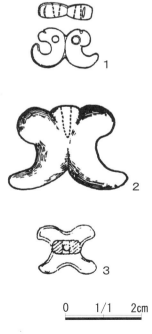

第46図　先行研究における
　　　　背合わせ勾玉と立花

おかた玉杖との同時性を述べている。また、玉杖から派生はしているものの、立花形品や子持勾玉
への時間的変遷からは、逸脱するよう系譜図に配置されている。しかし、どのような解釈のもとに、
その様な配置を示したのかについては詳しく述べられてはいない。おそらく、伝来している背合わ
せ勾玉の材質がヒスイであったため、後の子持勾玉や立花などの滑石製品への系譜的変遷図には載
せることができなかったと思われる。

　さらに、子持勾玉と背合わせ勾玉の歴史的性格の違いについても言及している。大場氏は、玉に
込められた呪力の存在については、両者とも共通しているとした上で、子持勾玉については「強い
信仰観念に結びついて広く永く流布使用されたもの」〔大場1962：105頁〕とし、背合わせ勾玉のよ
うに関東地域に分布が偏っているものとは、歴史的意義が当然異なっていたと指摘している。

　加えて、当時の人びとが勾玉と勾玉を連接する行為に対して、玉の有する呪力を倍加しようとし
ていた可能性も推定している。これ以降、玉と玉を結ぶことによる呪力の強化という見解は、子持
勾玉の性格を理解する上で欠かせない考え方の１つになっていく。

　続いて、梅原氏の研究をみていくことにする。梅原氏は、一般的に我々が想像する勾玉の形態と
は異質な勾玉、いわゆる異形勾玉にも考察を加えている。その集大成が、昭和46年に発刊された
『日本古玉器雑攷』である〔梅原1971a〕。しかし、この書籍に掲載されている異形の玉類の多くは、
個人や研究所のコレクションであり、明確な出土地点および出土遺跡名などの詳細が不明である。
そのため、この書籍の評価は著しく低いといわざるを得ない。たとえば、末永雅雄氏は考古学的研
究に関して、「考古學が實證の學問として生きるところのものは、もちろん物質資料がもつ絶對性
にあるが、その絶對性を支持するのは出土環境である」〔末永1952：30頁〕と述べている。つまり、
出土状況という要素を失い、さらには共存関係と遊離している梅原氏のあげた異形勾玉は、もはや
考古学的資料価値が低いということになる。

　しかし、現在においても異形石製品の出土数がごく僅かなことからもわかるように、当時の研究
環境としては、個人蔵のものや伝来品に頼らざるを得なかったことも事実であろう。また、これほ
ど多くの異形勾玉および異形石製品を収集し掲載したこの書籍からは、多大な苦労を感じずにはい
られない。

　そのような、いわばいわくつきの『日本古玉器雑攷』の中をみてみると、背合わせ勾玉がいくつ
か紹介されている（第47図）。書籍内に紹介されているものには、ガラス製のものが多いが、ヒス
イ製のものも写真で紹介されている。また、紹介のさいガラス製の異形品に対しては「背合せ双形
玻璃勾玉」と呼んでおり、ヒスイ製のものについては「背合わせの遺品」と記載されている。紹介
されているガラス製のものをみてみると、２個の丁字頭の勾玉で構成されている背合わせ勾玉が確
認できる（第47図の２）。色は、不透明な淡青色である。

　また、梅原氏は、ガラスの成分の観点から中国との関係が深いことも述べている。取り扱ってい
るものが、考古学の資料として価値が低く、またガラスの成分からの見解であることを考慮しなけ
ればならないが、背合わせ勾玉を中国との関係性でとらえられたことは、新しい研究の視点である
といってもよいであろう。しかし、これ以降、背合わせ勾玉に焦点をあて、論じていった研究者は
皆無であった。

　これらをまとめると、滑石を用いた背合わせ勾玉は、子持勾玉と同じ祖形（玉杖）から派生はし

ているが、常陸鏡塚古墳が造営された時期の5世紀中葉頃[5]を境に、子持勾玉とは別の遺物として存在し、それ以降、背合わせ勾玉から派生する形で立花が出現すると想定できる。つまり、大場氏の想定する背合わせ勾玉は、子持勾玉と歴史的性格が異なり、立花の一段階はやい時期に成立していたものと考えることができる。

　また、背合わせ勾玉から立花への移行時期に関しては、かなり短かったことも系譜図からは読み取ることができる。

　以上、背合わせ勾玉についての先行研究を述べた。背合わせ勾玉の研究は、いまだ資料提供の段階でとどまっており、考古学的研究は行われていないといってもよかろう。また、背合わせ勾玉と立花および子持勾玉との関係性は指摘されてはいるが、具体的なことまでは言及されていない。

　かろうじて、大場氏の子持勾玉研究を別の角度からみることにより、背合わせ勾玉像がぼんやりと浮かんでくる程度というのが実状である。こうした研究状況をまねいた要因としては、資料的制約が大きいことがあげられ、現在にいたっても参考資料の不足は否めない。しかし、今回、出土した鳥取県博労町遺跡の背合わせ勾玉などを加えて検討することにより、背合わせ勾玉の実像を少しでも明らかにしたいと考えている。

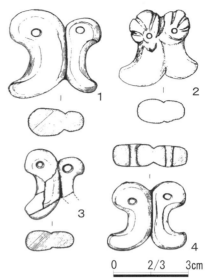

第47図　梅原末治氏のいう「背合せ双形玻璃勾玉」

## 第3節　分布状況

　まず、背合わせ勾玉が、出土した遺跡および遺構などについてみていくことにする。また、横合わせ勾玉の出土遺跡についても、参考資料としてまとめておく。

### 1.　鳥取県　博労町遺跡〔米子市教育文化事業団2011〕

　鳥取県米子市博労町4丁目220番地に所在している遺跡である。立地の特徴としては、砂丘上に形成されていることがあげられ、海浜砂丘地における集落形成について大変有意義な情報を多数提供してくれる遺跡である。発掘調査の結果、博労町遺跡は弥生時代終末期から古墳時代前期、古墳時代後期から奈良・平安時代、中世、近世末から明治時代と空白時期を含みはするものの、ある程度時間的に幅広く営まれていたことが明らかにされている。また、古墳時代において最も集落が盛行したのが、前期中葉から後葉であることもわかっている。

　遺跡の最盛期であり、背合わせ勾玉がみつかった古墳時代前期を中心に遺跡の様相を大まかにみるならば、検出された遺構は掘立柱建物1棟、竪穴住居跡29棟、土坑2基、大型の溝状遺構1条などが主なものである[6]。

　出土遺物に関しては、まず、背合わせ勾玉があげられる（第45図）。出土地点は、残念ながら明確な遺構からの出土ではなく、1区の包含層（Ⅲ-②層）から出土している。材質は滑石を用いて

第5章　背合わせ勾玉についての一考察

おり、長さは2.3cm、重量が5.3gを測る。また、特徴としては、全面が丁寧に磨かれていることがあげられる。そして、両方の孔には2条の刻み目がそれぞれ確認でき、いわゆる丁字頭の勾玉を2個背合わせにした形態を呈している。左右の勾玉の大きさについては、ほぼ同等である。この遺物の色彩に関しては、出土した直後の写真をみる限り、濃い緑色をしていたようであるが、筆者が実見したときには、淡く青みがかった灰色をしていた。

　他には、土師器類や多数の土錘、石錘、包含層からは製塩土器なども数点出土が確認されており、遺跡に住んでいた人びとと海との関係が深かったことが容易に想像つく。さらに、包含層からの出土ではあるが、舟形の土製品片2点も出土している。これらの舟形土製品は、形態の特徴から準構造船を模したものであるとされている。

　濱野氏は、集落を区画していたと考えられる溝の東側から布掘り掘立柱建物を含む大型住居群が検出されたことなどから、この遺跡が拠点集落という一面をもっていた可能性を想定している。また、大型区画溝状遺構から完形土器が大量に廃棄されていることや背合わせ勾玉、舟形土製品などの特殊な遺物が確認されたことから、遺跡における集落内祭祀の存在も指摘している。

　さらに、出土した在地の土器のなかに畿内系土器の要素を見出せるが、畿内系土器群自体の搬入品はほとんど無いことなどを根拠にあげ、この集落に住んでいる人びとは積極的に畿内的文化要素を生活に取り入れようとしていたことも述べている。

## 2.　千葉県　高部古墳群〔木更津市教育委員会2002〕

　木更津市に在り、下総台地南部と上総丘陵北端の境界付近の丘陵上に、約60基の古墳の造営が確認されている遺跡である。また、君津地域における最古級に位置づけられている前方後方墳があることでも有名である。発掘調査によって、古墳時代前期に属する前方後方墳の墳丘下から畝状遺構も検出されている。古墳時代中期になると、一旦古墳が造られなくなり、集落が形成されるようになる。また、当期において集落の南端に大規模な祭祀場と考えられる遺構2カ所が検出されている。そこからは、鏡や刀子形石製模造品、鉄製模造品など、祭祀色の強い遺物が出土している。5世紀後葉以降になると、再び古墳が造営されていくようになる。

　出土した背合わせ勾玉は、32号墳の周溝内で出土が確認されてはいるが（第48図）、古墳に伴わない遺物とされている。所属時期は、古墳時代中期としている。この遺物は、約3分の1が欠損しているが、残りの部分から当初は勾玉2個を背合わせ状にした形態をしていた遺物である可能性が高いとされている。残存している勾玉の頭部には、孔が両面から穿ってある。また、材質はチャート質の石材が用いられており、色は乳白色で長さは2.15cm、重量が3.69gを測る。形態上の特徴としては、断面が扁平板状を呈している点があげられ、全面には研磨が施されていることがあげられる。

　遺跡の特徴として、高部32号墳の墳頂から、在地で生産された東海系の特徴をもつ高坏が確認されており、3世紀後半頃には他地域間で人や物を介した交流が行われていたことが明らかにされている。

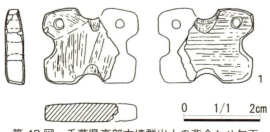

第48図　千葉県高部古墳群出土の背合わせ勾玉

174

## 3. 茨城県　尾島祭祀遺跡〔亀井 1958、斎藤 ほか 2005〕

　茨城県南端に近い戸根川下流域に位置する霞ヶ浦の南東にある浮島において、亀井正道氏が祭祀遺物の散布地を確認し報告したことで有名な遺跡である。この亀井氏の報告以前の浮島では、すでに確認されていた縄文時代後期の貝塚を取り扱った研究が中心であった。

　亀井氏は祭祀遺物の散布地について、浮島の東側にある尾島神社の拝殿前面の左右の地点をあげている。採集された祭祀遺物は立花形品 1、勾玉 1、大形有孔円板 8、無孔円板 1、剣形品 4 点が確認されており、すべて滑石を用いて作られている。また、表採資料のため、出土状況及び明確な出土地点は不明となっている。

　これらの出土品として記載されている立花形品が、本章で取りあげている背合わせ勾玉の一種と考えられる（第 46 図の 3）。平面形は 2 個の勾玉を背合わせにした形態をしているが、孔に関して状況がやや異なっている。それは、通常勾玉の頭部に施されているような孔は見当たらず、勾玉と勾玉とが連接されている中央部分に側面から 1 カ所穿孔が施されている。出土した背合わせ勾玉に対して、亀井氏は常陸鏡塚古墳から出土した立花状石製品に著しく近似するとしたが、用途については全く異なったものであろうと推定している。

　背合わせ勾玉を含んだ遺跡の年代については、祭祀遺物の表採地点周辺で確認できた和泉式土器と併行する時期のものである可能性が高いとしながらも、やや幅をもたせるかたちをとり古墳時代後期までを遺跡の年代幅としている。

　また、亀井氏は浮島における祭祀行為の存在、そして、砂岩製の砥石の出土が確認されていることから、島内での祭祀具の製作についても推定している。さらに、『常陸国風土記』などの史料もふまえ、浮島内で確認されている古墳群の築造者らが製塩および漁業集団であった可能性も指摘している。

　これ以降、多くの研究者たちが、古墳時代における茨城県浮島に対する歴史的意味づけを試みていくようになる。茨城県浮島における、現段階の研究をまとめるならば、古墳時代の浮島内での祭祀は、中期には確実に存在していたようである。これは、島内にある前浦祭祀遺跡から和泉式期に相当する壺や小型丸底坩とともに、有孔円盤・剣形・小型の勾玉などの滑石製模造品が出土していることからもわかる〔坂詰 1974〕。

　また、浮島内の人びとの特徴として漁業集団の一面をもっていたことは、土錘などの出土からも揺るがないと思われるが、亀井氏が指摘した製塩集団としての一面については、未だ慎重になるべきであろう[7]。ほかには、尾島神宮の北東裏側境外付近から、和泉 II 期に相当する石製模造品の工房跡が確認されたことから〔茨城県教育財団 1988〕、亀井氏が指摘したように、祭祀具製作も島内で行われていたと考えられる。

　浮島における祭祀の形態および祭祀の執行者、それにともなう歴史的評価については、浮島の人びとにおける在地的な祭祀という従来の考えに対して、田中広明氏〔田中 1990〕や茂木正博氏〔茂木 1994〕、森田喜久男氏〔森田 2000〕、中尾麻由美氏〔中尾 2005〕などが積極的に再検討を試みている。まず田中氏は、浮島での祭祀が古霞ヶ浦周辺一帯に広まりをみせる大規模なものであったことを指摘し、確認された考古資料などを根拠に祭祀の執行の中心に在地の首長層の存在があった可能

性を述べている。茂木氏は浮島全体が祭場であったとし、島内の祭祀遺跡がヤマト政権の公的祭祀遺跡として機能していた可能性を指摘している。

森田氏は、『常陸国風土記』のなかにみられる9つの社が常陸と下総の国造にゆかりがあるとし、8世紀前葉前後においてではあるが、浮島に住んでいた人びとは常陸と下総の国造によって移住させられた人びとであるとした。また、浮島内での祭祀については、古代王権への貢納儀礼であった可能性を指摘している。

田中氏、茂木氏、森田氏の意見を総合し、中尾氏は浮島内で確認される土器の特徴が一様であることなどを根拠に、森田氏のいう浮島に住んでいる人びとが周辺地域から移住させられたという説に対しては否定的であり、祭祀の執行には、浮島の在地首長層が大きく関わっているとした田中氏の説を肯定的に考えている。

## 4. 奈良県　澤ノ坊2号墳

〔橿原考古学研究所附属博物館1997、河上2001、玉城2004、宮島2018〕

この古墳は、宇陀郡榛原町に在る前方後円墳である。上述したように、この古墳から横合わせ勾玉の出土が確認されている（第49図）。古墳の墳丘自体は、中世の段階で大半が失われており、出土遺物はほとんど攪乱土内からのものである。

出土したものは、画文帯神獣鏡片やヒスイ製勾玉、碧玉製管玉、ガラス玉など多量の玉類、他にも銅鏃や須恵器などが主なものとしてあげられる。出土したヒスイ製勾玉の中には、丁字頭のものを複数確認されている。古墳築造時期については、4世紀末葉から5世紀初頭とされている。

以上、合わせ勾玉の出土が確認されている遺跡をまとめみた。出土遺跡を見比べてみると、背合わせ勾玉の特徴がいくつかみえてくる。まず、背合わせ勾玉の出現期は、4世紀後半から5世紀初頭の間の山陰地域で認められ、5世紀中頃、いわゆる中期古墳文化[8]になると茨城県や千葉県といった東日本で出土が確認されてくる傾向がみてとれる。

背合わせ勾玉における形態的変化についてみていくと、出現当時は勾玉の断面も楕円形を呈しており、より写実的に勾玉が表現されている。しかし、5世紀中葉から確認されるものは、明確に勾玉を表現しているとはいい難いものや断面が板状を呈しており、石製模造品の範疇に含まれる可能性が高いものなども確認できる。これらをふまえると、時代が新しくなるにつれ、作りが粗雑になっていくと思われる。

材質については、滑石など比較的やわらかい石材を選択して作られていることが共通点としてあげられる。これに関しては、ヒスイを用いて作られている横合わせ勾玉とは一線を画する。また、出土遺跡の性格については、祭祀に関係する遺跡から出土する傾向が強いことが考えられる。このことから、背合わせ勾玉と古墳から出土する横合わせ勾玉とでは、内在していた歴史的意義が異なっていた可能性が推測できるのではないか。他

第49図　奈良県澤ノ坊2号墳出土の玉類（縮尺不明）

にも出土遺跡の特徴から背合わせ勾玉についていえることがある。それは、出土した遺跡がみな積極的に他地域との交流をおこなっており、とくに近畿地域との関係性が深いことである。

本章でとり扱った背合わせ勾玉には、時期差および形態差がみられるため、鳥取県博労町遺跡から出土したものを背合わせ勾玉Aグループとし、常総地域にみられるものをBグループというように区分することが可能である。

# 第4節　背合わせ勾玉の成立

背合わせ勾玉における分布や出土遺跡の性格などを比較することにより、背合わせ勾玉の様相を概観することができた。

次に、背合わせ勾玉の成立過程について考えていくことにする。現段階において、一番古い背合わせ勾玉は、鳥取県博労町遺跡のもの（グループA）であり、時代は古墳時代前期後半頃である。その後は、分布圏を東日本へ移し、茨城県尾島祭祀遺跡と千葉県高部古墳群から出土が確認されている（グループB）。時代は、古墳時代中期である。

このように、出土した背合わせ勾玉のみを考察対象にするだけでは、あまりの出土点数の少なさから、点的な成立過程しかみえてこない。そこで、背合わせ勾玉の形態的特徴を包含した遺物、たとえば、玉杖や琴柱形石製品、立花、異形玉類などを参考資料とした上で、改めて背合わせ勾玉の成立過程を確認することにより、ある程度、面的に系譜がみえてくる。以降、背合わせ勾玉の形態的特徴を包含した遺物に対しては、背合わせ勾玉関連遺物と仮称する。

まず、最初に確認される背合わせ勾玉関連遺物は、奈良県富雄丸山古墳から出土した琴柱形石製品〔京都国立博物館 1982〕である（第50図の1）。これは、亀井氏〔亀井 1973〕によって8つに型式分類されたうちの松林山型に属するものである。この遺物は、全長6.1cmを測り、暗緑色の滑石を用いて形作られている。遺物自体扁平なもので、その遺物の上端に計4点の勾玉を2対の背合わせ勾玉とし、左右に配置する形をとっている。古墳の築造年代は古墳時代前期後半、4世紀末葉頃とされる。

また、正式な報告書は未刊ではあるが、石川県の古墳からも背合わせ勾玉状の玉類が出土している。その古墳は、石川県七尾市にある国分尼塚1号墳であり、古墳時代前期後葉に築造された前方後方墳と考えられている〔富山大学人文学部考古学研究室 1983、橋本 1989、七尾市教育委員会 1994〕。発掘調査によって、埋葬施設からは夔鳳鏡・直刀・管玉・鉄剣・鉄槍・銅鏃・鉄鏃・鉄斧・鉇・鉄鑿・箸・靫・漆製品などと共にヒスイを材質とした背合わせ勾玉状の玉類が確認されている（第51図）。この玉類について述べるならば、全長は1.3cm、重さは1.3gを測り、表面は緑色透明のなかに白色部分がまだらに混じっている。孔は片面穿孔によってあけられているが、1箇所しか孔が無く、形態も古墳時代に多くみられるC字あるいはコの字を呈する勾玉2個を背合わせにしたものではない。そのため、本章で設定した背合わせ勾玉に含むことには、やや躊躇を覚える。これらのことを考え合わせて述べるならば、この玉類は背合わせ勾玉に含まず、それに関連する遺物の1つとして考えておくに留めるのが穏当であろう。

出土が確認された古墳については、副葬品の様相などから近畿地域とのつながりが想定されてお

第 5 章　背合わせ勾玉についての一考察

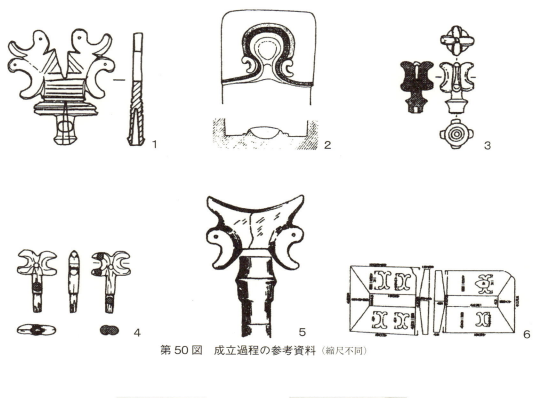

第 50 図　成立過程の参考資料（縮尺不同）

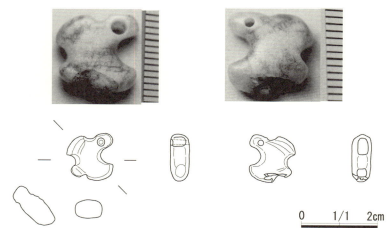

第 51 図　石川県国分尼塚 1 号墳出土の玉類

り、このことは背合わせ勾玉の発生を考えていく上でも重要な手掛かりの 1 つといえる〔七尾市史編さん専門委員会 編 2002〕。

　続いてほぼ同時期に確認されるのが、茨城県常陸鏡塚古墳出土の滑石製立花である〔大場・佐野 1956〕（第 46 図の 2）。形態は 2 個の勾玉形を背合わせ状に連結したような形をしているが、連結された中間には瘤状に突出している部分が確認でき、そこへ垂直に未貫の孔がほどこされている。この遺物は 4 世紀後半の年代が与えられており、立花の初現と考えられている〔白井 1991〕。そして、

それ以降の常総地域では、6世紀前半頃まで立花が継続して古墳から確認されていく。また、鏡塚古墳は奈良県富雄丸山古墳などの近畿地域における古墳の内容と近似することから、ヤマト政権の勢力圏拡大に伴って築造されたと考えられている〔小林1961〕。

4世紀末葉から5世紀初頭にかけては、鳥取県博労町遺跡から背合わせ勾玉が確認されることは、すでに述べた。

他には、勾玉2個を背合わせ状にしている事例として、香川県善通寺市にある磨臼山古墳で確認された刳抜式の舟形石棺があげられる〔香川県教育委員会1984、白井1991〕。棺には造付石枕が確認されており、その石枕に死者の頭をのせた場合、耳の後ろから両肩の部分にあたる位置に長さ7.5cmの勾玉を背中合わせに陽刻している（第50図の2）。

また、千葉県佐原市にある山之辺手ひろがり3号墳から出土した滑石製立花は、4個の勾玉を倒立した形で背中合わせに連接している（第50図の3）〔白井1991〕。

そして、亀井氏が分類した琴柱形石製品のなかに、背合わせ勾玉のような形状を取り入れている遺物がある。それが、本村型に分類されているものである。この類型は垂飾の用途が強く、出土も古墳からではなく集落内から、単独もしくは他の玉類を伴って出土することが多いものである。出土が確認される年代幅は、4世紀後半から6世紀代とされている〔亀井1973〕。また、この型式の遺物が4世紀末葉から5世紀初頭の間において、群馬県下佐野遺跡でつくられていることが発掘調査で明らかにされている〔高野2007〕。検出された工房跡と考えられている第24号住居からは、約7万点の玉類未成品とともに、17点の琴柱形石製未成品が確認されている。

次いで5世紀前半頃、いわゆる古墳時代中期にはいると、茨城県尾島祭祀遺跡や千葉県高部古墳群から、背合わせ勾玉の出土が確認されている。また、尾島祭祀遺跡で確認されたものと形態上酷似する立花が、千葉県香取郡下総町に在る猫作・栗山古墳群のなかの16号墳[9]から出土している（第50図の4）〔香取郡市文化財センター1995〕。

次に、年代が詳細に特定できない背合わせ勾玉および関連遺物についてみていくことにする。まず、先行研究ですでにあげた小林氏が紹介している大和伝来と記載されているヒスイ製の背合わせ勾玉があげられる（第46図の1）。

また、末永雅雄氏は、東京国立博物館所蔵の玉杖を紹介している〔末永1952〕。出土地は不明であり、田澤静雄氏より購入したとされている。杖の頭部には、勾玉2個が左右対称に背中を合わせるような形で配置されている（第50図の5）。

他の背合わせ勾玉関連遺物としては、兵庫県姫路市飾磨区白浜町松原で発見された特異な組み合わせ式家形石棺があげられる。この石棺の特徴について、和田千吉氏は蓋石の上に勾玉を2個合わせた形の突起が、計6個確認できると述べている（第50図の6）。また、この特殊な形をした突起について、下総香取郡出土の立花3点を参考資料としてとり上げ、立花との関係が深いことを推測している〔和田千1903〕。この資料は、播磨地域にみられる縄掛突起の形態と比較しても類似するものがなく、大変珍しい資料であるが、現在は行方不明となっている〔姫路市教育委員会1995〕。

以上、背合わせ勾玉とその関連遺物についてみてきた。これらの資料をふまえて、背合わせ勾玉の成立過程について考察を加える。また、グループAとグループBとの間には、時期差や地域差が認められることから、成立過程においても個別に考えていくことにする。

第5章　背合わせ勾玉についての一考察

　まず、グループAの成立過程についてみていく。現段階において背合わせ勾玉の出現は、古墳時代前期後葉の山陰地域で確認される。しかし、背合わせ勾玉を形成する要素は、背合わせ勾玉が成立する以前の近畿地域で発生したものであると考えることができる。その根拠となるのが、年代的に先行する奈良県富雄丸山古墳から出土した琴柱形石製品である。古墳時代前期の石製品である琴柱形石製品の形態変遷の過程で、2個の勾玉を背合わせ状、もしくは対にするという人びとの強い思考を組み入れた結果、この遺物が作られたのではないか。そう考えることによって、2個の勾玉を連想させるようなものが、玉杖や琴柱形石製品、石枕など、遺物の一部に積極的に採用されていくことについても、無理なく理解することができると思われる。

　そのように考えていくと、グループAの背合わせ勾玉の成立には、近畿地域との関係が深いことが考えられる。博労町遺跡が近畿地域の文化を積極的に取り入れようとしていたことからも、矛盾はしていないと考える。それに加えて、近畿地域との交流が考えられている石川県国分尼塚1号墳から、背合わせ勾玉関連遺物が確認されていることも重ね合わせてみると、背合わせ勾玉を形成する要素が、やはり近畿地域で発生したことを想定することはできるのではなかろうか。

　次に、常総地域でみられる背合わせ勾玉（Bグループ）の成立過程をみていくことにする。このBグループの成立過程は、Aグループと異なりやや複雑であるといえよう。なぜなら、背合わせ勾玉の発生地域と考えられる近畿地域や山陰地域において、背合わせ勾玉が4世紀末葉から5世紀初頭あたりで確認できなくなり、5世紀中葉には子持勾玉が出現してくる。そして、グループBの背合わせ勾玉も5世紀中葉頃になってから出土が確認されはじめるからである。このことから、両グループ間には出土の時期差が指摘できる。

　そこで、いくつか疑問点が考えられる。1つ目は、なぜ常総地域において、背合わせ勾玉が時期差を伴って出現してくるのか、ということである。これは、常総地域を構成する両県、とくに茨城県で多くの子持勾玉の流入が確認されている事実からも、より一層不可思議な現象としてみえてくるであろう。2つ目は、常総地域出土の背合わせ勾玉のなかにも形態差がみられることである。この2つの疑問について考えていきながら常総地域における背合わせ勾玉の成立過程をみていくことにする。

　まず、1つ目の疑問についてである。これは常総地域が立花を中心とした独自の葬送様式を文化基盤とし、展開している地域であったこと〔白井1991〕が、重要な意味をもってくると思われる。すなわち、伝統的な立花が流入してきた子持勾玉と同等もしくは、それ以上の信仰的価値を見出されていたとするならば、近畿地域からの子持勾玉の流入を受け入れる一方で、形態上類似する立花の形をしたものを新しく作り出すこともあったのではないだろうか。そのように考えると、立花に影響をうけた形で背合わせ勾玉が出現したと考えてもよいのであろう。

　尾島祭祀遺跡や高部古墳群から出土した背合わせ勾玉は、あくまで立花から派生したものと仮定した場合、常総地域の背合わせ勾玉の根底にある意義は、Aグループのものと同じではあっても、系譜上では直接的には繋がらないことが指摘できる。

　続いて、2つ目の疑問としてあげた、Bグループ内における形態差の要因について考えてみたい。まず、高部古墳群から出土したものは、断面の形態が板状になっていることから、石製模造品の製作過程で作られたものである可能性が高いと考えてよいであろう。一方、尾島祭祀遺跡出土の背合

第4節　背合わせ勾玉の成立

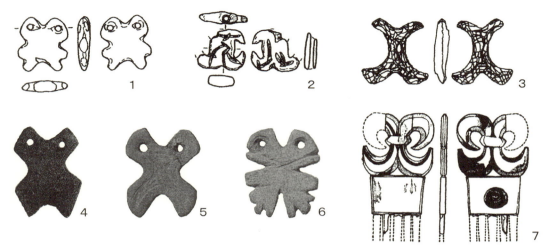

第52図　古墳時代以前の参考類例（縮尺不同）

わせ勾玉（第46図の3）に関しては、千葉県香取郡の猫作・栗山16号墳出土の立花（第50図の4）と形態的特徴が酷似していることから、より立花に似せようとした意図が強く感じられる。これは、立花から背合わせ勾玉（Bグループ）が発生するという仮説を支持する事例と考えられないだろうか。

このように、Bグループの背合わせ勾玉の成立には、立花からの形態および信仰に影響があると考える。

最後に、古墳時代以前に確認されている、左右対称に同形のものを連接しているものや平面形態が類似しているものをみていくことにする。北海道江別市にある七丁目沢6遺跡からは、蛇紋岩製の異形石製品が縄文時代晩期末葉の土坑墓から出土している[10]（第52図の1）。また、同じく北海道のキウス4遺跡では、縄文時代後期後半の盛土遺構から三日月を背合わせにしたような形の土製品が確認されている〔北海道埋蔵文化財センター 2003〕（第52図の2）。山形県押出遺跡からは、平面形態が類似する異形の石器が出土している〔山形県教育委員会 1990〕（第52図の3）。茨城県二十五里寺遺跡（第52図の4）や群馬県千網谷戸遺跡の1号住居跡（第52図の5・6）からは、左右対象を意識したかのような縄文時代晩期の石製垂れ飾りが出土している〔桐生市教育委員会 編1984、岩宿博物館 編2007〕。他には、滋賀県守山市にある服部遺跡から、弥生時代後期の木製の飾り櫛が確認されている〔滋賀県教育委員会 ほか1979、木下1987a〕（第52図の7）。この飾り櫛は、遺物中央部に帯状のようなものも確認でき、あたかも背合わせ状にしたものを結び合わせることを強調しているかのようにも受けとれる遺物である。

このように遺物の形態だけをみていくと、類似するものがいくつか存在しているようである。しかし、鳥取県博労町遺跡でみられたような背合わせ勾玉が、古墳時代前期における石製品の変遷のうえで、当時の人びとの思想を組み込むことによって成立した可能性が高いことはすでに述べたとおりである。すなわち、古墳時代以前の平面形態が類似する遺物とは、歴史的な出現過程が異なっており、直接的には結びつかないことは当然のことである。

しかしながら、滋賀県服部遺跡から出土した弥生時代後期の木製の飾り櫛にみられる結ぶことを

181

第5章　背合わせ勾玉についての一考察

強調した事例、さらには、左右対称な垂れ飾りや三日月を背合わせにしたような平面形態をもつ遺物に対して時代を越えて人びとが特別視し続けていたことはいえるのではなかろうか。そのように考えていくと、推測の域はでないが、古墳時代の人びとが勾玉と勾玉を連接させる意匠を石製品に組み込む過程で、平面形態の類似性から2個の勾玉を背中合わせ状にしたものにするという選択肢を人びとが想定・採用しやすかったのではなかろうか。

## 第5節　子持勾玉との関係性について

　5世紀中葉以降の近畿地域および山陰地域では、背合わせ勾玉（Aグループ）の消失と繋がるようなかたちで子持勾玉の成立が確認できるようになる。そこで、子持勾玉と背合わせ勾玉との関係性を中心にみていくことで、系譜上の継続性がどのレベルにおけるものであったのかを考えてみることにする。

　まず、背合わせ勾玉と子持勾玉とにおける共通点としては、勾玉状のものが連接し合っているといった形態的特徴があげられる。しかし、共通点としてあげられるのはそのぐらいで、むしろ異なる点のほうが多いように思われる。大きな相違点を3つあげるならば、1つ目の違いについては、連接している勾玉の大きさについてである。背合わせ勾玉は、同等であるのに対して、子持勾玉は親勾玉と子勾玉といったように、連接し合っている勾玉状のものの大きさが、均一ではないことである。この違いについては、遺物における性格の違いにまで発展していく可能性がある。なぜなら、同じ大きさのものを連接したものと大きさが異なるものが連接しているものをみた場合、受ける印象が明らかに異なるからである。また、変遷の中において同じ性格を込めたものを用い続けていく場合、わざわざ背合わせ勾玉と形態上異なるものを作り出す必要性を見出すことが想像しにくい。つまり、意味も含めた系譜的繋がりが両遺物間からは、読み取ることが難しいといえる。

　2つ目の違いとしては、表面の調整方法[11]が相違点としてあげられよう。これについては、5世紀頃からの滑石を用いた石製模造品の製作技術の活発化および分布の拡大との関係性が起因している可能性が高い〔佐々木1985〕。

　3つ目の違いとしては、子持勾玉にみられる出土遺跡の多様性〔佐々木1986〕が、背合わせ勾玉にはみることができないことである。しかし、この点に関して横合わせ勾玉を含む「合わせ勾玉」としてみた場合、出土遺跡の多様性がみてとれ、子持勾玉との関係性が考えられる。

　そこで、横合わせ勾玉から子持勾玉への系譜上の変遷についてもみていく。両者には、材質の違いは確認できるが、そのほかについて共通することが多いように思われる。ここでは、とくに大場氏〔大場1962〕が設定したD型式の子持勾玉をとり扱いながら考えていくことにする。

　この型式における形態的特徴は、親勾玉が2個側面で連接していることがあげられ、大阪府堺市のカトンボ山古墳〔森・宮川1953〕（第53図の1）や鳥取県東伯郡に在る高辻遺跡〔國學院大學日本文化研究所2002〕（第53図の2）から出土しているものが代表例である。この型式の子持勾玉は、全体の出土量からみても稀なものであったことはいうまでもないが、出土している地域が近畿地域や山陰地域、なかでも鳥取県といった合わせ勾玉の分布圏と重なり合っていることは偶然ではないであろう。すなわち、形態的特徴が類似することなどを考え合わせると、特定の型式の子持勾玉と

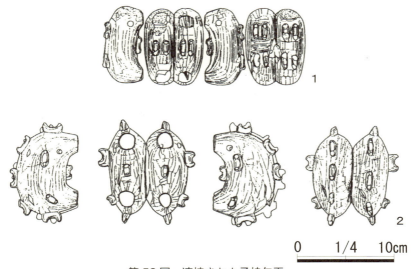

第53図　連接された子持勾玉

横合わせ勾玉との間には共通する要素がいくつかみられる。

　次に、両者の使用例の共通点についてみていく。古墳からの出土例に限られるが、多くの勾玉を含む玉類と共伴していることから、類似した性格が込められていた可能性が高いと考える。また、勾玉を多数用いる行為と勾玉が連接しているものを使用する場合の意味が、古代において異なっていたこともいえるようである。

　以上のことから、相違点が多いため背合わせ勾玉と子持勾玉を別の系統としてとり扱うことができる一方で、勾玉と勾玉を連接するという観点からは系譜的つながりがみてとれるのではないか。また、D型式のものが他の型式の子持勾玉と同様に用いられているカトンボ山古墳のような事例をふまえると、横合わせ勾玉と子持勾玉において込められていた歴史的意味が完全に異なっていたともいいきることはできないであろう。

　また、古代の人びとが、勾玉と勾玉を連接させたものを用いることに対して、特別な力を期待していたことは想定できる。そう仮定すると、背合わせ勾玉や横合わせ勾玉と子持勾玉との間において、直接的では無いにしても同様な意味が強弱の差こそあれ、込められていた可能性が指摘でき、意味における系譜も見出すことができるのではないか。

## 第6節　背合わせ勾玉における歴史的意義

　背合わせ勾玉の使用に古墳時代の人びとは、いったいどのような思いや効力を期待していたのであろうか。ここでは、①出土状況からみた性格、②形態からみた性格、③背合わせ勾玉関連遺物の意味との比較からみた性格、といった3つの観点から、歴史的意義を考えていくことにする。

　**① 出土状況からみた性格**

　まず、出土状況からみてみると、全ての背合わせ勾玉は明確な遺構から出土してはいないため、断定することができない状況である。しかし、背合わせ勾玉は、祭祀遺跡に付随する遺物と考えて

183

よさそうである。

　また、Bグループの背合わせ勾玉に関してではあるが、滑石製の勾玉形模造品と共に出土が確認されているため、単独の勾玉とは別の性格を帯びていた可能性も考えられる。しかし、具体的な性格については祭祀の対象が不明確であり、推測することができない。

　そして、香川県に在る磨臼山古墳の勾玉2個を造付石枕に陽刻している事例（第50図の2）や姫路市の蓋石の部分で確認された背合わせ勾玉状の突起（第50図の6）などをみる限り、勾玉と勾玉とを連接することによって生じる効力に関しては、遺跡の種類に限定されることなく様々な場面で期待されていたことが考えられる。

### ② 形態からみた性格

　次に、背合わせ勾玉の形態的特徴から性格を考えていくことにする。まず、性格と関係が深いと考えられる特徴として、背中合わせにされている勾玉の大きさが同等であることがあげられる。同じ大きさのものを生むということは考えにくい。つまり、後述する子持勾玉の意味のような玉が魂を産む〔大場1970〕というものではなく、同じものが「分裂」する意味の方が強かったのではないだろうか。

　次にあげる形態的特徴としては、孔のまわりに溝を施すいわゆる丁字頭の勾玉を用いている点である。時代は異なるが、弥生時代の丁字頭勾玉について、木下尚子氏は何かを縛り込めることによって呪術性を高める意味が根底にあると推測している〔木下1987b〕。そのことをふまえ、鳥取県博労町遺跡から出土した背合わせ勾玉に関していえば、内在する呪力を高めた勾玉を分裂させることにより、さらなる呪力の強化を図っているとも考えることができる。

### ③ 背合わせ勾玉関連遺物の意味との比較からみた性格

　続いて、背合わせ勾玉関連遺物の機能や意味についてまとめ、それらをふまえて背合わせ勾玉の性格をみていくことにする。

　まず、玉杖や琴柱形石製品、とくに恵解山型のものについては、主に死者の頭部付近から出土することが多いことから、呪術性の強い護符もしくは僻邪の機能が想定されている〔亀井1973〕。また、権威や宗教的、呪術的権威の象徴とする研究者もいる〔杉山林1998〕。

　立花は、死者の頭部を飾るという機能をもっていたとは思われるが、その本義は死者の死が確定するまでの間、いわゆるモガリ的期間で用いられていた道具の1つであると考えられている〔沼沢1977a・1980〕。和田萃氏はモガリ儀礼について、首長権の継承などの政治的側面の存在を認めながら、土俗的な意義にタマフリやタマシズメが含まれているとしている〔和田萃1973〕。それを受け、杉山晋作氏は千葉県石神2号墳の埋葬過程からモガリ期の復原を試みている。その結果、モガリ期間内における各遺物に時間差を見出し、立花にはタマフリ、石製模造品の刀子や鎌にはタマシズメの機能が込められていたと指摘している〔杉山晋1985・1991〕。このようなタマフリやタマシズメの機能を立花に求めることのできる背景には、人の魂とは遊離しやすく、さらに霊魂を具現化したものが玉であると理解されているためであろう〔折口1996a〕。

　さらに、杉山氏は立花について勾玉を緊縛したものと考え、死者の魂が黄泉の国へ去るのをとどめる機能も備えていたとしている。実際に、2個の勾玉を緊縛しているような刻み目が施されている立花が、千葉県東寺山石神2号墳で確認されている〔沼沢1977b〕（第54図の1）。また、出土

地が不明ではあるものの、2個の勾
玉を結ぶように突帯が形成されてい
る立花も確認されている〔亀井1951〕
(第54図の2)。

子持勾玉について、大場磐雄氏は
玉を魂と関連させて、玉が魂を産む
思想の具現化によって作り出された
祭祀遺物であり、玉の有する呪力の
増幅装置としている〔大場1962〕。そ
れをふまえて、佐々木幹雄氏は呪力

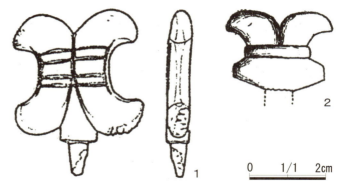

第54図　刻み目が施されている立花

の増殖から一歩ふみ込み、子持勾玉に豊穣や多産などの意味を想定している〔佐々木1985〕。また、
子持勾玉は出土場面によって意味合いが異なるとして、古墳においては鎮魂、住居や集落からの出
土には日常の安定や外域から集落を守るという意味を想定している。

これらをふまえ背合わせ勾玉の性格について考えてみたい。まず、Aグループの背合わせ勾玉に
ついては、子持勾玉とは主体となる意味づけが異なっていたと考えてよいであろう。つまり、祭
祀場における背合わせ勾玉の機能および性格は、子持勾玉のようなそれ自体に豊穣や多産といっ
た具体的な性格はもち合わせてはいなく、「分裂」することにより呪力を高めることを第一義とし、
あくまで祭祀行為を円滑に行うための道具の1つであったことが考えられる。

また、Bグループの背合わせ勾玉は、立花のもつ性格が少なからず反映されていると思われる。
すなわち、「緊縛」や「結びつける」といった意味を込め、祭祀行為に必要な呪力の強化をおこな
う道具として用いられていたことが推測できる。

次いで、古墳でみられる事例の意味づけをするならば、まず、勾玉を2個背中合わせ、もしくは
対として用いることによって生じる効力は、いうまでもなく被葬者へ向けられたものであろう。石
枕や石棺の蓋にみられた事例などから、単に呪力の強化といった、抽象的な機能というよりは、魂
が身体から遊離することを防ぐと同時に外部からの悪霊の侵入を止めるストッパーのような役割
といった具体的な機能が付与されていた可能性を想定してもよいのではなかろうか。また、埋葬後は
魂を鎮める効力や、本義ではないにしろ装飾性も少なからず期待されていたのであろう。

以上、背合わせ勾玉の性格について3つの視点から考察を行った。全体的にまとめると、背合わ
せ勾玉は祭祀行為を円滑にこなすために必要な道具の1つであり、性格も呪力の増大・強化といっ
た抽象的なものであったことが考えられる。また、Aグループは「分裂」であり、Bグループは
「緊縛・結びつける」といったように若干の意味の違いがあったと考える。

次に、考古学からみた背合わせ勾玉研究の意義について述べておくことにする。大場磐雄氏は
「古墳時代中期に滑石製遺物の一群中から、祭祀用品が分離した時、勾玉に対する呪力を強化して
同形の子を附着させたものがその発想であったと見たい」〔大場1962：105頁〕と、子持勾玉の出現
過程について説かれている。

それを受け、寺村光晴氏は古墳時代前期から中期への移行期について、玉の性格が変化していく

第5章 背合わせ勾玉についての一考察

ことを指摘している〔寺村1980〕。それは、前期の玉類における宝的・呪的性格が、中期になると宝的性格には色彩や材質・形状の多様性がみえてくるとしている。また、呪的性格は呪的性と祭性へと分化していくとし、祭性には滑石製模造品の出現があげられ、残存した呪的性格を帯びたものを子持勾玉としている。これらをふまえて述べるならば、背合わせ勾玉の成立は、従来よりも早い段階、すなわち4世紀後半頃には近畿地域を中心とした地域において、宝的・呪的な碧玉石製品から祭祀的性格を帯びた滑石製品への分化を確認できる貴重な事例といえるのではないか。

# 第7節　小結

　以上、背合わせ勾玉の分布状況や成立過程、そして包含していたと考えられる意味などについて述べてきた。ここで改めて、背合わせ勾玉像についてまとめておくことにする。

　まず、鳥取県博労町遺跡から出土した背合わせ勾玉（Aグループ）と、尾島祭祀遺跡や高部古墳群といった常総地域内で確認されたもの（Bグループ）との間には、出現時期や形態的特徴に差が見出せることから、成立過程が異なることを明らかにした。前者を初期的（Aグループ）とし、古墳時代前期における碧玉製石製品と当時の人びとの思想を組み込む形で成立したと考えた。

　また、後者（Bグループ）の成立は、立花と石製模造品の生産技術との組み合わせによって作り出されている可能性が高いことを指摘した。背合わせ勾玉と子持勾玉の間には、間接的なつながりは認められるものの、性格の大部分は異なるとして、両者における系譜的つながりは薄いと述べた。そして、背合わせ勾玉の出現期が4世紀後半から5世紀初頭であることから、宝的・呪的な碧玉製品から滑石製の祭祀品が分化していくと考えられている従来の時期観よりも僅かではあるが早まる可能性を指摘した。

　そして、背合わせ勾玉は、それ自体から具体的な人びとの願いや要求を読み取ることができないことから、祭祀の場における道具の1つであったと考えられる。機能について述べるならば、Aグループは勾玉が「分裂」することによる呪力の増強を第一義とし、祭祀行為を補強する役割を担っていたことが推測できる。また、Bグループに関しては立花の性格をふまえて「緊縛・結びつけ」を意味し、Aグループと同じく呪力の強化を意図したものとした。

　さらに、古墳においても勾玉が2個背合わせ、あるいは2個対にして用いられていた事例をあげて、これらには祭祀遺跡の場合とは別の性格が込められていた可能性を指摘した。

　しかし、多様な意義の分化が読み取れる場合であっても、根底には勾玉がもっている意味が確実に存在していることはいうまでもないであろう。この予察を決定的な結論へと導くものではないものの、第4章第4節のなかで明らかにした、勾玉を2個一対にして用いる使用形態（パターン4）が、埋葬施設や大溝・井戸跡・土壇状遺構など、さまざまな場面でみられる汎用性の高いものであったという事実も、根拠の1つとして加えることができると考える。

　最後に、いくつか問題点をあげ、今後の課題を提示することにしたい。これまで背合わせ勾玉について考察を加えてきたが、明確にその実像に迫りきれたとはいい難い。その理由としては、筆者の力量不足とあいまって、圧倒的な参考資料の不足があげられる。とくに、Bグループの成立に関して、理論的立証が未だ不十分であり、あくまで成立過程の可能性を提示するにとどまっていると

思われる。

　玉と玉を合わせる意味について述べるならば、子持勾玉などの先学からある程度は予想することができるかもしれない。しかし、どのようにして玉と玉を結ぶという信仰が生まれたのかといった初現的な理由は不明確であり、考古学的に立証するのは困難を極めるであろう。そのほかにも、なぜ背中合わせにする必要があったのかについても、未だ明確な結論を出すまでには至っていない。

　後者の疑問については、古墳時代以前に呪的な力が込められていた可能性が高い同様な平面形態を有する遺物は存在している。しかし、形態的特徴をそのまま継続的に受け入れたとしてよいものではないであろう。そこには当然、各時代の社会・政治・地域性といったものを考慮したうえで考えなければならない。

　また、背合わせ勾玉が祭祀遺跡、横合わせ勾玉は古墳から主に出土しており、勾玉を連接する部位の違いによって、出土遺跡の性格の違いがみてとれる。民俗の事例で、田の神への供え物の中に２匹の魚を腹合わせにして供えるという記事がある〔池上1953〕。残念ながら、腹合わせにする意味は述べられていないが、わざわざ魚の供えられた状況について書き留めていることからも、そこには重大な意味が潜んでいたと考えてもよいであろう。魚を腹合わせにしている遺物としては、奈良県にある藤ノ木古墳などから出土している魚佩がすぐに思いつく。

　このように考えていくと、背合わせ勾玉は古代における人びとの思考の一端を垣間みることができる良質の資料であるといえる。しかし、出土数が絶対的に不足しており、多角的な視点からの研究が困難である。今後は出土件数の増加を期待しつつ、共伴遺物や祭祀形態、祭祀行為の対象などを考慮した総合的な視野からのアプローチが必要であろう。

　　註
（1）　背合わせ勾玉の記事は、2008年4月4日金曜日に掲載されている。
（2）　記事の中で、元島根県古代文化センター特任研究員の大賀克彦氏や発掘調査を担当した統括調査員である平木祐子氏が、コメントをよせている。
（3）　今回、例にあげた奈良県榛原町にある澤ノ坊2号墳から出土が確認された、勾玉が2個同じ方向で連接した勾玉は、奈良県立橿原考古学研究所附属博物館に収蔵されている〔玉城2004〕。
（4）　大場氏は、常陸鏡塚古墳から出土した異形の滑石製品について、使用法によっては、立花形石製品になることも想定している。しかし、この異形滑石製品が、多数の滑石製臼玉類を伴う形で出土していたため、臼玉類と共に懸垂して用いた可能性が高いとし、勾玉連接品の1つに加えて考えているようである。また現在の研究段階において、常陸鏡塚古墳からの出土遺物は、一般的に立花と考えられている。そのため、大場氏のいう立花形石製品に含まれると考えられる。
（5）　現在の常陸鏡塚古墳の造営時期は、4世紀後葉とされ、時代でいうと古墳時代前期の後半から末葉になる。
（6）　2009年に行われた福市考古学資料館講座「博労町遺跡最新報告—地下3m、砂丘遺跡が物語る米子の歴史—」に筆者が参加した際、米子市教育文化事業団埋蔵文化財調査室の濱野浩美氏からご教示いただいた。
（7）　寺門義範氏の「前浦遺跡」の中に、前浦遺跡から縄文時代晩期の製塩址が確認されている。また、古墳時代の窯址も確認されており、これを古墳時代の製塩窯の可能性が高いとしているが、明確な根拠は類似資料による裏付け中としている〔寺門1975〕。
（8）　ここでいう中期古墳文化とは、いわゆる小林行雄氏のいう、古墳における石製模造品の同種多量化

傾向という特徴をもちはじめる時期のことをいう〔小林1961a〕。

(9)　16号墳は、古墳群の栗山南支群に属する円墳である。また、古墳群のなかで独立した台地上に単独で造営されている点などから、他の古墳とは性格が異なった可能性が指摘されている。そして、埋葬施設からは石枕3、滑石製立花15、滑石製品（斧1・刀子5・鎌1）、瑪瑙製勾玉2、滑石製勾玉37、緑泥岩製管玉21、碧玉製管玉1、緑泥岩製円柱状石製品2、臼玉2529、ガラス玉9、鉄剣2、鉄刀子1、石製模造品形鉄刀子1と石片1点が出土している。築造年代は、5世紀中葉頃である。出土状況に関しては、木棺直葬の主体部から3点もの石枕が出土しており、立花は各石枕周辺に撒かれた状態で確認されている。

(10)　この遺物は、同市七丁目沢2遺跡出土の岩偶とあわせて、同市大麻3遺跡から出土した土偶の形態的特徴が近似していることから、この土偶と関係性が深いことが指摘されている〔江別市教育委員会1986・1996・2004〕。

(11)　背合わせ勾玉の表面は研磨されているが、子持勾玉はケズリによって仕上げられており、研磨痕は通常みることができない。

# 第6章　土製勾玉に関する基礎的研究

## 第1節　問題の所在

　従来、勾玉研究が対象としてきた材質には、石や金属・ガラス・コハクがあげられる。しかし、出土する勾玉のなかには、これらの他に捏ねた土を用いて作られたものも確認されている。この土製の勾玉は、縄文時代早期から中世にかけて、日本列島のほぼ全域で出土が確認されている。つまり、土製勾玉は他の材質の勾玉と同様に列島社会のなかで広く、かつ長期的に用いられ続けたものの1つといえるであろう。

　とするならば、土製勾玉を通して原始から古代・中世といった時間的変遷のなかで、人びとの勾玉に対する認識がどのように変化したのかを考えていくことが可能であり、このことは興味深いテーマと思われる。そのためにはまず、土製勾玉に関する基礎的情報の構築が必要であろう。

　しかし、従来の研究をみると、このことは十分になされているとはいい難いように思われる。そこで、本章では従来の勾玉研究においてあまり研究対象とはされてこなかったこの土製勾玉に焦点をあて、その変遷を中心に考察を試みることにしたい。考察にあたって、はじめに土製勾玉の研究史の整理を行い、問題点を把握することにする。

　土製勾玉の研究については、対象とする時代により①縄文時代、②弥生時代、③古墳時代から平安時代、そして④確認できる全時代の4つに大別することができる。

　まず、縄文時代の土製勾玉について述べるならば、青森県〔青森県埋蔵文化財調査センター 2006、2007〕・愛知県〔伊藤 2005〕・九州地域〔九州縄文研究会・沖縄大会実行委員会 2005〕に関しては、すでに集成され報告がなされている。また、川添和暁氏は、愛知県の集成作業を行った伊藤正人氏の研究をふまえて、縄文時代後・晩期における東海地域の土製玉類の集成を実施している[1]〔川添 2015〕。金子昭彦氏は、津軽海峡圏における土製勾玉は後期に出現が確認され、晩期に出土量が増加すること、さらに当該地域から出土する土製勾玉のなかには、頭部と尾部の両端に刻み目が施されたもの[2]が確認できることを指摘している〔金子昭 2016〕。

　次に、弥生時代の土製勾玉については、藤森栄一氏が長野県天白遺跡と岡山県津雲貝塚〔清野1925〕をとりあげて、弥生時代の遺跡から出土する土製勾玉について言及している〔藤森 1931〕。しかしながら、これは個別事例の紹介で止まっており、土製勾玉の形態的特徴や時期的変遷・地域性などについての議論がなされ始めるのは、1970年以降になってからであり、東日本と西日本のそれぞれの地域で土製勾玉の研究が行われていくことになる。

　東日本における土製勾玉に関しては、合田芳正氏が19遺跡をとり扱い、関東地域における土製勾玉の様相を明らかにしようと試みている〔合田 1974〕。合田氏は、出土遺跡が多摩川下流域右岸から鶴見川域沿いにいたる地域に集中することや出土数が弥生時代後期に最盛期をむかえること、さらに、古墳時代の土製勾玉との連続性が見出しにくいことなどを指摘している。これらのうち、

古墳時代の土製勾玉との非連続性については、弥生時代では竪穴建物、古墳時代では祭祀遺構から土製勾玉が多く出土していることに注目し、性格的に繋がりがみえないことを根拠としている。

　西日本における土製勾玉に関しては、森貞次郎氏〔森1980〕と木下尚子氏〔木下1987〕の研究がある。森氏は、弥生時代の土製勾玉と縄文時代の土製勾玉との間に連続性があることを述べ、木下氏は弥生時代後期の土製勾玉が、瀬戸内海沿岸地域に集中することなどを明らかにしている。森氏・木下氏の両氏が共通して指摘していることは、土製勾玉が弥生時代後期に増加することである。合田氏・森氏・木下氏の研究は、弥生時代における土製勾玉の変遷の把握に加え、前後の時代との系譜的繋がりにまで言及したものとして画期的といえる。

　古墳時代以降における土製勾玉の研究について述べるならば、研究当初から土製模造品研究の一環として行われることが少なくなかった[3]。高橋健自氏のいうように「型式のみを具備せる仮器」で、「一種の模型（雛形）」であるものを模造品とよぶならば〔高橋健1919：1頁〕、研究者の多くは、土製勾玉が石製勾玉を模造したものであるという認識のもとに議論が進められてきたといえる。これについては、出土した土製勾玉の多くが土製模造品の項目内で報告されていること〔後藤1930、大場1943・1967・1970〕や斎藤忠氏が著した『日本考古学用語辞典』に収録されている土製勾玉の解説の冒頭に「土製模造品の一」〔斎藤1992：325頁〕と記されていることからも容易に想像がつく。

　一般に土製模造品は、出土状況などから祭祀遺物としての性格が考えられており、『神道考古学講座』の発刊以降〔大場 編1972〜1981〕、全国あるいは県単位での集成作業が行われている。その結果、土製勾玉の情報が急速に蓄積されていくことになる。具体例には、椙山林継氏による関東地域における土製模造品の出土遺跡の整理〔椙山1972〕や金子裕之氏による奈良・平安時代における祭祀遺物の集成〔金子裕1988〕、さらに、亀井正道氏や東日本埋蔵文化財研究会が行った祭祀に関係する遺跡と遺物の全国集成などがよく知られている〔亀井1985、東日本埋蔵文化財研究会1993〕。

　しかし、土製勾玉の情報が蓄積されていくにつれて、多くの研究者の興味は土製模造品を用いた祭祀行為の解明に集中するようになり、その研究の視角は土製模造品の組成を比較・検討することに重点が置かれるようになり〔竹内2001・2002、山梨県考古学協会 編2008〕、個々の土製模造品に対しての研究は少ない。そして、その傾向は現在にまでいたっていると思われる。

　土製模造品研究の成果をみてみると、まず遺跡数の変遷については、古墳時代後期に出土数の最盛期をむかえ、終末期にいったん減少し、奈良時代に入ると増加していくという傾向がみられる〔篠原2008〕。このことについては、古墳時代から律令国家体制への転換期を境にして土製模造品を用いた祭祀の内容が変化したと考えられている〔入江2009〕。

　地域性については、亀井氏が古墳時代中期において近畿地域よりも関東地域や北部九州地域に色濃く分布することを指摘し、土製模造品は在地的な色彩が強くみられる遺物であると性格づけている〔亀井1985〕。この亀井氏の指摘に対し、鈴木敏則氏は古墳時代中期には多種多様な土製品を用いる祭祀が汎列島的に行われた可能性が高いことを述べ、土製模造品を用いた祭祀自体は地域性の強いものとはいい切れないことを主張している〔鈴木2008〕。これらの指摘は、土製模造品全体に対して行われたものであり、これらをもって直接的に土製勾玉の変遷や地域性を考えることはできないが、それでもある程度の共通点はみられるものとして評価できるであろう。

　そして、全時代を通じて土製勾玉の様相を明らかにしようと試みたのが、的野善行氏である

〔的野 2005〕。的野氏は、関東地域における縄文時代から平安時代にかけての土製勾玉を集成し、分布・遺物の特徴・出土遺構に注目しながら、それぞれの変遷を長期的な視野のもと明らかにしようと試みている。

以上、研究史を概観した。あらためて研究史を総括するならば、まず、縄文時代における土製勾玉の研究については、変遷の把握といった視点でみた場合、現状では集成段階に留まっており、その集成データについても空白地域が多くみられる。

次いで、弥生時代の土製勾玉については、分布の変遷や時期差による遺跡数の増減についての議論はなされてはいるが、対象地域が関東地域あるいは北部九州地域を中心とした西日本というように限定的であるため、その他の地域の様相も把握する必要があると考えられる。

古墳時代以降の土製勾玉については、縄文時代と同様に土製勾玉に焦点をあて、その変遷などの議論は行われていない。また、この時期の土製勾玉については、土製模造品研究の成果を用いることによって、分布の広がりや時期差から生じる遺跡数の変化をある程度、推測できることをすでに述べたが、それだけでは不十分と考える。

なぜならば、古墳の石室や土坑墓から土製勾玉が出土している事例が確認されているのにもかかわらず、従来の土製模造品研究は、いわゆる祭祀遺構から出土した遺物のみを対象としており、埋葬施設内からの出土事例を含めての議論は積極的に行われてはいないからである。つまり、古墳時代以降の土製勾玉の様相を明らかにするためには、まず出土場所が多岐にわたる土製勾玉の全体像を見通す必要があると考えられる。

さらに、研究史をみてもわかるように、土製勾玉の出現・発展・消滅を俯瞰するといった研究もいまだなされていないため、時代を跨いだ系譜の問題についても不明な点が多いことが指摘できる。

そして、土製勾玉について全時代の様相を明らかにしようとした研究は、的野氏の成果のみであり、それも対象地域が限定されている。

以上のことをふまえて、本章では土製勾玉の変遷については、対象とする時代・地域の枠組みをとりはずして、出土遺跡の分布と遺跡数によって時期区分を設定するとともに、土製勾玉自体の特徴や遺構の種類と出土状況といった視点からの把握も行い、設定した時期区分の妥当性について検討する。そして、日本列島における土製勾玉の変遷過程を明らかにし、その系譜的繋がりについて考察を加えることにする。これらのことを通して、原始・古代社会における土製勾玉の変遷を列島規模で明らかにし、その系譜的つながりの有無を追求する。それに加えて、なぜ人びとは「土」で勾玉を作ったのかという素朴な疑問についても少しばかり私見を述べたい。

## 第2節　出土遺跡の分布とその変遷

まず、集成した 1,102 遺跡から時期が明確なものを抽出し[4]、出土遺跡の分布と遺跡数の変遷を検討する。第 55・56 図は出土遺跡の分布を面的に示したもので、第 21 表は各地域の出土遺跡数を時期ごとに整理したものであり[5]、これらを基に分析を加えることにする。

**第 1 期（縄文時代早期から中期）**は、土製勾玉の出現期にあたり、北海道や北東北地域で出土が確認されるものの、遺跡数は少ない時期である。最も古い事例としては、青森県三内沢部遺跡から

早期中葉とみられる土製勾玉が出土しており、前期には北海道と岩手県で各々1例を数えるのみである。

中期には9遺跡で土製勾玉が出土している。分布について述べるならば、早期・前期でみられた地域に加え、埼玉県や栃木県・長野県で出土が確認できる。南東北地域での出土が確認できないため、いわば飛び火した形で分布圏が広がることが指摘できる。

**第2期**（**縄文時代後期から晩期**）は、遺跡数が増加すると共に九州地域で土製勾玉の使用が開始される時期である。詳しくみていくと、後期になると出土遺跡は33遺跡に増加する。まず、東日本での分布については、中期にみられた地域に加え、北陸地域・東山地域での出土が確認でき、分布圏が西方へ広がりをみせることが指摘できる。一方、西日本は、大阪府馬場川遺跡の事例を除くと近畿地域・中国地域・四国地域からの出土はみられず、福岡県や熊本県といった九州地域で土製勾玉が確認できる。九州地域について、さらに細かく遺跡の年代をみてみると、縄文時代後期後葉以降の遺跡から出土が多くみられる。

晩期には縄文時代を通して最も出土遺跡が多くなり、その数は59遺跡を数える。分布状況は、東海地域や南部九州地域での出土が確認できることを除くと、後期の分布と比較してそれほど差はなく、遺跡数は後期から継続的に増加していったことが考えられる。

**第3期**（**弥生時代前期から古墳時代中期**）は、遺跡数が急激に減少し、東北地域・関東地域における土製勾玉が一度消滅する。その後、急激に遺跡数が増加していき、関東地域を中心とした東日本では、一度終焉をむかえた土製勾玉の使用が再確認できる時期である。

具体的には、弥生時代前期になると、出土遺跡数は縄文時代晩期の59遺跡に比べ大幅に減って11遺跡となる。この時期の分布については、北海道や山口県・愛媛県、九州地域で土製勾玉が出土している。

また、中期になると出土遺跡が増加の傾向を示し、全部で59遺跡が確認できる。この時期の東日本は、埼玉県・千葉県・神奈川県といった関東地域で土製勾玉が集中して確認できるが、縄文時代や弥生時代前期とは異なり、北海道や北東北地域での出土はみられない。一方、西日本については、山口県と福岡県が出土遺跡数の多い地域となり、その他にも近畿地域や中国地域に加えて、香川県や愛媛県といった瀬戸内海沿岸地域にも分布が確認できる。

後期・終末期になると、さらに出土遺跡数の急激な増加がみられ、合計222遺跡が確認できる。分布については、中期の分布状況と比較して大差はなく、遺跡数は中期から継続的に増加していったと考えられるが、とくに関東地域や長野県・岡山県・広島県で大幅な増加がみられる。

古墳時代前期の出土遺跡数としては、163遺跡が確認できる。この時期の土製勾玉は、関東地域と北部九州地域に最も密集して分布がみられるが、中部地域・中国地域や香川県・愛媛県の瀬戸内海沿岸地域でも出土遺跡がまとまって確認できる。

次いで、中期になると出土遺跡数は85遺跡となり、前期に比べ大きく減少の傾向を示す。出土遺跡の分布は、前期の分布と比較して大きな変化はなく、全体的に遺跡数が減少しているといえる。特に、中国地域では前期よりも分布密度が低く、出土遺跡が散在していることが指摘できる。

**第4期**（**古墳時代後期から終末期**）は、遺跡数が全時代を通して最も多くなり、関東地域を中心とした土製勾玉の分布圏が、北進しながら広がりをみせ始める時期である。

第2節　出土遺跡の分布とその変遷

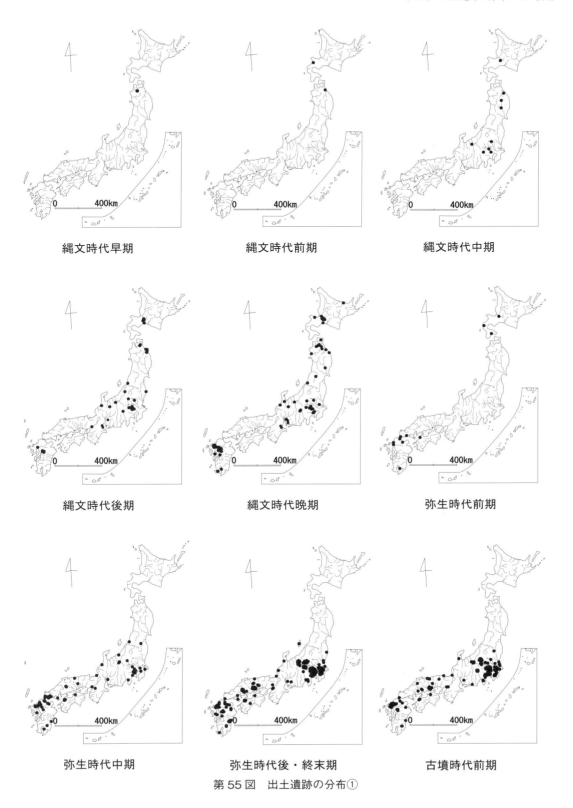

第55図　出土遺跡の分布①

193

第6章　土製勾玉に関する基礎的研究

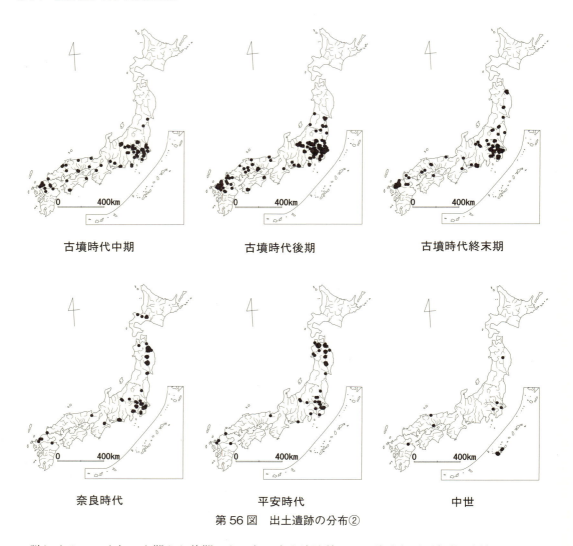

第56図　出土遺跡の分布②

　詳しくみていくと、中期から後期になると、出土遺跡数は261遺跡と再び急激に増加していることが確認できる。分布は、おおむね、中期の分布と同様な状況を示しており、遺跡数は地域ごとに増加していることが確認できる。中期との違いをあげるならば、宮城県や山形県・福島県で出土遺跡数の増加がみられることから、東北地域への分布の広がりがみられる。

　終末期に入ると、出土遺跡数は132遺跡と減少する。分布については、まず、東日本では千葉県を中心とした関東地域に分布の中心地がみられ、その他にも東山地域・東海地域でも出土が確認できる。後期にみられた東北地域への分布の広がりは、青森県や岩手県まで確認できるようになる。西日本へ目をむけると、中国地域では出土遺跡数が半減し、四国地域にいたっては出土が確認できなくなり、分布が集中してみられるのが北部九州地域のみとなる。

　**第5期（奈良時代から平安時代）** は、全体的に出土遺跡数が減少し、西日本での出土事例が大幅に減る時期である。

　詳しくみていくと、奈良時代に入ると遺跡数はさらに減少し、その数は91遺跡となる。この時

第21表　各県における出土遺跡数の変遷

| | 縄文時代 | | | | | 弥生時代 | | | 古墳時代 | | | | 奈良時代 | 平安時代 | 中世 |
|---|---|---|---|---|---|---|---|---|---|---|---|---|---|---|---|
| | 早 | 前 | 中 | 後 | 晩 | 前 | 中 | 後・終末 | 前 | 中 | 後 | 終末 | | | |
| 北海道 | − | 1 | 1 | 3 | 9 | 3 | − | − | − | − | − | − | 5 | − | − |
| 青森 | 1 | − | − | 5 | 7 | − | − | − | − | − | − | 5 | 10 | 18 | − |
| 岩手 | − | 1 | 2 | 1 | 2 | − | − | − | − | − | − | 2 | 27 | 15 | 1 |
| 宮城 | − | − | − | − | − | − | − | − | − | 1 | 3 | 1 | 2 | 1 | − |
| 秋田 | − | − | − | − | 1 | − | − | − | − | − | − | − | − | 3 | − |
| 山形 | − | − | − | − | 1 | − | − | − | − | − | 1 | − | − | − | − |
| 福島 | − | − | − | 1 | − | − | − | 1 | 1 | 1 | 6 | 6 | 1 | 1 | − |
| 茨城 | − | − | − | − | 1 | − | − | 10 | 7 | 7 | 22 | 5 | 3 | 2 | 1 |
| 栃木 | − | − | 1 | 1 | 1 | − | − | − | 2 | 3 | 9 | 4 | − | 2 | − |
| 群馬 | − | − | − | 1 | 1 | − | 1 | 15 | 14 | 4 | 14 | 2 | 1 | 1 | − |
| 埼玉 | − | − | 3 | 6 | 5 | − | 4 | 23 | 16 | 5 | 16 | 4 | 2 | − | − |
| 千葉 | − | − | − | − | − | − | 3 | 20 | 34 | 15 | 78 | 48 | 20 | 14 | 1 |
| 東京 | − | − | − | − | 1 | − | 1 | 20 | 12 | 3 | 18 | 7 | 3 | 1 | 1 |
| 神奈川 | − | − | − | − | 1 | − | 3 | 24 | 11 | 3 | 7 | 3 | 3 | 1 | − |
| 新潟 | − | − | − | 2 | 1 | − | 2 | 1 | − | − | 1 | − | − | − | − |
| 富山 | − | − | − | − | 1 | − | − | − | − | − | − | − | − | − | − |
| 石川 | − | − | − | − | − | − | 1 | 1 | 1 | − | − | − | − | − | − |
| 福井 | − | − | − | − | − | − | 1 | 2 | 1 | − | − | − | − | − | − |
| 山梨 | − | − | − | 1 | 1 | − | − | 1 | 6 | 2 | 3 | − | − | − | − |
| 長野 | − | − | 1 | 1 | 1 | − | 2 | 13 | 4 | 7 | 8 | 4 | 2 | 2 | − |
| 岐阜 | − | − | − | 1 | 1 | − | − | − | − | − | − | 1 | − | − | − |
| 静岡 | − | − | − | − | − | − | 1 | 6 | 4 | 4 | 6 | 4 | 4 | 1 | − |
| 愛知 | − | − | − | 1 | 4 | − | 1 | 2 | 1 | 2 | 2 | 1 | − | − | − |
| 三重 | − | − | − | 2 | 2 | − | − | − | − | − | 1 | 1 | 2 | − | − |
| 滋賀 | − | − | − | − | − | − | − | − | − | 1 | − | − | − | − | − |
| 京都 | − | − | − | − | − | − | − | 1 | 1 | 1 | 2 | 1 | − | − | − |
| 大阪 | − | − | − | 1 | − | − | 1 | 2 | 2 | 1 | − | − | − | − | − |
| 兵庫 | − | − | − | − | − | − | − | − | 1 | 1 | − | − | − | − | − |
| 奈良 | − | − | − | − | − | − | 1 | − | − | − | − | − | − | − | − |
| 和歌山 | − | − | − | − | − | − | − | − | − | − | − | − | − | − | − |
| 鳥取 | − | − | − | − | − | − | 1 | 1 | 3 | 1 | 1 | − | − | − | 1 |
| 島根 | − | − | − | − | − | − | − | − | 1 | 3 | 1 | − | − | − | − |
| 岡山 | − | − | − | − | − | − | 1 | 21 | 7 | 2 | 6 | 2 | − | − | 1 |
| 広島 | − | − | − | − | − | − | 2 | 13 | 3 | 1 | 4 | 3 | − | − | − |
| 山口 | − | − | − | − | − | 2 | 9 | 3 | 1 | 1 | 4 | 2 | 1 | 1 | − |
| 徳島 | − | − | − | − | − | − | − | − | − | 1 | 2 | − | − | − | − |
| 香川 | − | − | − | − | − | − | 1 | 1 | 1 | − | 1 | − | − | − | − |
| 愛媛 | − | − | − | − | − | 1 | 3 | 5 | 2 | 1 | − | − | − | − | − |
| 高知 | − | − | − | − | − | − | − | 1 | − | 2 | 3 | − | − | − | − |
| 福岡 | − | − | − | 1 | 1 | 3 | 13 | 12 | 17 | 7 | 28 | 20 | 2 | 1 | − |
| 佐賀 | − | − | − | − | 5 | 1 | − | 4 | 3 | 2 | 11 | 4 | 1 | 1 | − |
| 長崎 | − | − | − | − | 1 | − | 1 | 2 | − | − | − | − | − | − | − |
| 熊本 | − | − | − | 4 | 8 | − | 1 | 5 | 3 | 1 | 2 | − | − | − | − |
| 大分 | − | − | − | − | − | − | 1 | 4 | 1 | 2 | 2 | 1 | 1 | 1 | 1 |
| 宮崎 | − | − | − | − | − | − | 2 | 7 | 3 | − | − | − | − | − | − |
| 鹿児島 | − | − | − | − | 2 | − | 1 | 1 | − | − | − | − | − | − | − |
| 沖縄 | − | − | − | − | − | − | − | − | − | − | − | − | − | − | 7 |
| 合計 | 1 | 2 | 9 | 33 | 59 | 11 | 59 | 222 | 163 | 85 | 261 | 132 | 91 | 67 | 14 |

期は、古墳時代を通して分布が集中してみられた北部九州地域でさえ、出土遺跡数が3遺跡となり、西日本全域で土製勾玉の出土がほとんど確認できなくなる。それに対して、東日本では遺跡数は全体的に減少してはいるものの、千葉県を中心とした関東地域で継続して土製勾玉が出土している。関東地域よりも出土遺跡数が多く確認されるのが、岩手県を中心とした北東北地域であり、さらに古墳時代を通して分布がみられなかった北海道でも土製勾玉がみられるようになる。

次いで、平安時代になると出土遺跡数は 67 遺跡を数える。分布については、奈良時代と比較して大差ないが、新しく秋田県でも土製勾玉が確認されるなど、北東北地域では継続して多くの土製勾玉が使用されていたことが指摘できる。

**第 6 期**（中世）は、土製勾玉の出土事例が全国的にごく僅かとなり、出土遺跡数の約半数がそれまでみられなかった沖縄県で確認され始める時期である。遺跡数などを詳しくみてみると、中世における出土遺跡は 14 遺跡と急激に減少し、そのうちの 7 遺跡は、いままで出土事例がみられなかった沖縄県で確認できる。他の地域については、岩手県・茨城県・千葉県・東京都・鳥取県・岡山県・大分県から 1 遺跡ずつ確認することができる。

これまで得たことをふまえて分析を加えるならば、日本列島で土製勾玉を最初に確認できるのは、縄文時代早・前期における北海道や北東北地域である。それ以降、提示した 6 つの時期と時期との間には、時間の経過と共に分布や出土遺跡の数が大きく変化していることが確認できた。

また、分布の変遷を全体的にみた場合、古墳時代における近畿地域の出土事例がほとんどみられないことは、土製勾玉の大きな特徴の 1 つといえる。

玉類の出土遺跡数が古墳時代後期以降、増加することなく減少し続けることが明らかになった。これは、奈良時代に入ると増加の傾向がみられるとする従来の見解とは逆であり、興味深い結果といえよう[6]。

以上、土製勾玉の変遷を第 1 期は縄文時代早期から中期、第 2 期を縄文時代後期から晩期、第 3 期は弥生時代前期から古墳時代中期、第 4 期を古墳時代後期から終末期、第 5 期を奈良時代から平安時代、第 6 期を中世といった 6 つの時期に区分して分布および出土遺跡数の変化を述べ、各時期の特徴について検討を加えた。時代を追っての叙述ということから、事実の羅列に終始したきらいはみられるが、これによって土製勾玉の分布や遺跡数が、時期の変遷によっていかなる変化をみせるのかが具体的に明らかになったと思う。

# 第 3 節　土製勾玉の特徴からみた時期差・地域差

次に、集成した 2,967 点の土製勾玉に注目して、そこから出土する土製勾玉の特徴からみた時期差や地域差を明らかにし、それらが提示した時期区分と対応するのか否か、検討を加える。出土する土製勾玉は、軟質という材質的特徴からバラエティーに富んでいること、そして、時期をまたいで全国的に分布が確認できるものや逆に類似する事例が少ないものが多くみられることが特徴としてあげることができる[7]。

こうした状況のなか時期差や地域差がみられる土製勾玉もある。まず、縄文時代後・晩期には、土製勾玉の体部全体に線刻を施されたもの（第 57 図の 4）や体部全体あるいは一部に棒状の工具による刺突文が確認できるもの（第 57 図の 5）、頭部に刻み目や抉りが施されているもの（第 57 図の 6・7）が確認できるが、同時期の九州地域では、こうした形態の土製勾玉の出土は確認できない。これは、第 2 期（縄文時代後期から晩期）における地域性の 1 つの特徴としてあげられる。

また、弥生時代中期になると、第 57 図の 8 で示したような頭部に穿たれた孔から放射状に数条の線刻が施された、いわゆる丁字頭勾玉が西日本でのみ出土するようになる（第 22 表）[8]。この土

第3節　土製勾玉の特徴からみた時期差・地域差

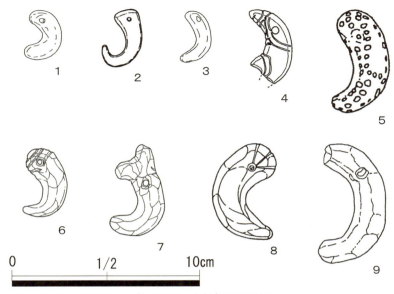

第57図　土製勾玉の種類
1：埼玉県真鏡寺後遺跡　2：宮崎県八幡上遺跡　3：長野県榎田遺跡
4：青森県風張（1）遺跡　5：栃木県桧の木遺跡　6・7：三重県天白遺跡
8：福岡県高田遺跡　9：千葉県東長田谷遺跡

第22表　土製丁字頭勾玉の出土遺跡一覧

| No. | 遺跡名 | 所在地 | 時代 | 点数 | 出土遺構 | 文献 |
|---|---|---|---|---|---|---|
| 1 | 高塚遺跡 | 岡山県岡山市 | 弥生時代後期 | 1 | 角田調査区 方形土壙107 | 1 |
| 2 | 楯築弥生墳丘墓 | 岡山県倉敷市 | 弥生時代後期後葉 | 2 | 円礫堆出土　墳丘墓 | 2 |
| 3 | 毘沙門台東遺跡 | 広島県広島市 | 弥生時代後期 | 1 | 第25号住居跡 周辺地山面 | 3 |
|  |  |  | 弥生時代後期？ | 1 | B地点東側斜面 |  |
| 4 | 京野遺跡 | 広島県山形郡 | 弥生時代後期 | 1 | SX20　段状遺構 | 4 |
| 5 | 高田遺跡 | 福岡県福岡市 | 弥生時代後期後半〜末葉 | 1 | 溝1 | 5 |
| 6 | 方保田東原遺跡 | 熊本県山鹿市 | 弥生時代終末期〜古墳時代初頭 | 1 | 15号住居跡 竪穴住居 | 6 |
|  |  |  | 弥生時代〜平安時代・中世 | 1 | 4区　遺構外 | 7 |
| 7 | 樋尻道遺跡 | 大分県宇佐市 | 弥生時代中期中葉〜後期後半 | 8 | 10号墓及びその周辺 失蓋土壙墓 | 8 |
| 8 | ズクノ山第1遺跡 | 宮崎県宮崎市 | 弥生時代中期後半〜後期初頭 | 1 | SA－10 竪穴住居 | 9 |
|  |  |  | 弥生時代中期〜後期 | 1 | SA－29 竪穴住居 |  |

第6章　土製勾玉に関する基礎的研究

製丁字頭勾玉は、のちの古墳時代になるとみられなくなるということも1つの特徴としてあげられる。これは、第3期（弥生時代前期から古墳時代中期）のうちの弥生時代中期から終末期における地域性の1つとして捉えることができる。

　古墳時代後期以降には、第57図の9のような、細めの粘土紐を用いて体部がやや縦方向に間延びして、抉りの部分は他の土製勾玉と比べてより大きめな「C」字あるいは「コ」の字形を呈したものが、関東地域を中心とした東日本で集中して出土するようになる。この現象は、第4期（古墳時代後期から終末期）以降になると確認できる特徴の1つといえる。

　以上、土製勾玉の特徴を整理し、時期差などについても検討を試みた。土製勾玉は石製勾玉のように明確な基準のもとに分類し時期差や地域性を把握することが困難であり、そのため土製勾玉の断片的な情報を組み合わせて述べざるを得なかったが、時期や地域ごとでいくつかの特徴的な様相が具体的に明らかになったと考えられる。

　また、すべての時期区分との対応性はみることはできないものの、土製勾玉の特徴からみた場合であっても、第4期（古墳時代後期から終末期）に様相の変化がみられることを指摘することができる。

## 第4節　遺構の種類および出土状況の変遷

　土製勾玉が出土する遺構の種類は多岐にわたる。具体例をあげるならば、竪穴建物や掘立柱建物、墓に加え、谷や河川跡・水田跡・焼土遺構・遺物集中地点、さらに、事例が少ないものでは窯址灰原周辺や土師器焼成土坑などでも土製勾玉の出土が確認されている[9]。加えて、竪穴建物では炉やカマドの内部あるいはその周辺・貯蔵穴・ピット・周溝、古墳では石室・古墳封土・周溝といったように、1つの遺構のなかにおいても出土場所に関しては多様性がみられる。これらのことをふまえて、出土遺構の種類や出土場所がどのような変遷をたどるのかを明らかにすると共に、提示した時期区分との対応性を考えていく。まずは、出土遺構の種類について、6つの時期に対応させながらみていきたい。第58・59図は、集成した1,502遺構をもとにして、時期ごとに出土遺構の種類の割合を県別に示したものである[10]。

　**第1期（縄文時代早期から中期）**では、縄文時代早期の青森県、縄文時代中期の岩手県と関東地域における土製勾玉は、すべて竪穴建物から出土している。

　**第2期（縄文時代後期から晩期）**になると、中期の様相とは異なり、出土遺構に多様性がみられる地域が確認できるようになり、晩期には墓からの出土事例もみられるようになる。また、北部九州地域は出土遺構が多様であるが、南部では竪穴建物が多い傾向を示す。

　詳しくみていくと、後期に入ると、竪穴建物からの出土事例が多くみられる岩手県や関東地域・新潟県・熊本県に対して、北海道では盛土遺構・焼土遺構、山梨県では配石遺構、福岡県ではピットから土製勾玉の出土を確認することができる。

　縄文時代晩期になると、関東地域や熊本県・鹿児島県といった南九州地域の土製勾玉は、竪穴建物から出土する割合が高くなる傾向を示す一方で、北海道や東北地域・北部九州地域では、竪穴建物以外の遺構からの出土が多くなる。縄文時代後期とは異なる点を述べるならば、北海道や秋

198

第4節 遺構の種類および出土状況の変遷

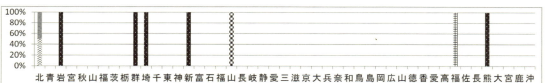
縄文時代後期

縄文時代晩期

弥生時代前期

弥生時代中期

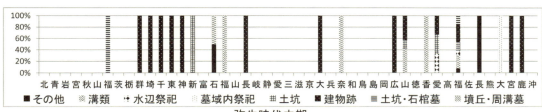
弥生時代後・終末期

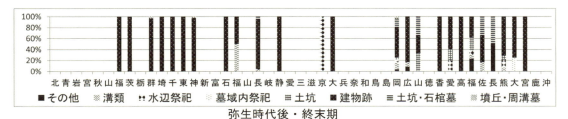
古墳時代前期

第58図 出土遺構の変遷①

第 6 章 土製勾玉に関する基礎的研究

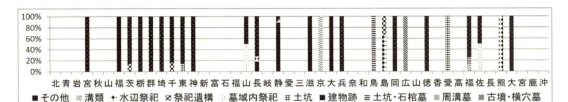
古墳時代中期

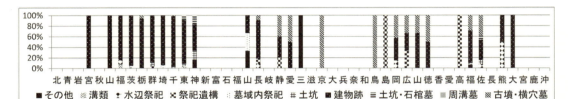
古墳時代後期

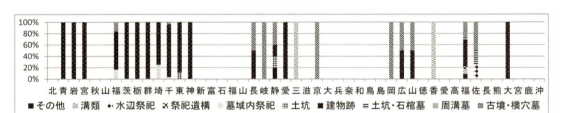
古墳時代終末期

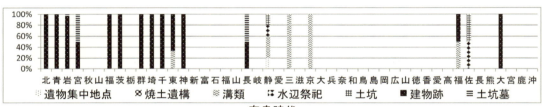
奈良時代

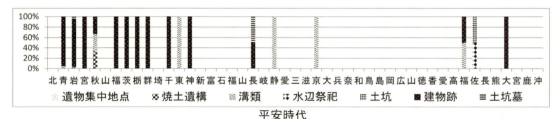
平安時代

中世

第 59 図 出土遺構の変遷②

田県・佐賀県の墓において、土製勾玉の出土事例が確認できるようになる。九州地域をみてみると、福岡県ではピット、佐賀県では土坑墓・河川、熊本県・鹿児島県では竪穴建物からの出土事例がみられる。

**第3期（弥生時代前期から古墳時代中期）**になると、弥生時代前期には、関東地域における竪穴建物からの出土事例が確認できなくなる。そして、中期以降になると、時期や地域によって出土遺構の種類の割合が異なるものの、列島規模でみた場合には、竪穴建物からの出土が多い東日本と、比較的、出土遺構の種類に多様性がみられる西日本といった地域性が確認できるようになる。

地域ごとに様相を詳しく述べるならば、弥生時代前期に入ると、竪穴建物からの出土事例は鹿児島県の1例のみとなり、縄文時代では大半の出土事例が竪穴建物からであった関東地域では、土製勾玉の使用が確認できなくなる。その他の地域については、北海道や山口県では土坑墓、愛媛県や佐賀県では土坑、福岡県では溝跡からそれぞれ土製勾玉が出土しているが、量的にごく僅かである。

そして、弥生時代中期になると、竪穴建物からの出土事例が列島各地でみられるようになり、その中でも集成した関東地域のすべての土製勾玉が、竪穴建物から出土していることは注目できる。その他の地域について述べるならば、出土遺構は1～2種類で、その割合はそれぞれの地域で様相を異にする。このようななか、福岡県では土坑墓・竪穴建物・溝跡・貯水遺構・土坑というように、さまざまな遺構から土製勾玉の出土が確認されており、他の県とは異なった地域性をみせている。また、南部九州地域では、竪穴建物からの出土が多いことも指摘できる。

弥生時代後・終末期になると、東日本における土製勾玉の多くは、竪穴建物から出土している。それに対して西日本でも、やはり各地で竪穴建物からの出土が多くみられるものの、東日本の様相とは異なり、周溝墓・土坑墓・石棺墓・流路・貯水遺構・土器溜まりなど、竪穴建物以外の遺構からの出土もある程度の数みることができる。そのうち、南部九州地域では、継続して竪穴建物が多くみられることは注目できる。

古墳時代前期の東日本の土製勾玉についてみると、関東地域や中部地域では継続して竪穴建物が出土遺構の主体をなしており、他には方形周溝墓や土坑墓・溝跡・井戸・墓域内の祭祀遺構などからの出土も確認できるが、事例数は少ない。一方、西日本では竪穴建物からのみ、あるいは竪穴建物から出土する割合が高い地域が多くなり、弥生時代後・終末期に比べて出土遺構の種類に多様性がそれほどみられなくなる。

中期になっても、東日本の土製勾玉の多くは竪穴建物から出土している。これに対して、西日本では、京都府が溝跡、島根県では土器溜まりや取水堤付近、広島県では古墳の石室、愛媛県では土坑、熊本県では排水路から土製勾玉が出土しており、これらの地域からは竪穴建物からの出土事例が確認できない。すなわち、西日本全体でみた場合、竪穴建物から出土する割合は、古墳時代前期と比べて低くなる傾向がみられる。

**第4期（古墳時代後期から終末期）**になると、関東地域と中部地域との間を境として東と西で出土遺構の様相が大きく異なることが指摘できる。

具体的には、まず後期に入ると東北地域や関東地域では、土製勾玉の大半が竪穴建物から出土しており、これは中期からの継続として捉えることができる。しかし、東海地域や西日本では、竪穴建物や掘立柱建物からの出土事例は確認できるものの、古墳や横穴墓の埋葬施設内からの出土事例

第6章　土製勾玉に関する基礎的研究

が増加する傾向がみられ、出土遺構の様相に変化がみられる。

　終末期になると、その傾向はさらに強くみられるようになり、東北地域や関東地域では継続して竪穴建物が出土遺構の主体を占めているのに対して、中部地域より西の地域では出土する土製勾玉の多くが、古墳や横穴墓・土坑墓などの埋葬施設内から出土している。

　**第5期（奈良時代から平安時代）**は、中部地域以西の地域において、墓からの出土事例がほとんど確認できなくなる時期である。

　詳しくみていくと、奈良時代になると、集成した北海道・東北地域・関東地域の土製勾玉のほぼ全ては、竪穴建物から出土している。一方、中部地域以西の地域は、古墳時代終末期の様相とは異なり、埋葬施設内からの出土事例はごく僅かとなる。それに代わり、多くの土製勾玉が溝跡や流路・土坑・土器集中地点といった竪穴建物や墓以外の遺構から出土するようになる。

　平安時代に入っても、奈良時代の様相と大差はなく、東北地域や関東地域における土製勾玉の多くは、竪穴建物から出土している。他の地域をみてみると、長野県では竪穴建物・土坑墓、静岡県や京都府では溝跡、福岡県では竪穴建物・溝跡、佐賀県では土坑・流路、大分県では掘立柱建物から土製勾玉が確認されている。

　**第6期（中世）**になると、平安時代の様相とは大きく異なり、竪穴建物からの出土事例がそれまでよくみられていた地域で確認できなくなる。

　詳しく述べるならば、中世になると、岩手県では土坑墓、関東地域では溝跡や土坑から土製勾玉の出土が確認される。つまりは、平安時代の東北地域や関東地域において、それまで出土遺構の主体を成していた竪穴建物からの出土事例がみられなくなる。


　次に、出土場所に焦点を合わせて分析を試みることにしたい。ここでは、縄文時代から平安時代までの長期間にわたり出土がみられ、かつ、ある程度の量の事例が確認できる竪穴建物に注目して、その時期差をみていくことにする。第23表は、竪穴建物における土製勾玉の出土場所を時期や地域ごとに分けて示したものである。この表から、出土場所の様相が大きく変化している2つの時期が読みとれる。それはすなわち、第3期（弥生時代前期から古墳時代中期）と第4期（古墳時代後期から終末期）である。

第23表　竪穴建物における土製勾玉の出土場所の変遷

| | 弥生時代 | | 古墳時代 | | | | 奈良時代 | 平安時代 |
| | 中 | 後・終末 | 前 | 中 | 後 | 終末 | | |
|---|---|---|---|---|---|---|---|---|
| 東北 | － | － | － | － | カマド:1 | カマド:4 | カマド:7、ピット:1、周溝:1 | カマド:4 |
| 関東 | 炉:2 | 炉:10、貯蔵穴:5、ピット:2、周溝:1 | 炉:8、周溝:1 | － | カマド:21 | カマド:6 | カマド:1 | カマド:2 |
| 中部 | － | 炉:1、ピット:2 | － | － | カマド:1、貯蔵穴:1 | － | － | － |
| 中国 | － | 屋内土坑墓:1 | － | － | カマド:1 | － | － | － |
| 四国 | － | 周溝:1 | － | － | － | － | － | － |
| 九州 | － | 炉:1、周溝:3 | カマド:1 | カマド:1 | カマド:5 | カマド:3 | － | － |

※（出土場所）:（遺構数）、炉やカマドは内部あるいはその周辺から出土。

まず、第3期（弥生時代前期から古墳時代中期）は、関東地域を中心として、中部地域・山口県・香川県・九州地域といった各地の竪穴建物において、特定の場所から土製勾玉が確認されるようになり、弥生時代後・終末期が最盛期となる。また、事例数からみた場合、関東地域では、他の地域よりも積極的に炉跡を中心とした場所で土製勾玉が使用されていたことが指摘できる。

次いで、第4期（古墳時代後期から終末期）について述べるならば、古墳時代中期では九州地域を除き、特定の場所からの出土事例が全国的に確認できなくなり[11]、それが古墳時代後期に入ると、東北地域・関東地域・中部地域・中国地域・九州地域といった広い地域でカマドからの出土事例が確認されるようになる。事例数をみてみると、関東地域の21例が最も多く、次に九州地域の5例、そして東北地域・中部地域・中国地域では1例ずつとなり、とくに関東地域の様相は注目できる。このようななか、九州地域におけるカマドからの出土事例については、その数は少ないものの、古墳時代前期から継続的にみられることから、その他の地域と区別する必要があると思われる。

以上のことから、出土遺構の種類と出土場所の変遷過程が明らかとなったと考えられ、これらと想定した時期区分には対応性をみることができる。また、関東地域において、土製勾玉の出土遺構の様相が弥生時代と古墳時代とで大きく異なることを指摘した合田氏の研究〔合田1974〕について述べるならば、それほど明確に時期差が確認できるとは言い難い。これは従来、いわれてきたこととは異なった見解といわざるをえない。

# 第5節　土製勾玉の系譜の検討

いままで、土製勾玉の変遷の指標として、分布と遺跡数や土製勾玉の形態的特徴、出土状況に着目してその様相を明らかにすると共に、提示した時期区分への妥当性を検討してきた。時期区分への検討では、想定した時期と時期との間には、先にあげた3つの視点からみた場合、各々、様相の変化を確認することができることから、ある程度の妥当性をもっているものと考える。そして、この時期区分は土製勾玉の系譜と密接に関わるものと思われる。こうした認識に立脚し、次に土製勾玉の系譜について考察を試みることにする。

土製勾玉の変遷は、6つの時期に区分できることはすでに述べた。この変遷過程を明らかにしたことにより、従来、それほど行われてこなかった土製勾玉の系譜について、議論が可能になったと考えられる。すなわち、時期が区分できるということは見方を変えると、その時期と時期との間で土製勾玉の系譜が始まる、あるいは断絶していると捉えることも可能であろう。

まず、第2期（縄文時代後期から晩期）、すなわち、九州地域の人びとが土製勾玉を使い始める時期について述べるならば、当該地域において土製勾玉の出土事例が確認されるのは、縄文時代後期後葉からである。また、九州地域において縄文時代後期後葉は、石製装身具の様相が大きく変化する時期であり〔大坪2003・2005〕、それにともない、人びとの装身具への認識も変化した可能性が高い。

また、最近の研究によって、縄文時代後期後葉の九州地域では、クロム白雲母製玉類が確認され始めることが明らかにされており、当該期について大坪氏は、九州ブランドの萌芽と成立の時期としている〔大坪2015〕。さらに、管見では縄文時代の九州地域から石製勾玉が154点出土しており、

第6章　土製勾玉に関する基礎的研究

第24表　九州地域の縄文時代における石製勾玉の消長

| | | 福岡 | 佐賀 | 長崎 | 熊本 | 大分 | 宮崎 | 鹿児島 |
|---|---|---|---|---|---|---|---|---|
| 縄文時代 | 草創 | | | | | | | |
| | 前 | | ○ | | ○ | | | |
| | 中 | | | | | | | ○ |
| | 後 | ● | ○ | | ● | ● | ● | ● |
| | 晩 | ● | ○ | ● | ● | ● | ● | ● |

※出土点数が○は4点以下、●は5点以上.

その時期的変遷をみていくと、縄文時代後期から急激に石製勾玉が普及している（第24表）。

これらをふまえて述べるならば、従来の縄文時代後期後葉になると九州地域の人びとの石製玉類への認識が変化したとする考えに加えて、さらに、当該期になると土製玉類への認識も同様に変化したことが考えられる。そう捉えて大過ないとするならば、縄文時代後期後葉は九州地域における玉の性格が大きく変化するという点で画期とみることができ、九州地域における土製勾玉の系譜の出発点となる時期といえる。

次いで、第3期（弥生時代前期から古墳時代中期）と第6期（中世）では、出土事例が確認できなくなる、あるいは、出土量が急減するとともに、使用する遺構の種類も大きく変化するといった現象が汎列島規模でみられる。これらのことから、列島規模でみた場合、両時期に入る前と後とで土製勾玉の系譜的繋がりが断絶することが推測できる。

そして、第4期（古墳時代後期から終末期）は、関東地域を中心とした地域における土製勾玉の系譜を考えるうえで重要な画期として捉えることができよう。

まず、当該期に入り、細めの粘土紐を用い、体部は縦方向に間延びすることにより、抉りの部分が同時期に出土する土製勾玉と比べてより大きめな「C」字あるいは「コ」の字形を呈するといった新しい形態の土製勾玉が確認できるようになる（第57図の9）。このことから、この形態の土製勾玉に関しては、当該期を系譜の出発点として考えることができる。

次いで、竪穴建物での土製勾玉の使用方法といった観点からも、系譜の始まりが確認できるのではなかろうか。これについては、カマドからの出土事例が増加することと関連させながら（第23表）、もう少し説明しておく必要があるであろう。金子裕之氏は、関東地域と中部地域における屋内祭祀の様相をみていくなかで、古墳時代後期におけるカマドを対象とした祭祀行為が、カマドの普及に加えて、それまでの炉の火に対する信仰が素地となっていることを推測している〔金子裕1971〕。この指摘からは、前の時期からの連続性を間接的にではあるが、想定していることが読みとれる。確かに、古墳時代前期においては、炉跡からの出土事例が確認できるが、古墳時代中期になると、出土事例が確認されなくなることは看過できない。

つまり、古墳時代後期のカマドで土製勾玉を使用する行為に、古墳時代前期の炉で土製勾玉を使用する行為からの連続性は見出し難い。それがたとえ同じ火処(12)で土製勾玉を使用する行為が、ある種の記憶となっていたとしても、古墳時代中期に出土事例の空白期間が確認できる以上、系譜の繋がりを想定することには躊躇を覚える。

これらをふまえて、第4期（古墳時代後期から終末期）に入ると、関東地域を中心とした地域では、竪穴建物での土製勾玉の使用方法においての新しい系譜が始まると考えてよいのではなかろうか。

また、第5期（奈良時代から平安時代）になると、中部地域から西方の地域では、埋葬施設内で土製勾玉を用いるという使用面での系譜が、途絶えていくことも指摘することができる。

## 第6節 「土」のもつ性格

　細かな様相の変化はさておくとして、土製勾玉が人びとの生活のなかに長く存在し続け、そして、さまざまな場面で用いられていたことは明らかとなったが、そうなると、次の疑問が生まれてくる。それは、長期的に多様な場所で用いられた背景はどのようなものであったのか、というものである。それについては、形態としての「勾玉」と材質である「土」との両側面から論じ、それらを統合しながら述べなければならないが、ここでは、人と「土」との関わりをみていくことで、その手がかりとしたい。

　文献史料の中には、「ニ」とよんでいる「土」・「丹」や「埴」、すなわち、泥土に関する記事をいくつかみることができる。

　たとえば、『古事記』の国譲りの段をみてみると[13]、オオクニヌシ神が高天原へ国を譲ることとなり、その条件として、居住するための出雲大社の建設を求め、そのとき、天つ神をもてなす料理人に抜擢された櫛八玉神は、自身が鵜となって、海底から泥土をくわえ出し、それをもとにご馳走をふるまうための平たい容器を作ったことが読みとれる。この容器は祭器と同質なものと考えてよいであろう。

　また、崇神天皇の三輪山伝承の段には[14]、活玉依毘売のところへ、夜な夜な見知らぬ男が通い、そして娘が妊娠する。その娘は、両親の教えに従い、赤土を床に撒き散らし、環状にまとめられた麻糸を通した針を通ってくる男の衣裾に刺し、それを辿ることで通ってきたのがオオモノヌシ神であることをつきとめたことが、記されている。さらに、清寧天皇の二王子発見の段では、大刀の柄に赤土を塗り、わざわざ色取りをした、という記事がある[15]。

　崇神天皇と清寧天皇の記事にみられる赤土は、市毛勲氏のいう朱のもつ呪力〔市毛1962・1975・2016〕と密接に結びついていることは容易に想像できるが、土が朱の呪力とモノとの間のはし渡しとして機能していることも重要な点と考える。

　次いで、『日本書紀』をみていくと、神武天皇即位前紀戊午年9月5日の条では[16]、天神からの夢のお告げによって、天皇は椎根津彦と弟猾に天香山の土をとってくるように命じる。そして、その土を用いて天平瓮80枚を作り、天皇が神を祀ることで、敵を帰服させたことが読みとれる。この記事からは、天平瓮が祭具であったことや土が大和の霊威をもつモノザネ（物実）であったことが窺える。

　さらに、崇神天皇10年9年27日条には、四道将軍を派遣しようとした際[17]、倭迹迹日百襲姫命が武埴安彦の反乱を予知したこととともに、天香山の土が「倭国の物実」であり、倭国の霊威を具えたものとされている。

　この大和地域の山の土に霊威をみることについては、西本泰氏によると〔西本1977〕、大阪府にある住吉大社の埴使いにもみられる。住吉大社では2月の祈年祭と11月の新嘗祭の両方の祭りに先立ち、祭器の料となる埴土を畝傍山へ取りに行く行事があり、これ自体は中世まで遡ることができる。加えて、古代については、『住吉大社神代記』のなかに、住吉大神が神功皇后に詔をして、皇系の危機に陥った際に、天香山の埴土をとって平瓮を作り、それを住吉大社の斎祀に使用することが記されている。

第6章　土製勾玉に関する基礎的研究

　また、10世紀半ば頃に成立した『大和物語』の147段には[18]、津国の娘と、いい寄る菟原と血沼という2人の男のことが歌われている。最終的には、娘の後を追い、男たちも生田川へ入水する。そして、それぞれの男の親が、娘の墓の横に墓を造ろうとするのだが、その際、親たちが興味深いことをいい合う。それは、血沼が娘や菟原とは異なる国、和泉国の生まれであることが発端となる。まず、菟原の親が娘や息子とは異なった国の人を津の国に葬ってしまうと、その国の土を汚してしまうと発言する。これを受けて、血沼の親は、生まれた国である和泉国の土を船で運び、その土を用いて墓を作るのである。この歌からは、故郷の土地あるいは土自体に何かしらの呪力を想起することができる。

　その他に、『播磨国風土記』託賀の郡の条では[19]、甕坂の名の由来として、その昔、丹波と播磨との国境を定める際に、大甕を埋めたところを国の境としたことが記されている。この話については、社殿の下にまかれるカワラケなどと同様に、容器の形としての甕よりも、その原料である「土」に注目すべきであり、そこに国と国とを区分する力を見出していることが推測できる。

　以上、文献史料にみられる人と「土」との関わりについて、概観してきた。まず、文献史料のなかで、呪力・霊威を具えた「土」が使用される場面が多様である点は、土製勾玉の出土遺構の様相と重なることも共通点として捉えることができる。

　そして、奈良・平安時代の人びとが「土」に呪力・霊威といった目にみえない力を想定していたことは、まず間違いない。そのように考えた場合、前代である古墳時代の人びとも同様な認識をもっていたことは当然、想定できるであろう。しかし、文献史料からさらに前の弥生時代、縄文時代まで遡れるとはいえない。

　けれども、先に述べた住吉大社の埴使いの事例や昭和の段階において、福井県三方郡常神地域で繰り返し火災にあう家に対して、その土地の土を掘りとり、別の場所にある清い山の土と入れ替えていたという指摘をふまえるならば〔石上1983〕、この「土」に呪力・霊威をみる考え方は、時代をまたいでみられるもの、すなわち、日本列島に住む人びとのなかに普遍的に存在するものといえるのではなかろうか。そう考えて大過ないとするならば、縄文時代から奈良時代にかけて、「土」によって作られた勾玉が、長期的に用いられ続けた要因の1つもそこにあると推測できよう。

# 第7節　小結

　本章では、土製勾玉について従来行われてこなかった長期的かつ複眼的な見方を軸にして、分布と遺跡数や土製勾玉の形態的特徴、出土状況といった視点から変遷過程を明らかにし、その系譜的繋がりについて考察を試みた。その結果、土製勾玉は時期的変遷のなかで時期や地域で差異がみられることから、汎列島規模で統一した文化の形成は考えることができない。土製勾玉の変遷過程については、6つの時期に区分し、各時期の様相については分布と遺跡数や土製勾玉の形態的特徴、出土状況といった視点から把握を試みた。視点が多岐にわたるので、それらをふまえて土製勾玉の変遷過程の要点をまとめる。

　まず、**第1期（縄文時代早期から中期）**を土製勾玉の発生期と捉え、縄文時代早・前期における北海道・北東北地域の人びとが最も早く土製勾玉を用い始めた。

206

第7節　小結

　**第2期（縄文時代後期から晩期）**になると、東日本に加え、九州地域でも土製勾玉の使用が開始される。分布といった観点でみるならば、本州西部の地域で出土事例がほとんど確認できない。さらに、九州地域では東日本でみられるような土製勾玉の体部に線刻や刺突文がつけられる、あるいは頭部に刻み目や抉りが施されているといった特徴をもつ土製勾玉を確認することができない（第57図の4～7）。つまり、九州地域で土製勾玉が使用され始める要因には、同時期の東日本にみられた土製勾玉の文化の影響は見出し難く、縄文時代後・晩期における九州地域の社会の中で、独自に土製勾玉の使用が開始されたことが推測できる。

　また、東日本と九州地域では、出土遺構の様相に差を指摘することができる。さらに細かくみていくと、北海道、北東北地域、関東地域、中部地域、北部九州地域、南部九州地域のそれぞれの地域で、出土遺構の割合が異なり、多様性がみられる。

　これらをふまえるならば、縄文時代においては東日本と九州地域との間に大きな文化の差を想定することができ、土製勾玉を使用する場所については、それぞれの地域の人びとが独自に選択していたと思われる。

　そして、**第3期（弥生時代前期から古墳時代中期）**には、関東地域を中心とした東日本と九州地域を中心とした西日本では、異なった様相が確認できる。すなわち、一度、使用が途絶えたのち、再確認される東日本に対して、西日本では僅かではあるものの出土遺跡を確認することができ、使用が途絶えることはなく、緩やかに第2期（縄文時代後期から晩期）から第3期へ移行していったことが指摘できる。

　また、当該期の様相については、関東地域を中心とした東日本では、竪穴建物が出土遺構の大半を占めているのに対して、西日本では竪穴建物以外の遺構から出土する土製勾玉も多く確認することができる。さらに、土製丁字頭勾玉が弥生時代中期から終末期にかけて、西日本でのみ出土していることなども合わせて考えると（第22表）、弥生時代中期から後・終末期にかけての東日本と西日本との間において、土製勾玉を使用する文化に大きな違いが想定できよう。こうした傾向は、古墳時代前期にやや薄れるものの、列島規模でみた場合、古墳時代中期まで継続してみることができる。

　**第4期（古墳時代後期から終末期）**になると、東北地域および関東地域と中部地域以西の地域との間で出土遺構の様相が大きく異なることが指摘できる。当該期においては、カマドからの出土事例が、関東地域を中心に増加する傾向が確認できるようになる（第23表）。

　さらに、関東地域においては、細めの粘土紐を素材とし、体部は縦方向に間延びすることにより、抉りの部分が同時代にみられる土製勾玉と比較すると大きめな「C」字もしくは「コ」の字形をなすといった（第57図の9）、それまではみることのできなかった新しい形態の土製勾玉が集中してみられるようになる。関東地域に関わるこれらの現象には、東日本におけるカマドの普及が大きな要因として考えられる[20]。

　これらを考え合わせて述べるならば、関東地域以北の地域と中部地域以西の地域との間で土製勾玉を使う際の認識の違いがあったことが推測できる。

　**第5期（奈良時代から平安時代）**に入ると、西日本における土製勾玉の出土事例が減少し、中部地域よりも西の地域でみられた埋葬施設での土製勾玉の使用がほとんど確認できなくなる。

207

第6章　土製勾玉に関する基礎的研究

**第6期（中世）**は、出土遺跡数の大幅な減少に加え、分布や出土状況が第5期（奈良時代から平安時代）と比べて大きく変化していることが指摘できることから、当該期を日本列島における土製勾玉の終焉期と捉えることができる。

以上の考察から変遷過程が明らかとなったと考えられる。また、的野氏の研究と関連させて述べるならば、関東地域でみられた古墳時代後期に出土数が増加するという現象は〔的野2005〕、北部九州地域でも顕著にみられ、その他の地域では東海地域、そして、岡山県・広島県・山口県といった中国地域のなかでも、瀬戸内海沿岸地域で同様な状況を確認することができる。

これをふまえてさらに、この変遷過程と土製勾玉の系譜との関わりといった観点で考察を行うことにしたい。合田氏や森氏らは、すでに土製勾玉の系譜について見解を述べているものの、その主たる根拠の提示については示されていない。本章では複数の具体的な事象の変化点を提示し、日本列島における土製勾玉の系譜の出発・断絶といった視点で考察を試みた。その結果、4つの点を指摘した。

1点目として、第2期（縄文時代後期から晩期）では、九州地域における土製勾玉の発生が、縄文時代後期後葉の当該地域にみられる玉類をとりまく社会の変化の一端として捉えることができることを指摘し、その発生についての考察も行った。モノが発生する、あるいは、使用するといった場合、その背景にはきわめて複雑な要因を想定することができる。そして、それは当時の人びとの思想的・宗教的観念を媒介としてはじめて現象として捉えることができると考える。考古学的研究から当時の人びとの精神文化的な考察が困難であることはいうまでもないが、その思想的背景を可能な限り追求することは、勾玉の実像に迫るために必須の作業であると思われる。しかしながら、この問題については、勾玉の様相だけではなく、他の土製品からの視点も合わせて考える必要があろう。そのため、本章では大坪氏の研究を受けて〔大坪2015〕、縄文時代後期後葉になると九州地域の人びとの石製と土製の玉類への認識が変化したことを指摘するに留めておくことにしたい。

2点目として、第3期（弥生時代前期から古墳時代中期）と第6期（中世）にはいる前と後とでは、列島規模でみた場合、土製勾玉の系譜が断絶していることを指摘した。

3点目として、第4期（古墳時代後期から終末期）には、関東地域で新しい系譜をもった土製勾玉が確認できることや関東地域を中心とした地域では、竪穴建物での使用方法において新しい系譜が始まることを述べた。

4点目として、第5期（奈良時代から平安時代）になると、中部地域以西の地域において、埋葬施設内で土製勾玉を用いるという使用方法からみた系譜が途絶えることを想定した。

これらの点のうち注目すべきは、第2点目にあげた第3期（弥生時代前期から古墳時代中期）、すなわち稲作をはじめとした農耕社会が成立して以降、古墳時代中期まで土製勾玉の系譜に継続性がみられ、後期に入ると新しい系譜が確認できることである。このことについて、いま少し視野を広げて述べるならば、政治的区分という枠組みを土製勾玉の系譜にそのまま当てはめることはできないということが指摘できよう。

そして、変遷過程や系譜的繋がりの究明の他に、土製勾玉の継続的消費の背景について、古代における人と「土」との関わりを手掛かりにして考察を加えた。具体的には、日本列島に住む人びと

208

に普遍的に存在するであろう「土」に呪力・霊威が具わるという認識が、土製勾玉の継続的な消費の背景にあった可能性を推測した。

　以上、本章では土製勾玉の変遷過程および系譜に加えて、継続的に用いられた要因に関して述べた。そこから、これらに関する従来の研究のうち、いくつかについては再検討する必要があることを指摘できたと思う。

　本章は土製勾玉に関する研究の第1段階であり、この基礎的な考察によって、今後、土製勾玉の意味や土製品の使用を受容した社会の一端を理解するうえでのより深い内容の研究が可能となったといえる。このことを今後の課題として研究を進めていきたいと考えている。考察対象が長期間にわたったことや資料的制約もあって、論旨がわかりにくいところもあったかと思うがひとまず擱筆することにしたい。なお、集成表とその出典を省略した点をお詫び申しあげる。

　　註
(1)　　川添氏は土製玉類の分類も行っており、土製勾玉のなかに獣類牙と形態が近似するものがみられることを述べ、土製勾玉と男性あるいは狩猟との関係性を推測している。獣類牙に形態が近似するものとしては、岐阜県西田遺跡ではイノシシ雄犬歯、愛知県玉ノ井遺跡出土ではイヌ犬歯を模した土製勾玉の事例をあげている。本書で行った集成によっても、獣牙類に形態的特徴が類似しているものが確認できた。事例をあげるならば、香川県砂入遺跡から出土した土製勾玉は、イノシシの牙を模している可能性が考えられる〔香川県教育委員会　ほか 2007〕。
(2)　　金子昭彦氏が、両端刻目長形土製勾玉と仮称しているものである。
(3)　　梅原末治氏は、現状では遺跡からの出土はみられない施釉の勾玉を紹介しており〔梅原 1965〕、白木原和美氏は、沖縄県竹富町黒島で確認されたパナリ焼きに類似する焼成方法で作られたといわれている土製勾玉3点をとり上げている〔白木原 1985〕。これら両氏の業績については、模造品としての土製勾玉といった認識の外で行われたものと考える。
(4)　　岩手県大館町遺跡と新潟県大清水遺跡から出土したものは、土製勾玉に含むか否か議論が分かれるところではあるが、本章では平面形態がC字形で頭部と尾部があり、孔が穿たれているものを集成対象としているため、これら2例も点数に加えている。
(5)　　第55・56図・第21表では、遺構の時期が2つの時期にわたっている場合、それぞれの時期に点数を加算している。また、本章でとり扱う時代については、序論第2節1の「分析対象としての地域および時期」ですでに述べたように、各報告書などで報告者が想定した編年や年代観を基本的にはそのまま採用する。古墳時代については、3世紀中葉から4世紀後半を前期、4世紀末葉から5世紀中葉を中期、5世紀後葉から6世紀後葉を後期、7世紀を終末期としている。
(6)　　さらに、土製丸玉が古墳時代前期の遺跡から多く出土することは、すでに指摘がなされており〔瓦吹 2006〕、同じ土製の玉類であっても変遷の様相には差異がみられることも指摘できる。
(7)　　形態に多様性がみられるものの、出土が多くみられる形態がある。まず、第57図の1のような平面形態が「C」字を呈するものや第57図の2のように平面形態が「J」字状のものは、縄文時代以降、継続的に各地でみられる。また、第57図の3のように体部の中央で折り曲げられ、平面形態が「く」の字を呈するものも多く確認されており、それは弥生時代中期から古墳時代にかけての幅広い地域で出土が確認されている。特異なものとしては、頭部と尾部あるいは背部に刻み目が施されているものもあるが、これらは継続的な出土はみられない。さらに、時期や地域をまたいで確認されるもののなかには、勾玉の表面に赤色顔料が塗布されているものも確認できる。このような勾玉は、弥生時代中期後半の千葉県大厩遺跡〔財団法人千葉県開発公社 1974〕の事例をはじめとして、それ以降、広い地

第6章 土製勾玉に関する基礎的研究

域で出土するようになり、関東地域にいたっては、出土量は少ないながらも中世まで確認することができる。また、勾玉の表面に赤色顔料以外のものが塗布された土製勾玉もある。それは、福島県弘法山古墳群の2号横穴から出土したもので〔福島県教育委員会 ほか2000〕、勾玉の表面には漆が施されている。この漆が塗布された土製勾玉については、他に類似する事例は見当たらない。

(8) 　第22表を作成するにあたり、孔に向かって、あるいは達しているが1条の刻み目しか施されていない土製勾玉や頭部正面のみに刻み目が施され、孔のある側面まではその刻み目が達していない土製勾玉は集成の対象から除いている。

(9) 　福岡県船迫窯跡群〔築城町教育委員会 1998〕では6世紀後半に属する茶臼山東1号窯跡灰原周辺、東京都落合遺跡〔目白学園 ほか2004〕では7世紀中葉～後葉の土師器焼成土坑から、それぞれ土製勾玉が確認されている。

(10) 　第58・59図のグラフを作成するにあたり、出土位置が遺物包含層や表採であるものは除いている。そのため、本章では土製勾玉の全てが明確な遺構に伴わなかった縄文時代前期の北日本に加えて、本州では中世にあたるグスク時代の沖縄県に関して、グラフ化を省いている。また、グラフの項目については、報告書のなかで出土遺構の名称が多岐にわたる為、類似する性格が推測できるものをまとめている。たとえば、弥生時代では建物跡に竪穴建物・掘立柱建物、水辺祭祀に水路・流路・波止場・河道・貯水遺構、溝類に溝・環濠・外濠、その他に土器溜まり・段状遺構・竪穴状遺構・方形周溝状遺構・ピット・谷、古墳時代では建物跡に竪穴建物・掘立柱建物、墓域内祭祀に古墳確認面・古墳封土・周溝・方形周溝墓前祭祀跡、水辺祭祀に水辺・川跡・流路・排水路・沼址・取水堤付近・水田跡・井戸、溝類に溝・環濠・外濠、その他にピット・竪穴状遺構・削り出し遺構・遺物集中地点・落ち込み状遺構・土壇状遺構・周溝状遺構・円形低墳台状部・方形台状遺構・窯址灰原周辺、奈良時代から中世では建物跡に竪穴建物・掘立柱建物、水辺祭祀に旧河道・流路・水田、溝類に溝跡・濠跡というようにまとめて記載している。

(11) 　焼失建物からも土製勾玉は出土している。管見では、17軒の焼失建物から土製勾玉の出土が確認できる。時期ごとの内訳は、弥生時代後期は関東地域5軒、静岡県1軒、九州地域2軒、古墳時代前期は関東地域4軒、古墳時代後期2軒、奈良時代は青森県1軒、千葉県1軒、平安時代は千葉県1軒となる。つまり、焼失建物の様相からみてみても、古墳時代中期は出土事例が確認できなくなる時期といえる。

(12) 　本章では、炉とカマドを総称する語句として使用している。

(13) 　『古事記』上巻にある国譲りの段には、「如_此之白而、於_出雲國之多藝志之小濱_、造_天之御舍_　多藝志三字以音。而、水戸神之孫、櫛八玉神、爲_膳夫_、獻_天御饗_之時、禱白而、櫛八玉神化_鵜、入_海底_、咋_出底之波邇_、作_天八十毘良迦_此三字以音而、鎌_海布之柄_、」とある〔倉野 ほか1974；123-124頁〕。

(14) 　『古事記』中巻にある崇神天皇の三輪山伝承の段には、「是以其父母、欲_知_其人_、誨_其女_曰、以_赤土_散_床前_、以_閇蘇_此二字以音紡麻_貫_針、刺_其衣襴_。故、如_教而旦時見者、」とある〔倉野 ほか1974；182頁〕

(15) 　『古事記』下巻にある清寧天皇の二王子発見の段には、「物部之、我夫子之、取佩、於_大刀之手上_、丹畫著、其緒者、載_赤幡_、」とある〔倉野 ほか1974；324頁〕。

(16) 　『日本書紀』巻第三 神武天皇即位前紀戊午年9月5日の条には、「夢有_天神_訓之曰、宜下取_天香山社中土_　香山此云介遇夜摩。以造_天平瓮八十枚_」造って、「而敬_祭天神地祇_」すると、「如此則虜自平伏。」とある〔小島 ほか1994；210頁〕。

(17) 　日本書紀崇神天皇10年9月27日の条には、「於_是天皇姑倭迹迹日百襲姫命。聰明叡智。能識_未然_。乃知_其歌恠_。言_于天皇_。是武埴安彦將_謀反_之表者也。吾聞、武埴安彦之妻吾田媛。密來之取_倭香山土_。裏_領巾頭_。而祈曰。是倭國之物實。反之。　物實此云望能志呂。是以知_有_事焉。非_早圖_必後之。」とある〔黑坂勝美 ほか1981；164頁〕。

(18) 　『大和物語』の147段には、「ほりうづむ時に、津の國の男の親いふやう、「おなじくにの男をこそ、

210

同じ所にはせめ。異國の人の、いかでかこの國の土をばをかすべき」といひてさまたぐる時に、和泉のかたの親、和泉のくにの土を舟にはこびてこゝにもてきてなむ遂に埋みてける。されば女の墓をなかにて左右になむ男の塚どもいまもあなる」とある〔阿部 ほか 1957：131 頁〕。

（19） 『播磨国風土記』託賀の郡の条には、「昔　丹波與_播磨_　堺┘國之時　大甕堀_埋於此上_　以爲_國境_　故日_甕坂_」とある〔秋元 1958：336 頁〕。

（20）　本章では、東日本における竪穴建物にカマドが普及する時期を5世紀末葉から6世紀前半頃と考えている〔渡辺 1993〕。

# 結　論　日本列島における勾玉文化

## 第1節　各時期区分の整合性とその意義

　本書では、出土勾玉が日本列島のなかでどのように消費されていたのか、そしてそれが時間の経過と共にいかなる変遷過程をたどるのかについて、全国的な視野をもって把握することを一貫して行ってきた。

　具体的には、第1章では土製以外の全ての勾玉、第2章では縄文時代から弥生時代にかけて確認できる刻み目勾玉、第3章では弥生時代から奈良時代にかけて出土する丁字頭勾玉、第4章では多用な場所で用いられる古墳時代の勾玉とその使用形態、第5章では古墳時代にみられる背合わせ勾玉、そして、第6章では土製勾玉といったそれぞれ異なった視点でもって、人びとによる勾玉の消費について分析を加えた。

　ここでは、まず、第1章で設定した8つの時期区分（第1期〈縄文時代早期から中期〉、第2期〈縄文時代後期から晩期〉、第3期〈弥生時代前期から弥生時代後・終末期〉、第4期〈古墳時代前期から中期〉、第5期〈古墳時代後期から終末期〉、第6期〈奈良時代から平安時代〉、第7期〈中世〉、第8期〈近世以降〉）と、第2章から第6章で述べたそれぞれの時期差との間に整合性がみられるか否かについて考えていく。

　以下、第1章で設定した8つの時期区分に沿って述べていくが、この時期区分と第6章で述べた土製勾玉の時期区分との間にはずれが生じている（第60図）。そのため、まずは、第2章から第5章で明らかとなった時期差と、それに関連する第2期（縄文時代後期から晩期）から第5期（古墳時代後期から終末期）にかけての区分が、それぞれどのように対応しているのかをみていきたい。

　まず、**第2期（縄文時代後期から晩期）** をみていくと、全国的に出土遺跡数が増加し、北海道・東北地域では墓への出土が多くなる時期にあたり、加えて、東北地域・関東地域・北陸地域ではⅠ類を中心とした刻み目勾玉が確認されるようになる（第2章）。

　**第3期（弥生時代前期から後・終末期）** について述べるならば、弥生時代前期末葉にⅣb類、中期に九州地域にⅢ類という新しいタイプの刻み目勾玉が出現してくる（第2章）。さらに中期の九州地域では、東日本で作られた縄文時代の勾玉が本格的入ってきたり（第2章）、丁字頭勾玉の使用

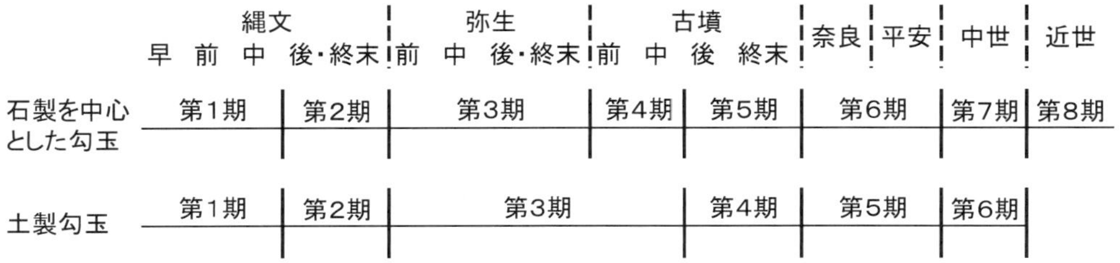

| | 縄文 | | | 弥生 | | | 古墳 | | | 奈良 | 平安 | 中世 | 近世 |
|---|---|---|---|---|---|---|---|---|---|---|---|---|---|
| | 早 | 前 | 中 | 後・終末 | 前 | 中 | 後・終末 | 前 | 中 | 後 | 終末 | | | |
| 石製を中心とした勾玉 | 第1期 | | 第2期 | | 第3期 | | | 第4期 | | 第5期 | | 第6期 | | 第7期 / 第8期 |
| 土製勾玉 | 第1期 | | 第2期 | | 第3期 | | | | 第4期 | | 第5期 | | 第6期 | |

第60図　石製を中心とした勾玉と土製勾玉との時期区分の差

213

結　論　日本列島における勾玉文化

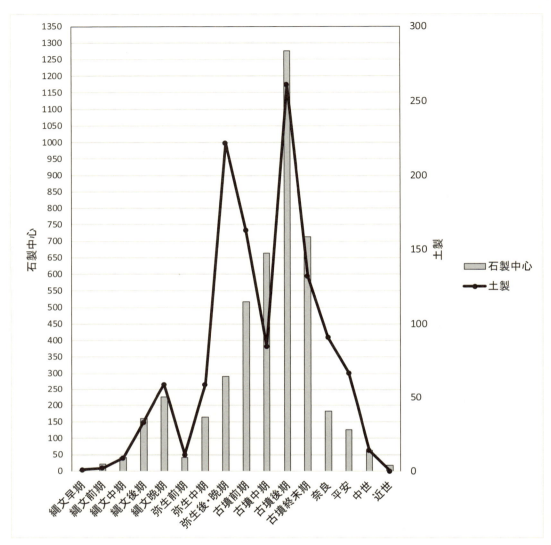

第61図　石製を中心とした勾玉と土製勾玉の出土遺跡数の変遷

とその展開が顕著にみられるようになる（第3章）。

　**第4期（古墳時代前期から中期）**について、前期の近畿地域ではヒスイⅢ類の丁字頭勾玉が成立し（第3章）、パターン3の使用形態によって多くの勾玉が用いられていく（第4章）。また、前期の近畿地域でみられた石製品の文化に影響を受けて、Aグループの背合わせ勾玉が成立する（第5章）。

　**第5期（古墳時代後期から終末期）**については、丁字頭勾玉の副葬が近畿地域で衰退していき、一方、東北地域では副葬事例が確認され始める（第3章）。また、装身具の構成要素と密接に関わるパターン5とパターン6の使用形態が本格的に各地域でみられるようになる（第4章）。

　このようにみていくと、第1章で設定した8つの時期区分と第2章から第5章で明らかとなった変化点とは、大方、整合性をもっていることが指摘できる。

　次に、その第1章で設定した8つの時期区分、すなわち、石製を中心とした勾玉の時期区分と

214

第1節　各時期区分の整合性とその意義

第6章で設定した土製勾玉の時期区分との対応性についてみていきたい。

まず、第1期（縄文時代早期から中期）は、石製勾玉と土製勾玉の出現期として位置づけられる。

第2期（縄文時代後期から晩期）になると、九州地域で土製勾玉の消費が開始されていくが、これは石製勾玉の変遷においても同様な変化点としてみることができる。

第3期（弥生時代前期から後・終末期）と第4期（古墳時代前期から中期）は、土製勾玉の第3期（弥生時代前期から古墳時代中期）というように1つの時期と対応する（第60図）。石製を中心とした勾玉と土製勾玉の出土遺跡数からは、弥生時代前期に急激に減り、中期に増加するといった共通点がみられる。しかし、石製勾玉などでみられる古墳時代前期の近畿地域を中心とした大きな変化は、土製勾玉の様相からは確認することができない。さらに、全国的な傾向として、古墳時代前期から中期へと移りゆくなかで、石製を中心とした勾玉では出土遺跡数が増加していくのに対して、土製勾玉の出土遺跡数は減少していく（第61図）。この点も両者の変遷における相違点として捉えることができる。

第5期（古墳時代後期から終末期）は、土製勾玉の時期区分では第4期にあたる。後期の土製勾玉については、中部地域以西の地域で埋葬施設からの出土事例が増加することや、関東地域においてカマドからの出土事例が増加したり、新しいタイプの土製勾玉が出現することを確認した。このことから、石製を中心とした勾玉と土製勾玉の両者とも、古墳時代後期になると様相が変化することは指摘できる。しかし、様相の変化の内容に違いがみられることをふまえて述べるならば、その要因や背景は異なる可能性が高い。

すなわち、前者における変化は近畿地域、ひいてはヤマト政権との関わりが要因となっていたことが指摘でき、一方、後者の土製勾玉における変化は、各地域の社会がそれぞれ変容していくなかの1つの現象と捉えるべきである。このような考察を行うにあたって、近畿地域では他の地域と比べて土製勾玉が出土する割合が極めて低いということも1つの手掛かりとなろう（第62図）。

第6期（奈良時代から平安時代）は、土製勾玉の第5期にあたる。土製勾玉からみた変化としては、東北地域における出土遺跡数が増加すること、関東地域以北の地域では出土遺構の様相が前代から継続してみられること、西日本での出土事例が大幅に減り、埋葬施設での使用がほとんどみられなくなることを明らかにした。これらの変化については、石製を中心とした勾玉でもみられる現象である。

第7期（中世）は、土製勾玉の第6期にあたる。この時期については、石製を中心とした勾玉では、全国的にみて沖縄県での出土事例数が最も多くなる。また、土製勾玉においても、多くの地域で出土事例の数が急減するなか、沖縄県で新しく出土事例が確認され始める。これら両者の変化については、互いに関連していることが推測できる。

上記をふまえて述べるならば、土製勾玉の時期区分のうち、第3期（弥生時代前期から古墳時代中期）と第4期（古墳時代後期から終末期）を除いた、第1期（縄文時代早期から中期）・第2期（縄文時代後期から晩期）・第5期（奈良時代から平安時代）・第6期（中世）は、それぞれ石製を中心とした勾玉の時期区分と整合性がみてとれる。

しかしながら、第3期（弥生時代前期から古墳時代中期）は区分した時間幅が異なり、そして第4期（古墳時代後期から終末期）は区分した時間幅は同じものの、その要因・背景について、石製を中心

215

結　論　日本列島における勾玉文化

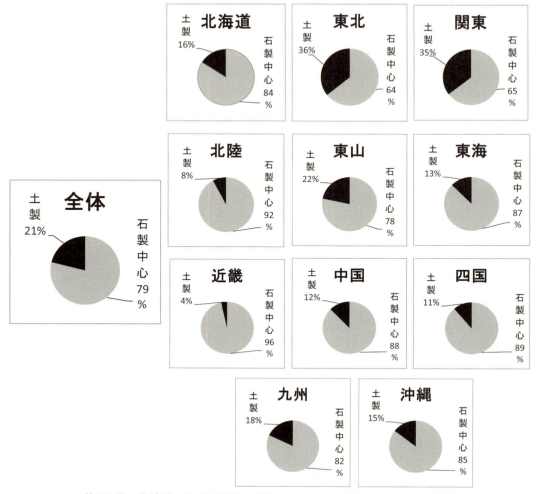

第62図　各地域における石製を中心とした勾玉と土製勾玉の出土の割合

とした勾玉との関連性を見出し難いことが考えられる。

　これらのことから、土製勾玉の時期区分のうち、第3期・第4期に関しては、石製を中心とした勾玉の変化をもとに設定した8つの時期区分と整合性をもっていないことを指摘することができる。

　以上、第1章で設定した時期区分が、第2章から第5章にかけてみられた様相の変化点や第6章で設定した時期区分とそれぞれが整合性をもっているのかについて、検討した。これらをふまえて述べるならば、日本列島の消費地における勾玉には、石製を中心とした勾玉の時期区分と土製勾玉の時期区分といった2つの軸を想定することができる。そして、それぞれの軸は時期によっては影響しあったり、あるいはしなかったり、といったように複雑な関係性をもって存在していたことが考えられる。

　また、別の視点から述べるならば、2つの軸とした時期区分はいずれも縄文時代・弥生時代・古墳時代・奈良時代・平安時代などの政治的区分というフレームにそのまま全てあてはめて考えることはできない。この点は、勾玉の本質的な意味を考えるうえで重要なことといえる。

## 第2節　消費地からみた勾玉の文化的作用

　前節では、消費地における勾玉が、石製を中心とした勾玉と土製勾玉という2つの時期区分のもと、政治的な要因だけではなく地域ごとのさまざまな社会的要因が複雑に影響しあいながら変遷していることを明らかにした。

　本節では、第1章から第6章で明らかとなった様相に基づいて、勾玉の消費が時間の経過とともに変化していく過程を大まかにみていきながら、その要点をまとめた上で、変化しないものがあるとしたら、どのようなものがあるのかについて、検討を加えていきたい。

　検討するにあたっては、石製を中心とした勾玉と土製勾玉という2つの視点から記述を行っていきたい。第63図は第1章で明らかにした出土遺構の変遷に第2～5章でみられた様相の変化点を重ねたものであり、第64図は第6章でみられた出土遺構の変遷を図示したものである。これらの2つの図によって、日本列島における勾玉の消費の様相が、およそどのように移り変わっていったのかを列島規模で俯瞰することができる。

　以下、これらの2つの図を参照しながら日本列島の消費地からみた勾玉の大まかな流れについてまとめていく。

　まずは、石製を中心とした勾玉をみていく（第63図）。

　**縄文時代**は、勾玉の出現期である。日本列島で石製勾玉が確認され始めるのは、縄文時代早・前期の東日本からである。当初は竪穴建物で消費されていくが、縄文時代中期以降になると、北海道・東北地域で勾玉が副葬されるようになる。一方、関東地域では一貫して竪穴建物での出土が多く、中部地域では多様な場所で勾玉が消費される。これら東日本の各地域をまたぐかたちで刻み目勾玉も作られ、用いられていく（第2章）。

　それに対して、九州地域では主に後期・晩期になってから、土坑墓・竪穴建物・溝跡で石製勾玉を使用し始める。そのうち晩期の九州地域に注目すると、北部では墓、南部では竪穴建物といったような地域差が若干確認することができる。

　また、東日本と西日本との間で主体となる材質が異なる。具体的には、ヒスイが主体となる東日本とヒスイを受け入れながらもクロム白雲母が主体となる西日本とに大別できる。

　**弥生時代**に入ると、まず前期の東日本ではほとんど消費されなくなるが、福岡県では勾玉が副葬されていく。中期以降、全国的に勾玉の消費が増加し、北海道・東北地域では墓、関東地域では竪穴建物、中部地域では墓・竪穴建物、近畿地域・中国地域・四国地域では全体的にみて竪穴建物で消費される。

　そのようななか、北部九州地域では縄文時代の時よりも、勾玉が墓で用いられるようになり、ヒスイ製・ガラス製丁字頭勾玉は単独で副葬される（第3章）。その他には、九州地域において、縄文時代の東日本でみられた刻み目勾玉が消費されていく（第2章）。

　弥生時代後・終末期になると、北部九州地域だけではなく、中国地域で複数の丁字頭勾玉を副葬するか、もしくは丁字頭勾玉1点と丁字のない複数の勾玉を副葬するようになる（第3章）。

　勾玉の材質については、東日本では縄文時代から継続してヒスイが主体である。一方、西日本では縄文時代にみられたクロム白雲母の割合が低くなり、代わってヒスイの割合が高くなり、さらに

結　論　日本列島における勾玉文化

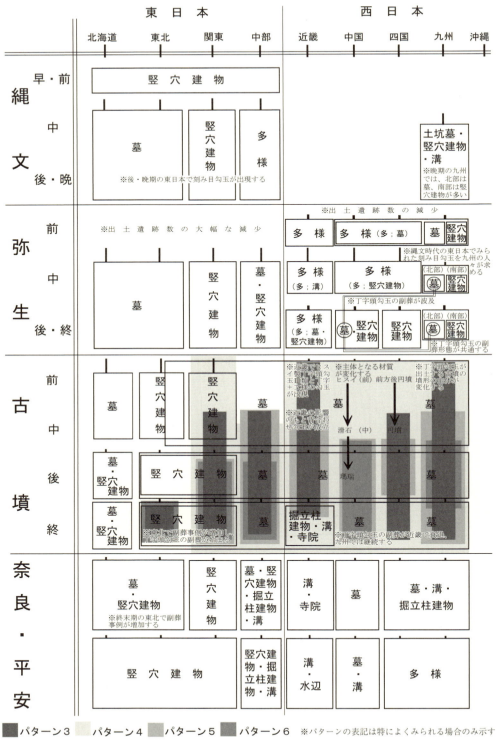

第63図　消費地からみた石製を中心とした勾玉の大まかな流れ
（事例数が少ない、あるいは性格が不明確な遺構からの出土事例は省いている）

新しくガラス製勾玉が出現する。

**古墳時代**になると、前期の近畿地域を中心として、全国各地で石製勾玉が副葬されていく。とくに、近畿地域ではパターン3という使用形態で勾玉を副葬していくとともに（第4章）、丁字頭勾玉においては、弥生時代の中国地域でみられた使用形態を積極的に取り入れながら大量に消費していく（第3章）。さらに、当地域では新しいタイプの丁字頭勾玉やその後の中期に成立する背合わせ勾玉の発想も生み出されていく（第5章）。

後期以降、パターン5・6という使用形態で多くの勾玉が用いられていく（第4章）。また、東北地域の人びととはより多くの勾玉を副葬していく一方で、終末期へと進むにつれて近畿地域、とくに奈良県あたりに住んでいた人びとは勾玉を副葬しなくなり、代わって寺院で消費するようになる。この頃になると、当然、近畿地域では丁字頭勾玉の消費も衰退していくが、北部九州地域では依然として用いられていく（第3章）。このことから、北部九州地域では、独自性をもって丁字頭勾玉が用いられていたことがわかる。それとは異なる独自性のもと消費が行われていた地域もあり、それが出雲地域である。出雲地域では、ヤマト政権が丁字頭勾玉の副葬に関する規範の共有を各地域へ迫っていくなか、丁字頭勾玉の副葬だけではなく、消費することさえしなかった。

古墳時代を俯瞰すると、全国的にみて、主体となる材質が前期にヒスイ、中期に滑石、後・終末期に瑪瑙が多くなる。また、古墳時代を通して、各地域ではパターン4という使用形態によって勾玉が消費され（第4章）、加えて、関東地域では一貫して多くの勾玉が竪穴建物で用いられていく。

**奈良時代・平安時代**には、北海道・東北地域・中国地域で継続して多くの勾玉が副葬されていくが、その状況は平安時代までは継続されない。近畿地域では、すぐに勾玉の副葬が行われなくなる。そのようななか、関東地域では継続的に竪穴建物で勾玉を消費し続けていく。


以上、石製を中心とした勾玉が、時代ごとにどのように用いられてきたのかを概観した（第63図）。これらをもとに、消費地における石製を中心とした勾玉の文化に注目して述べるならば、大きく6つのことを指摘できる。

1つ目は、縄文時代後期・晩期に確認できる九州地域の勾玉の文化の開始は、すでにみられた東日本の勾玉文化が直接影響を及ぼした結果ではなく、その地域の社会的背景や要求によって引き起こされた可能性が高い。

2つ目は、弥生時代の九州地域に住んでいた人びととは、ヒスイや副葬に関して志向性が強くなったり、縄文時代に作られた東日本の勾玉を求めていく。このことから、当該地域における勾玉をとりまく文化が変化したことが考えられる。

3つ目は、丁字頭勾玉の使用形態からみて、中期の北部九州地域から後・終末期の中国地域へと副葬形態が波及する。

4つ目は、出土点数の変遷・主体となる材質・消費場所といった観点から述べるならば、北部九州地域を中心とした西日本では、縄文時代の勾玉と弥生時代の勾玉を明確に区別でき、それに対して東日本では区別できないことが指摘できる。つまり、東日本における弥生時代の勾玉は、縄文時代の勾玉と徐々に融合しながら成立したことが推測でき、それを媒介とする文化もまた同様な形成過程をたどることが想定できる。

結　論　日本列島における勾玉文化

　5つ目は、丁字頭勾玉の様相（第3章）や勾玉の使用形態（第4章）、背合わせ勾玉の成立過程（第5章）からみると、主に古墳時代前期から後期にかけて、ヤマト政権が積極的に勾玉を消費しようとしていたことがよみとれる。すなわち、そこには石製を中心とした勾玉と国家との関わりがみてとれる。

　6つ目は、関東地域では弥生時代中期から平安時代まで、多くの勾玉が継続的に竪穴建物で消費されること、加えて、汎列島規模でみられる材質の変遷と共通性がみられることが指摘できる。これらを考え合わせて述べるならば、関東地域の人びとは材質に関しては全国的な傾向を受け入れつつも、使用に関してはそれまで行っていた方法を一貫してとるという姿勢を崩さなかったことが推測できる。そう考えて大過ないならば、勾玉を用いる際には、各地域における人びとの選択性が重視されていたことになり、そこからは勾玉の文化がもつ包括性を伺い知ることができる。

　次に、土製勾玉をみていく（第64図）。

　**縄文時代**は、土製勾玉においても出現期にあたる。日本列島で土製勾玉が確認され始めるのは、縄文時代早・前期の東北地域であり、そこでは竪穴建物で消費されている。中期以降、関東地域でも竪穴建物で土製勾玉が用いられていく。

　後期・晩期になると、北海道・北東北地域では土坑墓・竪穴建物・焼土遺構・盛土遺構、中部地域は竪穴建物・配石遺構といったように、地域ごとで消費場所の多様性がみられる。そのようななか、関東地域では竪穴建物で多くの勾玉が用いられていく。また、西日本では九州地域でのみ消費がみられ、その多くが土坑墓・河川跡・ピットで用いられており、この様相は東日本とは異なる。

　**弥生時代**に入ると、東日本では前期に一度、消費が途絶えたのち、中期になると再開され、竪穴建物での消費が多い。それに対して、西日本では前期に使用が途絶えず、竪穴建物・土坑墓・土坑・水辺など、さまざまな場所で勾玉が用いられていき、その様相は古墳時代中期まで継続する。そして、西日本でのみ丁字頭勾玉が用いられていく。

　**古墳時代**になると、前期・中期には東北地域や関東地域でより多くの勾玉が用いられていくが、近畿地域では積極的に勾玉の消費は行われない（第62図）。また、後期・終末期の東北地域・関東地域では竪穴建物で消費が多くなる。加えて、関東地域を中心とした地域では、新しいタイプの土製勾玉が出現したり、カマド付近で消費されるものも確認され始める。一方、同時期、中部地域以西の地域では竪穴建物だけではなく、古墳・横穴墓でも勾玉を消費する。

　**奈良時代・平安時代**になると、北海道・東北地域・関東地域では竪穴建物、中部地域以西の地域では溝跡や流路・土坑・土器集中地点で勾玉がよく消費される。

　以上、土製勾玉が時代ごとにどのように用いられてきたのかについて概観した（第64図）。これらをもとに、土製勾玉の文化に注目して述べるならば、大きく5つのことを指摘できる。

　1つ目は、用いられる場所の違いや縄文時代において本州西部での消費がみられないことなどを考え合わせて述べるならば、縄文時代後期・晩期の九州地域で土製勾玉が用いられ始める要因に東日本の直接的な影響は考えにくい。すなわち、その現象は九州地域の社会が独自に変容していったことが大きな要因であったと思われる。

　2つ目は、弥生時代から古墳時代中期における勾玉の文化という観点からいえば、大きく東日本

第 2 節　消費地からみた勾玉の文化的作用

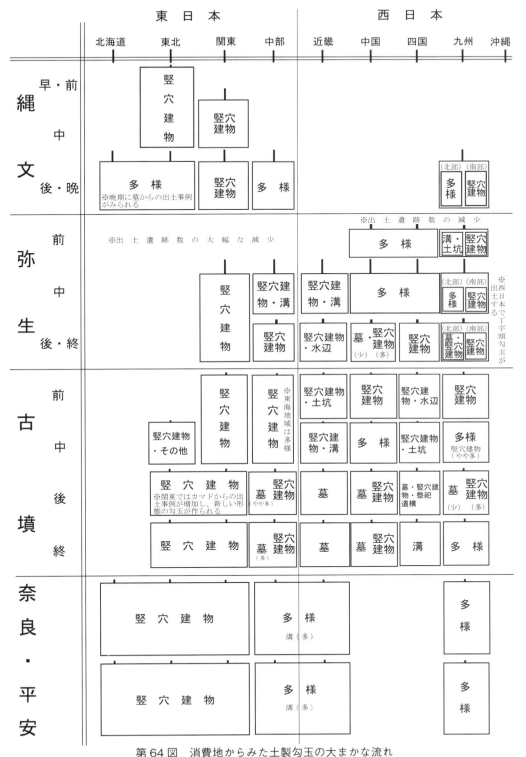

第 64 図　消費地からみた土製勾玉の大まかな流れ
（事例数が少ない、あるいは性格が不明確な遺構からの出土事例は省いている）

結　論　日本列島における勾玉文化

的なものと中部地域以西の地域を含めた西日本的なもの、という２つの文化圏を指摘できる。

　３つ目は、縄文時代の土製勾玉と弥生時代の土製勾玉との間は、消費の様相から明確に区分することはできない。

　４つ目は、古墳時代前期から中期における土製勾玉には、ヤマト政権との関わりが見出し難い。つまり、多くの土製勾玉は国家との関係性、あるいは権力を表すための道具ではなく、より地域の人びとの生活に密着するかたちで消費されていたことが考えられる。

　５つ目は、関東地域では弥生時代中期から平安時代にかけて、竪穴建物での消費が長期間、継続的にみられる。加えて、関東地域の竪穴建物では石製勾玉よりも強い志向性をもって、土製勾玉が消費されていく。これらからは、関東地域の人びとにとって、竪穴建物で土製勾玉を用いる文化がいかに重要視されていたのかが伺える。

# 第３節　日本列島における勾玉の実像

　本書では、これまで一貫して消費地における出土勾玉の様相を汎列島規模で把握してきた。明らかにしてきたことを見渡すと、やはり時間の経過とともに、勾玉のもつさまざま要素に変化がみられる。それにもかかわらず、細かな形態の差は置いておくとして、人びとは連綿と同じ形をした勾玉というものを消費し続ける。当然のことながら、この継続性を成り立たせているのは、その時代時代、その土地土地で生活していた人びとの選択である。

　また、見方を変えて述べるならば、社会あるいは、さまざまな背景を抱えている人びとからの要求に勾玉が対応することができたから、それを用いた習慣、文化というものが時代を超えて、人びとの生活のなかに存在し続けることができたのではなかろうか。

　そう考えてよいならば、次に勾玉の長期的消費を支えた要因は、どのようなものであったのかについて検討しなければならない。

　本書で明らかにしたことをふまえて私見を述べるならば、勾玉には装飾性・宗教性・政治性の３つの性質がある。そして、主として宗教性と政治性によって、長期的消費が維持されたと考える。

　装飾性は、材質の色彩や稀少性、形態の奇妙さから生まれたものである。

　勾玉の長期的消費を支えた大きな要因となった宗教性と政治性については、以下に述べていく。

　まず、宗教性は色彩・稀少性とその意味からくる材質の性格や、奇妙さとその意味からくる形態の性格が、全てではないにせよ連関することで生じる[1]。たとえば、形態の意味と宗教性とがつながることで、勾玉の意匠を組み入れて背合わせ勾玉という祭具が生みだされたり（第５章）、土のもつ意味が作用すると、土製勾玉が長期間、各地域の人びとによって作られ、用いられていく（第６章）。

　また、色彩と宗教性との関係性については、『万葉集』のなかにある「人魂のさ青なる君がただ濁り逢へりし雨夜の葬りをそ思ふ」（万葉集巻第十六　三八八九）〔高木・五味・大野　校注 1962〕から、古代の人びとが魂の色を青色[2]と認識していた可能性が高いとされる〔金関 1975〕。ここからは、玉類の色と人びとの精神的思考とがつながっていたことが容易に想像でき、それはなにも青色に限ることではない。

　日本列島では一貫して青（緑）色のヒスイがみられるわけではなく、古墳時代後期には赤色をし

222

た瑪瑙が多くなる（第1・4章）。赤色と宗教性との繋がりは、縄文時代から連綿とみられる〔市毛1975〕。とするならば、人びとが色に自身の精神的思考を重ね合わせようとするのは、たやすく断絶することではなく、むしろそこには強い継続性がみられる。さらに、古墳時代の人びとがペンダントトップとして異なる色のものを意図的に配置しようとしたり、同じ色のものを2個対にして用いようとしていた傾向がうかがえる（第4章）。これらをふまえて述べるならば、社会が変化していくなかでも、人びとは勾玉の色彩を意識し、それを宗教性と関連させていたことが想定できる。

　一方、政治性は自身の権力や身分を表示すること、すなわちクニや国家が形成されるなかで出現した王権からの要求によって生じる性質である。

　そして、宗教性と政治性との関係性について述べるならば、クニ・国家が出現する以前から勾玉の消費が確認できることから、まず宗教性が先行してみられ、後にそこに政治性が付加されたことが考えられる（第1章）。

　このような考えに至る根拠としては、宗教性をもつものを副葬品として採用していた前期のヤマト政権が〔都出1991〕、他地域よりも多く勾玉を消費するだけではなく、新しいタイプの丁字頭勾玉を作り出したり、合計3点以上で材質がすべて同じものという使用形態で勾玉を積極的に消費し始めることがあげられる。そして、このことから王権が宗教性をもつ勾玉を自身の政治体制に取り込もうとしたことが想定できるのである（第1・3・4章）。また、ヤマト政権との関係性がみえない土製勾玉が日本列島の各地で消費され続けることは、もともと具わっていたのが宗教性であり、政治性が後に付加されたものであることを明確に示している（第6章）。

　このような関係をもつ2つの性質を具えた勾玉が、人びとによって使い分けられていく。本書で多くとり上げた古墳時代に注目して述べるならば、副葬品と祭具との間で明確な使い分けがみられる。しかしながら、副葬される者・する者や祭祀を司る者の権力・身分というものが絡むと、祭具としての勾玉と副葬品としての勾玉との間に共通性がみられる場合がある（第4章）。

　上記のことから、複雑性をもって勾玉が用いられていたということは当然、指摘すべきことではあるが、それにもまして、先ほど想定した宗教性と政治性とが、単に付加された・したという関係ではなく、互いに関係し合っていることが興味深い。

　さらに、クニ・国家の形成期や発展期には勾玉の出土数が増加すること（第1章）をふまえて述べるならば、宗教性に政治性が付加されることが、勾玉の消費の大きな原動力となっていたことも考えられる。

　次に、これらの性質と消費の画期に注目しながら、勾玉がどのように変化していったのか、みていくことにする。

　まず、縄文時代の勾玉は石製・土製ともに東日本で出現し、後・晩期になると出土勾玉からみた場合、東日本の直接的な影響を受けずに九州地域で消費が開始される（第1章）。この時代の勾玉には装飾性や宗教性が具わっており、後者について述べるならば、後・晩期に入ると刻み目勾玉が作られるようになり（第2章）、そこからは玉に刻み目を施すことによって生じる、何がしかの宗教的効果が期待されていた可能性が考えられる。その中には、「結縛」することで生まれる効果も想定できよう〔木下2000〕。

　また、材質からみた場合、東日本ではヒスイ、西日本ではクロム白雲母が多い（第1章）。この

結　論　日本列島における勾玉文化

勾玉の材質と装飾性や宗教性に関わる稀少性との関係性から次のことがいえるのではなかろうか。ヒスイは産出地が限定され、交易材としても価値のあるものであった。かつて、渡辺仁氏は縄文社会が階層化社会であったとする根拠の1つに、ヒスイ製品の稀少性をとりあげ、そこから限定された使用者や入手することができた経済的余裕をもつ人びとの存在を推測している〔渡辺1990〕。1つの遺跡内で勾玉が確認できる墓・建物がある一方で、それができない墓・建物があることもふまえて述べるならば、全てではないにしても東日本のヒスイ製勾玉の多くが、集落内における経済的あるいは宗教的に特異な立場の人びとのものであったということはいえる。

　弥生時代になると、石製・土製の勾玉は、北部九州地域を除く全ての地域で一度、勾玉の使用が衰退あるいは途絶えたのち、全国的に勾玉の使用が再確認される。その際、ガラスやアマゾナイトといった新しい材質の勾玉が確認されるようになり、加えて、北部九州地域で新しく成立した丁字頭勾玉が、西日本を中心に展開していく（第1・3・6章）。これらのことから、勾玉をとりまく社会が大きく変わったことが指摘できる。

　たとえば、大陸から北部九州地域へ稲作文化が到来し、それまで縄文時代にはみられなかった収穫に関わる儀礼が行われていく。そこからは、人びとのもつ霊魂観・宗教観が変容したことが推測でき、その変化が宗教性をもつ勾玉へ影響を及ぼしたことは当然、考えられる。また、日本列島で稲作文化、すなわち弥生文化が展開していくなかで、縄文時代の勾玉から弥生時代の勾玉へと移り変わっていく。弥生時代では出土遺跡数や点数の変遷・主体となる材質・消費場所の様相が東日本と西日本では様相が異なること、そして、両地域における縄文時代の様相からみた連続性・非連続性をふまえて述べるならば、まず、西日本における弥生時代の勾玉は、縄文時代後・晩期からその萌芽がみられるとしても、縄文時代の勾玉とは区別することができる。一方、東日本では縄文時代の勾玉と徐々に複合しながら、弥生時代の勾玉が成立していったことが考えられる。

　さらに、中期の九州地域では、縄文時代後・晩期に北陸地域などで作られたヒスイ製刻み目勾玉のうち特定の形をしたものだけが出土する（第2章）。また、北部九州地域でみられた勾玉の副葬事例が後・終末期になると中国地域でもよくみられるようになる（第1章）。同様な状況は丁字頭勾玉の展開からも確認でき、中期の北部九州地域で行われていた丁字頭勾玉の副葬形態が、後・終末期の段階で吉備地域へ波及する（第3章）。

　このように、選択性をもって前の時代のヒスイ製品を遠方の地域から入手しようとしたり、丁字頭勾玉を含めた勾玉を副葬することを積極的に行っていたのは、それぞれの地域に点在した、いわゆる王あるいは王クラスの人びとであった。このような人びとは、各地でクニが形成されていくなかで生まれてくる。これらから、弥生時代になると勾玉に政治性が付加されること、そして、弥生時代の勾玉の多くが西日本を中心とした各地域の王たちのものであったことが指摘でき、これらが縄文時代の勾玉からみて大きく変わった点といえる。

　古墳時代前期に入ると、ヤマト政権が弥生時代後・終末期の北部九州地域や吉備地域の丁字頭勾玉を副葬するという習慣を取り入れ、さらに各地の首長層が副葬することに対して規範を課して、それを守ることがヤマト政権に属することの象徴とした可能性が指摘できる（第3章）。すなわち、弥生時代に各地の王たちによって政治性が付加された勾玉をヤマト政権がある種、つまみあげるかたちでとり込み、利用していく。もう少し詳しく述べるならば、ヤマト政権が勾玉の消費について

一種の管理体制を築いていくなか、北部九州地域や出雲地域では丁字頭勾玉の消費形態に自立性が
みられる。そのような地域においては、当然のことながら、そこに点在する首長層との繋がりも忘
れてはならない（第3章）。ただし、全体的にみて、やはり古墳時代前期における勾玉には、ヤマ
ト政権によって付加された政治性が強くみられる。このように考えていくと、やや大雑把ないい方
にはなるが、古墳時代になると、弥生時代には各地の王らの勾玉であったものが、ヤマト政権の勾
玉へと変化したことが指摘でき、そこからは勾玉のもつ政治性が変容したことが推測できる。

　古墳時代後期・終末期になると、寺院跡から石製勾玉が確認され始めることから、勾玉のもつ
宗教性のなかに新しく仏教思想との繋がりがみてとれる（第1章）。また、東北地域では全国的な
傾向とは異なり、遺跡数が増加する。そして、奈良県では墓での副葬がみられなくなるのに対して、
九州地域では継続的に行われること、そして蝦夷地域では新たに丁字頭勾玉の副葬事例が確認でき
ることをふまえて述べるならば、古墳時代前期ではヤマト政権の勾玉であったものが、後期・終末
期になると各地の有力者らの勾玉へと変化したことが考えられ、それによって勾玉の政治性も質的
に変容したことが推測できる（第1・3章）。

　以上、勾玉から3つの性質を想定した。そのうち、宗教性と政治性については、互いの関係性
を明確にするとともに、それが勾玉の長期的消費を支えていた大きな要因であったことを推測した。
従来の研究において、装飾性については高橋健自氏〔高橋1911b〕など、宗教性は折口信夫氏〔折
口1996〕や水野祐氏〔水野1969〕など多くの研究者がすでに想定していたり、政治性については
木下尚子氏〔木下2011など〕などが指摘している。しかし、これら性質に関する検討はいずれも個別
的あるいは断片的なにものに留まっていたため、本書では全体性を意識しながら勾玉の性質および
その関係性について明らかにすることを目標とし、それはある程度、達成できたと考えている。

　さらに、性質と消費の画期からみた勾玉の変化については、一見して同じ性質が継続してみられ
る場合であっても、消費の画期において質的変容が確認でき、そのことを重視しなければ、勾玉の
実像は理解できないと考える。

　本書では、さまざまな視点でもって勾玉を構成する要素の変遷をみてきたが、その視点一つ一つ
で要素の縺れ合いがみてとれた。これは、当時の人びとが直面していた権力的社会や精神的社会の
複雑さと無関係ではあるまい。ただ、勾玉は単に複雑性を帯びながら人びとによって消費され続け
ていったわけではない。そこには、全国的な傾向や規則性もみられる。

　また、勾玉には装飾性に加えて、宗教性や政治性が具わっていた。とくに宗教性と政治性は、消
費されるなかでそれぞれ質を変容させ、時として互いに関与し合っていく。そうすることで、勾玉
は人びとの生活のなかに長く、そして多義的なものとして、存在し続けたのである。そう考えて大
過ないとするならば、日本列島の勾玉はまさに各時代・各地域の社会における精神的文化や制度的
文化、物質的文化の一端を維持する一種の総合的な文化装置といえよう。


# 第4節　今後の課題と展望

　最後に、残された諸問題に関して述べておきたい。
　序論で記したように、本書の目的は勾玉の全体像を明らかにするため、日本列島全体を展望しな

がら、材質や形態、消費形態、性格・意味など、勾玉を構成する各要素の変遷を把握することにあった。その結果、従来、研究の空白地帯となっていた時代や地域の状況もある程度、明らかにしたうえで、勾玉についての考察を行うことが可能となった。

　しかし、この巨視的な考究は、それぞれの時代や地域における細かな議論まではなされ難い、というデメリットもある。

　全体的な傾向や地域間でみられる共通性が明らかになった後、はじめて独自性がみえてくる。とするならば、日本列島における勾玉の大まかな様相が把握できた次の段階には、時代や地域における微視的な分析が必要となる。時代や地域をミクロな次元でみる場合、たとえば古墳時代前期のなかでみられる勾玉の変遷をみていったり、1つの地域や河川流域ごとに勾玉の様相を把握し、それらを比較することも行っていかなければならない。そこで得られた成果と本書で明らかにした勾玉の全体像とを見比べることで、時代や地域における独自性が明確化されるだけではなく、より一層、勾玉の実像が具体的に表出すると考えている。

　この巨視的・微視的な考究によって蓄積されていく考古学のデータを用いて、文献史学・民俗学・文化人類学からの指摘や想定を実証し、時には否定していく作業が必要である。序論の研究史の整理で取り上げた折口信夫の玉への考えは、いったい、いつの時代の玉類に向けられたものなのか[3]。こういった問題を検討していくことで、隣接学問の成果を的確にふまえることができるようになり、勾玉研究がさらに進展していくと考える。

　また、隣接学問、とくに文献史学や民俗学が興味を示す、三種の神器としての勾玉の実態やその成立過程に関する議論や、ノロの勾玉を含めた沖縄県の勾玉に焦点を当てた研究など、具体的にやり残したテーマは尽きない。それらを1つ1つ論じていくことで、日本列島における勾玉の全体像の解明が進展する。

　そして、勾玉や勾玉形の玉類は、中国や朝鮮半島といった海外でも確認されている。つまり、世界史的視点をもって、勾玉をみていくことも今後は必要である。これはアジア圏、ひいては人類史上で勾玉を位置づけることを意味する。それには、まず本書で行った巨視的な分析による把握でもよいので、それぞれの国や地域でみられる様相を明らかにすることが急務である。

　これらを勾玉研究における今後の課題としておきたい。


　　註
（1）　　人びとが玉類の色に対して、その全てを宗教性と結び付けているとは考えていない。当然のことながら、そこには色彩美に対する観念もあり〔高橋 1911a〕、それは装飾性として表出する。
（2）　　上野誠氏は、『古事記』の「倭は　國のまほろば　たたなづく　青垣　山隠れる　倭しうるわし」という記述の「青垣」に注目し、古代の人びとが青色の中に緑色の意味も含まれていたことを指摘している〔上野 2008〕。
（3）　　序論第1節の1「勾玉をめぐる研究史」ですでに述べたが、寺村光晴氏は玉類と魂に関する折口氏の考えが、古墳時代中期から後期までの玉類に向けられたものであった可能性を推測している〔寺村・谷川 1984〕。

# 引用・参考文献

## 〔序〕

車崎正彦　2002「勾玉＜曲玉＞」田中　琢・佐原　真 編『日本考古学事典』826-827 頁。

小林行雄　1959「勾玉，曲玉」水野清一・小林行雄 編『図解　考古学辞典』東京創元社　917-918 頁。

小林行雄・坪井清足　1994「勾玉　まがたま」下中　弘 編『日本史大事典』第 6 巻　平凡社　262-263 頁。

斎藤　忠　1992「勾玉」『日本考古学用語辞典』学生社　404 頁。

酒詰仲男・篠遠喜彦・平井尚志 編　1951「まがたま」『考古學辭典』改造社　297 頁。

北原保雄・久保田淳・谷脇理央・徳川宗賢・林　大・前田富祺・松井栄一・渡辺実 編　2001「まが―たま【曲玉・勾玉】」『日本国語大辞典』第 2 版　第 12 巻　小学館　325 頁。

新村　出 編　2011「まが―たま　曲玉・勾玉」『広辞苑』第 6 版第 2 刷　岩波書店　2629 頁。

樋口清之　1962「勾玉」藤田亮策 監修『日本考古学辞典』東京堂出版　506 頁。

古谷　毅　2007「まがたま　勾玉」小野正敏・佐藤　信・舘野和己・田辺征夫 編『歴史考古学大辞典』吉川弘文館　1078 頁。

吉川圭三　1992「まがたま　勾玉」国史大辞典編集委員会 編『国史大辞典』第 13 巻　吉川弘文館　23-24 頁。

渡辺貞幸　1979「曲玉，勾玉」下中邦彦 編『世界考古学事典　上』平凡社　1046 頁。

## 〔序　論〕

赤熊浩一　2018「埼玉県における古墳時代前期の玉作り」『研究紀要』第 32 号　埼玉県埋蔵文化財調査事業団　33-44 頁。

秋山浩三　2007『日本古代社会と物質文化』青木書店。

浅野良治　2003「日本海沿岸における翡翠製勾玉の生産と流通」『蜃気楼』秋山進午先生古稀記念論文集　71-83 頁。

麻生　優　1953「勾玉の始源について」『ミクロリス』研究発表会要旨　明治大学考古学研究会　14-15 頁。

李　殷昌　1991「韓国の玉文化―特に曲玉の起源・生産・利用を中心に―」森　浩一 編『古代王権と玉の謎』新人物往来社　129-148 頁。

李　仁淑　1987「韓国先史曲玉に関する小考」『三佛金元龍教授停年退任紀念論叢―考古学編』一志社　357-369 頁（※タイトルの「に関する」はハングル。川崎保氏によって翻訳されたものが『古文化談叢』第 36 集に収録されている）。

池上　悟　1993「古墳出土の琥珀玉」『立正大学文学部論叢』97　1-26 頁。

李　健茂　1991「8　装身具」『日韓交渉の考古学　弥生時代篇』171-177 頁。

石川県埋蔵文化財センター　2003『石川県埋蔵文化財情報』第 10 号。

石川考古学研究会　1995『装身具 I』石川県考古資料調査・集成事業報告書。

石川考古学研究会　2000『装身具 II（玉つくり）』石川県考古資料調査・集成事業報告書。

石川考古学研究会　2001『補遺編』石川県考古資料調査・集成事業報告書。

石川県小松市教育委員会　2003『八日市地方遺跡 I―小松駅東土地区画整理事業に係る埋蔵文化財発掘調査報告書―』第 2 分冊（遺物報告編）。

石川県小松市教育委員会　2014『八日市地方遺跡 II―小松駅東土地区画整理事業に係る埋蔵文化財発掘調査報告書―』第 3 部　製玉編　第 4 部　木器編。

石神孝子　1994「古墳出土玉類の基礎的把握―甲府盆地を中心として」『山梨考古学論集 III―山梨県考古学

引用・参考文献

協会 15 周年記念論文集―』193-211 頁。

石田茂作　1940「奈良時代に於ける玉の種類と用途」考古學會 編『鏡劔及玉の研究』吉川弘文館　345-365 頁（同論文は 1944『奈良時代文化雑攷』創元社　186-204 頁にも収録されている）。

石橋　宏・大賀克彦・西川修一　2016「つくば市面野井古墳群の再検討」『東生』第 5 号　東日本古墳確立期土器検討会　129-158 頁。

遺跡発行会　2016「愛媛県古代装身具出土遺跡一覧」『遺跡』第 50 号　埋蔵文化財の保護と考古学研究の発展のために」83-118 頁。

糸魚川市教育委員会　1974『細池遺跡』。

伊藤圭介　1830「Beschryving van de Magatama,of gebogene Iuweel, door den Japaner, H.B.MS」。

伊藤圭介　1936「Beschrijving der magatama,de schatten der oudesten bewoner van Japan,do or Ito Keiskue. ―勾玉考」『施福多先生文獻聚影』第 6 冊　シーボルト文献研究室。

井上　巌　2005「滑石の科学特性と産地分布」『古墳時代の滑石製品―その生産と消費―』発表要旨・資料集　埋蔵文化財研究会・大阪市文化財協会　3-22 頁。

井上　巌　2012『玉類の分析法と原産地対比法　京都府・大阪府・兵庫県・岐阜県の各遺跡より出土した滑石製玉類、塩基性凝灰岩製玉類の岩質の共通性について』第四紀地質研究所。

今西　龍　1908「朝鮮にて発見せる曲玉及金環等」『東京人類學雑誌』第 23 巻第 263 號　東京人類學會　199-201 頁。

乾　芳宏　2007「山岸コレクションの勾玉と大川遺跡」『玉文化』第 4 号　日本玉文化研究会　63-67 頁。

入田整三　1940「所謂「玉」について」考古學會 編『鏡劔及玉の研究』吉川弘文館　367-376 頁。

李　相吉　高田貫太 訳　2007「装身具からみた細形銅剣文化期の特徴」『細形銅剣文化の諸問題』九州考古学会・嶺南考古学会　第 5 回　合同考古学大会資料集　195-212 頁。

上野修一・川又隆一郎　2015「北関東地方における古墳時代前期玉作遺跡の一事例―栃木県真岡市市ノ塚遺跡―」『玉文化研究』創刊号　日本玉文化学会　19-31 頁。

上野　誠　2008「タマとヒスイの古典学―神と人を魅了したもの―」ヒスイ文化フォーラム 2007　ヌナカワとヒスイ―講演記録―』糸魚川市　61-67 頁。

上野真由美・大屋道則　2014「水晶製勾玉の製作とその工程」『研究紀要』第 28 号　埼玉県埋蔵文化財調査事業団　73-94 頁。

宇野愼敏　2015「宗像および周辺地域出土勾玉の地域性とその歴史的意義―宗像市・福津市・古賀市・新宮町を中心として―」『法政考古学』第 41 集　1-15 頁。

梅原末治　1920『久津川古墳研究』。

梅原末治　1922『鳥取縣史蹟勝地調査報告』第 1 冊　鳥取縣。

梅原末治　1947『朝鮮の文化』高桐書院。

梅原末治　1950「東大寺三月堂本尊寶冠垂下の勾玉に就いて」『史迹と美術』史迹美術同攷會　2-9 頁。

梅原末治　1960「日本上古の玻璃」『史林』第 43 巻第 1 号　1-18 頁。

梅原末治　1969「「上古の禽獸魚形勾玉」の補説　附　史前の大珠に就いて」『史學』第 42 巻第 1 号　三田史学会　1-30 頁。

梅原末治　1971『日本古玉器雑攷』吉川弘文館。

会下和宏　2001「弥生時代の玉類副葬―西日本～関東地域を中心にして―」『日本考古学の基礎研究―茨城大学人文学部考古学研究報告第 4 冊―』145-167 頁。

江坂輝彌　1989「切子玉　管玉　勾玉の起源を探る」『松阪大学紀要』第 7 号　松島博教授退職記念号　45-49 頁。

青海町教育委員会　1979『大角地遺跡―飾玉とヒスイの工房跡―』。

青海町役場　1970『寺地硬玉遺跡─第2次調査概要─』。

大賀克彦　2002「弥生・古墳の玉」『弥生・古墳時代　石器・石製品・骨角器』考古資料大観　第9巻　313-320頁。

大賀克彦　2005「(4) 稲童古墳群の玉類について─古墳時代中期後半における玉の伝世─」『稲童古墳群』行橋市教育委員会　286-297頁。

大賀克彦　2008a「玉生産研究の現状と課題」『考古学ジャーナル　特集　玉生産研究の現状』No.567　1月号　ニューサイエンス社　3-8頁。

大賀克彦　2008b「古墳時代後期における玉作の拡散」『古代文化研究』第16号　41-64頁。

大賀克彦　2008c「4　成塚向山1号墳出土の玉類　～滑石製品の出現と生産に関する認識を中心に～」『成塚向山古墳群』499-540頁。

大賀克彦　2009a「弥生時代後期の玉作」『考古学と地域文化』一山典還暦記念論集　89-102頁。

大賀克彦　2009b「第2章　山陰系玉類の基礎的研究」『出雲玉作の特質に関する研究─古代出雲における玉作の研究Ⅲ─』9-62頁。

大賀克彦　2011「六　弥生時代における玉類の生産と流通」甲元眞之・寺沢　薫 編『弥生時代（上）』講座日本の考古学5　青木書店　707-730頁。

大賀克彦　2012「古墳時代前期における翡翠製丁字頭勾玉の出現とその歴史的意義」『古墳時代におけるヒスイ勾玉の生産と流通過程に関する研究』平成21～23年度科学研究費補助金　若手研究（B）研究成果報告書　49-60頁。

大賀克彦　2013「2 玉と石製品の型式学的研究　①玉類」『副葬品の型式と編年』古墳時代の考古学4　同成社　147-159頁。

大賀克彦　2017「玉類の流通からみた古墳時代前期の東北地方」『古代倭国北縁の軋轢と交流─入の沢遺跡で何が起きたのか─』季刊考古学・別冊24　45-58頁。

大賀克彦　2019a「手工業生産の展開と古墳の築造─玉生産を中心として─」『《シンポジウム》　手工業生産と古墳時代社会』第24回　東北・関東前方後円墳研究会　大会　発表要旨資料　1-19頁。

大賀克彦　2019b「大英博物館所蔵　ゴーランド・コレクションの玉類に関する再検討」『京都橘大学大学院研究論集　文学研究科』第17号　1-19頁。

大田区立郷土博物館 編　2001『ものづくりの考古学─原始・古代の人々の知恵と工夫─』東京美術。

大坪志子　2001「朝鮮半島の石製装身具」『文学部論叢』73　129-153頁。

大坪志子　2003「縄文の玉から弥生の玉へ─朝鮮半島との比較をとおして─」『先史学・考古学論究Ⅳ』考古学研究室総説30周年記念論文集　415-436頁。

大坪志子　2004「九州地方の玉文化」『季刊考古学　縄文時代の玉文化』第89号　雄山閣　59-62頁。

大坪志子　2007「九州地方の石製装身具─後晩期の玉類を中心とした石材同定─」『石川県埋蔵文化財情報』第17号　財団法人石川県埋蔵文化財センター　18-20頁。

大坪志子　2011「九州にける縄文時代後晩期の石製装身具の様相」『魏志倭人伝の末盧国・伊都国─王（墓）と翡翠玉─』第9回日本玉文化研究会北部九州地方大会資料集　4-10頁。

大坪志子　2013「九州の玉生産と流通─四国との関係を中心に─」『玉の魅力に迫る─四国と周辺の玉生産と玉文化─』開館15周年記念特別企画展記念シンポジウム資料集　21-30頁。

大坪志子　2015『縄文玉文化の研究─九州ブランドから縄文文化の多様性を探る─』雄山閣。

大坪志子　2016「弥生時代における九州のヒスイ製勾玉の系譜」『日・韓の装身具』嶺南考古学會・九州考古学会　第12回合同考古學大會　資料集　204-218頁。

大坪志子　2019「九州における弥生勾玉の系譜」『考古学研究』第66巻第1号（通巻261号）　考古学研究会　24-41頁。

引用・参考文献

大西　修・土肥俊郎・黒河周平　2010「磨製出土品における砥粒加工技術―翡翠を用いた勾玉とその製作過程―」『砥粒加工学会誌』第 54 巻　第 12 号　2-5 頁。

大野雲外　1916「原始勾玉の研究」『人類學雜誌』第 31 巻第 1 號　東京人類學會　3-6 頁。

大野雲外　1924「土中の日本　第 3 章　先住民遺物の部」『中央史壇　土中の日本』第 9 巻第 4 号　通巻第 55 号　臨時増刊　144-282 頁。

大野延太郎　1896「曲玉ニ就テ」『東京人類學會雜誌』第 12 巻第 129 號　東京人類學會　112-114 頁。

大野延太郎　1898「羽後麻生発見ノ玉類」『東京人類學雜誌』第 13 巻第 147 號　東京人類學會　374-378 頁。

大野延太郎　1904「第八版　装飾品」『先史考古圖譜』嵩山房　6-8 頁。

大野延太郎　1930「先史時代の部解説 1　第 3 版　土製假面、装身具」『考古學大觀』春陽堂　3-7 頁。

大場磐雄　1943a「考古学上から観た我が古代文化の特質　2 日本民族性の一考察」『日本古文化序説』明世堂書店　317-328 頁。

大場磐雄　1943b「歴史時代　鏡と剣と玉」『日本古文化序説』明世堂書店　131-133 頁。

大場磐雄　1962『武蔵伊興』国学院大学研究報告第 2 冊　綜芸舎。

大道弘雄　1909「曲玉砥石につきて」『考古界』第 8 編第 3 號　考古學會　141-145 頁。

大森敬一　1939「本邦産翡翠の光學性質」『岩石鑛物鑛床學』第 22 巻第 5 号　帝国大学理学部岩石鉱物鉱床学教室　225-236 頁。

小川敬吉　1927「梁山夫婦塚と其遺物」『古蹟調査特別報告　第 5 冊　梁山夫婦塚と其遺物　図版』朝鮮總督府　1-86 頁。

小川敬養　1895「豊前ニ存スル曲玉ノ種類」『東京人類學會雜誌』第 10 巻第 107 號　210-211 頁。

乙益重隆　1987「壺に埋納した玉」『考古学資料館紀要』樋口清之博士喜寿記念　第 3 輯　國學院大學考古学資料館　39-44 頁。

折口信夫　1996「剣と玉と」『折口信夫全集』19　中央公論社　23-35 頁。（初出は 1931 年，上代文化研究会開講演会筆記）

角田徳幸・米田克彦　1999「島根県松江市大角山遺跡の再検討―古墳時代中期の玉作遺跡の一例―」『島根考古学会誌』第 16 集　島根考古学会　1-28 頁。

堅田　直　1995「勾玉の計量分析への試み」『考古学における計量分析―計量考古学への道―（V）』帝塚山考古学研究所　62-74 頁。

金関丈夫　1975「魂の色―まが玉の起り」『発掘から推理する』朝日選書 40　朝日新聞社　34-40 頁。

河野義禮　1939「本邦に於ける翡翠の新産出及びその科学性質」『岩石鑛物鑛床學』第 22 巻第 5 号　帝国大学理学部岩石物鉱床学教室　219-225 頁。

川又隆一郎　2014「古墳時代前期の玉作遺跡について―真岡市市ノ塚遺跡の検討―」『栃木県考古学会誌』第 35 集　栃木県考古学会　39-69 頁。

河村好光　1986「10　玉生産の展開と流通」『岩波講座　日本考古学 3』岩波書店　305-334 頁。

河村好光　1992a「攻玉技術の革新と出雲玉つくり」『島根考古学会誌』第 9 集　15-30 頁。

河村好光　1992b「姫川・出雲・玉つくり―日本海交流の一視点―」高澤裕一 編『北陸社会の歴史的展開』能登印刷・出版部　9-32 頁。

河村好光　2000「ヒスイ勾玉の誕生」『考古学研究』第 47 巻第 3 号　考古学研究会　44-62 頁。

河村好光　2008「ヒスイ勾玉の誕生と変遷」『ヒスイ文化フォーラム 2007　ヌナカワとヒスイ―講演記録―』糸魚川市　46-50 頁。

河村好光　2010「第 5 章　一つの大きな倭の形成」『倭の玉器―玉つくりと倭国の時代』青木書店　128-155 頁。

河村好光　2014「日本考古学史における自民族認識」『日本考古学』日本考古学協会　19-36 頁。

河村好光・H.A. クリューエフ・Yuri.G ニキーチン　2016「ロシア沿海地方の玉」『中国とロシア沿海地方における渤海の考古学的研究』科学研究補助金　基盤研究 B 研究成果報告書　金沢学院大学　118-151 頁。

瓦吹　堅　1998「第八編　縄文時代翡翠製勾玉覚書—七社宮遺跡の資料を中心に—」『七社宮　福島県浪江町七社宮における縄文時代晩期の動物祭祀遺跡』浪江町教育委員会　287-291 頁。

木内石亭　1936「曲玉問答」中川泉三編『木内石亭全集』巻 1　下郷共済会　21-41 頁。

菊池　寛　1927『日本建國童話集（初級用）』小學生全集　第 6 巻　興文社・文藝春秋社　19-33 頁。

菊池照夫・山岡邦章　2007「島根県内玉作遺跡より出土する紅簾石片岩製内磨砥石の石材産出地の検討」『古代文化研究』第 15 号　27-40 頁。

岸川清信　1930「硝子製勾玉の一例」『考古學雑誌』第 20 巻第 12 號　考古學會　861-864 頁。

岸本竹美　2003「グスク時代及び近世出土の玉製品に関する考察」『紀要　沖縄埋文研究 1』55-72 頁。

岸本竹美　2011「第 4 章　考古資料解説（論考・資料一覧）　沖縄県出土の玉類に関する考察」『沖縄のガラス・玉等製品関係資料調査報告書』沖縄県教育委員会　158-164 頁。

北山峰生　2007「北近畿における墳墓出土玉類の検討」『玉文化』第 4 号　日本玉文化研究会　1-39 頁。

喜田貞吉　1933「八坂瓊之曲玉考」『歴史地理』61-1　日本歴史地理學會　1-19 頁。

木下尚子　1987「弥生定形勾玉考」『東アジアの考古と歴史』中　岡崎敬先生退官記念事業会　541-591 頁。

木下尚子　2000「装身具と権力・男女」『女と男，家と村』古代史の論点②　小学館　187-212 頁。

木下尚子　2001「双口土器と獣形勾玉」『鹿児島考古』第 35 号　75-84 頁。

木下尚子　2003「農民的装身具の成立—弥生時代開始期における北部九州装身具の動向—」『先史学・考古学論究Ⅳ』考古学研究室総説 30 周年記念論文集　437-460 頁。

木下尚子　2005「階級社会の垂飾　ヒスイ勾玉の誕生と展開—弥生時代から奈良時代まで—」『ヒスイ文化フォーラム 2005　神秘の勾玉—弥生・古墳時代の翡翠文化』資料集　16-21 頁。

木下尚子　2011「第六章　威信財と祭器　四　装身具」甲元眞之・寺沢　薫 編『講座日本の考古学 6　弥生時代（下）』青木書店　296-315 頁。

木下尚子　2013「弥生時代の管玉と勾玉—消費地からみた生産と流通」『日本海を行き交う弥生の宝石〜青谷上寺地遺跡の交流を探る〜』青谷上寺地遺跡フォーラム 2013 資料集　26-35 頁。

木下尚子　2018「岡山市津寺遺跡出土ヒスイ玉の位置付け」『古代吉備』第 29 集　古代吉備研究会　1-11 頁。

九州縄文研究会・沖縄大会実行委員会　2005『九州の縄文時代装身具』第 15 回　九州縄文研究会沖縄大会資料集。

清野謙次　1944「第一章　勾玉に關する諸著述」『日本人種論變遷史』小山書店　303-316 頁。

京都大学大学院文学研究科　2005『紫金山古墳の研究—古墳時代前期における対外交渉の考古学的研究—』平成 14〜16 年度科学研究費補助金（基盤研究（B）(2)）研究成果報告書。

金　元龍　1986「韓国考古学概説」第 3 版　一志社。

国土交通省九州地方整備局佐賀国道事務所・佐賀県教育委員会　2005『古代の中原遺跡〜解き明かされる鏡の渡し〜』。

国士舘大学文学部考古学研究室　1988『烏山遺跡』。

国立文化財機構・奈良文化財研究所　2011『古代の玉—最新の保存科学的研究の動向—』。

小瀬康行　1989「古墳時代ガラス勾玉の成形法について—内部気泡の観察を中心として—」『考古學雑誌』第 75 巻第 1 号　40-59 頁。

小瀬康行　1994「勾玉鋳范の構造と系譜」岩崎卓也先生退官記念論文集編集委員会 編『日本と世界の考古学—現代考古学の展開—』雄山閣出版　216-225 頁。

小瀬康行　1997「鋳型によるガラス勾玉の復元と考察」『東京家政学院生活文化博物館年報』第5号　61-70頁。

小寺智津子　2006「弥生時代のガラス製品の分類とその副葬にみる意味」『古文化談叢』第55集　九州古文化研究会　47-79頁。

小寺智津子　2010「小羽山30号墓出土のガラス製品―その様相と地域間交流―」『小羽山墳墓群の研究　越地方における弥生時代墳丘墓の研究―研究編―』福井市立郷土歴史博物館・小羽山墳墓群研究会　279-292頁。

小寺智津子　2016『古代東アジアとガラスの考古学』同成社。

後藤守一　1927a「第3章　先史時代の遺物　6装身具」『日本考古學』四海書房　89-96頁。

後藤守一　1927b「第4章　餘説　ち　胸飾・頸飾等の用としての玉類」『日本考古學』四海書房　181-188頁。

後藤守一　1930「第3　玉・石工藝附ガラス　ハ勾玉」『考古学講座　上古の工藝』第25巻　雄山閣　171-196頁。

後藤守一　1940「古墳副葬の玉の用途に就いて」考古學會 編『鏡劔及玉の研究』吉川弘文館　279-315頁。

後藤守一　1946「三種の神器の考古学的檢討」『あんとろぽす』創刊號　3-13頁。

後藤守一　1947『日本古代史の考古学的檢討』山岡書店。

小林清隆　2017「房総における縄文時代後晩期の石製玉類概観」『千葉縄文研究』7　千葉縄文研究会　103-112頁。

小林達夫　1967「縄文晩期における〈土版・岩版〉研究の前提」『物質文化』第10号　物質文化研究会　1-8頁。

小林行雄　1932a「彌生式土器聚成圖　武蔵相模之部」『考古學』第3巻第4號　第二彌生式號　東京考古學會　口絵。

小林行雄　1932b「第二編　吉田土器及び遠賀川土器とその伝播」『考古學』第3巻第5號　東京考古學會　159-156頁。

小林行雄　1932c「彌生式土器聚成圖　畿内之部　其一」『考古學』第3巻第7號　東京考古學會　197頁。

小林行雄　1933a「彌生式土器聚成圖稿　畿内之部　其二」『考古學』第4巻第8號　東京考古學會　243頁。

小林行雄　1933b「彌生式土器聚成圖　遠賀川系土器之部」『考古學』第4巻第8號　東京考古學會　244頁。

小林行雄　1933c「先史考古學に於ける様式問題」『考古學』第4巻第8號　東京考古學會　223-238頁。

小林行雄　1947「日本古代文化の諸問題―考古學者の對話」高桐書院。

小林行雄　1959「集成　corpus」水野清一・小林行雄 編『図解　考古学辞典』東京創元社　436-437頁。

小林行雄　1964「Ⅲ　瑠璃」『続古代の技術』塙選書44　塙書房　187-298頁。

小林行雄　1978「弥生古墳時代のガラス工芸」『MUSEUM』no.324　4-13頁。

小松　譲　2011「唐津地域の弥生時代石製装身具―弥生時代中期・後期の玉作りの可能性」『魏志倭人伝の末盧国・伊都国―王（墓）と翡翠玉―』第9回日本玉文化研究会北部九州地方大会資料集　11-40頁。

小山雅人　1992a「弥生勾玉の分布とその変遷」『究班』埋蔵文化財研究会15周年記念論文集　埋蔵文化財研究会　25-32頁。

小山雅人　1992b「近畿地方の弥生勾玉」『京都府埋蔵文化財情報』第46号　12-26頁。

小山雅人　1996「超大型の弥生勾玉」『京都府埋蔵文化財論集』第3集　京都府埋蔵文化財調査センター　137-144頁。

斎藤あや　2011「付編2　大原遺跡2号方形周溝墓出土の玉類について」『大原遺跡』横浜市ふるさと歴史財団　195-205頁。

斎藤　忠　1940「南鮮古墳発見の玉類とその佩用に就いて」考古學會 編『鏡劔及玉の研究』吉川弘文館 377-406 頁。

斎藤　忠　1943『朝鮮古代文化の研究』地人書院。

斎藤　忠　1963『古代の装身具』塙書房。

斎藤　忠　1966『古墳文化と古代国家』至文堂。

斎藤　忠　1977「勾玉に関する記述」『シーボルト『日本』の研究と解説』講談社　168-171 頁。

斎藤　忠　1990a「第 3 章　遺跡・遺物に対する学史上の諸問題　第 3 節　学術用語の中の廃絶語と伝統語」『日本考古学史の展開』日本考古学研究 3　学生社　420-447 頁。

斎藤　忠　1990b「第 5 節　シーボルトの曲玉の研究」『日本考古学史の展開』日本考古学研究 3　学生社 471-481 頁。

斎藤　忠　1992「集成図」『日本考古学用語辞典』学生社　202-203 頁。

斎藤義弘　1998「弥生時代中期の勾玉製作技法とアメリカ式石鏃製作について」『福島考古』第 39 号　福島県考古学会　37-56 頁。

早乙女雅博・早川泰弘　1997「日韓硬玉製勾玉の自然科学的分析」『朝鮮学報』第 162 輯　朝鮮学会 21-42 頁。

酒井英一　2007「縄文勾玉に対する江戸時代の人の考え方―安倍親任著『筆濃餘理』より―」『玉文化』第 4 号　日本玉文化研究会　46-49 頁。

佐賀県教育委員会　2010『中原遺跡IV　11 区・13 区の弥生時代甕棺墓の調査』。

山陰考古学研究集会事務局　2008『山陰における弥生時代の鉄器と玉』第 36 回山陰考古学研究集会資料集。

P.F.von シーボルト 著、中井晶夫・妹尾守雄・末木文美士・石山禎一 訳　1978「第 6 編　勾玉（原題　考古学―古代日本島住民の宝物である勾玉）」『シーボルト『日本』』第 4 巻　雄松堂書店　1-12 頁。

潮見　浩　1988「VI　ガラス」『図解　技術の考古学』有斐閣　95-102 頁。

塩谷　修　2018「第 5 章　土浦入の古墳時代玉作り」『霞ヶ浦の古墳時代　内海・交流・王権』高志書院 111-143 頁。

鹿持雅澄　1946「玉蜻考」『万葉集古義』8　目黒書店　452-457 頁。

篠原祐一　2009「勾玉の規格性に関する一考察」『栃木県考古学会誌』第 30 集　記念特大号　栃木県考古学会 139-146 頁。

篠原祐一　2010「勾玉腹部弧の数値化に関する一考察」『日本基層文化論叢』椙山林継先生古稀記念論集 雄山閣　186-196 頁。

柴田常恵　1910a「出雲雑記（二）」東京人類學會雜誌』第 25 巻　第 293 号　東京人類學會 420-423 頁。

柴田常恵　1910b「出雲雑記（三）」東京人類學會雜誌』第 25 巻　第 294 号　東京人類學會 460-465 頁。

柴田常恵　1916「各種の勾玉」『人類學雜誌』第 31 巻第 1 號　東京人類學會　1-3 頁。

柴田常恵　1924a「先史時代　先住氏族（1）石製品　勾玉」『日本考古學』國史講習會　41-43 頁。

柴田常恵　1924b「歴史時代　遺物（1）身體装飾品　勾玉」『日本考古學』國史講習會　83-85 頁。

島田貞彦・小泉顯夫　1927「日本及朝鮮発見玉製勾玉類比重測定統計」『出雲上代玉作遺物の研究』京都帝國大學文學部考古學研究報告　第 10 冊　臨川書店　79-102 頁。

島田貞彦　1933「琉球勾玉考」『歴史と地理』31 巻第 1 号　史學地理學同攷會　30-43 頁。

島田貞彦　1940「勾玉雑考」考古學會 編『鏡劔及玉の研究』吉川弘文館　317-328 頁。

島田貞彦　1941「日本發見の硬玉に就いて」『考古學雑誌』第 31 巻第 5 號　75-76 頁。

島根県教育委員会　1987『島根県生産遺跡分布調査報告IV―玉作関係遺跡―』。

島根県古代文化センター　2004『古代出雲における玉作の研究 I―中国地方の玉作関連遺跡集成―』。

島根県古代文化センター　2005『古代出雲における玉作の研究 II―中国地方の玉製品出土遺跡集成―』。

## 引用・参考文献

清水邦彦　2015「ガラス勾玉生産と銅鐸生産の関係性—東奈良遺跡の事例とその系譜から—」『森浩一先生
　　　　に学ぶ—森浩一先生追悼論集—』同志社大学考古学シリーズⅪ　235-244頁。

下垣仁志　2016「論考　集成の概要と活用」『日本列島出土鏡集成』同成社　529-551頁。

下地　馨　1944「宮古曲玉の研究」『南島』第2輯　96-135頁。

城陽市教育委員会　2015『久津川車塚古墳　2015年度発掘調査の概要』現地説明会資料。

新人物往来社　1990『歴史読本』4月号（第35巻第7号）。

新人物往来社　2008『歴史読本』6月号（第53巻第6号）。

末永雅雄・嶋田　暁・森　浩一　1954『和泉黄金塚古墳』東京堂出版。

菅原康夫　1988「吉野川上流の勾玉製作—徳島県稲持遺跡の攻玉形態について—」森　浩一　編『考古学と
　　　　技術』同志社大学考古学シリーズⅣ　259-272頁。

菅原康夫　2013「蛇紋岩性勾玉の生産と流通」『玉の魅力に迫る—四国と周辺の玉生産と玉文化—』開館
　　　　15周年記念特別企画展記念シンポジウム資料集　31-47頁。

菅原康夫　2015「蛇紋岩性弥生勾玉の拡散」『森浩一先生に学ぶ—森浩一先生追悼論集—』同志社大学考古
　　　　学シリーズⅪ　219-234頁。

椙山林継　2015「たまと玉作—玉作り遺跡調査の回顧とまつりの玉—」『古墳時代の玉作りと神まつり』古
　　　　代歴史文化協議会　1-8頁。

鈴木克彦　2004「縄文勾玉—曲玉から勾玉へ—」『季刊考古学　縄文時代の玉文化』第89号　雄山閣
　　　　25-27頁。

鈴木克彦　2005「現状と課題3　北日本における硬玉の変遷と特質—特に、ヒスイ勾玉の起源と発展—」
　　　　『日本玉文化研究会第3回北海道大会研究発表会要旨・資料集』152-172頁。

鈴木克彦　2006「縄文勾玉の起源に関する考証」『玉文化』第3号　日本玉文化研究会　1-22頁。

鈴木克彦　2013「縄文勾玉研究の展望」『玉文化』第10号　日本玉文化研究会　45-56頁。

鈴木克彦　2015「北日本琥珀玉調査概要—2014年度（初年度）」『玉文化』第12号　日本玉文化研究会
　　　　39-75頁。

鈴木克彦　2016a「北日本琥珀玉調査概要—2015年度（2年次）」『玉文化』第13号　日本玉文化研究会
　　　　1-44頁。

鈴木克彦　2016b「縄文から弥生への変革期における縄文晩期の玉」『玉文化』第13号　日本玉文化研究会
　　　　61-81頁。

鈴木克彦　2017「北日本琥珀玉調査概要—2016年度（最終年次）」『玉文化』第14号　日本玉文化研究会
　　　　1-20頁。

鈴木克彦・高橋浩二・斎藤瑞穂・熊木俊朗・植田直見・赤沼英男　2018「日本琥珀玉文化・研究費調査、
　　　　研究概要—平成29（2017年）年度（初年次）」『玉文化』第15号　日本玉文化研究会　1-14頁。

鈴木真実子　2012「縄文勾玉の終焉と再生」『玉文化』第9号　日本玉文化研究会　1-32頁。

関　雅之　2013「新潟県における縄文・弥生時代ヒスイ勾玉の一考察—縄文勾玉の形態と弥生勾玉の生産
　　　　及びヒスイ産地の玉問題—」『新潟考古』第24号　新潟県考古学会　61-80頁。

大門一樹　1967「昭和時代」『物価の百年』早川書房　235-256頁。

高木市之助・五味智英・大野　晋　校注　1960『万葉集三』日本古典文学大系6　岩波書店。

高木市之助・五味智英・大野　晋　校注　1962『万葉集四』日本古典文学大系7　岩波書店。

高野和人　1999『天皇陵絵図資料集』青潮社。

高橋　勇　1933「五、アイヌの墓より出た玉類」『考古學雑誌』第23巻　第1號　考古學會　57-58頁。

高橋健自　1911『鏡と剣と玉』冨山房。

高橋健自　1916「石器時代の勾玉について」『人類學雑誌』第31巻第1號　東京人類學会　26-28頁。

高橋健自　1928「勾玉と鈴に就いて」『考古學雑誌』第 18 巻第 7 號　考古學會　373-384 頁。

高橋浩二　2008「弥生時代における翡翠勾玉の製作技術と生産の様相」『北陸における弥生・古墳時代玉作の変革』第 6 回日本玉文化研究会　石川大会　発表要旨集　28-38 頁。

高橋浩二　2010「翡翠半玦形勾玉の製作技術と地域性の背景」『待兼山考古学論集Ⅱ―大阪大学考古学研究室 20 周年記念論集―』215-230 頁。

高橋浩二　2012a「翡翠半玦形勾玉の製作技術と地域性の背景」『古墳時代におけるヒスイ勾玉の生産と流通過程に関する研究』平成 21〜23 年度科学研究費補助金　若手研究（B）研究成果報告書　富山大学人文学部　5-20 頁。

高橋浩二　2012b「翡翠定形勾玉の製作技術と流通過程、および北陸における製作開始時期の検討」『古墳時代におけるヒスイ勾玉の生産と流通過程に関する研究』平成 21〜23 年度科学研究費補助金若手研究（B）研究成果報告書　富山大学人文学部　21-33 頁。

高橋浩二　2012c「味雛王陵地區古墳群および皇吾洞 34 号墳出土の翡翠勾玉」『韓半島出土翡翠勾玉集成―釜山・金海編―』平成 21 年〜23 年度科学研究費補助金若手研究（B）研究成果報告書　24-39 頁。

高橋浩二　編　2016『韓半島出土翡翠勾玉集成　忠清道・全羅道編』平成 24 年〜27 年度科学研究費補助金（基盤研究C）研究成果報告書。

高橋進一　1992「21　玉作遺跡と玉製品」『吉備の考古学的研究（下）』山陽新聞社　79-100 頁。

竹内理三・井上辰雄・江坂輝彌・加藤晋平・小林達雄・坂詰秀一・佐々木銀彌・佐原　眞・平川紀一　編　1983『考古遺跡・遺物地名表』日本歴史地図〈原始・古代編〉別巻　柏書房。

辰巳和弘　2004「勾玉、そのシンボリズム」『地域と古文化』『地域と古文化』刊行会　370-379 頁。

辰巳和弘　2011a「Ⅲ　古代人の他界観　第 2 章　魂のなびき、他界へのわたり」『他界へ翔る舟―「黄泉の国」の考古学』新泉社　309-314 頁。

辰巳和弘　2011b「Ⅲ　古代人の他界観　第 3 章　勾玉のシンボリズム」『他界へ翔る舟―「黄泉の国」の考古学』新泉社　315-320 頁。

谷川章雄　2008「沖縄の玉とその交易」『日琉交易の黎明―ヤマトからの衝撃』叢書・文化学の越境 17　森話社　285-303 頁。

谷川士清　1774『勾玉考』。

谷澤亜里　2014a「弥生時代後期・終末期の勾玉からみた地域間関係とその変容―西日本の墓出土資料を中心に―」『考古学研究』第 61 巻第 2 号　考古学研究会　65-84 頁。

谷澤亜里　2014b「玉類からみた古墳時代の地域間関係―前期の北部九州地域を中心に―」『古墳時代の地域間交流 2』第 17 回九州前方後円墳研究会　大分大会資料　49-68 頁。

谷澤亜里　2019「古墳時代前期の山陰系玉類―出雲地域、北部九州地域の様相から―」『古墳時代の玉類の研究』島根県古代文化センター　95-112 頁。

谷　千生　1888「曲玉用法考」『東京人類學會雑誌』第 3 巻第 28 號　東京人類學會　275-278 頁。

田原本町教育委員会　2008『唐古・鍵遺跡Ⅰ』。

田平徳栄　2008「九州における弥生時代ヒスイ勾玉の製作と流通について」『佐賀県立名護屋城博物館研究紀要』第 14 集。

玉城一枝　1990「弥生・古墳時代における硬玉の拡がり」森　浩一　編『古代翡翠道の謎』新人物往来社　141-159 頁。

玉元陽子　2011「古墳時代からの勾玉や管玉・石笛を数え、その年の吉凶を占う玉依比売命神社（長野県）の「児玉石神事」」『ミネラ（MINERA）』no.12　44-47 頁。

玉湯町教育委員会　1972『史跡出雲玉作跡　発掘調査概報』。

引用・参考文献

田村晃一　1986「手工業製品の対外流通」『岩波講座　日本考古学3　生産と流通』岩波書店。

淡　厓　1888「曲玉の有無如何」『東京人類學會雑誌』第3巻第26號　東京人類學會　178-179頁。

崔　恩珠　1986「韓国曲玉の研究」『崇実史学』第4輯（※論題の「の」はハングル表記）。

茅原一也　1964「長者ケ原遺跡のヒスイ（翡翠）について（概報）」『長者ケ原』新潟県糸魚川市教育委員
　　　　　　会　63-73頁。

茅原一也　1987『ヒスイの科学』茅原一也教授退官記念会。

千葉県文化財センター　1979『研究紀要』4　考古学からみた房総文化―古墳時代―（墓制の基礎資料）。

千葉県文化財センター　1992『研究紀要』13　生産遺跡の研究2―玉―。

土田孝雄　1982『翠の古代史　ヒスイ文化の源流をさぐる』奴奈川文化叢書①　奴奈川郷土文化研究会。

坪井正五郎　1886「管玉曲玉ノ新説　坪井正五郎曰」『東京人類學會報告』第1巻第8號　東京人類學會
　　　　　　160-164頁。

坪井正五郎　1889「パリ通信」『東京人類學會雑誌』第5巻第44號　東京人類學會　17-27頁。

坪井正五郎　1890「曲玉に關する羽柴、三宅二氏の説を讀み再び思ふ所を述ぶ」『東京人類學會雑誌』第5
　　　　　　巻第54號　東京人類學會　371-374頁。

坪井正五郎　1891a「ロンドン通信」『東京人類學會雑誌』第6巻第62號　東京人類學會　263-273頁。

坪井正五郎　1891b「ロンドン通信」『東京人類學會雑誌』第6巻第66號　東京人類學會　412-416頁。

坪井正五郎　1891c「ロンドン通信」『東京人類學會雑誌』第7巻第69號　東京人類學會　102-103頁

坪井正五郎　1904「曲玉製造法」『集古會誌』巻之3　集古會。

坪井正五郎　1908「曲玉の形状種類」『東京人類學會雑誌』第23巻第266号　東京人類學會　287-296頁。

坪井正五郎　1910「管玉曲玉の未製品」『東京人類學雑誌』第25巻第294號　東京人類學會　454-458頁。

鶴岡市史編纂会 編　1977『鶴岡市史資料編　上巻』荘内史料集2。

鶴岡市史編纂会 編　1978『鶴岡市史資料編　下巻』荘内史料集3。

寺泊町　1991『寺泊町史　資料編1』。

寺村光晴　1964「古代攻玉技術とその復元的考察」『國學院雑誌』第65巻第6号　57-85頁。

寺村光晴　1966『古代玉作の研究』国学院大学考古学研究報告第3冊　吉川弘文館。

寺村光晴　1968a「ヒスイ転変」『翡翠（ひすい）―日本のヒスイとその謎を探る―』養神書店　109-126頁。

寺村光晴　1968b「魏志倭人伝「青大句珠」をめぐる諸問題―邪馬台国の所在論に関連して」『國史學』第
　　　　　　77号　21-44頁。

寺村光晴　1970「編集後記」『日本玉研究会会誌』第1号　日本玉研究会　11頁。

寺村光晴　1972「「たま」の系譜―古代玉概念の再検討―」『和洋国文研究』8号　和洋女子大学国文学会
　　　　　　56-63頁。

寺村光晴　1974『下総国の玉作遺跡』雄山閣。

寺村光晴　1980a『古代玉作形成史の研究』吉川弘文館。

寺村光晴　1980b「第一章　研究の基礎的前提　二　玉の性格と変遷」『古代玉作形成史の研究』吉川弘文
　　　　　　館　43-56頁。

寺村光晴　1981「3　玉」『三世紀の考古学』中巻　三世紀の遺跡と遺物　学生社　241-263頁。

寺村光晴　1984「日韓古代のヒスイと玉」森　浩一 編『シンポジウム　東アジアと日本海文化』小学館
　　　　　　173-196頁。

寺村光晴・谷川健一　1984「対談　古代日本人の信仰―タマをめぐって―」『東アジアの古代文化』第39
　　　　　　号　大和書房　2-34頁。

寺村光晴　1985「日本先史時代の琥珀―出現と様相―」和洋女子大学 編『学部創業三十五周年　記念論文
　　　　　　集』125-149頁。

寺村光晴　1995『日本の翡翠―その謎を探る―』吉川弘文館。

寺村光晴　1998「65　日本の硬玉（翡翠）製玉類の生産」鄧　聰　編『東亜玉器』vol.Ⅱ　中國考古藝術研究中心　297-311 頁。

寺村光晴　2004「巻頭言―創刊にあたって―」『玉文化』創刊号　日本玉文化研究会。

寺村光晴　2015「巻頭言―日本玉文化学会の発足にあたって―」『玉文化研究』創刊号　日本玉文化学会　ⅰ 頁。

寺村光晴 編　2004『日本玉作大観』吉川弘文館。

徳田誠志　2015「関西大学博物館所蔵「琉球勾玉」について―大形丁字頭勾玉出現の一考察」『関西大学博物館紀要』21　1-21 頁。

都市再生機構・埼玉県埋蔵文化財調査事業団　2012『反町遺跡Ⅲ』。

鳥取県埋蔵文化財センター　2013『青谷上寺遺跡出土品調査研究報告9　玉・玉作関連資料』。

戸根比呂子　2008「「東海系」の玉の流通」『玉文化』第 5 号　日本玉文化研究会　45-64 頁。

戸根比呂子　2014「7　七観古墳出土の玉」『七観古墳の研究―1947 年・1952 年出土遺物の再検討―』七観古墳研究会　295-305 頁。

戸根与八郎　1975「新潟県新発田市堂ノ前遺跡発見の勾玉」『日本玉研究会会誌』第 4 号　日本玉研究会　8-9 頁。

富山県教育委員会　1965『極楽寺遺跡発掘調査報告書』。

鳥居龍蔵　1894a「本邦石器時代ノ曲玉」『東京人類學會報』第 9 巻第 96 號　東京人類學會　225-227 頁。

鳥居龍蔵　1894b「琉球諸島女子現用ノはけだま及ビ同地方掘出ノ曲玉」『東京人類學會雑誌』第 9 巻第 96 號　東京人類學會　232-236 頁。

鳥居龍蔵　1895「曲玉形状の比較」『東京人類學雑誌』第 10 巻第 107 號　東京人類學會　209-210 頁。

内藤武義　1970「古代勾玉製作の実験的研究」『日本玉研究会会誌』第 1 号　日本玉研究会　7-9 頁。

仲原弘哲　2011「ノロ祭祀具の中の玉製品」『沖縄のガラス・玉等製品関係資料調査報告書』沖縄県教育委員会　43-55 頁。

中井伊奥太　1895「琉球諸島発見ノ曲玉ト阿波國発見ノ曲玉」『東京人類學會雑誌』第 10 巻第 107 號　211-212 頁。

中川成夫　1957「魏志倭人伝にみえる「青大句珠」の一解釈」『史苑』18-1　立教大学　85-90 頁。

中村大介・藁科哲男・田村朋美・小泉裕司　2014「玉類の流通と芝ヶ原古墳」『埼玉大学紀要（教養学部）』第 50 巻第 1 号　埼玉大学教養部　121-134 頁。

中村大介・藁科哲男・福辻　淳　2016「大和盆地東南部出土の石製玉類の産地同定」『纒向学研究』第 4 号　桜井市纒向学研究センター　91-115 頁。

中山太郎　1930「第 4 章　巫女の呪術に用ゐし材料　第 2 節　呪術の為に発達した器具」『日本巫女史』パルトス社　162-171 頁。

中山浩彦　2000「埼玉県内古墳出土の勾玉（Ⅰ）」『調査研究報告』第 13 号　埼玉県立さきたま資料館　15-20 頁。

中山浩彦　2001「埼玉県内古墳出土の勾玉（Ⅱ）」『調査研究報告』第 14 号　埼玉県立さきたま資料館　15-24 頁。

中山平次郎　1928a「爾後採集せる須玖岡本の甕棺遺物一」『考古学雑誌』第 18 巻第 6 号　15-40 頁。

中山平次郎　1928b「爾後採集せる須玖岡本の甕棺遺物二」『考古学雑誌』第 18 巻第 7 号　12-26 頁。

成澤孝治・土肥俊郎　2000「古代磨製出土品の勾玉とその再現加工・製作に関する研究」『埼玉大学紀要（教育学部）数学・自然科学』第 49 巻第 1 号　59-69 頁。

新潟県上越地域振興局・上越市教育委員会　2006『吹上遺跡―主要地方道上越新井線関係発掘調査報告書

Ⅰ—』。

西岡虎之助・服部之総 監修　1956『日本歴史地図』全国教育図書株式会社。

西谷　正　1982「朝鮮先史時代の勾玉」『古文化論集』上巻　森貞次郎博士古希記念　187-202 頁。

日本玉研究会　1975「「タマツクリ」名の採録（1）」『日本玉研究会会誌』第 4 号　12 頁。

日本玉文化研究会　2004〜2006「縄文時代ヒスイ玉集成」『玉文化』創刊号〜第 3 号。

日本玉文化研究会　2008〜2010「縄文時代翡翠玉集成」『玉文化』第 5 号〜第 7 号。

日本玉文化研究会　2012「翡翠玉集成」『玉文化』第 9 号。

ニューサイエンス社　2008『考古学ジャーナル　特集　玉生産研究の現状』No.567　1 月号。

野津左馬之助　1925「第二節　古墳の著しき発掘物と其比較研究　一、玉類」島根縣内務部島根縣史編『島
　　　　根縣史　四　古墳』島根縣　388-394 頁。

野村　崇　2005「北海道出土のヒスイ製装飾品」『地域と文化の考古学Ⅰ』六一書房　531-546 頁。

野本寛一　1975「玉と砂と　1 玉の伝承」『石の民俗』日本の民俗学シリーズ 1　雄山閣　239-262 頁。

朴　洪國　2018「韓国の玉原石産地をたずねて」『日韓交渉の玉文化を考える』日本玉文化学会 2018 年度
　　　　釜山大会研究発表要旨　日本玉文化学会　63-70 頁。

朴　天秀　2016「古代韓半島にける硬玉製勾玉の移入とその歴史的背景」『玉から古代日韓交流を探る』第
　　　　2 回古代歴史文化協議会講演会資料集　古代歴史文化協議会　1-8 頁。

羽柴雄輔　1886「管玉曲玉ノ新説」『東京人類學會報告』第 1 巻第 8 號　東京人類學會　160-164 頁。

羽柴雄輔　1890a「曲玉に就きて」『人類學會雑誌』第 5 巻第 50 號　東京人類學會　219-222 頁。

羽柴雄輔　1890b「坪井君の曲玉定義に就き黙するを得ず」『東京人類學會雑誌』第 6 巻第 55 號　東京人類
　　　　學會　22-24 頁。

橋本増吉　1932『東洋史上より観たる日本上古史研究』1　大岡山書店。

長谷部言人　1930「結縛崇拝 ``Obligoismus``」『人類學雑誌』第 45 巻第 10 號　東京人類學會　385-391 頁。

濱田耕作　1919「彌生土器型式分類聚成圖録」『京都帝國大學文學部考古學研究報告』第 3 冊　京都帝國大
　　　　學　57-62 頁。

濱田耕作　1922「第四編　研究　第 1 章　資料の整理鑑別　六八、「集成」の必要」『通論考古學』大鐙閣
　　　　140-142 頁。

濱田耕作　1927「（ロ）古代の攻玉法（一）」『出雲上代玉作遺物の研究』京都帝國大學文學部考古學研究報
　　　　告　第 10 冊　臨川書店　42-53 頁。

濱田耕作　1928「支那の古玉器と日本の勾玉」『東亜考古學論叢』NO.1　26-32 頁。

林　若吉　1896「予が得たる石器時代曲玉」『東京人類學会報』第 11 巻第 126 號　東京人類學會　504-506
　　　　頁。

原田淑人　1940「我國の硬玉問題に就いて」『考古學雑誌』第 30 巻第 6 號　421-428 頁。

原田淑人　1986『古代人の化粧と装身具』刀水歴史全書 25　刀水書房。

樋口清之　1940「垂玉考」考古學會 編『鏡劒及玉の研究』吉川弘文館　243-277 頁。

樋口清之　1948「日本の硬玉問題」『上代文化』第 18 輯　國學院大學考古學會　11-24 頁。

比佐陽一郎　2018「古代の玉に用いられる石材に関する新知見—福岡市内出土事例を中心として」同志社
　　　　大学考古学研究室 編『実証の考古学』同志社大学考古学シリーズ XII 487-502 頁。

韓　炳三　1976「曲玉の起源」『考古美術』129・130 合併号　韓國美術史學會　222-228 頁（※タイトルの
　　　　「の」はハングル表記。この研究は、鈴木真実子氏によって翻訳され、2012 年刊行の『玉文化』
　　　　第 9 号に収録されている）。

廣瀬時習　2003「弥生玉類の地域色—東北南部の勾玉生産と製品の流通—」『考古学に学ぶ（Ⅱ）』同志社
　　　　大学考古学シリーズⅧ　同志社大学考古学シリーズ刊行会　157-166 頁。

廣瀬時習　2006「弥生時代玉類の地域性」『季刊考古学　弥生・古墳時代の玉文化』第 94 号　雄山閣　30-33 頁。

廣瀬時習　2009「⑦玉生産と流通」『弥生社会のハードウェア』弥生時代の考古学 6　同成社　86-96 頁。

深田　浩　2006「瑪瑙製玉類の展開―島根県の様相を中心に―」『季刊考古学　弥生・古墳時代の玉文化』第 94 号　雄山閣　40-43 頁。

藤下昌信　1975「千葉県成田市郷部出土の硬玉製大形勾玉―川辺敏氏所蔵品について―」『日本玉研究会会誌』第 4 号　日本玉研究会　7-8 頁。

藤田　等　1977「弥生時代のガラス」松崎寿和先生退官記念事業会 編『考古論集―慶祝松崎寿和先生六十三歳論文集―』145-180 頁。

藤田　等　1994『弥生時代ガラスの研究―考古学的方法―』名著出版。

藤田富士夫　1972「攻玉遺跡の勾玉状石製品について―その発生と予察―」『日本玉研究会会誌』第 3 号　日本玉研究会　1-4 頁。

藤田富士夫　1988「ヒスイと古代人の心」森　浩一 編『古代翡翠文化の謎』新人物往来社　121-135 頁。

藤田富士夫　1989「Ⅱ各時代の玉文化の特色」『玉』考古学ライブラリー 52　ニュー・サイエンス社　14-105 頁。

藤田富士夫　1992「第 3 章日本ヒスイ文化の特質　第 2 節最後の勾玉文化」『玉とヒスイ―環日本海の交流をめぐって』同朋舎　122-138 頁。

藤田富士夫　2000「魏志倭人伝の「白珠五千孔青大句珠二枚」をめぐる若干の考察」『考古学論究』第 7 号　立正大学考古学会　94-104 頁。

藤田富士夫　2001「翡翠製勾玉」『季刊　文明のクロスロード　MUSEUM KYUSHU　特集　宝石と装身』第 18 巻第 2 号　3-10 頁。

藤田富士夫　2013「玉文化研究の現状と課題―主に縄文勾玉とその起源について―」『玉の魅力に迫る―四国と周辺の玉生産と玉文化―』開館 15 周年記念特別企画展記念シンポジウム資料集　1-12 頁。

藤田亮策　1957「硬玉問題の再検討」『古代』第 25・26 号合併号　早稲田大学考古学会　1-11 頁。

藤田亮策　1960「硬玉の勾玉」『日本古代史論叢』吉川弘文館　605-618 頁。

藤原秀樹　2006「北海道における縄文時代後期・晩期の墓制とヒスイ玉」『玉文化』第 3 号　日本玉文化研究会 23-90 頁。

埋蔵文化財研究会・大阪市文化財協会　2005『古墳時代の滑石製品―その生産と消費―』発表要旨・資料集。

前原市教育委員会　2005『潤地頭給遺跡―福岡県前原市立東風小学校建設に係る発掘調査概要―』前原市文化財調査報告書第 89 集。

松浦宥一郎　2009「中国新石器時代の勾玉」『玉文化』第 6 号　日本玉文化研究会　45-47 頁。

松浦宥一郎　2015「オルドスの勾玉―中国内蒙古自治区硯房渠窖蔵遺跡出土資料―」『玉文化研究』創刊号　日本玉文化学会　7-12 頁。

松岡静雄　1916「チの観念 Chiism に就て」『社會學雑誌』25　日本社會學會　22-29 頁。

松原　聡　2004「第Ⅱ部　翡翠の科学　第 1 章　翡翠とは何か？」『特別展　翡翠展　東洋の至宝』国立科学博物館企画展図録　毎日新聞社　38-41 頁。

松山義通　1905「一種の勾玉」『考古界』606-609 頁。

三浦　清・渡辺貞幸　1988「山陰地方における弥生墳丘墓出土玉材について―西谷 3 号墓出土品を中心に―」『島根考古学会誌』第 5 集　島根考古学会　45-63 頁。

水野　祐　1952『日本古代王朝史論序説』日本古代史研究叢書　第 1 冊　謄写版。

水野　祐　1969a「八　勾玉の謎」『勾玉』学生社　210-222 頁。

水野　祐　1969b「七　勾玉の道」『勾玉』学生社　165-209 頁。

水野　祐　1969c「三　三種の神器と勾玉」『勾玉』学生社　62-102頁。

水野　祐　1983「第11章　古代出雲の佩玉文化　第3節「三種の神器」と出雲の勾玉」『出雲國風土記論攷』東京白川書院　582-616頁。

水野裕之　1999「弥生勾玉からみた朝日遺跡とその周辺―愛知県の出土資料から―」『名古屋市見晴台考古資料館研究紀要』第1号　1-10頁。

宮城弘樹　2005「今帰仁阿応理屋恵勾玉について」『今帰仁城跡周辺遺跡Ⅱ―今帰仁城跡周辺整備事業に伴う緊急発掘調査報告書―』今帰仁村教育委員会。

三宅米吉　1889「曲玉カ」『東京人類學會雜誌』第5巻第45號　東京人類學會　55-56頁。

宮島　宏　2004『とっておきのひすいの話　増補改訂版』フォッサマグナミュージアム。

宮島　宏　2016『とっておきのヒスイの話5』糸魚川市教育委員会・フォッサマグナミュージアム。

宮島　宏　2018「第7章　ヒスイ再発見史」『国石翡翠』フォッサマグナミュージアム　150-179頁。

村上恭道　2000「Ⅲ　遼寧式銅剣・細形銅剣文化と燕」村上恭道 編『東夷世界の考古学』青木書店　55-77頁。

村上　隆　1995「研究余禄　金製勾玉の製作工程」『文化財論叢Ⅱ』同朋舎出版　64頁。

望月信成　1961「鏡と曲玉と剣」『古代文化』第7巻第1号　古代學協會　1-4頁。

本居宣長　1764-1798「おひつぎの考」『古事記傳』15-3　神代一三之巻（本居宣長　1968「おひつぎの考」大野　晋 編『本居宣長全集』第十巻　筑摩書房　201-202頁に所収）。

森　浩一　1992「連載　神話と伝説の考古学」『月刊　Asahi』朝日新聞社　86-91頁。

森　浩一　1993「第6章　八坂瓊勾玉」『日本神話の考古学』朝日新聞社　99-113頁。

森　貞成　1940「古墳出土玉類の研究に就て―其の名稱と分類に對する考察―」考古學會 編『鏡劔及玉の研究』吉川弘文館　329-343頁。

森貞次郎　1980「弥生勾玉考」『古文化論攷』鏡山猛先生古稀祈念論文集刊行会　307-882頁。

森本六爾　1932「彌生式土器聚成圖と彌生式時代地名表」『考古學』第3巻第4號　第二彌生式號　東京考古學會　109-110頁。

森本六爾　1933「時評　日本考古學に於ける聚成圖の問題」『考古學』第4巻第2號　東京考古學會　53-54頁。

森山　高　2012「縄文時代後・晩期の北日本出土勾玉の系統と傾向」『千葉大学文学部考古学研究室　考古学論攷Ⅰ』361-384頁。

森山　高　2015「縄文時代後・晩期の北日本出土勾玉の形態別特徴」『千葉大学文学部考古学研究室　考古学論攷Ⅱ』141-182頁。

兩角守一　1931a「石器時代勾玉の研究」『考古學』第2巻第3號　37-46頁。

兩角守一　1931b「石器時代勾玉の研究（下）」『考古學』第2巻第5・6號　33-40頁。

門田誠一　1988「古代韓国の玉文化」『第2回翡翠と日本文化を考えるシンポジウム―ヒスイは語る　越の大地に―』資料集　36-41頁。

門田誠一　1989「日本と韓国における硬玉製勾玉についての再吟味」『日本海文化研究』富山市・富山市教育委員会　49-86頁。

門田誠一　1990「古代韓国の玉文化」森　浩一 編『古代翡翠道の謎』新人物往来社　161-181頁。

門田誠一　2005「朝鮮半島の勾玉―ヒスイ勾玉の出現から消滅―」『ヒスイ文化フォーラム2005　神秘の勾玉―弥生・古墳時代の翡翠文化』資料集　22-27頁。

八木奘三郎　1898「第2節　装飾品」『日本考古學』後編　愛善社　228-342頁。

八幡一郎　1940「硬玉製大珠の問題」『考古學雜誌』第30巻第5号號　考古學會　344-355頁。

八幡一郎　1941「硬玉の礦脈」『ひだびと』第9年第6號　飛騨考古土俗学界　9-11頁。

山田琴子　2015「埼玉県の玉作り遺跡について」『古墳時代の玉作りと神まつり』第1回古代歴史文化協議会講演会　資料集　9-12頁。

雄山閣　2004『季刊考古学　縄文時代の玉文化』第89号。

雄山閣　2006『季刊考古学　弥生・古墳時代の玉文化』第94号。

湯尾和弘　2003「日本列島における勾玉の生産と流通」『金大考古』第41号　金沢大学考古学研究室　1-2頁。

ユニー株式会社・埼玉県埋蔵文化財調査事業団　2011『反町遺跡Ⅱ』。

由水常雄　1978「東洋古代ガラスの技法」『MUSEUM』no.324　東京国立博物館　14-23頁。

横山　学　1971「沖縄・波照間島の勾玉」『古代研究』創刊号　早稲田古代研究会　22-28頁。

米田克彦　1998「出雲における古墳時代の玉生産」『島根考古学会誌』第15集　島根考古学会　21-51頁。

米田克彦　2008「古墳時代玉生産の変革と終焉」『月刊考古学ジャーナル』No.567　1月号　ニューサイエンス社　18-23頁。

米田克彦　2009a「第3章　出雲玉作の特質について　第3節　穿孔技術からみた出雲玉作の特質と系譜」『出雲玉作の特質に関する研究―古代出雲における玉作の研究Ⅲ―』島根県古代文化センター　93-126頁。

米田克彦　2009b「勾玉祭祀の波及―弥生時代の中国地方を中心に―」一山典還暦記念論集刊行会　編『考古学と地域文化』103-122頁。

米田克彦　2011「四国地方における弥生時代勾玉祭祀の波及」『玉文化』第8号　日本玉文化研究会　23-40頁。

米田克彦　2013a「環瀬戸内海の勾玉祭祀」『吉備弥生社会の新実像・吉備弥生時代のマツリ・弥生墓が語る吉備』考古学研究会例会シンポジウム記録9　129-155頁。

米田克彦　2013b「瀬戸内海沿岸の弥生勾玉」『玉の魅力に迫る―四国と周辺の玉生産と玉文化―』開館15周年記念特別企画展記念シンポジウム資料集　48-65頁。

米田克彦　2014「中四国地方における前期古墳の玉類副葬に関する予察」『前期古墳編年を再考する―広域編年再構築の試み―』中国四国前方後円墳研究会　第17回研究集会　発表要旨集・資料集　23-40頁。

米田克彦　2018「玉類」中国四国前方後円墳研究会　編『前期古墳編年を再考する』六一書房　31-42頁。

米田克彦　2019「古墳時代玉作遺跡の分布と変遷」『古墳時代の玉類の研究』島根県古代文化センター　47-80頁。

盧　希淑　2009「韓国の玉文化」『玉と王権』西都原考古博物館　国際交流展　図録　94-106頁。

渡辺暉夫・勝部　衛　1983a「布志名狐廻遺跡出土の結晶片岩製内磨砥石」『山陰文化研究紀要』第23号　島根大学　15-21頁。

渡辺暉夫・勝部　衛　1983b「島根県玉湯町出土の結晶片岩内磨砥石の原石供給地に関する考察」『考古学と自然科学』第16号　日本文化財科学会　43-57頁。

渡辺暉夫　1984「出雲玉作遺跡出土の内磨砥石中の紅レン石の鉱物化学的特徴」『山陰文化研究紀要』第24号　島根大学　11-18頁。

和田千吉　1916「異形の勾玉」『人類學雑誌』第31巻第2號　43-47頁。

藁科哲男　1988「ヒスイの原産地を探る」森　浩一　編『古代翡翠文化の謎』新人物往来社　136-160頁。

藁科哲男　1990「ヒスイを科学する―その後の成果―」森　浩一　編『古代翡翠道の謎』新人物往来社　183-210頁。

藁科哲男　1994『玉類の原材産地分析から考察する玉類の分布圏の研究』平成5年度科学研究費補助金（一般研究C）研究成果報告書。

引用・参考文献

藁科哲男　1997「宇木汲田遺跡出土のヒスイ製勾玉、碧玉製管玉の産地分析」『佐賀県立博物館・佐賀県立
　　　　　美術館調査研究書』第 22 集。

藁科哲男　1998a『石器、玉類の原材産地分析から考察する石器、玉類の分布圏の研究』平成 7 年度〜平成
　　　　　9 年度科学研究費補助金（基盤研究（C）（2））研究成果報告書。

藁科哲男　1998b「勝負遺跡出土の玉材剥片の産地分析」『勝負遺跡・堂床古墳』183-195 頁。

藁科哲男　1999「第 5 章　産地同定」『自然科学と考古学 - ④　考古学と年代測定学・地球科学』同成社
　　　　　259-293 頁。

藁科哲男　2009「附編　自然科学分析　米坂古墳群出土玉類・造山 3 号墳出土玉類の産地分析」『出雲玉作
　　　　　の特質に関する研究—古代出雲における玉作の研究Ⅲ—』島根県古代文化センター・島根県埋
　　　　　蔵文化財調査センター　165-185 頁。

藁科哲男　2014「第Ⅲ章　産地同定分析」『八日市地方遺跡Ⅱ　第 3 部　製玉編　第 4 部　木器編』石川県
　　　　　小松市教育委員会　40-64 頁。

藁科哲男・朴洪國・田村朋美・中村大介・金奎虎　2018「(11) 花仙山産碧玉使用玉類と新発見浦項産碧
　　　　　玉玉材の産地同定について」『日本考古学協会第 84 回総会　研究発表要旨』日本考古学協会
　　　　　44-45 頁。

〔第 1 章〕

井上　巖　2012『玉類の分析法と原産地対比法　京都府・大阪府・兵庫県・岐阜県の各遺跡より出土した
　　　　　滑石製玉類、塩基性凝灰岩製玉類の岩質の共通性について』第四紀地質研究所。

大賀克彦　2002「弥生・古墳時代の玉」『考古資料大観 9　弥生・古墳時代　石器・石製品・骨角器』小学
　　　　　館　313-320 頁。

大賀克彦　2008「4 成塚向山 1 号墳出土の玉類〜滑石製品の出現と生産に関する認識を中心に〜」『成塚向
　　　　　山古墳群』499-516 頁。

大賀克彦　2009「第 2 章　山陰系玉類の基礎的研究」『出雲玉作の特質に関する研究—古代出雲における玉
　　　　　作の研究Ⅲ—』島根県古代文化センター　島根県埋蔵文化財調査センター　9-62 頁。

大坪志子　2015a「第Ⅵ章　九州ブランドの実態—九州縄文時代後晩期のクロム白雲母製玉—」『縄文玉文
　　　　　化の研究—九州ブランドから縄文文化の多様性を探る—』雄山閣　97-109 頁。

大坪志子　2015b「第Ⅶ章　九州ブランドの展開—九州周辺における縄文時代後晩期の玉—」『縄文玉文化
　　　　　の研究—九州ブランドから縄文文化の多様性を探る—』雄山閣　111-130 頁。

折口信夫　1996「剣と玉」『折口信夫全集』19　中央公論社　23-35 頁。

金関丈夫　1975「魂の色—まが玉の起り」『発掘から推理する』朝日選書 40　朝日新聞社　34-40 頁。

河村好光　1992「攻玉技術の革新と出雲玉つくり」『島根考古学会誌』第 9 集　島根考古学会　15-30 頁。

河村好光　2004「初期倭政権と玉つくり集団」『考古学研究』第 50 巻第 4 号　考古学研究会　55-75 頁。

木内石亭　1936「曲玉問答」中川泉三編『木内石亭全集』巻 1 下郷共済会　21-41 頁。

喜田貞吉　1933「八坂瓊之曲玉考」『歴史地理』61-1　日本歴史地理學會　1-19 頁。

木下尚子　2000「装身具と権力・男女」『女と男、家と村』古代史の論点②　小学館　187-212 頁。

九州縄文研究会　沖縄大会実行委員会　2005『九州の縄文時代装身具』第 15 回九州縄文研究会沖縄大会資
　　　　　料集。

九州縄文研究会　南九州縄文研究会　2012『縄文時代における九州の精神文化』第 22 回九州縄文研究会鹿
　　　　　児島大会資料集。

古代歴史文化協議会　2015『古墳時代の玉作りと神まつり』シンポジウム資料。

古代歴史文化協議会　2016『玉から子台日韓交流を探る』シンポジウム資料。

山陰考古学研究集会　2008『山陰における弥生時代の鉄器と玉』。

島根県古代文化センター　2005『古代出雲における玉作の研究Ⅱ―中国地方の玉製品出土遺跡集成―』。

谷川士清　1774『勾玉考』。

谷澤亜里　2014「弥生時代後期・終末期の勾玉からみた地域間関係とその変容―西日本の墓出土資料を中心に―」『考古学研究』第61巻第2号　考古学研究会　65-84頁。

坪井正五郎　1891「曲玉考材料」『東京人類學會報告』7-69　東京人類學會　102-103頁。

寺村光晴　1966『古代玉作の研究』吉川弘文館。

寺村光晴　編　2004『日本玉作大観』吉川弘文館。

中山浩彦　2000「埼玉県内古墳出土の勾玉（Ⅰ）」『調査研究報告』第13号　埼玉県立さきたま資料館　15-20頁。

中山浩彦　2001「埼玉県内古墳出土の勾玉（Ⅱ）」『調査研究報告』第14号　埼玉県立さきたま資料館　15-24頁。

日本玉文化研究会　2004〜2010「縄文時代ヒスイ玉集成」『玉文化』創刊号〜第7号。

深田　浩　2004「第2章第1節　島根県の玉作関連遺跡」『古代出雲における玉作の研究Ⅰ―中国地方の玉作関連遺跡集成―』島根県古代文化センター　8-19頁。

埋蔵文化財研究会　2005『古墳時代の滑石製品―その生産と消費』。

水野　祐　1969「八　勾玉の謎」『勾玉』学生社　210-222頁。

米田克彦　2009「第3節　穿孔技術からからみた出雲玉作の特質と系譜」『出雲玉作の特質に関する研究―古代出雲における玉作の研究Ⅲ―』島根県古代文化センター・島根県埋蔵文化財調査センター　93-126頁。

米田克彦　2015「出雲玉作研究の論点―古墳時代を中心に―」『古墳時代社会と出雲の玉』平成27年度　日本玉文化学会　島根大会資料集　11-20頁。

藁科哲男　1994『玉類の原材産地分析から考察する玉類の分布圏の研究』平成5年度科学研究費補助金（一般研究C）研究成果報告書。

藁科哲男　1998『石器、玉類の原材産地分析から考察する石器、玉類の分布圏の研究』平成7年度〜平成9年度科学研究費補助金（基盤研究（C）（2））研究成果報告書。

藁科哲男　2002『原材産地分析による石器、玉類の分布圏および黒曜石製遺物の水和層分析の研究』平成11年度〜平成13年度科学研究費補助金（基盤研究（C）（2））研究成果報告書。

藁科哲男　2005「第4章第2節　島根県内遺跡出土玉類・玉材剥片などの原材産地分析」『古代出雲における玉作の研究Ⅱ―中国地方の玉製品出土遺跡集成―』164-194頁。


〔第2章〕

梅原末治　1969「「上古の禽獣魚形勾玉」の補説　附　史前の大珠に就いて」『史學』第42巻　第1号　三田史学会　1-30頁。

大坪志子　2004「九州地方の玉文化」『季刊考古学　縄文時代の玉文化』第89号　雄山閣　59-62頁。

大坪志子　2019「九州における弥生勾玉の系譜」『考古学研究』第66巻第1号（通巻261号）　考古学研究会　24-41頁。

唐津市　1982『菜畑』。

河村好光　2000「ヒスイ勾玉の誕生」『考古学研究』第47巻　第3号　44-62頁。

木内石亭　1936「曲玉問答」『石之長者　木内石亭全集』巻1　下郷共済會。

木下尚子　1987「弥生定形勾玉考」『東アジアの考古と歴史』中　岡崎敬先生退官記念事業会　541-591頁。

木下尚子　2000「装身具と権力・男女」『女と男、家と村』古代史の論点②　小学館　187-212頁。

引用・参考文献

熊本県教育委員会　1994『ワクド石遺跡』。

小林行雄　1967　「銅鐸を祭る人びと」『女王国の出現』国民の歴史1　文英堂　208-235頁。

古森政次　1994「第Ⅶ章　総括」『ワクド石遺跡』熊本県教育委員会　230-238頁。

鈴木克彦　2004「縄文勾玉―曲玉から勾玉へ―」『季刊　考古学』第89号　25-27頁。

鈴木克彦　2006「縄文勾玉の起源に関する考証」『玉文化』第3号　日本玉文化研究会　1-22頁。

関　雅之　2013「新潟県における縄文・弥生時代ヒスイ勾玉の一考察―縄文勾玉の形態と弥生勾玉の生産
　　　　　及びヒスイ産地の玉問題―」『新潟考古』第24号　新潟考古学会　61-80頁。

高橋健自　1913『考古學』聚精堂。

高橋浩二　2012「翡翠定形勾玉の製作技術と流通過程、および北陸における製作開始時期の検討」『古墳時
　　　　　代におけるヒスイ勾玉の生産と流通過程に関する研究』富山大学人文学部　21-33頁。

坪井正五郎　1908「曲玉の形状種類」『東京人類學會雑誌』第23巻　第266号　東京人類學會　287-296頁。

寺崎祐助　1988「第Ⅵ章　まとめ」『糸魚川地区発掘調査報告書Ⅳ　原山遺跡　大塚遺跡』新潟県教育委員
　　　　　会　128-135頁。

寺村光晴　1995「六　ヒスイ転変―縄文時代から弥生時代へ―」『日本の翡翠　その謎を探る』吉川弘文館
　　　　　140-161頁。

鳥居龍蔵　1894「本邦石器時代ノ曲玉」『東京人類學會報』第9巻　第96號　東京人類學會　225-227頁。

林　若吉　1896「予が得たる石器時代曲玉」『東京人類學會報』第11巻　第126號　東京人類學會　504-
　　　　　506頁。

樋口清之　1940「垂玉考」考古學會 編『鏡劔及玉の研究』吉川弘文館　243-277頁。

藤田富士夫　1989「Ⅱ　各時代の玉文化の特色」『玉』考古学ライブラリー　52　ニュー・サイエンス社
　　　　　14-105頁。

水野　祐　1969「七　勾玉の道」『勾玉』學生社　165-209頁。

森貞次郎　1980「弥生勾玉考」『古文化論攷』鏡山猛先生古稀記念論文集刊行会　307-882頁。

両角守一　1931a「石器時代勾玉の研究」『考古學』第2巻　第3號　東京考古學會　37-46頁。

両角守一　1931b「石器時代勾玉の研究（下）」『考古學』第二巻　第5・6號　東京考古學會　33-40頁。

藁科哲男・東村武信　1994「第Ⅵ章　自然科学分析　1 ワクド石遺跡出土の硬玉製勾玉の産地分析」『ワク
　　　　　ド石遺跡』熊本県教育委員会　208-215頁。


〔第3章〕

愛知県埋蔵文化財センター　1993『朝日遺跡Ⅳ』。

赤星直忠博士文化財資料館・雨崎洞穴刊行会　2015『雨崎洞穴―三浦半島最古の弥生時代海蝕洞穴遺跡―』。

秋田県　1960『秋田県史　考古編』。

足立鍬太郎　1927「最近に調査したる駿東富士の古墳につきて」『静岡縣史蹟名勝天然記念物調査報告』第
　　　　　三集　静岡縣。

綾歌町教育委員会　2002『快天山古墳発掘調査報告書』。

綾部市教育委員会　1994『史跡　私市円山古墳整備事業報告』。

石村　智　2008「③威信財交換と儀礼」『儀礼と権力』弥生時代の考古学7　同成社　127-139頁。

出石町教育委員会　1985『田多地古墳群　田多地経塚群Ⅰ』。

糸満市教育委員会　1995『里東原遺跡』。

稲森賢次　1930『奈良県史跡名勝天然記念物調査報告第十一冊』。

犬山市教育委員会　2005『史跡　東之宮古墳調査報告書』。

岩手県江釣子村教育委員会　1990『江釣子遺跡群』。

岩手県紫波郡矢巾町教育委員会　1986『徳田遺跡群詳細分布調査報告書』。

岩出貞夫　1980『古墳発掘品調査報告』東京堂出版。

宇佐市教育委員会　1981『宇佐地区圃場整備関係発掘調査概報』。

宇佐市教育委員会　1986『駅館川流域遺跡群発掘調査報告書Ⅰ』。

宇佐市教育委員会　1998『宇佐地区遺跡群発掘調査概報』。

宇治市教育委員会　1988『宇治遺跡群Ⅰ』。

宇治市教育委員会　1991『宇治二子山古墳発掘調査報告』。

宇都宮市教育委員会　1996『塚山古墳群』。

有年考古館　1952『兵庫縣赤穂郡西野山第三號墳』。

宇部市教育委員会　1981『松崎古墳』。

宇美町教育委員会　1981『宇美観音浦―上巻―』。

梅原末治　1920『久津川古墳研究』。

梅原末治　1921『佐味田及新山古墳研究』。

梅原末治　1974「安土瓢箪山古墳」滋賀県編『滋賀県史蹟調査報告』第7冊　名著出版。

大分県教育委員会　1989『九州横断自動車道関係埋蔵文化財調査報告書（1）　草場第二遺跡』。

大分県教育委員会　1999『大分県埋蔵文化財年報7』。

大分県教育庁埋蔵文化財センター　2007『一般国道57号中九州横断道路建設事業に伴う埋蔵文化財調査報
　　　　告書（1）』。

大分県前方後円墳研究会　1990「大分県前方後円墳集成Ⅱ―大分市市尾上ノ坊古墳の測量調査―」『おおい
　　　　た考古』第3集　30-69頁。

大分県立宇佐風土記の丘歴史民俗資料館　1986『免ヶ平古墳発掘調査報告書』。

大賀克彦　2008「4　成塚向山1号墳出土の玉類　～滑石製品の出現と生産に関する認識を中心に～」『成
　　　　塚向山古墳群』499-540頁。

大賀克彦　2012「古墳時代前期における翡翠製丁字頭勾玉の出現とその歴史的意義」『古墳時代におけるヒ
　　　　スイ勾玉の生産と流通過程に関する研究』富山大学人文学部　49-60頁。

大阪市文化財協会　1999a『細工谷遺跡発掘調査報告Ⅰ』。

大阪市文化財協会　1999b『大阪市埋蔵文化財発掘調査報告―1996年度』。

大阪大学　1964『河内における古墳の調査』。

大阪大学南原古墳調査団　1992『長法寺南原古墳の研究』。

大阪府教育委員会　1957『河内松岳山古墳の調査』。

大阪府教育委員会　1967『弁天山古墳群の調査』。

大阪府教育委員会　1986『寛弘寺遺跡発掘調査概要・Ⅳ』。

大阪府教育委員会　1990『大和川今池遺跡発掘調査概要・Ⅶ』。

大阪府教育委員会　1994『堂山古墳群』。

大島村教育委員会編　1985『大島村史』。

大場磐雄　1930『石上神宮宝物誌』。

大場磐雄　1935『考古學』哲学全集第16巻　建設社。

大平村教育委員会　1993『穴ヶ葉山遺跡』。

大宮町教育委員会　1998『三坂神社墳墓群・三坂神社裏古墳群・有明古墳群・有明横穴群』。

大山崎町教育委員会　1980『大山崎町埋蔵文化財調査報告書』第1集。

岡崎市教育委員会　2003『高木・神明遺跡』。

岡山県　1986『岡山県史』第18巻　考古資料編。

引用・参考文献

岡山県教育委員会 ほか　2000『高塚遺跡　三手遺跡 2』。

沖縄県立埋蔵文化財センター　2005『首里城跡』。

桶川町教育委員会 1967『桶川町文化財調査報告 I』。

尾崎市教育委員会　1982『田能遺跡発掘調査報告書』。

小田富士雄　1972「九州」『神道考古学講座』第 2 巻　原始神道期　雄山閣　225-257 頁。

小田富士雄　1979『九州考古学研究　古墳時代篇』學生社。

各務原市埋蔵文化財調査センター　2008『熊田山北古墳群発掘調査報告書』。

香川県教育委員会 ほか　1988『瀬戸大橋建設に伴う埋蔵文化財発掘調査報告 V』。

柏原市教育委員会　1988『柏原市所在遺跡発掘調査概報　1987 年度』。

柏原市教育委員会　2004『玉手山古墳群の研究IV―副葬品編―』。

神奈川県教育委員会 1998『埋蔵文化財分布調査報告 40』。

神奈川県県民部県史編集室 1979『神奈川県史　資料 20　考古資料』。

金沢市（金沢市埋蔵文化財センター）　2013『畝田・寺中遺跡VIII』。

亀井明徳　1970「福岡市五島山古墳と発見遺物の考察」『九州考古学』38　九州考古学会　10-17 頁。

苅田町教育委員会　1976『史跡　御所山古墳保存管理計画策定報告書』。

河村好光　2000「ヒスイ勾玉の誕生」『考古学研究』第 47 巻　第 3 号　44-62 頁。

河村好光　2004「初期倭政権と玉つくり集団」『考古学研究』第 50 巻第 4 号　55-77 頁。

河村好光　2010『倭の玉器　玉つくりと倭国の時代』青木書店。

関西大学文学部　1963『北玉山古墳』。

関西大学文学部考古学研究室編　1992『紀伊半島の文化史的研究―考古学編―』。

木内石亭　1936「曲玉問答」『石之長者 木内石亭全集』巻 1　下郷共濟會。

菊水町史編纂委員会　2007『菊水町史　江田船山古墳編』。

岸和田市教育委員会　1995『久米田古墳群発掘調査概要 II』。

北九州市教育文化事業団埋蔵文化財調査室　1989『岡遺跡』。

北九州市芸術文化振興財団埋蔵文化財調査室　2002『蒲生寺中遺跡 1』。

木下尚子　1987「弥生定形勾玉考」『東アジアの考古と歴史』中　岡崎敬先生退官記念事業会　541-591 頁。

木下尚子　2000「装身具と権力・男女」『女と男、家と村』古代史の論点 2　小学館　185-212 頁。

木下尚子　2005「階級社会の垂飾　ヒスイ勾玉の誕生と展開―弥生時代から奈良時代まで」『ヒスイ文化
　　　　　フォーラム　2005』シンポジウム資料　16-21 頁。

木下尚子　2011「四　装身具」『講座日本の考古学 6　弥生時代（下）』同成社　296-315 頁。

岐阜県文化財保護センター ほか　1994『尾崎遺跡』。

岐阜市教育委員会　1962『岐阜市長良龍門寺古墳』。

九州大学文学部考古学研究室　1993『番塚古墳』。

京都市埋蔵文化財研究所　1998『水垂遺跡　長岡京左京六・七条三坊』。

京都大学大学院文学研究科　2005『紫金山古墳の研究』。

京都大学平戸学術調査団　1951『平戸学術調査報告』。

京都帝國大學　1930『京都帝國大學部考古學研究報告』。

京都府教育委員会　1964『埋蔵文化財発掘調査概報』。

京都府教育委員会　1970『埋蔵文化財発掘調査概報』。

京都府埋蔵文化財調査研究センター　1989a『京都府遺跡調査概報第 35 冊』。

京都府埋蔵文化財調査研究センター　1989b『京都府遺跡調査概報第 36 冊』。

京都府埋蔵文化財調査研究センター　1994「奈具谷遺跡」『京都府遺跡調査概報第 60 冊』。

熊本県宇土市教育委員会　1978『向野田古墳』。

熊本県山鹿市教育委員会　2004『方保田東原遺跡（5）』。

熊本大学文学部考古学研究室　2007『考古学研究室報告第42集』。

久米開発事業に伴う文化財調査委員会　1979『稼山遺跡群Ⅰ』。

倉敷考古館　1959『金蔵山古墳』。

黒坂勝美 編 1981『新訂増補国史大系　日本書紀』吉川弘文館。

群馬縣　1936『多野郡平井村白石稲荷山古墳』。

群馬県藤岡市教育委員会 1988『伊勢塚古墳　十二天塚古墳』。

群馬県埋蔵文化財調査事業団　1990『新保田中村前遺跡Ⅰ』。

県宮崎郡田野町教育委員会　2003『鹿村野地区遺跡』。

建設省山口工事事務所・山口県教育委員会　1991『妙徳寺山古墳・妙徳寺山経塚・栗遺跡』。

高知県教育委員会　1985『高岡山古墳群発掘調査報告書』。

神戸市教育委員会　2008『白水瓢塚古墳発掘調査報告書』。

広陵町教育委員会　1989『広陵町遺跡分布調査概報』。

御所市教育委員会 編　2001『鴨都波1号墳調査概報―葛城の前期古墳』。

古代學研究會　1953『堺市百舌鳥赤畑町カトンボ山古墳の研究』。

後藤守一　1940「古墳副葬の玉の用途に就いて」『鏡劔及玉の研究』吉川弘文館　279-315頁。

小林行雄　1968「古墳文化とその伝播」『帝塚山考古学』No.1 31-42頁。

小松　譲　2011「唐津地域の弥生時代石製装身具―弥生時代中期・後期の玉作りの可能性―」『魏志倭人
　　　伝の末盧国・伊都国―王（墓）と翡翠玉―』第9回日本玉文化研究会北部九州大会　資料集
　　　11-40頁。

小山雅人　1992「弥生勾玉の分布とその変遷」『究班』埋蔵文化財研究会15周年記念論文集　埋蔵文化財
　　　研究会　25-32頁。

近藤義郎 編　1992『楯築弥生墳丘墓の研究』楯築刊行会。

斎藤　忠　1984『日本考古学史辞典』三秀舍。

阪口英毅　2005「6鉄製品（3）農耕具」『紫金山古墳の研究』京都大学大学院文学研究科。

佐賀縣教育委員会　1948『佐賀縣文化財調査報告書（第二輯）』。

佐賀県教育委員会　1993『切畑遺跡』。

佐賀県教育委員会　1994a『吉野ヶ里』。

佐賀県教育委員会　1994b『東福寺遺跡』。

佐賀県教育委員会　2001『柚比遺跡群1　第3分冊』。

佐賀県教育委員会　2003『梅白遺跡』。

佐賀県教育委員会　2012『中原遺跡群Ⅵ　12区・13区の古墳時代初頭前後の墳墓群の調査』。

桜井市文化財協会　2008『赤尾熊ヶ谷古墳群』。

山陰考古学研究所　1978『山陰の前期古墳文化の研究Ⅰ』。

山武郡市文化財センター ほか 2002『小野山田遺跡群Ⅳ』。

潮見　浩 編　1982『中小田古墳群―広島市高陽町所在―』広島の文化財　第16集　広島市教育委員会。

静岡県磐田郡御厨村郷土教育研究會　1939『静岡県磐田郡松林山古墳発掘調査報告』。

静岡県教育委員会　1965『東海道新幹線工事に伴う埋蔵文化財発掘調査報告書』。

静岡県教育委員会 ほか　1981『原古墳群谷稲葉支群　高草地区』。

静岡県埋蔵文化財調査研究所　2008『大屋敷A古墳群』。

七観古墳研究会　2014『七観古墳の研究―1947年・1952年出土遺物の再検討―』。

引用・参考文献

島根県教育委員会　1980『中国縦貫自動車道建設に伴う埋蔵文化財発掘調査報告書』。

島根県教育庁古代文化センターほか　2005『大寺1号墳発掘調査報告書』。

新宮町教育委員会　1994『夜臼・三代地区遺跡群』。

末永雅雄　1991『盾塚鞍塚　珠金塚古墳』。

高田町教育委員会　2003『竹海校東遺跡』。

高取町教育委員会　2007『市尾墓山古墳　整備事業報告書』。

高橋健自　1913『考古學』聚精堂。

高橋健自　1929『考古学講座 埴輪及び装身具』第拾貳巻　雄山閣。

高橋浩二　2012「翡翠定形勾玉の製作技術と流通過程、および北陸における製作開始時期の検討」『古墳時
　　　　　代におけるヒスイ勾玉の生産と流通過程に関する研究』富山大学人文学部　21-33頁。

田川市教育委員会　1984『セスドノ古墳』。

瀧音　大　2012「勾玉の宗教的性格について」『国際経営・文化研究』Vol.17 No.1　13-28頁。

辰巳和弘　2006『新古代学の視点』小学館。

谷澤亜里　2014「玉類からみた古墳時代の地域間関係―前期の北部九州地域を中心に―」『古墳時代の地域
　　　　　間交流2』第17回九州前方後円墳研究会　大分大会資料集　九州前方後円墳研究会　49-68頁。

知念村教育委員会　1999『齋場御嶽　整備事業報告書（発掘調査・資料編）』。

千葉県教育振興財団 ほか　2008『千葉東南部ニュータウン38』。

千葉県文化財センターほか　1979『千葉市城の腰遺跡』。

千葉県文化財センターほか　1980『千原台ニュータウン1』。

千葉県文化財センターほか　2007『千原台ニュータウンⅩⅨ』。

月の輪古墳刊行会　1960『月の輪古墳』。

津田町教育委員会　2002『岩崎山4号古墳発掘調査報告書』。

都出比呂志　1991「日本古代の国家形成論序説―前方後円墳体制の提唱」『日本史研究』343　5-39頁。

都出比呂志 編　1989『古代史復元6』古墳時代の王と民衆　講談社。

坪井正五郎　1908「曲玉の形状種類」『東京人類學會雜誌』第23巻　第266号　東京人類學會　287-296頁。

寺村光晴　1984「古代日本人の信仰―タマをめぐって―」『東アジアの古代文化』39号　古代学研究所
　　　　　2-34頁。

寺村光晴　1995『日本の翡翠―その謎を探る―』吉川弘文館。

同志社大学文学部文化学科　1990『園部垣内古墳』。

鳥取県教育文化財団　1997『長瀬高浜遺跡Ⅶ』。

鳥取県教育文化財団 ほか　1980『長瀬高浜遺跡発掘調査報告書Ⅰ』。

鳥取県教育文化財団 ほか　1982『長瀬高浜遺跡発掘調査報告書Ⅳ』。

鳥取県教育文化財団 ほか　1993『南谷大山遺跡　南谷ヒジリ遺跡　南谷22・24～28号墳』。

鳥取市教育委員会 ほか　1991『面影山古墳群発掘調査概報』。

鳥取市文化財団　2003『横枕古墳群Ⅱ』。

豊岡市教育委員会　1980『北浦古墳群』。

豊中市教育委員会　1987『摂津豊中大塚古墳』。

鳥栖市教育委員会　1994『牛原原田遺跡』。

長崎県北松浦郡小値賀町教育委員会　1984『神ノ崎遺跡』。

長崎県教育委員会　1992『長崎県埋蔵文化財調査集報ⅩⅤ』。

長崎県教育委員会　1996『原始・古代の長崎県　資料編Ⅰ』。

仲筋貝塚発掘調査団　1981『沖縄・石垣島　仲筋貝塚発掘調査報告』。

長野県教育委員会 ほか　1997a『上信越自動車道埋蔵文化財発掘調査報告書13　飯田古屋敷遺跡　玄照寺跡　がまん淵遺跡　沢田鍋土遺跡　清水山窯跡　池田端跡　牛出古窯遺跡』。

長野県教育委員会 ほか　1997b『中央自動車道長野線埋蔵文化財発掘調査報告書15　石川条里遺跡』。

長野県更埴市教育委員会　1992『史跡森将軍塚古墳』。

長野市教育委員会　2005『浅川扇状地遺跡群檀田遺跡（2）』。

奈良県教育委員会　1959a『奈良県史跡名勝天然記念物調査抄報　第十一輯』。

奈良県教育委員会 1959b『奈良県史跡名勝天然記念物調査報告第十八冊』。

奈良県教育委員会　1961『桜井茶臼山古墳　附櫛山古墳』。

奈良県教育委員会　1966『奈良県文化財調査報告書第9集』。

奈良県教育委員会　1973『磐余・池ノ内古墳群』。

奈良県教育委員会　1974『大和巨勢山古墳群（境谷支群）―昭和48年度発掘調査概報』。

奈良県教育委員会　1976『葛城・石光山古墳群』。

奈良県教育委員会　1977『新沢千塚　126号墳』。

奈良県教育委員会　1981『新沢千塚古墳群』。

奈良県教育委員会 ほか　1977『メスリ山古墳』。

奈良県立橿原考古学研究所　2002a『奈良県遺跡調査概報（第二分冊）』。

奈良県立橿原考古学研究所　2002b『馬見古墳群の基礎資料』。

奈良県立橿原考古学研究所　2003『後出古墳群』。

奈良県立橿原考古学研究所　2008『下池山古墳の研究』。

奈良県立橿原考古学研究所 編　1978『奈良県古墳発掘調査集報Ⅱ』。

奈良県立橿原考古学研究所 編　1997『島の山古墳』。

奈良國立文化財研究所　1958『飛鳥寺発掘調査報告』真陽社。

南紀考古同好会　1969『鷹島』。

新居浜市教育委員会　2012『正光寺山古墳群』。

仁木　聡　2005「第3章　山本清氏の調査について」『大寺1号墳発掘調査報告書』島根県教育庁古代文化センター・島根県教育庁埋蔵文化財調査センター　20-33頁。

日本考古學協會　1954『和泉黄金塚古墳』。

日本考古學協會古墳調査特別委員會　1952『銚子塚古墳研究』。

日本古文化研究所　1974a『近畿地方古墳墓の調査　二　上野國総社二子山古墳の調査』。

日本古文化研究所　1974b『近畿地方古墳墓の調査　三』。

沼津市教育委員会　1990『雌鹿塚遺跡発掘調査報告書Ⅱ』。

函館土木現業所・奥尻町教育委員会　1979『奥尻島青苗遺跡』。

土師書院刊　1967『市原市周辺地域の調査』。

八戸市教育委員会　1991『丹後平古墳』。

羽曳野市教育委員会　2006『古市遺跡群 XXVII』。

春成秀爾・葛原克人・小野一臣・中田啓司　1969「備中清音村鋳物師谷1号墳墓調査報告」『古代吉備』第6集。

東松山市教育委員会　2003『杉の木遺跡（第3次）』。

樋口清之　1940「垂玉考」『鏡劔及玉の研究』考古學會　243-277頁。

樋口清之　1962「丁字頭」藤田亮策 監修『日本考古学辞典』東京堂出版。

姫路市　2010『姫路市史』第7巻下　資料編　考古。

姫路市教育委員会　2016『国指定重要文化財　宮山古墳出土品』。

引用・参考文献

兵庫県　1925『兵庫縣史蹟名勝天然紀念物調査報告書』第二輯。

兵庫県教育委員会　1978『播磨・長越遺跡』。

兵庫県教育委員会　2010『史跡　茶すり山古墳』。

兵庫県宍粟郡一宮町教育委員会　1986『伊和中山古墳群Ⅰ』。

兵庫県姫路市教育委員会　1970『宮山古墳発掘調査概報』。

平野和男　1960「磐田市　一本松　かぶと塚古墳出土遺物について」『古代學研究』26　古代學研究會
　　　　20-23頁。

平原弥生古墳調査報告書編集委員会　1991『平原弥生古墳　大日孁貴の墓　上巻』。

広島県　1979『広島県史　考古編』。

広島県教育委員会　1977『高陽新住宅市街地開発事業地内埋蔵文化財発掘調査報告』。

広島県埋蔵文化財調査センター　1998『千代田流通団地造成事業に係る埋蔵文化財発掘調査報告書（Ⅱ）』。

広島市教育委員会　1990『毘沙門台東遺跡発掘調査報告』。

広島市役所　1981『船越町史』。

広島大学大学院文学研究科 ほか　2009『帝釈峡遺跡群発掘調査室年報 XXⅢ』。

深田　浩　2004「第2章　中国地方の玉作関連遺跡　第1節　島根県の玉作関連遺跡」『古代出雲における
　　　　玉作の研究Ⅰ—中国地方の玉作関連遺跡集成—』島根県古代文化センター　7-19頁。

福井県教育委員会　1997『若狭地方主要前方後円墳総合調査報告書』。

福井県郷土誌懇談会　1960『越前福井市　足羽山の古墳』。

福井県立若狭歴史民俗資料館　1991『躍動する若狭の王者たち—前方後円墳の時代—』。

福岡県教育委員会　1976『井原・三雲遺跡発掘調査概報』。

福岡県教育委員会　1978『九州縦貫自動車道関係埋蔵文化財調査報告—XXI—』。

福岡県教育委員会　1984『今宿高田遺跡』。

福岡県教育委員会　1985『三雲遺跡　南小路地区編』。

福岡県教育委員会　1990『九州横断自動車道関連埋蔵文化財調査報告—19—』。

福岡県教育委員会　1997『以来尺遺跡Ⅰ　中巻』。

福岡市教育委員会　1983『野多目拈渡遺跡』。

福岡市教育委員会　1986『丸隈山古墳Ⅱ』。

福岡市教育委員会　1989『老司古墳』。

福岡市教育委員会　1993『野方久保遺跡』。

福岡市教育委員会　1995『クエゾノ遺跡』。

福岡市教育委員会　1996『三苫遺跡群2』。

福岡市教育委員会　1999『広石南古墳群A群』。

福岡市教育委員会　2002『鋤崎古墳』。

福岡大学人文学部考古学研究室　2004『長崎県・景華園遺跡の研究　福岡県京都郡における二古墳の調査
　　　　佐賀県・東十郎古墳群の研究』。

福島県文化センター　1990『相馬開発関連遺跡調査報告Ⅱ』。

福津市教育委員会　2011『津屋崎古墳群Ⅱ』。

福津市教育委員会　2013『奴山正園古墳』。

福永伸哉　2005『三角縁神獣鏡の研究』大阪大学出版会。

佛教大学校地調査委員会　2001『園部岸ヶ前古墳群発掘調査報告書』。

北條芳隆　2002「古墳時代前期の石製品」『考古資料大観』9　弥生・古墳時代　石器・石製品　骨角器
　　　　小学館　321-330頁。

埋蔵文化財調査事務所 ほか　2002『清水島Ⅱ遺跡・中名Ⅱ遺跡・持田Ⅰ遺跡発掘調査報告』。

前原市教育委員会　2000『平原遺跡』。

松本岩雄　2015「出雲の古墳と玉生産」『古墳時代社会と出雲の玉』日本玉文化学会　21-26頁。

松山市教育委員会 ほか　1999『乃万の裏遺跡』。

三重県埋蔵文化財センター　1992『上椎ノ木古墳群・谷山古墳・正知浦古墳群・正知浦遺跡』。

三重県埋蔵文化財センター　1999『蔵田遺跡発掘調査報告』。

三重県埋蔵文化財センター　2005『天花寺丘陵内遺跡群発掘調査報告Ⅵ』。

三重県埋蔵文化財センター　2008『森庵遺跡発掘調査報告』。

三重県埋蔵文化財センター　2015『東条1号墳・屋敷の下遺跡』。

水野　祐　1969『勾玉』學生社。

南伊豆町教育委員会　1987『日野遺跡　発掘調査報告書』。

宮城県教育委員会・国土交通省東北地方整備局　2016『入の沢遺跡――一般国道4号築館バイパス関連遺跡
　　　　調査報告書Ⅳ―』。

宮崎縣　1944『宮崎県史蹟名勝天然紀念物調査報告』第13輯。

宮崎県教育委員会　1969『持田古墳群』。

宮崎県教育委員会　1987『船塚遺跡』。

宮崎市教育員会　1977『下北方地下式横穴第5号　緊急発掘調査報告書』。

向日市教育委員会　1988『向日市埋蔵文化財調査報告書第24集』。

宗像市教育委員会　1989『東郷高塚Ⅰ』。

宗像大社復興期成会　1979『宗像　沖ノ島』。

森貞次郎　1980「弥生勾玉考」『古文化論攷』鏡山猛先生古稀記念論文集刊行会　307-882頁。

森本六爾　1929『川柳村将軍塚の研究』。

柳井市教育委員会 編　1999『史跡柳井茶臼山古墳―保存整備事業発掘調査報告書―』。

八幡一郎　1940「硬玉製大珠の問題」『考古學雑誌』第30巻　第5号　考古學會　344-355頁。

山岡俊明 編　1904『類聚名物考』238巻　装飾部二　扇　近藤活版所。

山鹿市教育委員会　1984『方保田東原遺跡 (2)』。

山形県埋蔵文化財センター　1997『北柳1・2遺跡発掘調査報告書』。

山梨県教育委員会 ほか　2000『平林2号墳』。

山口大学人文学部考古学研究室　1990『京都府平尾城山古墳』第6集。

八女市教育委員会　1983『城の谷遺跡』。

行橋市教育委員会　2005『稲童古墳群』。

吉川弘文館　1958『沖ノ島』。

吉川弘文館　1961『続沖ノ島』。

吉原市教育委員会　1958『吉原市の古墳』。

栗東歴史民俗博物館 ほか　2003『古墳時代の装飾品』平成14年度企画展』。

六興出版　1982『末蘆国』。

和田山町・和田山町教育員会　1972『城の山、池田古墳』。


〔第4章〕

飯塚博和　1991「古代の神まつり～古墳時代中期の野田地方」『野田市史研究』第2号　野田市。

伊藤雅文　1991「C玉類」『古墳Ⅱ　副葬品』古墳時代の研究8　雄山閣　111-116頁。

稲葉書房　1964『福岡古墳群』。

引用・参考文献

岩手県紫波郡矢巾町教育委員会　1986『徳田遺跡群詳細分布調査報告書』。

岩本　貴　2001「首飾りをする壺〜勾玉付土器に関する予察〜」『研究紀要』第8号　静岡県埋蔵文化財調査研究所　22-29頁。

梅原末治　1920『久津川古墳研究』。

大分市教育委員会　1995『亀塚古墳』。

大賀克彦　2002「弥生・古墳時代玉」『弥生・古墳時代　石器・石製品・骨角器』考古資料大観　第9巻　小学館　313-320頁。

大賀克彦　2013「2 玉と石製品の型式学的研究　①玉類」『副葬品の型式と編年』古墳時代の考古学4　同成社　147-159頁。

大阪府教育委員会　2004『蔀屋北遺跡発掘調査概要・Ⅰ』。

大田市　1968『大田市誌』。

大野　亨　2003「副葬品の玉について」『石川県埋蔵文化財情報』第10号　65-67頁。

大場磐雄　1943「赤城神の考古学的考察」『神道考古学論考』葦牙書房。

押野谷美智子　1982「石製模造品に関する諸問題—上代東山道の峠路を辿りて」『中部高地の考古学Ⅱ』大澤和夫会長喜寿記念論文集　長野県考古学会　175-206頁。

甘楽町教育委員会　1989『甘楽条里遺跡』。

君津郡市文化財センター　1996『常代遺跡群』第1分冊。

倉敷考古館　1959『金蔵山古墳』。

群馬縣　1936『多野郡平井村白石稲荷山古墳』。

群馬県教育委員会　1991『舞台・西大室丸山』。

群馬県高崎市教育委員会　1992『上中居辻薬師Ⅱ遺跡』。

建設省山口工事事務所・山口県教育委員会　1991『妙徳寺山古墳・妙徳寺山経塚・栗遺跡』。

小久保徹　1979『下田・諏訪』。

古代學研究會　1953『堺市百舌鳥赤畑町カトンボ山古墳の研究』。

後藤守一　1940「古墳副葬の玉の用途に就いて」『鏡劒及玉の研究』吉川弘文館　279-315頁。

財団法人茨城県教育財団　2000『島名福田坪地区土地区画整理事業地内埋蔵文化財調査報告書Ⅳ』。

財団法人茨城県教育財団　2014『島名熊の山遺跡』。

財団法人印旛郡市文化財センター ほか　1999『南羽鳥遺跡郡Ⅲ』。

財団法人君津郡市文化財センター ほか　1996『郡遺跡発掘調査報告書Ⅱ』。

財団法人埼玉県埋蔵文化財調査事業団　1986『鍛冶谷・新田口遺跡』。

相模原市　2010『勝坂坂有鹿谷祭祀遺跡　資料報告書』。

佐倉市　1992『大野子大山遺跡発掘調査報告書』。

静岡県図書館協会　1978『静岡県史蹟名勝天然紀念物調査報告（復刻版）』第3巻。

篠原祐一　1997「栃木県古墳時代祭祀総攬—祭祀関係遺物の出土から—」『研究紀要』第5号　栃木県文化振興事業団・埋蔵文化財センター　19-61頁。

島根県八雲村教育委員会　2001『前田遺跡（第Ⅱ調査区）』。

島根県立古代出雲歴史博物館　2015『企画展　百八十神坐す出雲　古代社会を支えた神祭り』。

城陽市教育委員会　2015「久津川車塚古墳　2015年度発掘調査の概要」現地説明会資料。

白浜町 ほか　1989『小滝涼源寺』。

末永雅雄 編　1991『盾塚鞍塚　珠金塚古墳』。

杉山林繼　1972「関東」『神道考古学講座』第2巻　原始神道期1　雄山閣　33-68頁。

高橋健自　1911『鏡と劍と玉』冨山房。

高橋健自　1929『埴輪及装身具』考古學講座第12巻　雄山閣。

玉城一枝　1999「古墳時代の頸飾り」『考古学に学ぶ―遺構と遺物―』同志社大学考古学シリーズⅦ　415-432頁。

筑後市教育委員会　2000『筑後東部地区遺跡群Ⅲ』。

津屋崎町教育委員会　2000『勝浦』。

滑川町月輪遺跡群発掘調査会　2008『月輪遺跡群』。

奈良県教育委員会　1959『奈良県史跡名勝天然記念物調査報告第十八冊』。

奈良県教育委員会　1973『磐余・池ノ内古墳群』。

奈良県立橿原考古学研究所　1984『奈良県遺跡調査概報（第1分冊）1983年度』。

奈良県立橿原考古学研究所　1993『斑鳩藤ノ木古墳　第二・三次調査報告書』。

奈良県立橿原考古学研究所　2002『馬見古墳群の基礎資料』。

日本道路公団 ほか　1999『上信越自動車道埋蔵文化財発掘調査報告書26　更埴条里遺跡　屋代遺跡群（含む大境遺跡・窪河原遺跡）』。

春成秀爾　2018「沖ノ島の考古学」『世界のなかの沖ノ島』季刊考古学・別冊27　雄山閣　1-6頁。

東日本埋蔵文化財研究会　1993『古墳時代の祭祀―祭祀関係の遺跡と遺物―』第2回　東日本埋蔵文化財研究会　第Ⅰ分冊～第Ⅲ分冊。

兵庫県教育委員会　1978『播磨・長越遺跡』。

兵庫県教育委員会　2002『梅田古墳群Ⅰ』。

兵庫県教育委員会　2012『池ノ下遺跡』。

広島県教育委員会　1983『亀山遺跡―第2次発掘調査概報―』。

福井県教育庁埋蔵文化財センター　1988『下屋敷遺跡　堀江十楽遺跡』。

松尾充晶　2015「古墳時代の水利と祭祀」『古代文化研究』第23号　島根県古代文化センター。

三重県埋蔵文化財センター　2015『東条1号墳・屋敷の下遺跡』三重県埋蔵文化財調査報告360。

峰山町教育委員会　2004『赤坂今井墳丘墓発掘調査報告書』京都府峰山町埋蔵文化財調査報告書　第24集。

森　貞成　1940「古墳出土玉類の研究に就いて―その名稱と分類に對する考察―」『鏡劔及玉の研究』吉川弘文館　329-343頁。

夜須町教育委員会　1997『大木遺跡』。

吉川弘文館　1958『沖ノ島』。

吉川弘文館　1961『続沖ノ島』。

〔第5章〕

池上廣正　1953「田の神行事」『新嘗の研究』創元社　235-242頁。

茨城県教育財団　1988『一般県道新川・江戸崎線道路改良工事地内埋蔵文化財調査報告書尾島貝塚外2遺跡』茨城県教育財団。

岩宿博物館 編　2007『千・網谷戸遺跡発掘60年』第44回企画展　展示図録。

梅原末治　1932「慶州金鈴塚飾履塚発掘調査報告」『大正十三年度古蹟調査報告』第一冊　朝鮮總督府。

梅原末治　1971a『日本古玉器雑攷』吉川弘文館。

梅原末治　1971b「七　玻璃の勾玉」『日本古玉器雑攷』吉川弘文館　150-179頁。

江別市教育委員会　1986『大麻3遺跡』。

江別市教育委員会　1996『7丁目沢2遺跡（3）・元野幌5遺跡（3）』。

江別市教育委員会　2004『七丁目沢6遺跡（10）』。

大形　徹　2000a「第一章　魂のありか」『魂のありか―中国古代の霊魂観』角川選書315　角川書店

引用・参考文献

11-83頁。

大形　徹　2000b「第二章　肉体をぬけだす魂」『魂のありか―中国古代の霊魂観』角川選書315　角川書店　85-179頁。

大場磐雄　1943『神道考古学論攷』葦牙書房。

大場磐雄・佐野大和　1956『常陸鏡塚』国学院大学考古学研究報告第一冊　綜芸舎。

大場磐雄　1962『武蔵伊興』国学院大学考古学研究報告第2冊　文功社。

大場磐雄　1970『祭祀遺跡―神道考古学の基礎的研究―』角川書店。

大場磐雄　1979「原始信仰　序論」『新版考古学講座』第8巻　雄山閣出版　1-52頁。

岡田精司　1992「8　神と神まつり」『古墳時代の研究』第12巻　雄山閣出版　125-142頁。

岡田裕之　2005「祭祀遺跡における滑石製品」『古墳時代の滑石製品―その生産と消費』発表要旨・資料集　埋蔵文化財研究会ほか　181-194頁。

岡寺　良　2005「琴柱形石製品の型式学的研究」『待兼山考古学論集―都出比呂志先生退任記念―』真陽社　485-500頁。

小田富士夫　1979「報告編　第4章　沖ノ島祭祀遺跡の時代とその祭祀形態」『宗像　沖ノ島Ⅰ　本文』宗像大社復興期成会　254-266頁。

折口信夫　1952「民族史観における他界観念」『古典の新研究』角川書店　314-360頁。

折口信夫　1996a「剣と玉と」『折口信夫全集』19　中央公論社　23-35頁。

折口信夫　1996b「原始信仰」『折口信夫全集』19　中央公論社　9-22頁。

香川県教育委員会　1984『香川県埋蔵文化財概報　昭和58年度』。

橿原考古学研究所附属博物館　1997『大和の考古学』常設展示図録。

香取郡市文化財センター　1995『猫作・栗山16号墳』。

金関丈夫　1975「魂の色―まが玉の起り」『発掘から推理する』朝日選書40　朝日新聞社　34-40頁。

亀井正道　1951「古墳出土の石枕について」『上代文化』第20輯　国学院大学考古学会　29-36頁。

亀井正道　1958「常陸浮島の祭祀遺跡」『國學院雑誌』59巻7号　國學院　23-31頁。

亀井正道　1973「琴柱形石製品考」『東京国立博物館紀要』第8巻　東京国立博物館　31-170頁。

河上邦彦　2001「311　澤ノ坊2号墳」『大和前方後円墳集成』橿原考古学研究所研究成果　第4冊　奈良県立橿原考古学研究所　406-407頁。

河野一隆　2002「石製模造品」『考古資料大観』第9巻　小学館　331-340頁。

木更津教育委員会　2002『高部古墳群Ⅰ―前期古墳の調査―』。

木下尚子　1987a「装身具　1.　頭飾り」『弥生文化の研究』第8巻　雄山閣出版　175-181頁。

木下尚子　1987b「弥生定形勾玉考」『東アジアの考古学と歴史』中　岡崎敬先生退官記念論集　同朋舎出版　541-591頁。

北山峰生　2005「古墳出土の石製模造品」『古墳時代の滑石製品―その生産と消費』発表要旨・資料集　埋蔵文化財研究会　ほか　157-180頁。

京都国立博物館　1982『富雄丸山古墳　西宮山古墳　出土遺物』便利堂。

桐生市教育委員会 編　1984『重要文化財　千網谷戸遺跡出土品』。

小出義治　1966「祭祀」『日本の考古学Ⅴ　古墳時代（下）』河出書房　276-314頁。

國學院大學日本文化研究所　2002『子持勾玉資料集成』。

小林行雄　1951「第二十六章　古墳時代の習俗」『日本考古學概説』創元社　217-223頁。

小林行雄　1952『福岡県糸島郡一貴山村田中銚子塚古墳の研究』便利堂。

小林行雄　1961a「第七章　中期古墳文化とその伝播」『古墳時代の研究』青木書店　225-260頁。

小林行雄　1961b「第六章　初期大和政権の勢力圏」『古墳時代の研究』青木書店　190-223頁。

斎藤瑞穂 ほか　2005「常陸浮島の考古学的検討」『茨城県考古学協会誌』第17号　茨城県考古学協会　145-191頁。

坂詰秀一　1974「80　前浦祭祀遺跡」『茨城県史料＝考古資料編　古墳時代』茨城県史編さん原始古代史部会　192-194頁。

佐々木幹雄　1985「子持勾玉私考」『古代探叢Ⅱ―早稲田大学考古学会創立35周年記念考古学論集―』早稲田大学出版部　319-352頁。

佐野大和　1981「子持勾玉」『神道考古学講座　原始神道期二』第3巻　雄山閣　109-157頁。

滋賀県教育委員会 ほか　1979『服部遺跡発掘調査概報』。

篠原祐一　1995「臼玉研究私論」『研究紀要』第3号　栃木県文化振興事業団　17-49頁。

篠原祐一　2002「子持勾玉小考」『子持勾玉資料集成』付録　國學院大學日本文化研究所。

白井久美子　1991「石製立花と石枕の出現―枕造り付け木棺考―」『古代探叢Ⅲ』早稲田大学出版部　335-354頁。

白石太一郎　1985「神まつりと古墳の祭祀　古墳出土の石製模造品を中心として」『国立歴史民俗博物館研究報告』第7集　国立歴史民俗博物館　79-114頁。

末永雅雄　1952「玉杖」『大和文華』第六號　大和文華館出版部　29-37頁。

杉山林継　1965「古代祭祀遺跡の分布私考」『上代文化』35輯　国学院大学考古学会　53-67頁。

杉山林継　1998「玉と魂―石製品の祭り」『日本の信仰遺跡』奈良国立文化財研究所学報　第57冊　奈良国立文化財研究所　157-174頁。

杉山晋作　1985「石製刀子とその用途」『国立歴史民俗博物館研究報告』第7集　国立歴史民俗博物館　115-133頁。

杉山晋作　1991「石枕・立花と死者の送り」『古代探叢Ⅲ』早稲田大学出版部　355-378頁。

鈴木克彦　2005「石偶に関する研究―石偶，異形石製品」『葛西勵先生還暦記念論集　北奥の考古学』葛西勵先生還暦記念論集刊行会　337-375頁。

高野裕璽　2007『下河原崎谷中台遺跡　島名ツバタ遺跡』茨城県教育財団。

辰巳和弘　2011a「Ⅲ　古代人の他界観　第2章　魂のなびき、他界へのわたり」『他界へ翔る舟―「黄泉の国」の考古学』新泉社　309-314頁。

辰巳和弘　2011b「Ⅲ　古代人の他界観　第3章　勾玉のシンボリズム」『他界へ翔る舟―「黄泉の国」の考古学』新泉社　315-320頁。

田中広明　1990「もう一つの豪族居館―常陸国信太郡浮島の尾島遺跡群にみられる構造的変化」『婆良岐考古』第12号　婆良岐考古同人会　1-21頁。

玉城一枝　2004「第Ⅲ部　古代の翡翠文化　第2章弥生時代から古墳時代にみる翡翠文化」『特別展　翡翠展　東洋の至宝』国立科学博物館企画展図録　毎日新聞社　94-105頁。

千葉県教育振興財団　2011『古墳に眠る石枕』平成23年度出土遺物巡回展―房総発掘ものがたり　図録。

坪井正五郎　1908「曲玉の形状種類」『東京人類學會雑誌』第23巻　第266号　東京人類學會　287-296頁。

寺村光晴　1972「『たま』の系譜―古代玉概念の再検討」『和洋国文研究』第8号　和洋女子大学国文学会　52-63頁。

寺村光晴　1980「第一章　研究の基礎的前提」『古代玉作形成史の研究』吉川弘文館　35-85頁。

寺門義範　1975「前浦遺跡」『日本考古学年報』26（1973年版）　日本考古学協会　43頁。

富山大学人文学部考古学研究室　1983『石川県七尾市　国分尼塚古墳群発掘調査報告』。

中尾麻由美　2005「常陸浮島の考古学的検討」『茨城県考古学協会誌』第17号　145-191頁。

七尾市教育委員会　1994『七尾の古墳文化展―県内最古の前方後方墳　国分尼塚古墳の出土品を初公開―』能登国分寺展示館特別企画展　冊子。

引用・参考文献

七尾市史編纂専門委員会 編　2002『新修　七尾市史』1　考古編。

沼沢　豊　1977a「第一部　古墳篇　第三章　石神2号墳の諸問題」『東寺山石神遺跡』日本道路公団 ほか 118-154 頁。

沼沢　豊　1977b「第一部　古墳篇　第一章　石神二号墳の調査」『東寺山石神遺跡』日本道路公団ほか 27-101 頁。

沼沢　豊　1980「東国の石枕」『古代探叢―滝口宏先生古稀記念考古学論集―』早稲田大学出版部　207- 220 頁。

橋本澄夫　1989「尼塚古墳群」『日本古墳大辞典』東京堂出版　32 頁。

姫路市教育委員会　1995『御旅山13号墳』。

藤田富士夫　1989「Ⅱ　各時代の玉文化の特色」『玉』考古学ライブラリー　52　ニュー・サイエンス社 14-105 頁。

北條芳隆　1996「15　雪野山古墳の石製品」『雪野山古墳の研究　考察篇』八日市市教育委員会 ほか 309-350 頁。

北條芳隆　2002「古墳時代前期の石製品」『考古資料大観』第9巻　小学館　321-330 頁。

北海道埋蔵文化財センター　2003『キウス4遺跡（9）』第1分冊。

宮島　宏　2018『国石翡翠』フォッサマグナミュージアム。

茂木正博　1994「浮島の祭祀遺跡」『風土記の考古学1　常陸国風土記の巻』同成社　195-219 頁。

森　浩一・宮川　渉　1953『堺市百舌鳥赤畑町カトンボ山古墳の研究』古代學研究會。

森田喜久男　2000「古代王権と浮島」『歴史評論』No.597　校倉書房　37-50 頁。

山形県教育委員会　1990『押出遺跡発掘調査報告書』。

米子市教育文化事業団　2011『鳥取県　博労町遺跡』第1分冊　第2分冊。

和田　萃　1973「殯の基礎的考察」『論集終末期古墳』塙書房　285-385 頁。

和田千吉　1903「播磨國に於ける珍しき石棺の発みに就て」『考古会』第2篇8號　考古學會　10-15 頁。

〔第6章〕

青森県埋蔵文化財調査センター　2006「青森県における装身具の集成　縄文時代編」『研究紀要』第11号。

青森県埋蔵文化財調査センター　2007「青森県における装身具の集成　弥生時代～平安時代編（付・縄文 時代追加編）」『研究紀要』第12号。

阿部俊子 ほか　1957『竹取物語　伊勢物語　大和物語』日本古典文学大系9　岩波書店。

秋元吉郎　1958『風土記』日本古典文学大系2　岩波書店。

石上　堅　1983「つち」『日本民俗語大辞典』桜楓社　833-834 頁。

市毛　勲　1962「古墳時代の施朱について」『古代』第38号　早稲田大学考古学会　30-36 頁。

市毛　勲　1975『朱の考古学』考古学選書12　雄山閣出版。

市毛　勲　2016『朱丹の世界』考古学調査ハンドブックス14　ニューサイエンス社。

伊藤正人　2005「愛知県縄文時代の非翡翠石製玉類集成」『三河考古』第18号　21-32 頁。

入江俊行　2008「古墳時代の「土製模造品」研究について」『帝京大学山梨文化財研究所所報』第50号 6-8 頁。

入江俊行　2009「古墳時代祭祀における土製模造品の出現と展開」『帝京大学山梨文化財研究所研究報告』 第13集　111-123 頁。

宇佐市教育委員会　1986『駅館川流域遺跡群発掘調査報告書Ⅰ』。

梅原末治　1965「施釉の勾玉」『史迹と美術』355号　史迹美術同攷會。

大坪志子　2003「縄文の玉から弥生の玉へ」『先史学・考古学論究』Ⅳ　415-436 頁。

大坪志子　2005「縄文時代後晩期の石製装身具」『九州の縄文時代装身具』第15回九州縄文研究会沖縄大会　九州縄文研究会　沖縄大会実行委員会　30-34頁。

大坪志子　2015『縄文玉文化の研究―九州ブランドから縄文文化の多様性を探る―』雄山閣。

大場磐雄　1943「十四　南豆洗田の祭祀遺跡」『神道考古學論攷』葦牙書房　420-469頁。

大場磐雄　1967「一　はじめて祭祀跡をさぐる」『まつり』學生社　1-14頁。

大場磐雄　1970「第三章　祭祀遺物の考察」『祭祀遺跡―神道考古学の基礎的研究―』角川書店　97-142頁。

大場磐雄 編　1972～1981『神道考古学講座』第1巻～第6巻　雄山閣出版。

岡山県教育委員会 ほか　2000『高塚遺跡　三手遺跡2』。

香川県教育委員会 ほか　2007『砂入遺跡』。

金関丈夫　1975「魂の色―まが玉の起り」『発掘から推理する』朝日選書40　朝日新聞社　34-40頁。

金子昭彦　2016「津軽海峡圏の装身具の変遷―青森県を中心として―」『第1分科会　津軽海峡圏の縄文文化研究報告資料集』一般社団法人日本考古学協会2016年度弘前大会資料集　日本考古学協会2016年度弘前大会実行委員会　223-244頁。

金子裕之　1971「古墳時代屋内祭祀の一考察―関東・中部地方を中心として―」『国史学』第84号　87-98頁。

金子裕之　1988『律令期祭祀遺物集成』昭和61年～63年度文部省科学研究補助金総合研究A研究成果報告書Ⅱ。

亀井正道　1985「浜松市坂上遺跡の土製模造品」『国立歴史民俗博物館研究報告』第7集　本編、135-164頁。

川添和暁　2015「縄文時代後晩期の土製垂飾類（玉類）について」『研究紀要』第16号　愛知県教育・スポーツ振興財団　愛知県埋蔵文化財センター　1-16頁。

瓦吹　堅　2006「土の玉覚書」『史峰』第34号　29-44頁。

木下尚一　1987「弥生定形勾玉考」『東アジアの考古と歴史』（中）　542-591頁。

木下尚一　2000「装身具と権力・男女」『女と男、家と村』古代史の論点②　小学館　187-212頁。

九州縄文研究会　沖縄大会実行委員会　2005『第15回九州縄文研究会沖縄大会　九州の縄文時代装身具』。

清野謙次　1925『日本原人の研究』岡書院。

熊本県山鹿市教育委員会　2004『方保田東原遺跡（5）』。

倉野憲司 ほか　1974『古事記　祝詞』日本古典文学大系1　岩波書店。

黒坂勝美 ほか　1981『新訂増補国史大系　日本書紀』吉川弘文館。

県宮崎郡田野町教育委員会　2003『鹿村野地区遺跡』。

合田芳正　1974「関東地方弥生時代の土製勾玉について」『史友』第6号　16-21頁。

小島憲之 ほか　1994『日本書紀①』新編古典文学全集2　小学館。

後藤守一　1930「石製品　第4節　土製模造品」『考古学講座』第29巻　雄山閣　52-69頁。

近藤義郎 編　1992『楯築弥生墳丘墓の研究』楯築刊行会。

埼玉県児玉郡児玉町教育委員会　1988『真鏡寺後遺跡Ⅱ』。

斎藤　忠　1992「土製勾玉」『日本考古学用語辞典』学生社　325頁。

佐藤政則　1982「家屋内出土の祭祀遺物」『日立市郷土博物館紀要』第2号　1-20頁。

篠原祐一　2008「マツリで使われる石製模造品と土製模造品」『土製模造品からみた古墳時代の神マツリ』9-18頁。

白木原和美　1985「南島二題―古墳文化に関連して―」『論集　日本原史』吉川弘文館　649-675頁。

椙山林繼　1972「関東」『神道考古学講座』第2巻　原始神道期1　雄山閣　33-68頁。

鈴木敏則　2008「静岡県の土製模造品」『土製模造品からみた古墳時代の神マツリ』山梨考古学協会

引用・参考文献

40-53 頁。

高橋健自　1919『古墳発見石製模造器具の研究』帝室博物館学報第 1 冊　1 頁。

高橋浩二　2012「翡翠定形勾玉の製作技術と流通過程、および北陸における製作開始時期の検討」『古墳時代におけるヒスイ勾玉の生産と流通過程に関する研究』21-33 頁。

竹内直文　2001「土製模造品研究の現状と課題」『静岡県考古学研究―特集　静岡県の古墳時代後期―』33　65-80 頁。

竹内直文　2002「土製模造品祭祀の源流―天竜川と太田川流域の遺跡」『第 10 回記念春日井シンポジウム資料集』215-230 頁。

築城町教育委員会　1998『船迫窯跡群』。

千葉県　2002『千葉県古墳時代関係資料』。

千葉県開発公社　1974『市原市大厩遺跡』。

坪井正五郎　1908「曲玉の形状種類」『東京人類學會雑誌』第 23 巻　第 266 号　287-296 頁。

長野県教育委員会 ほか　1999『上信越自動車道埋蔵文化財発掘調査報告書 12　榎田遺跡』。

西本　泰　1977「二　住吉の祭りと埴使い」『住吉大社』学生社　133-150 頁。

八戸市教育委員会　1991『八戸市内遺跡発掘調査報告 2　風張 (1) 遺跡』。

東日本埋蔵文化財研究会　1993『古墳時代の祭祀―祭祀関係の遺跡と遺物―』第Ⅰ～Ⅲ分冊。

桧の木遺跡調査団　2005『桧の木遺跡調査報告書 1』。

広島県埋蔵文化財調査センター　1998『千代田流通団地造成事業に係る埋蔵文化財発掘調査報告書 (Ⅱ)』。

広島市教育委員会　1990『毘沙門台東遺跡発掘調査報告』。

福岡県教育委員会　1984『今宿高田遺跡』。

福島県教育委員会 ほか　2000『福島空港・あぶくま南道路遺跡発掘調査報告書 8』。

藤森栄一　1931「彌生式遺跡発見の土製勾玉」『考古學』第 2 巻第 1 号　47-48 頁。

的野善行　2005「関東地方出土の土製勾玉について」『埼玉考古』第 40 号　45-66 頁。

三重県埋蔵文化財センター　1995『天白遺跡』。

宮崎県新富町教育委員会　1992『七又木地区遺跡』。

目白学園 ほか　2004『落合遺跡Ⅳ』。

森貞次郎　1980「弥生勾玉考」『古文化論攷』307-341 頁。

山鹿市教育委員会 1984『方保田東原遺跡 (2)』。

山梨県考古学協会 編　2008『土製模造品からみた古墳時代の神マツリ』山梨考古学協会。

渡辺康弘　1993「竈神の祭祀」『二十一世紀への考古学』雄山閣出版　173-182 頁。


〔結　論〕

市毛　勲　1975『朱の考古学』考古学選書 12　雄山閣。

上野　誠　2008「タマとヒスイの古典学―神と人を魅了したもの―」ヒスイ文化フォーラム 2007　ヌナカワとヒスイ―講演記録―』糸魚川市　61-67 頁。

折口信夫　1996「剣と玉と」『折口信夫全集』19　中央公論社　23-35 頁。(初出は 1931 年、上代文化研究会開講演会筆記)

金関丈夫　1975「魂の色―まが玉の起り」『発掘から推理する』朝日選書 40　朝日新聞社　34-40 頁。

木下尚子　2000「装身具と権力・男女」『女と男、家と村』古代史の論点②　小学館　187-212 頁。

木下尚子　2011「第六章　威信財と祭器　四　装身具」甲元眞之・寺沢　薫 編『講座日本の考古学 6　弥生時代 (下)』青木書店　296-315 頁。

高木市之助・五味智英・大野　晋 校注　1962『万葉集四』日本古典文学大系 7　岩波書店。

高橋健自　1911a「第三篇　玉　第三章　玉の色」『鏡と剣と玉』冨山房　187-188頁。

高橋健自　1911b「第三篇　玉　第五章　玉類着装の状態」『鏡と剣と玉』冨山房　202-214頁。

都出比呂志　1991「日本古代の国家形成論序説―前方後円墳体制の提唱」『日本史研究』343　5-39頁。

寺村光晴・谷川健一　1984「対談　古代日本人の信仰―タマをめぐって―」『東アジアの古代文化』第39号　大和書房　2-34頁。

水野　祐　1969「八　勾玉の謎」『勾玉』学生社　210-222頁。

渡辺　仁　1990『縄文式階層化社会』六興出版。

# 挿図出典

〔序　論〕

第1図　坪井 1889 から転載。

第2図　坪井 1891a から転載。

第3図　坪井 1891c から転載。

第4図　筆者所蔵。

第5図　野津 1925 から転載。（ただし、アルファベットは筆者が打ち直した）

第6図　筆者撮影。

第7図　藤田富 1989 を一部改変。

第8図　1：村上恭 2000、2：大坪 2001 から転載。

第9・10図　筆者撮影。

第11・12図　筆者作成。


〔第1章〕

第13図～15図　各資料から抽出・作成。

第16図　第8表をもとに筆者作成。

第17～19図　各資料から抽出・作成。

第20～24図　各資料から抽出・作成。


〔第2章〕

第25図　樋口 1940 を一部加筆・修正。

第26図　梅原 1969 から転載。

第27図　河村 2000 から転載。（ただし、図の中の文字・番号・キャプションは筆者が打ち直した）

第28図　1：第9表文献―15　2：第9表文献―33　3：第9表文献―51　4：第9表文献―56　5：第9表文献―64　6：第9表文献―75　7：第9表文献―79　8：第9表文献―82　9：第9表文献―84　10：第9表文献―87　11：第9表文献―31 から転載。

第29～32図　第9表をもとに筆者作成。

第33図　熊本県教育委員会 1994 から転載。


〔第3章〕

第34図　第11表をもとに筆者作成。

第35図　筆者作成。

第36図　1：福岡県教育委員会 1967　2：福岡市教育委員会 1993　3：京都大学大学院文学研究科 2005　4：吉川弘文館 1958　5：福岡県教育委員会 1978　6：群馬縣 1936　7：鳥取県教育文化財団 1997　8：奈良県立橿原考古学研究所 2003　9：和田山町・和田山町教育委員会 1972　10：平原弥生古墳調査報告書編集委員会 1991　11：奈良県教育委員会 1959　12：福岡県教育委員会 1984　13：山鹿市教育委員会 1984 から転載。

第37図　1：京都市埋蔵文化財研究所 1998　2：柏原市教育委員会 1988　3：古代學研究會 1953　4：大阪府教育委員会 1957　5：大阪市文化財協会 1999　6：奈良県立橿原考古学研究所 2008　7・8：奈良県立橿原考古学研究所 2002　9・10：近藤 編 1992　11：福岡市教育委員会 1983　12：小田 1972 か

ら転載。

第38図　第11表をもとに筆者作成。

第39図　各資料から抽出・作成。


〔第4章〕

第40〜43図　集成したデータをもとに筆者作成。

第44図　筆者作成。


〔第5章〕

第45図　写真：大村紀久子氏から提供、実測図：米子市教育文化事業団2011から転載。写真の掲載については、米子市文化財団から承諾をいただいた。

第46図　1：小林1952　2：大場・佐野1956　3：亀井1958から転載。

第47図　梅原1971を一部加筆・修正。

第48図　木更津教育委員会2002から転載。

第49図　宮島2018から転載。

第50図　1：京都国立博物館1982　2・3：白井1991　4：香取郡市文化財センター1995　5：大場・佐野1956　6：姫路市教育委員会1995から転載。

第51図　上に載せた写真は筆者が2018年1月に撮影したものである。また、下に載せた実測図は、2012年1月に富山大学の高橋浩二氏が実測したものを筆者がトレースしたものである。写真・実測図の掲載については、七尾市教育委員会と高橋氏から承諾をいただいた。

第52図　1：江別市教育委員会2004　2：北海道埋蔵文化財センター2003　3：山形県教育委員会1990　4・5・6：岩宿博物館2007　7：木下1987aから転載。

第53図　1・2：國學院大學日本文化研究所2002から転載。

第54図　1：沼沢1977b、2：亀井1951から転載。


〔第6章〕

第55・56図　各報告書から抽出・作成。

第57図　1：埼玉県児玉郡児玉町教育委員会1988　2：宮崎県新富町教育委員会1992　3：長野県教育委員会 ほか1999　4：八戸市教育委員会1991　5：桧の木遺跡調査団2005　6・7：三重県埋蔵文化財センター1995　8：福岡県教育委員会1984　9：千葉県2002から転載。

第58・59図　各報告書から抽出・作成。


〔結　論〕

第60図　第1章と第6章をもとに筆者作成。

第61〜62図　第8表と第21表をもとに筆者作成。

第63図　第1章から第5章をもとに筆者作成。

第64図　第6章をもとに筆者作成。

# 表出典

〔序　論〕

第1表　坪井 1980 より転載（ただし、表自体は筆者が打ち直した）。

第2～6表　各資料から抽出・作成。


〔第1章〕

第7表　第2表～第4表をもとに筆者作成。

第8表　各資料から抽出・作成。


〔第2章〕

第9表　各報告書をもとに筆者作成。

第10表　第9表をもとに筆者作成。


〔第3章〕

第11表　各資料から抽出・作成。

第12～14表　第11表をもとに筆者作成。

第15表　各資料から抽出・作成。


〔第4章〕

第16～20表　集成データをもとに筆者作成。


〔第6章〕

第21表　各報告書から抽出・作成。

第22表　文献1：岡山県教育委員会 ほか2000　文献2：近藤 編 1992　文献3：広島市教育委員会 1990
　　　文献4：広島県埋蔵文化財調査センター 1998　文献5：福岡県教育委員会 1984　文献6：山鹿市教
　　　育委員会 1984　文献7：熊本県山鹿市教育委員会 2004　文献8：宇佐市教育委員会 1986　文献9：
　　　県宮崎郡田野町教育委員会 2003 から抽出・作成。

第23・24表　各報告書から抽出・作成。

# 索　引

## あ

アイヌ　10
青谷上寺　31
青柳種重　3
飛鳥寺　22, 23, 127, 132
麻生優　13
海人　20
雨崎洞穴　126

## い

鋳型　8, 18, 19, 32
石田茂作　12
石枕　179, 180, 184, 185, 188
出雲地域　5, 8, 16, 25, 32, 33, 35, 84, 130, 131, 219, 225, 270
市毛勲　205
糸魚川　11, 15, 22, 25, 35, 39, 106
伊藤栄蔵　11
伊藤圭介　4, 56
稲作文化　224
稲持遺跡　16
今西龍　6

## う

宇木汲田遺跡　25, 91, 99, 125
浮島　169, 171, 175, 176
内磨砥石　25, 33
梅原末治　12, 44, 57, 88, 89, 170, 171, 173, 209
潤地頭給遺跡　31

## え

エジプト　6, 7, 44
蝦夷　3, 127, 129, 131, 132, 225
江戸時代　3, 12, 40, 41, 53

## お

王権　26, 176, 223
大賀克彦　18, 108, 187, 270

大坪志子　23, 24, 35, 52, 270
大野雲外　10, 56
大野延太郎　5, 10
大場磐雄　13, 22, 107, 170, 171, 185
沖縄　4, 6, 8, 10, 11, 13, 14, 23, 27, 29, 38, 41, 43, 56, 60, 64, 65, 69, 76, 82, 85, 107, 109, 132, 189, 196, 209, 210, 215, 226
尾島祭祀遺跡　175, 177, 179, 180, 186
緒締形　17, 22, 23, 33, 50, 107, 125
變若水　22
折口信夫　9, 225, 226, 270

## か

階層　10, 37, 131, 224
階層的　108
貝塚曲玉　5
鏡塚古墳　169, 171, 173, 175, 178, 179, 187
鉤　20, 56
花仙山　25, 35, 40, 84, 130
勝坂有鹿谷祭祀遺跡　142, 156
カトンボ山古墳　122, 141, 182, 183
金子裕之　190, 204
金関丈夫　20
カマド　142, 198, 203, 204, 207, 210, 211, 215, 220
神祭り　21, 144
亀井正道　171, 175, 190,
唐古・鍵遺跡　36
河野義禮　11
河村好光　89, 102, 270
元興寺　12, 127, 132
肝臓模倣説　9
神奈備型祭祀　143

## き

木内石亭　3, 12, 53, 55, 87, 103, 107, 131
魏志倭人伝　10, 14, 26, 57
喜田貞吉　9
木下尚子　17, 21, 87, 89, 107, 184, 190, 225, 270
木原楯臣　3
牛河梁遺跡　24
玉杖　171, 172, 177, 179, 180, 184

263

索　引

巨視的　　42, 50, 61, 226

巨石祭祀　　86, 143

金元龍　　23, 227

近世　　1, 23, 43, 59, 60, 69, 76, 82, 85, 173, 213

金製勾玉　　16, 75

緊縛　　107, 129, 184, 185, 186

### く

久津川車塚　　13, 57, 129, 141, 158

蔵持不三也　　269, 270

クロム白雲母　　37, 39, 40, 52, 71, 75, 83, 85, 92, 203, 217, 223

### け

蛍光X線　　25, 40

慶州　　13, 39

玦状耳飾り　　9, 13, 20

結縛　　21, 56, 89, 223

### こ

紅簾片岩　　25

黄金塚古墳　　22

国分尼塚1号墳　　177, 178, 180

国民性　　4, 42

極楽寺遺跡　　20, 27

古語拾遺　　14

古事記　　14, 53, 56, 205, 210, 226

古事記伝　　53, 57

児玉石神事　　37

後藤守一　　9, 57, 129, 158

小林行雄　　14, 44, 45, 102, 171, 187

護符　　10, 19, 20, 56, 184

子持勾玉　　21, 22, 43, 44, 170, 171, 172, 173, 180, 182, 183, 184, 185, 186, 187, 188

### さ

祭具　　133, 144, 155, 156, 157, 205, 222, 223

祭祀　　1, 6, 15, 21, 34, 60, 85, 86, 99, 121, 123, 125, 126, 127, 133, 134, 137, 138, 139, 140, 142, 143, 144, 146, 156, 157, 158, 169, 171, 174, 175, 176, 177, 179, 180, 183, 184, 185, 186, 187, 190, 191,

201, 204, 210, 223

斎藤忠　　3, 13, 14, 23, 26, 49, 53, 54, 107, 190

澤ノ坊2号墳　　170, 176, 187

雑玉考　　3, 55

三角縁神獣鏡　　37, 108, 129

三国時代　　1, 23, 24, 38, 39

三種の神器　　6, 14, 26, 40, 42, 226

### し

シーボルト　　3, 56

寺院　　1, 22, 24, 80, 81, 82, 84, 126, 127, 219, 225

色彩　　20, 21, 56, 156, 174, 186, 190, 222, 223, 226

地鎮　　21, 129, 142

実験考古学　　15, 16, 19, 33

刺突文　　196, 207

芝ヶ原古墳　　35, 56

島田貞彦　　10, 11

車駕之古址古墳　　75

朱　　205

獣牙起源　　6, 9, 13, 20, 36, 56

宗教性　　129, 222, 223, 224, 225, 226

獣形　　17, 22, 24, 33, 50, 57

習俗　　3, 4, 19, 42, 128, 129, 130, 131

呪的　　6, 19, 20, 21, 129, 186, 187

呪力　　6, 9, 21, 22, 37, 172, 184, 185, 186, 205, 206, 209

正倉院文書　　14

ジョン・ヘイウッド　　270

新羅　　1, 24, 39

尋常小学校読本　　54

シンボル　　26

### す

末永雅雄　　172, 179

住吉大社　　205, 206

磨臼山古墳　　179, 184

### せ

政治性　　36, 42, 222, 223, 224, 225

政治的区分　　208, 216

精神的　　1, 2, 222, 223, 225

青大句珠　　10, 14, 26, 57

石製模造品　　21, 52, 158, 174, 175, 176, 180, 182, 184,
　　186, 187, 188

前方後円墳　　127, 129, 130, 131, 176

## そ

装飾性　　13, 185, 222, 223, 224, 225, 226

装身具　　1, 3, 10, 13, 19, 21, 23, 29, 36, 37, 38, 40,
　　52, 55, 57, 108, 133, 156, 157, 203, 214

相馬御風　　11

曽我遺跡　　16, 32

反町遺跡　　31, 32

## た

大量消費　　141, 156

大量副葬　　141, 158

高橋健自　　4, 10, 54, 107, 190, 225

楯築弥生墳丘墓　　122, 124, 125

谷川章雄　　10, 38, 269, 270

谷川健一　　21

谷川士清　　3, 53

玉作　　5, 8, 14, 15, 16, 25, 27, 29, 31, 32, 33, 37, 40,
　　41, 52, 84, 97, 101, 109, 270

玉造　　5, 84

たまふり　　129

## ち

中国　　6, 8, 10, 22, 24, 36, 38, 39, 41, 172, 226, 270

中　世　　1, 43, 59, 60, 69, 76, 81, 85, 132, 173, 176,
　　189, 196, 202, 204, 205, 208, 210, 213, 215

鋳造　　19

朝鮮半島　　6, 10, 13, 14, 23, 24, 25, 29, 36, 37, 38, 39,
　　40, 41, 57, 107, 226

縮緬本（ちりめん本）　　7

鎮魂　　21, 185

## つ

月神　　20

坪井正五郎　　4, 6, 55, 107, 170

## て

鄭家窪子遺跡　　24

定形勾玉　　17, 22, 29, 31, 34, 36, 37, 38, 39, 50, 106,
　　117, 125, 132

寺村光晴　　16, 102, 185, 226, 269

伝世　　1, 23, 36, 38, 102, 108

## と

東大寺　　12, 22

藤貞幹　　3

土俗　　184

土俗学　　3

富雄丸山古墳　　177, 179, 180

鳥居龍蔵　　4, 87

## な

中山太郎　　9

中山平次郎　　8, 18

菜畑型　　22, 103, 106

## に

西谷3号墓　　25

西谷正　　23

蜷川式胤　　3

日本玉研究会　　26, 27

日本玉文化学会　　41, 56, 269

日本玉文化研究会　　27, 29, 40, 41, 56

日本建國童話集　　54, 57

日本書紀　　14, 26, 53, 57, 205, 210

## ぬ

奴奈川姫　　11

## の

農耕　　21, 36, 83, 208

野津左馬之助　　8

野本寛一　　20

ノルウェー　　6, 7

ノロ　　1, 10, 38, 226

索　引

## は

博物学　　3, 56

博労町遺跡　　169, 170, 173, 177, 179, 180, 181, 184,
　　　186, 187

羽柴雄輔　　4

長谷川武次郎　　7

服部遺跡　　181

埴使い　　205, 206

濱田耕作　　7, 44

原田淑人　　12, 20

播磨国風土記　　206, 211

半玦形　　16, 17, 23, 24, 31, 33, 34, 50

## ひ

樋口清之　　12, 88

微視的　　50, 226

常陸鏡塚古墳　　169, 171, 173, 175, 178, 187

常陸国風土記　　175, 176

姫川　　12

## ふ

吹上遺跡　　31

不空羂索観音像　　12, 22

副葬　　5, 13, 17, 18, 21, 22, 24, 35, 36, 102, 125, 126,
　　　127, 128, 129, 130, 131, 133, 134, 140, 141, 155,
　　　156, 157, 158, 214, 217, 219, 223, 224, 225

副葬品　　21, 34, 37, 38, 42, 55, 127, 128, 129, 133,
　　　140, 155, 156, 157, 177, 223

藤田富士夫　　20, 36, 89, 170, 271

藤田亮策　　12, 22

巫女　　1, 3

仏教　　21, 24, 37, 225

筆濃餘理　　40, 56

舟形土製品　　174

フランス　　6, 7, 270

不老不死　　22

文化人類学　　1, 226, 269, 270

文化装置　　225

文献史学　　1, 9, 19, 40, 226

## へ

ペトリー　　7, 44

## ほ

北斗七星　　20

浦項　　40

## ま

曲玉　　1, 2, 3, 4, 5, 13, 20, 23, 38, 53, 54, 55, 57, 87,
　　　103, 107, 131

勾玉形垂玉　　38, 39, 41

勾玉文化圏　　33, 34

マルク＝ブロック　　270

万葉集　　22, 56, 222

## み

ミクロ　　226

水野祐　　19, 20, 22, 26, 56, 88, 225

御統玉　　7

南方熊楠　　270

三宅米吉　　4

宮古島　　13, 23

三輪山祭祀遺跡　　143, 156

民族　　4, 10, 39, 54, 56

民俗学　　1, 6, 9, 20, 21, 226

## む

宗像神社沖津宮祭祀遺跡　　121, 123, 142, 156, 158

## め

メキシコ　　4, 6, 7

## も

モガリ　　184

本居宣長　　53, 57

森浩一　　22, 26

森貞次郎　　17, 87, 102, 107, 190

森貞成　　54

森本六爾　　44

両角守一　　9, 87

## や

八重山　5, 6, 23

八坂瓊勾玉　10, 14, 26

八幡一郎　12

ヤマト政権　18, 31, 32, 34, 37, 43, 84, 108, 128, 129, 130, 131, 156, 176, 179, 215, 219, 220, 222, 223, 224, 225

日本武尊　3

大和物語　206, 210

山ノ神遺跡　143, 156, 158

弥生土器　157

## ゆ

湯口　18, 19

## よ

八日市地方遺跡　16, 31

吉武高木遺跡　91, 99

米田克彦　16, 271

## ら

楽浪　22

## り

立花　43, 169, 170, 171, 172, 173, 175, 177, 178, 179, 180, 181, 184, 185, 186, 187, 188

律令　190

琉球　3, 13, 38

琉球王国　1, 38

琉球勾玉　38

梁山夫婦塚古墳　25

遼寧　24, 39

## る

ルロア＝グーラン　270

## れ

霊魂　9, 20, 156, 158, 184, 224

霊威　13, 129, 205, 206, 209

## ろ

ロシア沿海地域　39

## わ

ワクド石遺跡　37, 103, 106

和田萃　184

和田千吉　8, 179

藁科哲男　25, 106

# あとがき

　本書は、2018 年 1 月に早稲田大学大学院人間科学研究科に提出した博士学位論文『原始・古代日本における勾玉の研究』を母体としたものである。指導教授であり、学位論文の主査をお引き受けくださった谷川章雄先生には、さまざまなご教示と常に温かくも厳しいご指導をいただいた。そして、副査をつとめてくださった蔵持不三也先生と原知章先生には、ご専門である文化人類学の視点から的確なアドバイスをしていただき、解釈するにあたっての視野の広さを補うことができた。まずは、諸先生に感謝を申し上げたい。

　本書を構成する各章のもとになった論文は以下の通りである。

序　論　「勾玉の宗教的性格について」『国際経営・文化研究』vol.17 No.1、13-28 頁、国際コ
　　　　ミュニケーション学会、2012 年。
　　　　「日本における勾玉研究の意義」飯島武次 編『中華文明の考古学』、400-408 頁、同成社、
　　　　2014 年。
第 1 章　「北海道出土の勾玉について」『駒澤考古』第 34 号、55-79 頁、駒澤大学考古学研究室、
　　　　2009 年。
　　　　「日本列島における勾玉の分布・遺跡数・材質からみた時期的変遷」蔵持不三也・嶋内
　　　　博愛 監修『文化の遠近法　エコ・イマジネールⅡ』、309-339 頁、言叢社、2017 年。
第 2 章　「刻み目を有する勾玉について」『玉文化研究』第 2 号　寺村光晴先生卒寿記念号、105-
　　　　125 頁、日本玉文化学会、2016 年。※要旨は「論文展望　刻み目を有する勾玉について
　　　　玉文化研究　第 2 号　寺村光晴先生卒寿記念号」設楽博己 編『季刊　考古学』第 138
　　　　号　特集　弥生文化のはじまり、103-104 頁、雄山閣、2017 年に収録。
第 3 章　「丁字頭勾玉の展開と地域性」『地方史研究』通巻 392 第 68 巻第 2 号、5-26 頁、地方史
　　　　研究協議会、2018 年。
第 4 章　新稿
第 5 章　「背合わせ勾玉についての一考察」『古代』第 131 号、85-108 頁、早稲田大学考古学会、
　　　　2013 年。
第 6 章　新稿
結　論　新稿

　今回、学位論文を単著として出版するにあたり、上記のもととなった論文には、それぞれ新たに図や表を加えて加筆を行ったが、基本的な論旨はいずれも変わらない。第 6 章および結論第 1・2 節は新稿としてあるが、学位論文に収録済みのものである。また、第 4 章と第 6 章第 6 節、結論第 3・4 節については、本書の目的である日本列島における勾玉の全体像を明らかにするため必要な考察と思い、学位論文に新しく追加したものである。

あとがき

　さて、東京都で生まれた私は、小学校の頃から歴史関係の書籍を読んだり、博物館へ行ったりと、比較的、日本列島の歴史に触れる機会が多い環境で育った。ちょうどその頃、博物館の物販コーナーに置かれていた美しく輝く石に目がとまり、それ以降、自分で集めるようになると、ほどなく博物館で展示されていた勾玉などの玉類に魅了されることとなった。

　そして、駒澤大学に入学して考古学の世界に足をふみ入れることになる。大学では、設楽博己先生からは縄文・弥生時代、酒井清治先生からは古墳時代から平安時代の社会や文化、飯島武次先生からは中国の文物についての考古学を学んだ。そして、酒井先生からご指導をいただきながら出雲地域の玉作りについて、卒業論文を書いた。これは、のちのちは玉類の消費について考えていきたいと思っていたため、その前段階として生産遺跡に関する知識を身につけておくことが目的であった。これが本書の出発点ともいえる。

　また、同大学の考古学研究会に入り、そこで出会った多くの先輩からは、土層の見方や測量、写真の撮り方などといった発掘調査の技術から始まり、出てきた遺物の実測の仕方、図版版下の作製や写真の紙焼き技術などを含めた発掘調査報告書の作製方法、そして、その報告書や研究雑誌の刊行までの一連のプロセスを学んだ。いろいろご迷惑をおかけしながら教わった実測図や図版版下の作製技術、写真のテクニックは、本書でも大いに活用している。

　大学院修士課程は、引き続き酒井先生のもとで考古学を学び、修士論文では東日本における勾玉の消費について書いた。その間、私は学部生のときから継続して、酒井先生・設楽先生の日本での発掘調査や飯島先生の中国の発掘調査に加えていただき、そこで考古学の技術を磨かせていただいた。

　博士課程に進む際には、早稲田大学へ拠点を移し、そこで谷川章雄先生と蔵持不三也先生、原知章先生、余語琢磨先生と出会った。学部生のときから玉研究には、他の隣接学問からのアプローチが必要不可欠と知りながらも、自身の怠慢によってなかなか考古学から出ようとしなかった。そのため、修士論文を書き上げた時には、やや行き詰まりを感じていた。ちょうどその時、勉強する環境が一新された。

　谷川先生の専門である考古学の本は自分で読むのが当たり前、他の学問の書籍を読むからこそ、思考のやわらかさや解釈の裾野が広がるという指導のもと、ゼミの輪読では考古学以外、たとえば石母田正や網野善彦、柳田国男、折口信夫、南方熊楠、マルク＝ブロック、フィリップ・アリエスなどの著書がテキストとして選ばれた。蔵持先生には、出会った最初に20世紀フランスの先史学者・社会文化人類学者であるルロア＝グーランの『身ぶりと言葉』を読みなさいといわれ、さらにジョン・ヘイウッドの『New Atlas of World History: Global Events at a Glance』の共訳者に加えていただいた。また、原先生からは文化人類学的思考だけではなく、他学問の人が読むことを想定した論文の書き方を、余語先生からは技術文化論の基礎を学ばせていただいた。この出会いによって、学問的出不精な私でも他学問への興味が強制的に高まり、自身の思考の幅も一気に広がっていった。このことは、本書における勾玉への解釈に大きな影響を与えている。

　また、玉類の研究を通して、五十嵐睦氏、一山典氏、伊藤雅文氏、上野修一氏、大賀克彦氏、大坪志子氏、大村紀久子氏、片岡詩子氏、河村好光氏、木島勉氏、木田清氏、北林雅康氏、木下尚子氏、栗島義明氏、小松譲氏、斎藤あや氏、佐伯純也氏、佐藤浩司氏、佐藤雄一氏、篠原祐一氏、

270

下濱貴子氏、菅原康夫氏、千家和比古氏、高橋浩二氏、田海義正氏、濱野浩美氏、廣瀬時習氏、深田浩氏、藤田富士夫氏、藤野一之氏、松尾充晶氏、松本岩雄氏、三原翔吾氏、三宅博士氏、森山高氏、米田克彦氏（五十音順）にも大変お世話になった。深く感謝申し上げる。ここにご芳名を記させていただいたのは、ほんのわずかな方々である。さまざまな面で支えていただいた先生方や先輩方がまだまだいらっしゃるのに、割愛しなければならない失礼をお許しいただきたい。

　本書の口絵においては、阿南市、出雲市教育委員会、出雲大社、愛媛県埋蔵文化財センター、唐津市教育委員会、國學院大學博物館、小松市埋蔵文化財センター、佐賀県、佐賀県立博物館、山陽小野田市立厚狭図書館、島根県教育庁文化財課、島根県古代文化センター、島根大学法文学部考古学研究室、田原本町教育委員会、東京国立博物館、鳥取県立博物館、七尾市教育委員会、奈良県立橿原考古学研究所附属博物館、福岡市埋蔵文化財センター、松江市、米子市、和歌山市（五十音順）から御便宜をはかっていただいた。

　そして、本書を出版するにあたって、ごめんどうをおかけした雄山閣の八木崇氏にはいろいろとお世話になった。あつく御礼申し上げたい。

　谷川先生と蔵持先生をはじめ、多くの先生方や先輩方のお力添えをいただきながら研究を進めていき、なんとか一書をなすことができた。受けた学恩の大きさに比べて、生みだした成果のあまりにも乏しいことを恥ずかしく思うことしきりである。本書はいたらぬ点も多々あると思うが、これを私の研究のささやかな一里塚として、今後の研究へと歩み出す決意を新たにしている次第である。

　最後に、長きにわたって好きな道を歩むことを許し、そして励ましてくれた父と母に深く感謝して擱筆することにしたい。

　　2019年7月7日

瀧音　大

著者略歴

# 瀧音　大（たきおと　はじめ）

〈略歴〉
1984 年　東京都に生まれる
2006 年　駒澤大学文学部歴史学科考古学専攻卒業
2009 年　駒澤大学大学院人文科学研究科歴史学専攻考古学コース修士課程修了
2016 年　早稲田大学大学院人間科学研究科人間科学専攻文化・社会環境科学研究領域
　　　　　博士後期課程満期退学
2018 年　博士（人間科学）取得
現　在　早稲田大学人間総合研究センター招聘研究員
　　　　　自治医科大学・淑徳大学非常勤講師

〈主要業績〉
論　文
2014 年　「日本における勾玉研究の意義」飯島武次編『中華文明の考古学』同成社
2016 年　「刻み目を有する勾玉について」『玉文化研究』第 2 号
　　　　　寺村光晴先生卒寿記念号
2018 年　「丁字頭勾玉の展開過程と地域性」『地方史研究』第 392 号　第 68 巻第 2 号

共　著
2015 年　『古代王権と古墳の謎』株式会社 KADOKAWA

共　訳
2013 年　（共訳）John Haywood　蔵持不三也　監修
　　　　　『世界の民族・国家興亡歴史地図年表』柊風舎

---

2019 年 12 月 25 日 初版発行　　　　　　　　　　　　　　　　　　　《検印省略》

# 原始・古代日本における勾玉の研究

著　者　瀧音　大
発行者　宮田哲男
発行所　株式会社 雄山閣
　　　　　〒 102-0071　東京都千代田区富士見 2-6-9
　　　　　TEL 03-3262-3231　FAX 03-3262-6938
　　　　　振 替 00130-5-1685
　　　　　http://www.yuzankaku.co.jp
印刷・製本　株式会社 ティーケー出版印刷

© Takioto Hajime 2019　　　　　　　ISBN978-4-639-02693-8　C3021
Printed in Japan　　　　　　　　　　N.D.C.210　280p　27cm